高等学校经济与工商管理系列教材

政府与非营利组织会计

主 编 王 蔚 高 欣

清 华 大 学 出 版 社
北京交通大学出版社
·北京·

内容简介

本书以我国现行的政府会计准则规范体系为主要依据，以近几年国家财政部及有关部门制定发布的有关财政、预算、国库单一账户制度以及政府收支分类改革等新政策为基础，教材内容充分体现新的政府会计改革方向，翔实地介绍了财政总预算会计和行政事业单位会计核算内容，以及预算会计和财务会计“双轨制”的政府会计核算内容，全面系统地阐述了我国现行政府与非营利组织会计的基本内容和核算方法。本书分为4篇，共17章，第1篇是政府与非营利组织会计总论，介绍政府与非营利组织会计基本理论和会计核算基础知识；第2篇是财政总预算会计，介绍财政总预算会计的资产、负债、净资产、收入和支出的会计核算及报表的编制；第3篇是行政事业单位会计，介绍行政事业单位的资产、负债、净资产、收入和支出的会计核算和报表的编制；第4篇是民间非营利组织会计简介。

本书既可作为高等财经院校财政、会计等专业教材，也可作为会计人员培训和继续教育的教材。

图书在版编目（CIP）数据

政府与非营利组织会计/王蔚，高欣主编．—北京：北京交通大学出版社：清华大学出版社，2021.6
高等学校经济与工商管理系列教材
ISBN 978－7－5121－4447－7

Ⅰ．①政…　Ⅱ．①王…②高…　Ⅲ．①单位预算会计-高等学校-教材　Ⅳ．①F810.6

中国版本图书馆CIP数据核字（2021）第069659号

政府与非营利组织会计
ZHENGFU YU FEIYINGLI ZUZHI KUAIJI

责任编辑：黎　丹
出版发行：清华大学出版社　邮编：100084　电话：010-62776969　http://www.tup.com.cn
　　　　　北京交通大学出版社　邮编：100044　电话：010-51686414　http://www.bjtup.com.cn
印 刷 者：艺堂印刷（天津）有限公司
经　　销：全国新华书店
开　　本：185 mm×260 mm　印张：22.25　字数：570千字
版 印 次：2021年6月第1版　2021年6月第1次印刷
印　　数：1~2 000册　定价：59.00元

本书如有质量问题，请向北京交通大学出版社质监组反映。对您的意见和批评，我们表示欢迎和感谢。
投诉电话：010－51686043，51686008；传真：010－62225406；E-mail：press@bjtu.edu.cn。

前　　言

经历了70多年的发展进程，我国政府会计每个阶段的改革和发展，都是对当时社会发展水平和时代背景的适应，为适应新时代政府和行政事业单位职能的转变升级，适应更加精细、科学的政府管理模式会计信息质量的要求，近几年我国政府实施新一轮更深入、彻底的政府会计改革。

党的十八届三中全会通过的《中共中央关于深化全面改革若干重大问题的决定》，提出了“建立权责发生制的政府综合财务报告制度”的重要部署，为我国政府会计改革明确了方向。2013年至今，财政部陆续颁布了一系列政府会计准则和会计制度，包括《财政总预算会计制度》《政府会计准则——基本准则》《政府会计准则第1号——存货》《政府会计准则第2号——投资》《政府会计准则第3号——固定资产》《政府会计准则第4号——无形资产》《政府会计准则第5号——公共基础设施》《政府会计准则第6号——政府储备物资》《政府会计准则第7号——会计调整》《政府会计准则第8号——负债》《政府会计准则第9号——财务报表编制和列报》《政府财务报告编制办法（试行）》《政府综合财务报告编制操作指南（试行）》《政府部门财务报告编制操作指南（试行）》《政府会计制度——行政事业单位会计科目和报表》。

上述政府会计准则和会计制度的颁布与实施，形成以《政府会计准则》和《政府会计制度》为代表的新政府会计准则规范体系。新的政府会计准则规范体系有利于构建统一、科学、规范的政府会计制度，有利于规范各级政府、部门、行政事业单位的会计核算，提高政府会计信息质量。自2019年起，新的政府会计准则体系已经在全国范围内开始实施执行。

这些新颁布的政府会计准则和会计制度，对政府会计的教学内容和教材设计提出新的要求。鉴于此，我们根据财政部近年推出的改革方案和新准则制度编写了这本《政府与非营利组织会计》，以全新的内容和形式奉献给读者，便于大家系统、及时了解和掌握政府会计管理与核算的新要求与新变化。

本书具有如下特点。

（1）紧密结合我国政府预算管理体制的发展和变化，从财政部制定的政府收支科目分类入手，全面反映政府会计和非营利组织会计最新的会计理论和会计实务，包括行政事业单位“双轨制”预算会计和财务会计核算内容。

（2）全面系统地介绍了国库单一账户制度、最新的政府收支分类科目、行政事业单位的最新财务会计制度及核算方法和非营利组织会计科目和核算内容。

（3）注重实际操作，本书根据大量实际案例编写例题，每章均安排有学习目标，可明确学习导向，每章后附思考题和练习题，方便读者及时复习和巩固知识。

（4）本书内容新颖实用、全面翔实、深入浅出、通俗易懂、图文并茂，不仅适宜于财经院校相关专业学生的教学使用，也可用于广大财会人员的继续教育和学习。

本书分为4篇，共17章，第1篇是政府与非营利组织会计总论，介绍政府与非营利组织会计基本理论和会计核算基础知识；第2篇是财政总预算会计，介绍财政总预算会计的资产、负债、净资产、收入和支出的会计核算和报表的编制；第 3 篇是行政事业单位会计，介绍行政事业单位的资产、负债、净资产、收入和支出的会计核算和报表的编制；第 4 篇是民间非营利组织会计简介。

本书由王蔚、高欣担任主编，王蔚编写第 3、4、5、6、7、8、10、11、12 章，高欣编写第 9、13、14、15、16 章，裴雪编写第 1、2 章，张晓雪编写第 17 章。全书由王蔚负责总纂定稿。

本书在编写过程中参阅了大量的相关资料，在此对相关资料的编者表示诚挚的感谢。同时特别感谢北京交通大学出版社，本书的出版受到出版社的高度关注，也得到本书编辑的大力支持，他们的耐心和尽职尽责，是本书形成并得以出版的重要因素。

由于我们的水平有限，加上时间仓促，书中难免有疏漏或不当之处，恳请读者批评指正。

编　者

2021 年 4 月

目　　录

第1篇　政府与非营利组织会计总论

第2篇　财政总预算会计

第 3 篇　行政事业单位会计

第4篇　民间非营利组织会计简介

第 1 篇

政府与非营利组织会计总论

第1章　政府与非营利组织会计概述

学习目标

- 理解政府与非营利组织会计的概念；
- 理解政府与非营利组织会计的组成体系。

1.1　政府与非营利组织会计的概念

政府与非营利组织会计是以货币作为主要计量单位，对政府与非营利组织的经济活动或会计事项进行记录、核算、反映和监督的一种专门技术方法和专门管理活动。

政府会计的概念内涵主要表现在以下几方面。

1. 政府会计是一门以政府预算管理为中心的专业会计

预算是政府的基本收支计划，是政府为实现其职能需要，有计划地集中和分配国民收入的重要工具，是具有法律地位的重要文件。政府会计作为会计学在政府财政总预算及行政事业单位预算中的运用，是围绕加强政府财政总预算及行政事业单位预算的管理展开的。

2. 政府会计的主体是各级政府、行政单位和使用财政资金的各类事业单位

财政总预算会计的主体是各级政府，行政事业单位会计的主体是会计为之服务的行政事业单位。政府会计的不同会计主体之间的关系包括：行政、事业单位财务收支是同级政府预算的重要组成部分；行政、事业单位和政府在缴拨款上有着直接的联系；财政总预算会计要对行政、事业单位会计报表进行审核，并据以编制有关报表；财政总预算会计要对行政事业单位会计进行管理、监督与指导。

3. 政府会计的客体是预算资金运动

政府会计的客体是指预算资金的运动过程及其结果。对于不同的预算单位，预算资金有不同的来源和用途。

① 对于财政总预算会计而言，预算资金是同级政府的财政收入与对财政收入的分配过程，财政总预算会计的核算对象是预算资金运动过程及其结果，主要包括预算收入、预算支出和预算结余情况。

② 对于行政单位来说，预算资金是该单位根据业务和行政管理需要从国家财政取得的经费收入以及通过其他途径取得的资金、这些资金根据需要应用在不同的领域、形成各种支出。行政单位会计的核算对象是行政单位资金运动过程及结果，主要包括从财政和上级领取行政经费；合理安排经费开支，正确计算结余。

③ 对于事业单位而言，资金运动过程主要指在多元化的筹资渠道下，根据市场需求而取得成本最小、数量最适合的资金，将这些资金应用到效益最好的地方，使事业单位为社会提供的服务最能满足需求者的需要。事业单位会计的核算对象是事业单位资金运动过程及结

果，主要包括正确计算、组织各种收入、合理安排各种支出，正确计算结余和各项基金。

4. 政府会计实行预算会计和财务会计双轨制会计核算

政府会计除了需要核算政府会计主体的预算收支执行情况外，也需要核算政府会计主体的收入和费用及资产和负债等情况，如实反映政府组织的运行情况和财务状况。因此，政府会计由政府预算会计和政府财务会计构成。政府会计需要按照收付实现制基础采用预算会计方法核算预算的收支执行情况，即预算收入扣减预算支出后形成预算结余，还需要按照权责发生制基础采用财务会计方法核算政府会计主体的运行情况和财务状况，即资产减去负债后形成净资产。

民间非营利组织的会计核算与政府会计核算的情况类似。民间非营利组织的财务资源主要来源于捐赠人、会费交纳人等，民间非营利组织向特定对象提供的慈善服务或会员服务通常也是免费或象征性收费的。民间非营利组织在取得和运用财务资源时需要受到来自捐赠人、会费交纳人等财务资源提供者和其他利益相关者的约束，取得的财务资源需要按限定用途使用。在民间非营利组织会计中，资产减去负债后的余额为净资产。

1.2 政府与非营利组织会计的组成体系

政府与非营利组织会计由政府会计和非营利组织会计组成。其中，政府会计由财政总预算会计和行政事业单位会计组成，非营利组织会计通常指民间非营利组织会计。在我国，财政总预算会计、行政事业单位会计和民间非营利组织会计分别执行相应的会计制度，成为单独的会计种类，其中财政总预算会计和行政事业单位会计执行统一的政府会计准则和制度，包括《财政总预算会计制度》《政府会计准则——基本准则》《政府会计准则第 1 号——存货》《政府会计准则第 2 号——投资》《政府会计准则第 3 号——固定资产》《政府会计准则第 4 号——无形资产》《政府会计准则第 5 号——公共基础设施》《政府会计准则第 6 号——政府储备物资》《政府会计准则第 7 号——会计调整》《政府会计准则第 8 号——负债》《政府会计准则第 9 号——财务报表编制和列报》《政府财务报告编制办法（试行）》《政府综合财务报告编制操作指南（试行）》《政府部门财务报告编制操作指南（试行）》《政府会计制度——行政事业单位会计科目和报表》等；民间非营利组织会计执行的是《民间非营利组织会计制度》。

1.2.1 政府会计体系

按照我国《政府会计准则——基本准则》（以下简称《基本准则》）的规定，政府会计由预算会计和财务会计构成。预算会计是以收付实现制为基础对政府会计主体预算执行过程中发生的全部收入和全部支出进行会计核算，主要反映和监督预算收支执行情况的会计。财务会计是以权责发生制为基础对政府会计主体发生的各项经济业务或者事项进行会计核算，主要反映和监督政府会计主体财务状况、运行情况和现金流量的会计体系。政府预算会计具体可以由政府财政总预算会计和行政事业单位预算会计组成。政府财务会计主要是指行政事业单位财务会计。因此，行政事业单位会计具体包括行政事业单位财务会计和行政事业单位预算会计。

我国政府会计体系与国家预算管理体系一致，从纵向看国家预算管理体系是按照国家政权结构和行政区域来划分的，实行一级政府一级预算。我国国家预算组成体系划分如图 1-1

所示，政府会计体系也是按照该体系建立的。

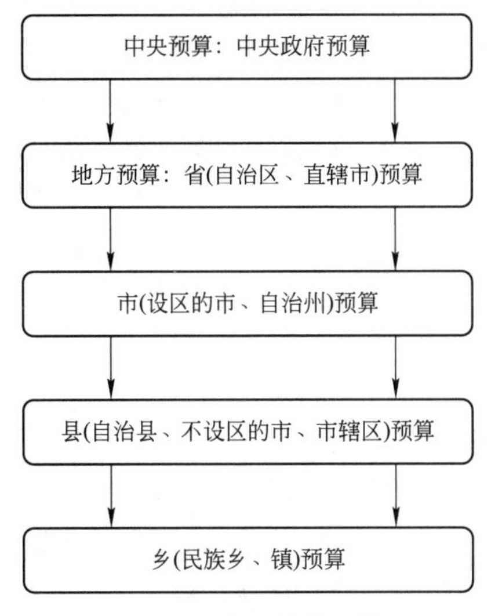

图 1-1 国家预算管理体系

从横向看国家预算体系是按照各级政府所属各部门划分建立的，因此政府会计体系（见图 1-2）由各级政府总预算会计、行政事业单位会计，以及参与预算执行的国库会计、税收征解会计、专业银行拨款会计共同组成。

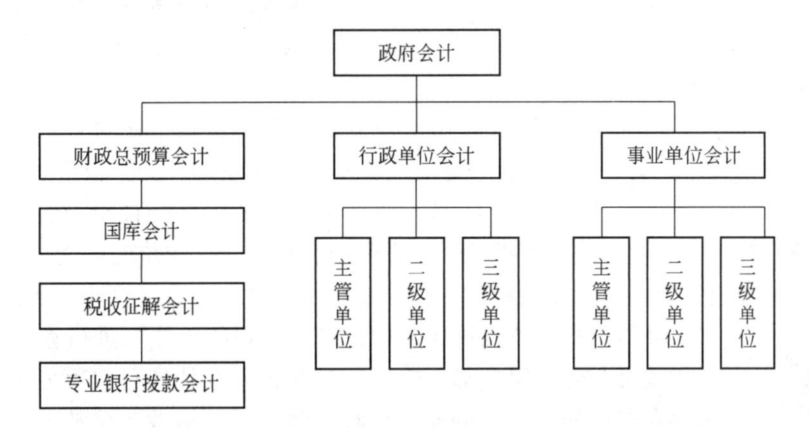

图 1-2 横向政府会计体系

（1）各级政府财政总预算会计

各级政府财政总预算会计是中央和地方各级政府财政部门核算和监督中央和地方总预算执行过程及其结果的专业会计。各级政府财政部门是组织国家财政收支、办理国家预算、决算的专职管理机关。财政总预算会计在政府会计体系中起主导地位。

（2）政府单位会计

政府单位主要由行政单位和事业单位组成。其中，行政单位是指行使国家权力，管理国家事务的各级国家机关；事业单位是指国家为了社会公益目的，由国家机关举办或者其他组织利用国有资产举办的，从事教育、科技、文化、卫生等活动的社会服务组织。政府单位会计是适用于行政与事业单位的一种专业会计，它是政府会计的有机组成部分。它以货币为主要计量单位，对行政事业单位资金运动的过程及结果进行确认、计量、记录和报告，向会计信息使用者提供与行政事业单位财务状况、预算执行情况等有关的会计信息，反映行政事业单位受托责任的履行情况，有助于会计信息使用者进行管理、监督和决策。

（3）国库会计、税收征解会计、专业银行拨款会计

国库（国家金库的简称）负责办理政府预算资金的收纳和拨付。国库会计是核算、监督预算资金的收纳和支付的专业会计。税收是政府组织预算收入的主要形式，税收征解会计是核算、监督税务机关、海关、征收管理机关组织各项税收的应征、征收、减免、上解、入库的专业会计。专业银行拨款会计是核算、监督基本建设和农业资金拨款、贷款的专业会计。

1.2.2 政府会计的分级

1. 财政总预算会计的分级

财政总预算会计的分级与政府预算的分级是一致的。政府预算分为中央、省、市、县、乡五级，因此财政总预算会计也包括中央财政部设立的中央财政总预算会计、各省财政厅设立的省财政总预算会计、市财政局设立的市财政总预算会计、县财政局设立的县财政总预算会计、乡财政局所设立的乡财政总预算会计。

2. 行政事业单位会计的分级

按照现行的行政事业单位管理体制、预算拨款关系和单位财务收支计划的编制程序，行政事业单位会计分为以下三级。

① 主管会计单位（简称“主管单位”）。与同级财政部门直接发生经费领拨关系或建立财务关系（如预算资金审批关系、财务收支计划与会计决算审批关系），下面有所属会计单位的，为主管会计单位。

② 二级会计单位（简称“二级单位”）。与主管会计单位或上级会计单位发生经费领拨关系、财务收支计划与会计决算审批关系，下面有所属单位的，为二级会计单位。

③ 三级会计单位（简称“基层单位”）。与主管单位或二级会计单位直接发生经费领拨关系、财务收支计划与会计决算审批关系，下面没有附属会计单位的，为三级会计单位。

以上各会计单位都应实行独立的单位预算，建立比较完整的会计核算制度；不具备独立核算条件的，实行单据报账制度，作为“报账单位”进行管理。

我国政府会计的发展历程与当前改革

在政府会计各组成部分中，财政总预算会计和行政事业单位预算会计之间存在密切的关系。例如，财政部门向行政事业单位拨款时，财政总预算会计形成预算支出，行政事业单位会计形成预算收入。财政总预算会计、行政事业单位预算会计共同构筑了政府预算会计信息系统。

民间非营利组织会计相对比较独立。尽管如此，民间非营利组织在接受政府补助时，财政总预算会计信息与民间非营利组织会计信息也会存在相互联系。

思考题

1. 什么是政府与非营利组织会计？政府会计概念内涵包括哪些？
2. 政府会计的组织体系和分级是怎样的？

第2章　政府与非营利组织会计基本核算要求

学习目标

- 理解政府与非营利组织会计目标；
- 理解政府与非营利组织会计的会计假设和会计基础；
- 熟悉政府与非营利组织会计要素及其确认和计量原则。

2.1　政府与非营利组织会计目标

政府与非营利组织会计目标主要涉及政府与非营利组织会计信息的使用者及其信息需求，以及政府与非营利组织会计应当提供哪些信息以满足信息使用者的信息需求等方面。我国《基本准则》对政府会计目标的表述是：向财务报告使用者提供与政府的财务状况、运行情况（含运行成本，下同）和现金流量等有关信息，反映政府会计主体公共受托责任履行情况，有助于财务报告使用者做出决策或者进行监督和管理。

2.1.1　政府会计信息的使用者及其信息需求

政府会计信息的使用者包括：各级人民代表大会及其常务委员会、政府债权人、各级政府及其有关部门、政府会计主体自身和其他利益相关者。

1. 各级人民代表大会及其常务委员会

各级人民代表大会及其常务委员会是代表人民行使国家权力的机关，负责重大法规、经济政策、政府预算草案和决算报告的批准与审核，并监督政府对公共资源的管理和使用情况。该类信息使用者需要借助政府会计信息做出一些政治决策，同时也需要利用这些信息科学安排政府预算，合理组织政府资产、负债的核算，有效地管理和使用公共资源，恰当地评估政府绩效。

2. 政府债权人

为政府提供信贷资金的国内外银行等金融机构、国外政府、国际金融组织等构成了政府的债权人，国债、地方债券持有者及为政府赊销提供资源的各类经济主体也是政府的债权人。这些债权人需要借助政府会计信息，做出是否将资金投资于政府债券、借款给政府及是否对政府进行赊销的决策。

3. 各级政府及其有关部门

各级政府一般指我国地方各级人民政府；与各级政府有关的部门，则包括各省市的税务局、物价局、工商管理局、公安局、法院、检察院、交通局等。它们在制定相关经济决策时，需要政府会计提供真实、完整、准确、及时的信息，并以此作为制定和选择经济决策的依据。

4. 政府会计主体自身

根据《基本准则》的规定，政府会计主体是指各级政府、各部门、各单位。其中，各部门、各单位是指与本级政府财政部门直接或者间接发生预算拨款关系的国家机关、军队、党组织、社会团体、事业单位和其他单位。政府会计主体自身属于政府会计信息的内部用者，实际上是政府的管理者。它们制定经济决策和加强公共财政管理都需要获得真实、完整、准确、及时的政府会计信息。

2.1.2 政府会计应当提供的信息

政府会计应当提供的信息包括政府预算执行情况的信息、政府运行和财务状况的信息。

1. 政府预算执行情况的信息

政府会计应当从各个角度提供有关政府预算执行情况的信息，包括一级政府、政府部门、政府单位三个层面提供预算执行情况。

在一级政府（中央、省、市、县、乡各级人民政府）层面，政府会计应当提供本级政府预算执行情况的信息，以及本级政府和所属下级政府汇总的预算执行情况的信息。按照《预算法》的要求，预算执行情况的信息包括预算收入和预算支出执行情况的信息。

就一级地方政府而言，其收入主要来源于税收，政府会计在提供预算收入执行情况的信息时，需要分别反映地方政府本级收入、上级政府对本级政府的转移支付收入。政府会计在提供预算支出执行情况的信息时，同样需要分别地方政府本级支出、对下级政府的转移支付支出。

在政府部门层面，政府会计应当提供部门本级预算执行情况的信息，以及部门本级与所属各预算单位汇总的部门预算执行情况的信息。政府部门层面的收入主要来源于财政拨款，它与一级政府层面提供收入预算执行情况信息的要求是一样的，政府部门层面的支出也需要同时按照功能和经济性质进行分类。

在政府单位层面，政府单位是政府部门的组成单位，政府会计应当提供政府单位（包括行政单位和事业单位）预算执行情况的信息。政府单位预算执行情况的信息是政府部门预算执行情况信息的基本来源，即政府部门预算执行情况的信息是通过汇总存在预算管理关系的政府单位预算执行情况的信息形成的。政府单位预算执行情况信息的具体内容如同以上政府部门预算执行情况的信息。

2. 政府运行和财务状况的信息

政府会计除了应当全面提供政府预算执行情况的信息外，还应当全面提供有关政府运行和财务状况的信息。我国《预算法》规定，各级政府财政部门应当按年度编制以权责发生制为基础的政府综合财务报告，报告政府整体财务状况、运行情况，报本级人民代表大会常务委员会备案。政府财务状况和运行情况主要反映政府的运行效率和政府财政的中长期可持续性。

政府的运行情况通常以收入费用来衡量，财务状况通常以资产、负债和净资产来衡量。政府单位层面财务状况和运行情况的信息也是政府部门层面财务状况和运行情况信息的基本来源，同时，也是一级政府层面财务状况和运行情况信息的重要来源。

一般可以认为，一级政府提供的本级政府预算执行情况的信息和一级政府中各行政事业单位提供的单位预算执行情况的信息和单位财务状况及运行情况的信息，一级政府通过各种汇总或合并，最终形成一级政府整体的综合财务信息。

2.1.3　民间非营利组织会计目标

民间非营利组织会计信息的使用者主要是捐赠人、会费交纳人等。民间非营利组织会计应当提供的信息也是以满足信息使用者的信息需求作为目标。民间非营利组织会计应当提供组织财务状况和业务活动情况的信息，相应信息应当充分反映对限定用途财务资源和非限定用途财务资源的使用情况及其效果。

2.2　政府与非营利组织会计假设和会计基础

2.2.1　政府与非营利组织会计假设

政府与非营利组织会计假设是指对政府与非营利组织会计所处的空间和时间环境以及所使用的主要计量单位所作的合理假定或设定。政府与非营利组织会计假设包括会计主体、持续运行、会计分期和货币计量。

1. 会计主体

会计主体指政府与非营利组织会计工作特定的空间范围。政府财政总预算会计的主体是各级政府，财政总预算各项收支的安排和使用，是各级政府的职权范围，财政部门只能代表政府执行预算，充当经办人的角色。行政事业单位会计的主体即是各级各类行政事业单位。民间非营利组织会计的主体是相应的法人组织。

2. 持续运行

持续运行指政府与非营利组织会计主体的业务活动能够持续不断地进行下去。持续运行前提可以保证政府财政以及行政事业单位可以按照正常的会计方法进行会计核算，而不将会计核算建立在非正常的财政财务清算基础之上。民间非营利组织会计的相应情况也是一样。

3. 会计分期

会计分期指将政府与非营利组织会计主体持续运行的时间人为地划分成不同的时间阶段，以便分阶段结算账目，编制会计报表。政府会计期间分为年度、半年度、季度和月份。会计年度、半年度、季度和月份采用公历日期。为及时提供预算执行情况和财务状况的信息，政府会计还可以根据需要提供旬报，供政府有关方面及时了解信息。

4. 货币计量

货币计量指政府与非营利组织会计核算以人民币作为记账本位币。如果发生外币收支，应当按照中国人民银行公布的人民币外汇汇率折算为人民币核算。对于业务收支以外币为主的行政事业单位，也可以选定某种外币作为记账本位币。但在编制会计报表时，应当按照编报日期的人民币外汇汇率折算为人民币反映。

2.2.2　政府与非营利组织会计基础

会计基础是指会计确认、计量和报告的基础，主要有收付实现制基础和权责发生制基础两种。政府预算会计以如实反映预算执行情况作为主要会计目标，采用收付实现制基础；财政总预算会计和行政事业单位预算会计采用收付实现制基础进行会计核算。行政事业单位财务会计以如实反映政府财务状况和运行情况作为主要会计目标，采用权责发生制基础；行政事业单位会计同时采用收付实现制基础和权责发生制基础，实行平行记账的会计核算方法。

民间非营利组织会计以如实反映财务受托责任作为主要会计目标，因此，采用权责发生制会计核算基础。

2.3 政府与非营利组织会计信息质量要求

2.3.1 政府会计信息质量要求

政府会计信息质量要求是指政府会计向信息使用者提供的会计信息应当达到的质量标准。政府会计信息质量要求通常包括可靠性、全面性、相关性、可比性、可理解性、实质重于形式、及时性等。

1. 可靠性

可靠性，也称真实性或客观性，要求政府会计主体应当以实际发生的经济业务或者事项为依据进行会计核算，如实反映各项会计要素的情况和结果，保证会计信息真实可靠。为了贯彻客观性要求，政府会计应当做到：①以实际发生的财务收支为依据进行确认、计量，将符合会计要素定义及其确认条件的资产、负债、净资产、收入和费用等如实反映在财务报表中，不得根据虚构的、没有发生的或者尚未发生的交易或事项进行确认、计量和报告；②在符合重要性和成本效益原则的前提下，保证会计信息完整性，其中包括应当编报的报表及其附注内容等应保持完整，不能随意遗漏或者减少应予披露的信息，与使用者决策相关的有用信息都应当充分披露；③会计人员在会计核算和财务报表编制时应当是中立的，并做到不偏不倚。

2. 全面性

全面性是指政府会计主体应当将发生的各项经济业务或者事项统一纳入会计核算，确保会计信息能够全面反映政府会计主体预算执行情况和财务状况、运行情况、现金流量等。

3. 相关性

相关性是指政府会计主体提供的会计信息，应当与反映政府会计主体公共受托责任履行情况以及报告使用者决策或者监督、管理的需要相关，有助于报告使用者对政府会计主体过去、现在或者未来的情况作出评价或者预测。

4. 可比性

可比性是指政府会计主体提供的会计信息应当具有可比性。可比性信息质量要求，同一政府会计主体不同时期发生的相同或者相似的经济业务或者事项，应当采用一致的会计政策，不得随意变更。确需变更的，应当将变更的内容、理由及其影响在附注中予以说明。不同政府会计主体发生的相同或者相似的经济业务或者事项，应当采用一致的会计政策，确保政府会计信息口径一致，相互可比。可比的政府会计信息将大大增加其评价和决策的有用性。

5. 可理解性

可理解性是指政府会计主体提供的信息应当清晰明了，便于报告使用者理解和使用。政府编制财务报告，提供的会计信息应当清晰明了，易于理解，便于报告使用者了解会计信息的内涵，理解会计信息的内容，可以有效使用会计信息。

6. 实质重于形式

实质重于形式是指政府会计主体应当按照经济业务或者事项的经济实质进行会计核算，

不限于以经济业务或者事项的法律形式为依据。按照实质重于形式的质量要求提供的政府会计信息，比纯粹按照法律形式提供的政府会计信息更加具有相关性，从而可以更好地帮助政府会计信息的使用者作出合理正确的经济和社会决策。经济业务的经济实质和法律形式在大多数情况下是相互一致的，但有时也会存在不一致的情况。例如，行政事业单位融资租入固定资产的业务，尽管在法律形式上行政事业单位只拥有融资租入固定资产的使用权，但行政事业单位实际控制融资租入的固定资产及其服务能力或经济利益，因此，在会计核算上将融资租入固定资产视同自有固定资产一样确认、计量和报告。

7. 及时性

及时性是指政府会计主体对已经发生的经济业务或者事项，应当及时进行会计核算，不得提前或者延后。会计信息的价值在于帮助会计信息使用者做出经济决策，因此，政府会计信息不仅要做到客观，还必须保证其时效性，便于会计信息使用者及时使用和决策。即使是客观、相关、可比的会计信息，如果提供得不及时，对于会计信息使用者而言意义也不大。

2.3.2　民间非营利组织会计信息质量要求

民间非营利组织会计信息的质量要求与政府会计信的质量要求基本相同，即也包括可靠性、全面性、相关性、可比性、可理解性、实质重于形式、及时性等。只是民间非营利组织会计信息的使用者及其信息需求以及经济业务的具体内容与政府会计存在一些差异，因此，相应会计信息质量要求对应的具体内容也与政府会计存在一些差异。

2.4　政府与非营利组织会计要素及其确认和计量原则

2.4.1　政府会计要素及其确认和计量原则

政府会计由预算会计和财务会计构成，因此，政府会计要素也分别有政府预算会计要素和政府财务会计要素两大种类，分别采用不同的确认和计量原则。

1. 政府预算会计要素及其确认和计量原则

政府预算会计要素包括预算收入、预算支出与预算结余三个，其概念、确认和计量原则分别如下。

（1）预算收入

预算收入是指政府会计主体在预算年度内依法取得的并纳入预算管理的现金流入。预算收入一般在实际收到时予以确认，以实际收到的金额计量。

（2）预算支出

预算支出是指政府会计主体在预算年度内依法发生并纳入预算管理的现金流出。预算支出一般在实际支付时予以确认，以实际支付的金额计量。

（3）预算结余

预算结余是指政府会计主体预算年度内预算收入扣除预算支出后的资金余额，以及历年滚存的资金余额。预算结余包括结余资金和结转资金。其中，结余资金是指年度预算执行终了，预算收入实际完成数扣除预算支出和结转资金后剩余的资金。结转资金是指预算安排项目的支出年终尚未执行完毕或者因故未执行，且下年需要按原用途继续使用的资金。

预算结余包括一般结余和专项结余。其中，一般结余是指非专门项目资金预算收支相抵后的差额，可以转入普通的滚存结余，用于安排下期预算任何方面的支出；专项结余是指专门项目的预算资金在预算期末收支相抵后的差额，在项目完成前，它一般只能用于以后预算期间既定项目的支出。

政府预算会计要素之间的平衡关系为：预算收入－预算支出＝预算结余。

2. 政府财务会计要素及其确认和计量原则

政府财务会计要素包括资产、负债、净资产、收入和费用五个，其概念、确认和计量原则分别如下。

（1）资产

资产是指政府会计主体过去的经济业务或者事项形成的，由政府会计主体控制的，预期能够产生服务潜力或者带来经济利益流入的经济资源。其中，服务潜力是指政府会计主体利用资产提供公共产品和服务以履行政府职能的潜在能力。经济利益流入表现为现金及现金等价物的流入，或者现金及现金等价物流出的减少。

符合资产定义的经济资源，在同时满足以下条件时，确认为资产：①与该经济资源相关的服务潜力很可能实现或者经济利益很可能流入政府会计主体；②该经济资源的成本或者价值能够可靠地计量。

政府会计主体的资产按照流动性分为流动资产和非流动资产。其中，流动资产是指预计在1年内（含1年）耗用或者可以变现的资产，包括货币资金、短期投资、应收及预付款项、存货等；非流动资产是指流动资产以外的资产，包括固定资产、在建工程、无形资产、长期投资、公共基础设施、政府储备资产、文物文化资产、保障性住房和自然资源资产等。

资产的计量属性主要包括历史成本、重置成本、现值、公允价值和名义金额。在历史成本计量下，资产按照取得时支付的现金金额或者支付对价的公允价值计量。在重置成本计量下，资产按照现在购买相同或者相似资产所需支付的现金金额计量。在现值计量下，资产按照预计从其持续使用和最终处置中所产生的未来净现金流入量的折现金额计量。在公允价值计量下，资产按照市场参与者在计量日发生的有序交易中出售资产所能收到的价格计量。无法采用上述计量属性的，采用名义金额（即人民币1元）计量。

政府会计主体在对资产进行计量时，一般应当采用历史成本。采用重置成本、现值、公允价值计量的，应当保证所确定的资产金额能够持续、可靠地计量。

（2）负债

负债是指政府会计主体过去的经济业务或者事项形成的，预期会导致经济资源流出政府会计主体的现时义务。其中，现时义务是指政府会计主体在现行条件下已承担的义务，包括偿还时间与金额基本确定的负债和由或有事项形成的预计负债。偿还时间与金额基本确定的负债按政府会计主体的业务性质及风险程度，分为融资活动形成的举借债务及其应付利息、运营活动形成的应付及预收款项和暂收性负债。未来发生的经济业务或者事项形成的义务不属于现时义务，不应当确认为负债。

符合负债定义的义务，在同时满足以下条件时，确认为负债：①履行该义务很可能导致含有服务潜力或者经济利益的经济资源流出政府会计主体；②该义务的金额能够可靠地计量。

政府会计主体的负债按照流动性，分为流动负债和非流动负债。流动负债是指预计在1年内（含1年）偿还的负债，包括短期借款、应付短期政府债券、应付及预收款项、应缴款项等。非流动负债是指流动负债以外的负债，包括长期借款、长期应付款、应付长期政府债券等。

负债的计量属性主要包括历史成本、现值和公允价值。在历史成本计量下，负债按照因承担现时义务而实际收到的款项或者资产的金额，或者承担现时义务的合同金额，或者按照为偿还负债预期需要支付的现金计量。在现值计量下，负债按照预计期限内需要偿还的未来净现金流出量的折现金额计量。在公允价值计量下，负债按照市场参与者在计量日发生的有序交易中转移负债所需支付的价格计量。政府会计主体在对负债进行计量时，一般应当采用历史成本。采用现值、公允价值计量的，应当保证所确定的负债金额能够持续、可靠计量。

（3）净资产

净资产是指政府会计主体资产扣除负债后的净额，用公式可表示为：资产-负债=净资产。可见，净资产额取决于资产和负债的计量，因此，净资产可能为正值也可能为负值，负值一般不会出现。政府会计主体净资产因依法、无偿取得税收收入或偿还债务而增加，因提供公共产品（或公共服务）发生费用或举借债务而减少。

（4）收入

收入是指报告期内导致政府会计主体净资产增加的、含有服务潜力或者经济利益的经济资源的流入。收入的确认应当同时满足以下条件：①与收入相关的含有服务潜力或者经济利益的经济资源很可能流入政府会计主体；②含有服务潜力或者经济利益的经济资源流入会导致政府会计主体资产增加或者负债减少；③流入金额能够可靠地计量。

收入是政府所获得的经济资源流入，主要包括税收入、行使政府权力的收费、罚款、贷款利息收入、让渡资产使权使用费的（租金）收入、出售资产的利得、获得的其他会计主体的转移支付、接受的无条件的捐赠收入、其他收入等。

（5）费用

费用是指报告期内导致政府会计主体净资产减少的、含有服务潜力或者经济利益的经济资源的流出。费用的确认应当同时满足以下条件：①与费用相关的含有服务潜力或者经济利益的经济资源很可能流出政府会计主体；②含有服务潜力或者经济利益的经济资源流出会导致政府会计主体资产减少或者负债增加；③流出金额能够可靠地计量。

政府发生费用一般表现为经济资源的流出、消耗或者负债的增加。费用的主要内容包括工资福利，对个人和家庭的补助，采购商品和服务支出，对企业的补贴，对其他政府会计主体的转移支付，借款利息，资产的报废和损失，对国外的赠予，其他支出等。

政府财务会计要素之间的平衡关系为：资产-负债=净资产；收入-费用=净资产的增加或减少。

综上所述，政府会计要素共有 8 个，其中 3 个为预算会计要素，5 个为财务会计要素。3 个预算会计要素构筑政府预算会计报表或政府决算报表，5 个财务会计要素构筑政府财务会计报表。

2.4.2　民间非营利组织会计要素及其确认和计量原则

政府与非营利组织决算报告和财务报告

民间非营利组织会计要素包括资产、负债、净资产、收入和费用 5 个，其概念及其确认和计量原则与政府财务会计要素的概念及其确认和计量原则相似。

民间非营利组织会计要素之间的平衡关系与政府财务会计要素之间的平衡关系是一样的，具体为：资产-负债=净资产；收入-费用=净资产的增加或减少。

思　考　题

1. 政府会计信息的使用者主要有哪些？政府会计的目标是什么？
2. 政府与非营利组织会计有哪四个假设？分别是什么概念？
3. 政府会计信息有哪些质量要求？分别是什么概念？
4. 政府会计要素有哪几个？分别是什么概念？各要素之间的平衡关系是怎样的？

第 2 篇

财政总预算会计

第3章 财政总预算会计概述

学习目标

- 了解财政总预算会计的概念；
- 了解财政总预算会计的任务；
- 熟悉财政总预算会计科目表。

3.1 财政总预算会计的概念

财政总预算会计，是各级政府财政核算和监督政府一般公共预算资金、政府基金预算资金、国有资本经营预算资金、社会保险基金预算资金以及财政专户管理资金、专用基金和代管资金等资金活动的专业会计。财政总预算会计的核算对象是各级政府预算执行过程中的预算（包括一般预算和基金预算）收入、支出和结余，以及在资金运动中所形成的资产、负债和净资产。财政总预算会计的主要职责是处理总预算会计的日常核算业务，实行会计监督，办理财政各项收支、资金调拨及往来款项的会计核算工作，参与预算管理，及时组织年度财务决算、行政事业单位决算的编审和汇总工作，进行上下级财政之间的年终结算工作。

政府预算是政府的年度财务收支计划，为政府履行职责、向社会提供公共服务提供财力保障。政府预算按照预算编制主体可以由财政总预算和部门预算两大类组成。其中，财政总预算是以一级政府作为编制主体来编制的政府预算，如省政府财政总预算、市政府财政总预算等。部门预算是以政府组成部门作为预算主体来编制的政府预算，如省政府公安厅部门预算、市政府教育局部门预算等。

目前，我国各级政府的财政总预算分为一般公共预算、政府性基金预算、国有资本经营预算和社会保险基金预算等四个种类。其中，一般公共预算是指对以税收为主体的财政收入安排用于保障和改善民生、推动经济社会发展、维护国家安全、维持国家机构正常运转等方面的收支预算。政府性基金预算是指对依照法律、行政法规的规定在一定期限内向特定对象征收、收取或者以其他方式筹集的资金，专项用于特定公共事业发展的收支预算。国有资本经营预算是指对国有资本收益作出支出安排的收支预算。社会保险基金预算是指对社会保险缴款、一般公共预算安排和其他方式筹集的资金，专项用于社会保险的收支预算。

财政总预算会计的主体是各级政府，各级政府的财政部门是掌管财政资金的职能部门，因此各级政府的财政总预算会计设置在财政部门里。财政总预算会计是参与制定国家预算并反映和监督预算执行情况的专业会计，与其他参与预算的职能部门相结合共同完成国家预算执行的工作。这几个职能部门包括：国库会计、税收征解会计、专业银行拨贷款会计和预算单位会计。

财政总预算会计是政府预算的一个组成部分，其组成体系与政府预算组成体系相一致，按照“统一领导，分级管理”的原则，实行一级政府，一级预算，设立中央、省（自治区、直辖市）、市（设区的市、自治州）、县（自治县、不设区的市、市辖区）、乡（民族乡、镇）5级预算。其级次如图3-1所示。

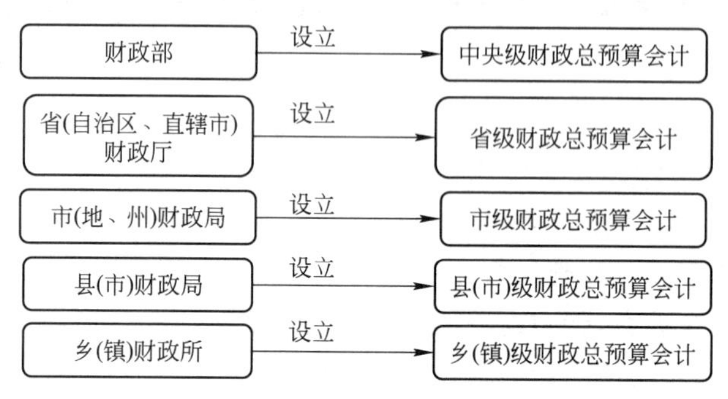

图3-1 财政总预算级次

财政总预算会计的特点

各级财政总预算会计在编制完成本级财政总预算执行情况的信息后，除了需要向本级政府和人民代表大会报告外，还需要向上级财政总预算部门报告，供上级财政总预算会计汇总财政总预算执行情况的信息，直至形成全国财政总预算执行情况的信息。各级财政总预算会计在全国组成一个相互联系的财政总预算执行情况信息网络。

3.2 财政总预算会计的任务

财政总预算会计在预算会计体系中居主导地位，其基本任务如下。

1. 正确办理财政总预算会计的日常核算事务

财政总预算会计应当正确办理各项财政收支，资金调拨及往来款项的会计核算工作，及时组织年度政府预算、行政事业单位决算的编审工作和汇总工作，办理上下级财政之间的年度结算工作。

2. 合理调度财政资金，提高财政资金的使用效益

财政总预算会计应该根据财政收入的特点，妥善解决财政资金库存和用款单位需求之间的矛盾，在保证计划及时供应财政资金的基础上，合理调度财政资金，提高财政资金的使用效益。

3. 实行会计监督，参与预算管理

财政总预算会计应当正确组织会计核算的基础上，提出预算执行情况分析意见，并对财政总预算、部门预算和单位预算的执行情况实行会计监督。财政总预算会计应当负责协调参与预算执行的国库会计、税收征解会计等专业会计之间的业务关系，与其共同做好预算执行的核算和监督工作。财政总预算会计还应当积极参与预算管理工作，对预算执行过程中出现的问题及时提出意见和建议，共有关领导决策参考。

4. 组织和领导本行政区域的预算会计工作

各级财政总预算会计应当负责制定本行政区域有关预算会计具体核算办法的补充规定，负责检查和指导下级财政总预算会计和本级行政事业单位会计的工作，负责组织预算会计人员进行培训，不断提高预算会计人员的政策理论水平和业务工作能力。

3.3　财政总预算会计科目表

财政总预算会计科目是对财政总预算会计要素的具体内容进行分类核算的项目。按照财政总预算会计要素的类别，财政总预算会计科目可分为资产、负债、净资产、收入和支出等五类。它是财政总预算会计设置账户、核算和归集经济业务的依据，也是汇总和检查财政总预算资金活动情况及其结果的依据。根据现行《财政总预算会计制度》的规定，各级财政总预算会计统一适用的会计科目表可如表 3-1 所示。

表 3-1　财政总预算会计科目表

科目编号	科目名称	科目核算内容
	一、资产类	
1001	国库存款	政府财政存放在国库单一账户的款项
1003	国库现金管理存款	政府财政实行国库现金管理业务存放在商业银行的款项
1004	其他财政存款	政府财政未列入“国库存款”和“国库现金管理存款”科目反映的各项存款
1005	财政零余额账户存款	财政国库支付执行机构在代理银行办理财政直接支付的业务，财政国库支付执行机构未单设的地区不使用该科目
1006	有价证券	政府财政按照有关规定取得并持有的有价证券金额
1007	在途款	决算清理期和库款报解整理期内发生的需要通过本科目过渡处理的属于上年度收入、支出等业务的资金数
1011	预拨经费	政府财政预拨给预算单位尚未列为预算支出的款项
1021	借出款项	政府财政按照对外借款管理相关规定借给预算单位临时急需的，并需按期收回的款项
1022	应收股利	政府因持有股权投资应当收取的现金股利或利润
1031	与下级往来	本级政府财政与下级政府财政的往来待结算款项
1036	其他应收款	政府财政临时发生的其他应收、暂付、垫付款项，项目单位拖欠外国政府和国际金融组织贷款本息和相关费用导致相关政府财政履行担保责任，代偿的贷款本息费，也通过本科目核算
1041	应收地方政府债券转贷款	本级政府财政转贷给下级政府财政的地方政府债券资金的本金及利息
1045	应收主权外债转贷款	本级政府财政转贷给下级政府财政的外国政府和国际金融组织贷款等主权外债资金的本金及利息
1071	股权投资	政府持有的各类股权投资，包括国际金融组织股权投资、投资基金股权投资和企业股权投资等
1081	待发国债	为弥补中央财政预算收支差额，中央财政预计发行国债与实际发行国债之间的差额
	二、负债类	
2001	应付短期政府债券	政府财政部门以政府名义发行的期限不超过 1 年（含 1 年）的国债和地方政府债券的应付本金和利息

续表

科目编号	科目名称	科目核算内容
2011	应付国库集中支付结余	政府财政采用权责发生制列支，预算单位尚未使用的国库集中支付结余资金
2012	与上级往来	本级政府财政与上级政府财政的往来待结算款项
2015	其他应付款	政府财政临时发生的暂收、应付和收到的不明性质款项。税务机关代征入库的社会保险费、项目单位使用并承担还款责任的外国政府和国际金融组织贷款，也通过本科目核算
2017	应付代管资金	政府财政代为管理的、使用权属于被代管主体的资金
2021	应付长期政府债券	政府财政部门以政府名义发行的期限超过1年的国债和地方政府债券的应付本金和利息
2022	借入款项	政府财政部门以政府名义向外国政府和国际金融组织等借入的款项，以及经国务院批准的其他方式借入的款项
2026	应付地方政府债券转贷款	地方政府财政从上级政府财政借入的地方政府债券转贷款的本金和利息
2027	应付主权外债转贷款	本级政府财政从上级政府财政借入的主权外债转贷款的本金和利息
2045	其他负债	政府财政因有关政策明确要求其承担支出责任的事项而形成的应付未付款项
2091	已结报支出	政府财政国库支付执行机构已清算的国库集中支付支出数额，财政国库支付执行机构未单设的地区，不使用该科目
	三、净资产类	
3001	一般公共预算结转结余	政府财政纳入一般公共预算管理的收支相抵形成的结转结余
3002	政府性基金预算结转结余	政府财政纳入政府性基金预算管理的收支相抵形成的结转结余
3003	国有资本经营预算结转结余	政府财政纳入国有资本经营预算管理的收支相抵形成的结转结余
3005	财政专户管理资金结余	政府财政纳入财政专户管理的教育收费等资金收支相抵后形成的结余
3007	专用基金结余	政府财政管理的专用基金收支相抵形成的结余
3031	预算稳定调节基金	政府财政设置的用于弥补以后年度预算资金不足的储备资金
3033	预算周转金	政府财政设置的用于调剂预算年度内季节性收支差额周转使用的资金
3081	资产基金	政府财政持有的应收地方政府债券转贷款，应收主权外债转贷款、股权投资和应收股利等资产（与其相关的资金收支纳入预算管理）的净资产中占用的金额
308101	应收地方政府债券转贷款	
308102	应收主权外债转贷款	
308103	股权投资	
308104	应收股利	

续表

科目编号	科目名称	科目核算内容
3082	待偿债净资产	政府财政因发生应付政府债券、借入款项、应付地方政府债券转贷款、应付主权外债转贷款、其他负债等负债（与其相关的资金收支纳入预算管理）相应需在净资产中冲减的金额
308201	应付短期政府债券	
308202	应付长期政府债券	
308203	借入款项	
308204	应付地方政府债券转贷款	
308205	应付主权外债转贷款	
308206	其他负债	
	四、收入类	
4001	一般公共预算本级收入	政府财政纳入本级一般公共预算管理的税收收入和非税收入
4002	政府性基金预算本级收入	政府财政纳入本级政府性基金预算管理的非税收入
4003	国有资本经营预算本级收入	政府财政纳入本级国有资本经营预算管理的非税收入
4005	财政专户管理资金收入	政府财政纳入财政专户管理的教育收费等资金收入
4007	专用基金收入	政府财政按照法律法规和国务院、财政部规定设置或取得的粮食风险基金等专用基金收入
4011	补助收入	上级政府财政按照财政体制规定或因专项需要补助给本级政府财政的款项，包括税收返还、转移支付等
4012	上解收入	按照财政体制规定由下级政府财政上交给本级政府财政的款项
4013	地区间援助收入	受援方政府财政收到援助方政府财政转来的可统筹使用的各类援助、捐赠等资金收入
4021	调入资金	政府财政为平衡某类预算收支、从其他类型预算资金及其他渠道调入的资金
4031	动用预算稳定调节基金	政府财政为弥补本年度预算资金的不足，调用的预算稳定调节基金
4041	债务收入	政府财政按照国家法律、国务院规定以发行债券等方式取得的，以及向外国政府、国际金融组织等机构借款取得的纳入预算管理的债务收入
4042	债务转贷收入	省级以下（不含省级）政府财政收到上级政府财政转贷的债务收入
	五、支出类	
5001	一般公共预算本级支出	政府财政管理的由本级政府使用的列入一般公共预算的支出
5002	政府性基金预算本级支出	政府财政管理的由本级政府使用的列入政府性基金预算的支出
5003	国有资本经营预算本级支出	政府财政管理的由本级政府使用的列入国有资本经营预算的支出
5005	财政专户管理资金支出	政府财政用纳入财政专户管理的教育收费等资金安排的支出
5007	专用基金支出	政府财政用专用基金收入安排的支出
5011	补助支出	本级政府财政按财政体制规定或因专项需要补助给下级政府财政的款项，包括对下级的税收返还、转移支付等

续表

科目编号	科目名称	科目核算内容
5012	上解支出	本级政府财政按照财政体制规定上交给上级政府财政的款项
5013	地区间援助支出	援助方政府财政安排用于受援方政府财政统筹使用的各类援助、捐赠等资金支出
5021	调出资金	政府财政为平衡预算收支、从某类资金向其他类型预算调出的资金
5031	安排预算稳定调节基金	政府财政按照有关规定安排的预算稳定调节基金
5041	债务还本支出	政府财政偿还本级政府财政承担的纳入预算管理的债务本金支出
5042	债务转贷支出	本级政府财政向下级政府财政转贷的债务支出

思考题

1. 什么是财政总预算会计？它有哪些主要特点？
2. 财政总预算会计的任务包括哪些？
3. 财政总预算会计科目分为哪五类？

第4章　财政总预算会计的资产

学习目标

- 了解财政总预算会计的资产的含义和分类；
- 掌握国库单一账户制度及有关业务的处理；
- 理解财政总预算会计的各类资产的含义和科目设置；
- 掌握财政总预算会计的各类资产的会计处理。

财政总预算会计核算的资产，是指由政府财政占有或控制的，能以货币计量的经济资源。按照流动性，财政总预算会计核算的资产分为流动资产和非流动资产。流动资产是指预计在1年内（含1年）变现的资产，包括财政存款、有价证券、在途款、预拨经费、借出款项、应收股利、应收利息、与下级往来、其他应收款等。非流动资产是指流动资产以外的资产，包括应收地方政府转贷、应收主权外资转贷、股权投资、代发国债等。《财政总预算会计制度》第23条规定，财政总预算会计核算的资产应当按照取得或发生时的实际金额计量，即采用历史成本计量属性。

4.1　财政存款

4.1.1　财政存款的含义与管理要求

财政存款是指政府财政部门代表政府管理的国库存款、国库现金管理存款以及其他财政存款等。财政性存款的支配权属于同级财政部门，并由财政总预算会计负责管理。财政性存款管理要求如下。

① 集中资金、统一调度。各种应由财政部门掌管的资金，都应纳入总预算会计的存款账户，由财政总预算会计统一收纳、支拨和管理，不能由其他职能部门收纳、支拨和管理。实行集中资金、统一调度的原则，使财政部门根据财政资金的情况合理调度，保证满足计划内各项正常支出的需要，提高财政资金使用效益，同时也有利于明确职责，建立内部控制机制。

② 严格控制存款开户。财政部门的预算资金除财政部有明确规定者外，一律由总预算会计统一在国库或指定银行开立存款账户，不得在国家规定外将预算资金或其他财政性资金任意转存其他金融机构。

③ 根据核定的年度预算和单位的季度分月用款计划拨付资金。财政部门应根据人民代表大会通过的年度预算或者财政有关职能部门批准的单位季度分月用款计划拨付财政资金，不得办理超预算、无用款计划的拨付。按预算和计划拨付资金，有利于保证政府财政预算的执行，发挥财政监督职能，提高使用资金的使用效益。

④ 办理转账结算，不提现金。财政总预算会计的各种支拨凭证，都只能转账结算，不得提取现金。财政部门是财政资金的分配部门，而不是财政资金的具体的使用单位，因此，财政预算单位不需要设置专门的“出纳”，其出纳机关是国库。办理转账结算，符合财政总预算会计的实际情况，同时也有利于保护国库存款的安全。

⑤ 在存款余额内支付，不得透支。财政总预算会计只能在国库和其他财政存款余额内办理支付。不能办理超余额的支付。在存款余额内支付，不能透支，这有利于财政总预算的执行，确保财政收支平衡。

4.1.2 财政存款的账户管理制度——国库单一账户制度

1. 国库单一账户制度的含义

国库单一账户制度，又称国库集中支付制度，是指政府所有财政性资金集中在国库或国库指定的代理银行开设账户，所有财政收入直接缴入这一账户，所有财政支出直接通过这一账户进行拨付的财政资金管理制度。财政部门在中央银行设立一个单一的国库账户，各单位的预算资金都在该账户的分类账户集中管理。

国库单一账户制度是从预算分配到资金拨付、使用、银行清算、直到资金到达商品或劳务提供者账户的全过程直接由国库控制。实行国库单一账户制度，可以从根本上解决有关部门和人员滥设过渡账户、随意截留和挪用财政资金，以及由于财政资金分散管理而形成的财政资金使用效益不高、财政宏观调控能力不强等问题。例如工资的集中支付，就是从国库直接支付到每个人的工资账户上，不再层层下拨。政府采购也是国库资金直接支付到商品或劳务提供者的账户上。

2. 国库单一账户制度下的收入收缴方式和程序

在国库单一账户制度下，财政收入的收缴分为直接缴库和集中汇缴两种收缴方式。

直接缴库是指缴款单位或缴款人按有关法律、法规规定，直接将应缴收入缴入国库单一账户的收缴形式。例如，直接缴库的税收收入由纳税人或税务代理人提出纳税申报，经征收机关审核无误后，由纳税人通过开户银行将税款缴入财政国库单一账户。

集中汇缴是指由征收机关有关法律、法规规定，将所收的应缴收入汇总缴入国库单一账户的收缴方式。例如，小额零散税收和法律另有规定的应税收入，由征税机关于收缴收入的当日汇总缴入国库单一账户。

3. 国库单一账户制度下财政支出的支付方式和程序

国库单一账户制度下，财政支付的支付方式分为财政直接支付和财政授权支付两种支付方式。

财政直接支付是指由财政部门根据预算单位提出的支付申请，向代理银行签发支付指令，由代理银行根据支付指令通过国库单一账户体系直接将财政资金支付到商品或劳务供应者账户的支付方式。该类支出主要包括工资支出、政府采购支出，以及方便实行直接支付其他支出。

财政授权支付是指预算单位根据财政部门的授权，自行签发支付指令，将资金支付到商品或劳务供应者账户或用款单位账户的支付方式。实行财政授权支付的支出主要包括未纳入财政直接支付支出的各种零星支出。

财政直接支付程序和财政授权支付程序分别见图 4-1 和图 4-2。具体支付流程将本篇第 8 章的财政总预算会计的支出中进行详细介绍。

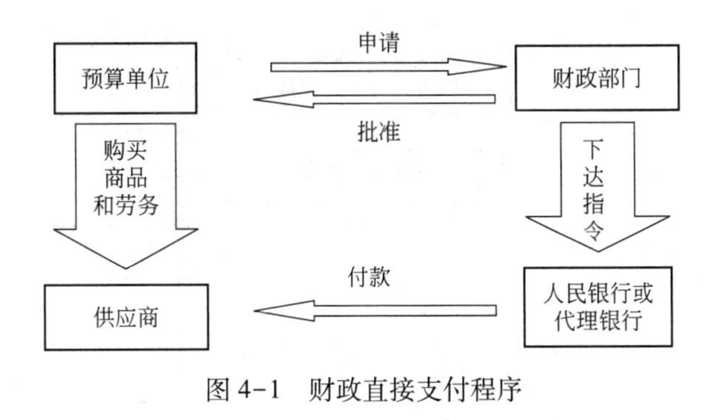

图 4-1　财政直接支付程序

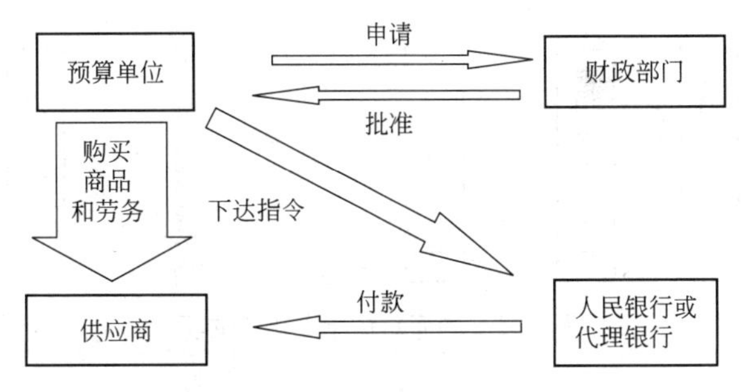

图 4-2　财政授权支付程序

4. 国库单一账户制度下账户体系的组成

在国库单一账户制度下，为加强财政存款的管理，财政部门设置一系列专门的银行账户，形成一个完整的以国库存款账户为核心的国库单一账户体系。目前，国库单一账户体系由财政部门开设的银行账户、财政部门为预算单位开设的银行账户以及特设银行账户组成。图 4-3 是国库集中支付账户体系。

（1）财政部门开设的银行账户

① 国库存款账户。该账户在中国人民银行开设，为国库单一账户，用于核算纳入财政预算管理的财政收入和支出，并用于与财政部门在商业银行开设的财政部门零余额账户以及财政部门为预算单位在商业银行开设的预算单位零余额账户进行清算，实现支付。

② 财政部门零余额账户。该账户也简称财政零余额账户，在商业银行开设，用于财政直接支付以及与国库单一账户进行清算，该账户为过渡性质的账户。代理银行在根据财政部门开具的支付指令向有关货品或劳务供应者支付款项，并按日向国库单一账户申请清算后，该账户的余额即为零。因此，称为财政部门零余额账户。

③ 财政专户。该账户在商业银行开设，用于核算实行财政专户管理的资金收入和支出，并用于财政专户管理资金日常收支清算。

（2）财政部门为预算单位开设的银行账户

① 预算单位零余额账户。该账户是财政部门为预算单位在商业银行开设的零余额账户。该账户用于财政授权支付，以及与国库单一账户进行清算。该账户为过渡性质的账户，是预算单位的一个授权支付用款额度。代理银行在根据预算单位开具的支付指令向有关货品或劳务供应者支付款项，并按日向国库单一账户申请清算后，该账户的余额即为零。因此，称为预算单位零余额账户。

② 财政汇缴零余额账户。该账户也可简称为财政汇缴专户，是财政部门为预算单位在商业银行开设的零余额账户。该账户用于反映预算单位作为执收单位收取的应当汇缴财政国

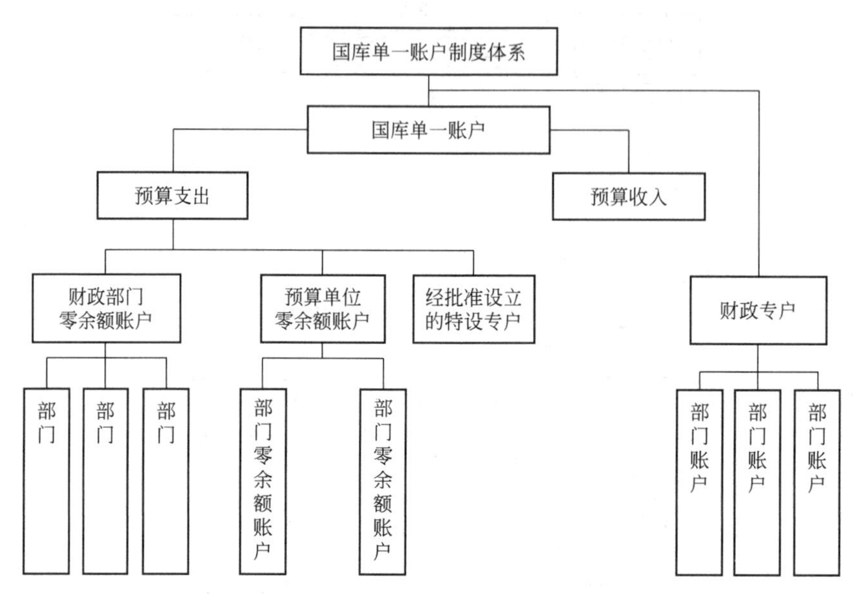

图 4-3 国库集中支付账户体系

库或财政专户的财政资金收入。由于执收单位收取的相关收费等财政资金收入应当在汇总缴入财政汇缴零余额账户后的当日即转入财政国库存款账户或财政专户，财政汇缴零余额账户每日汇缴后的余额为零，因此，称为零余额账户。设置财政汇缴零余额账户的目的，是为了方便执收单位收取相应的财政资金，并及时将收取的款项汇总缴入财政国库或财政专户，纳入财政部门的管理范围。

（3）特设银行账户

特设银行账户是指经国务院和省级人民政府批准或授权财政部门开设的特殊过渡性专户。该账户用于核算预算单位的特殊专项支出活动，并用于与国库单一账户进行清算。一般情况下，该账户为实存资金账户。

根据相关规定，财政部门零余额账户和预算单位零余额账户的用款额度具有与人民币存款相同的支付结算功能。财政部门零余额账户可以办理转账等支付结算业务，但不得提取现金。预算单位零余额账户可以办理转账、汇兑、委托收款和提取现金等支付结算业务。

4.1.3 财政存款的核算

财政存款的内容主要包括国库存款、国库现金管理存款和其他财政存款。

1. 国库存款的含义和核算

国库存款是指政府财政存放在国库单一账户的款项。包括一般预算资金存款和基金预算存款。财政总预算会计通过设置“国库存款”总账科目来核算国库存款业务。该科目借方记国库存款增加数，贷方记国库存款减少数，借方余额反映国库存款的结存数。该科目分为基金预算存款和一般预算存款进行明细核算。

国库存款增加业务主要有财政总预算会计收到本级财政预算收入、收到上级财政补助收入、收到下级财政上解收入等。财政总预算会计收到预算收入时，应根据国库报来的预算收入日报表、有关财政结算凭证等入账，借记该科目，贷记相关收入类科目。当日收入数为负数时，以红字记入；采用计算机记账的，用负数反映。此外，收到国库存款利息收入时，借记该科目，贷记“一般公共预算本级收入”科目。收到缴入国库的来源不清的款项时，借记该科目，贷记“其他应付款”等科目。

国库存款减少业务主要有办理库款拨付、上解上级财政支出、对下级财政补助支出等。财政总预算会计在核算国库存款减少业务时，应根据预算支出结算清单、财政直接支付申请划款凭证、财政授权支付申请划款凭证、有关财政结算凭证等相关凭证入账，贷记该科目，借记相关支出类科目。

【例 4-1】 某市财政总预算会计发生下列业务。

① 收到国库报来的本级“预算收入日报表”，列示当日市级一般公共预算本级收入为 72 万元，政府性基金预算本级收入为 65 万元，省财政一般预算补助 20 万元，所辖县上解收入 45 万元。市财政总预算会计应编制如下会计分录。

借：国库存款——一般预算存款　720 000

　贷：一般公共预算本级收入　720 000

借：国库存款——基金预算存款　650 000

　贷：政府性基金预算本级收入　650 000

借：国库存款——一般预算存款　200 000

　贷：补助收入　200 000

借：国库存款——一般预算存款　450 000

　贷：上解收入　450 000

② 收到财政国库支付中心报来的预算支出结算清单，财政国库支付中心以财政直接支付的方式，通过财政零余额账户支付有关预算单位的属于一般预算支出的工资支出 20 万元。市财政总预算会计应编制如下会计分录。

借：一般预算支出　200 000

　贷：国库存款——一般预算存款　200 000

③ 收到财政国库支付中心报来的预算支出结算清单，财政国库支付中心以财政直接支付的方式，通过财政零余额账户支付有关预算单位的属于一般预算支出的物品采购支出 40 万元。市财政总预算会计应编制如下会计分录。

借：一般公共预算本级支出　400 000

　贷：国库存款——一般预算存款　400 000

④ 按照财政体制要求向省财政上解一般预算收入 82 000 元。市财政总预算会计应编制如下会计分录。

借：上解支出　82 000

　贷：国库存款——一般预算存款　82 000

⑤ 以国库一般预算存款向所属下级某县财政作专项补助 79 000 元。市财政总预算会计应编制如下会计分录。

借：补助支出　79 000

　贷：国库存款——一般预算存款　79 000

⑥ 市财政对于政府性基金预算尚未实行国库集中支付方式，财政总预算会计向某预算单位实拨一笔基金预算存款 65 000 元，存入该预算单位的基本存款账户。市财政总预算会计应编制如下会计分录。

借：政府性基金预算本级支出	65 000	
贷：国库存款——基金预算存款		65 000

2. 国库现金管理存款的含义和核算

国库现金管理存款是指政府财政实行国库现金管理业务存放在商业银行的款项。国库现金管理的对象主要包括库存现金、活期存款和与现金等价的短期金融资产等。国库现金管理应当遵循安全性、流动性、收益性相统一的原则。即在确保财政资金安全、财政支出支付流动性需求的基础上，实现财政资金的保值和增值。

财政总预算会计应设置“国库现金管理存款”总账科目用于核算国库现金管理存款业务。该科目的借方登记国库现金管理存款的增加数，贷方登记国库资金管理存款的减少数，期末借方余额反映政府财政实行国库现金管理业务持有的存款的结存数。

按照国库现金管理有关规定，将库款转存商业银行时，按照存入商业银行的金额，借记该科目，贷记“国库存款”科目。国库现金管理存款收回国库时，按照实际收回的金额，借记“国库存款”科目，按照原存入商业银行的存款本金金额，贷记该科目，按照两者的差额，贷记“一般公共预算本级收入”科目。

【例 4-2】 某市财政总预算会计根据国库现金管理的有关规定，将库款 35 万元转存商业银行。转存期满后，国库现金管理存款收回国库，实际收到金额 354 000 元。市财政总预算会计应编制如下会计分录。

① 将库款转存商业银行时：

借：国库现金管理存款	350 000	
贷：国库存款		350 000

② 国库现金管理存款收回国库时：

借：国库存款	354 000	
贷：国库现金管理存款		350 000
一般公共预算本级收入		4 000

3. 其他财政存款的含义和核算

其他财政存款是指政府财政未列入“国库存款”“国库现金管理存款”科目反映的各项存款，包括未设国库的乡镇财政在专业银行的预算资金存款、由财政部指定存入专业银行的专用基金存款、经批准开设的特设账户存款、未纳入预算并实行财政专户管理的资金存款等。

财政总预算会计应设置“其他财政存款”总账科目用于为核算其他财政存款业务；该科目的借方登记其他财政存款的增加数，贷方登记其他财政存款的减少数，期末借方余额反映政府财政持有的其他财政存款的结存数。其明细账应当按照资金性质和存款银行等进行明细核算。

财政专户收到款项时，按照实际收到的金额，借记该科目，贷记有关科目。目前纳入财政专户管理的资金主要是教育收费。财政部门对教育单位拨付教育收费可以是实拨资金，也可以是集中支付或财政专户直接支付。纳入财政专户管理的资金，一旦纳入财政预算管理、需要缴入财政国库的，应当及时将相应资金从其他财政存款账户转入国库存款账户，并做出相应的会计转账处理。

其他财政存款产生的利息收入，除规定作为专户资金收入外，其他利息收入都应缴入国库纳入一般公共预算管理。取得其他财政存款利息收入时，按照实际获得的利息金额，根据以下情况分别处理：①按规定作为专户资金收入的，借记该科目，贷记“应付代管资金”或有关收入科目；②按规定应缴入国库的，借记该科目，贷记“其他应付款”科目。将其他财政存款利息收入缴入国库时，借记“其他应付款”科目，贷记该科目；同时，借记“国库存款”科目，贷记“一般公共预算本级收入”科目。其他财政存款减少时，按照实际支付的金额，借记有关科目，贷记该科目。

【例 4-3】 某市财政收到按规定实行财政专户管理的教育收费共计 27 万元。同日，通过财政专户向有关教育单位拨付教育收费共计 14 万元。市财政总预算会计应编制如下会计分录。

①收到财政专户管理资金时：

借：其他财政存款	270 000	
贷：财政专户管理资金收入		270 000

② 拨付财政专户管理资金时：

借：财政专户管理资金支出	140 000	
贷：其他财政存款		140 000

【例 4-4】 某市财政收到上级省财政拨入的粮食风险基金 22 万元，存入粮食风险基金财政专户。市财政总预算会计应编制如下会计分录。

借：其他财政存款	220 000	
贷：专用基金收入		220 000

【例 4-5】 某市财政通过财政专户办理中央专项资金财政直接支付业务，向有关货品和服务供应商支付金额 7 000 元。市财政总预算会计应编制如下会计分录。

借：一般公共预算本级支出	7 000	
贷：其他财政存款		7 000

4. 财政零余额账户存款的含义和核算

财政零余额账户是在国库单一账户制度下财政部门为办理直接支付业务而设立使用的银行账户，是财政部门在代理银行开设、与国库单一账户进行清算，用于办理财政直接支付业务的账户。

财政部门支付业务由财政国库支付中心负责。财政国库支付中心的重要职责之一，是办理财政资金的支付业务，它是财政部门审核、监督财政资金收付工作的延伸。财政国库支付中心会计是财政总预算会计的延伸，从机构设置上看，财政国库支付中心会计业务由财政部门国库处（司、科、室）负责，财政总预算会计业务则由财政部门的预算处（司、科、室）负责。

国库会计设置“财政零余额账户存款”和“已结转支出”两个总账科目用于核算财政国库支付中心在银行办理财政直接支付的资金业务。

“财政零余额账户存款”科目属于资产类科目，用于核算财政国库支付中心在代理银行办理财政直接支付的业务。该科目贷方登记财政国库支付中心当天发生的财政直接支付资金数，借方登记当天国库单一账户存款划入的冲销数。该科目当天资金结算后，余额为零。

“已结报支出”科目属于负债类科目，该科目核算内容参见5.2.2节。

【例4-6】 某市财政国库支付中心发生下列业务：

① 依据卫生局所报基础数据和单位提供的本月职工工资表，为该单位直接支付工资，应发工资总额8万元。市国库支付中心会计应编制如下会计分录。

借：一般公共预算本级支出——财政直接支付　　80 000

　贷：财政零余额账户存款　　80 000

②向市属某大学的教学设备供应商支付设备款30万元。市国库支付中心会计应编制如下会计分录。

借：一般公共预算本级支出——财政直接支付　　300 000

　贷：财政零余额账户存款　　300 000

③ 从财政零余额账户中拨付2万元用于市属某图书馆采购图书，该项资金为基金预算支付资金。市国库支付中心会计应编制如下会计分录。

借：政府性基金预算本级支出——财政直接支付　　20 000

　贷：财政零余额账户存款　　20 000

④ 财政国库支付中心汇总编制了“预算支出结算清单”，汇总的财政直接支付应结算资金数额为40万元。营业日终了，代理银行与国库清算，从国库单一账户划款到零余额账户，市国库支付中心会计应编制如下会计分录。

借：财政零余额账户存款　　400 000

　贷：已结报支出——财政直接支付　　400 000

⑤ 财政国库支付中心收到代理银行报来的“财政支出日报表”。其中，以一般预算安排的授权支出6 000元。以基金预算安排的授权支出4 000元。该“财政支出日报表”与国库划款凭证核对无误，市国库支付中心会计应编制如下会计分录。

借：一般公共预算本级支出　　6 000

　　政府性基金预算本级支出　　4 000

　贷：已结报支出——财政授权支付　　10 000

⑥ 年终，财政国库支付中心将预算支出与有关方面核对一致。有关账户的余额具体为：“已结报支出——财政直接支付”63万元，“已结报支出——财政授权支付”34万元。“一般公共预算本级支出”89万元，“政府性基金预算本级支出”8万元。市国库支付中心会计应编制如下会计分录。

借：已结报支出——财政直接支付　　630 000

　　　　　　　——财政授权支付　　340 000

　贷：一般公共预算本级支出　　890 000

　　　政府性基金预算本级支出　　80 000

4.1.4 在途款的含义和核算

在途款，是指决算清理期和库款报解整理期内发生的需要过渡处理的属于上年度收入、支出等业务的资金数和其他需要作为在途款的资金。

财政总预算会计应设置“在途款”总账科目用于核算需要过渡处理的属于上年度收入、支出等业务的增减变动情况；该科目的借方登记在途款的增加数，贷方登记在途款的减少数；期末借方余额反映政府财政持有的在途款的结存数。

为正确反映各年度财政收支的数额，财政总预算会计将年度终了后的 10 天设定为“决算清理期和库款报解整理期”。决算清理期和库款报解整理期内收到属于上年度收入时，在上年度账务中，借记该科目，贷记有关收入科目；收回属于上年度拨款或支出时，在上年度账务中，借记该科目，贷记“预拨经费”或有关支出科目。冲转在途款时，在本年度账务中，借记“国库存款”科目，贷记该科目。

【例 4-7】 某市财政在库款报解整理期内收到属于上一年度的一般公共预算本级收入 36 万元。财政总预算会计应编制如下会计分录。

① 在上年度账上：

借：在途款　　360 000

　贷：一般公共预算本级收入　　360 000

② 在新年度账上：

借：国库存款　　360 000

　贷：在途款　　360 000

【例 4-8】 某市财政在决算清理期内收回上年度已列支的一般公共预算本级支出 15 万元。财政总预算会计应编制如下会计分录。

① 在上年度账上：

借：在途款　　150 000

　贷：一般公共预算本级支出　　150 000

② 在新年度账上：

借：国库存款　　150 000

　贷：在途款　　150 000

4.2 借出款项、与下级往来、预拨经费和其他应收款

4.2.1 借出款项的含义和核算

借出款项是指政府财政按照对外借款管理相关规定借给预算单位临时急需的款项，它有可能收回，也有可能核销转为为支出。借出款项属于债权性质，财政总预算会计应及时组织清理，不能长期挂账，年终一般应当清理完成。

由于没有相应的预算安排，所属预算单位在使用临时急需财政资金时，财政总预算会计不能列报支出，应当做借出款项处理。

财政总预算会计应设置“借出款项”总账科目用于核算借出款项业务；该科目借方登记借出款项的增加数，贷方登记收回的借出款项的减少数；期末借方余额反映政府财政借给预算单位尚未收回的借出款项的结存数。该科目明细账应当按照借款单位等设置并进行明细核算。一级政府将款项借出时，按照实际支付的金额，借记该科目，贷记“国库存款”等科目。收回借款时，按照实际收到的金额，借记“国库存款”等科目，贷记该科目。

【例 4-9】 某市财政因所属某单位临时急需资金，借给该单位一般预算款项 6 万元。随后，该借出款项已落实预算，全数转作支出。

① 支付借款时，市财政总预算会计应编制如下会计分录。

借：借出款项　　60 000

　贷：国库存款——一般预算存款　　60 000

② 该笔借款转作经费拨款时，市财政总预算会计应编制如下会计分录。

借：一般公共预算本级支出　　60 000

　贷：借出款项　　60 000

4.2.2 与下级往来的含义和核算

与下级往来是指本级政府财政与下级政府财政的往来待结算款项。

财政上下级之间，由于财政资金周转调度的需要，往往会发生下级财政向上级财政借款周转的业务。在年终财政体制结算中，也会发生下级财政上解资金或上级财政向下级财政补助资金的业务，这类业务属于上下级财政间的待结算业务。从上级财政角度来说，这类业务即为与下级往来业务。与下级往来的款项应及时清理结算，转作补助支出的部分，应在当年结算；其他年终未能结清的余额，结转下年。

此外，各级政府间的一般转移支付业务和专项转移支付业务，都会形成与下级往来和与上级往来的核算内容。各级政府间的转移支付收入和转移支付支出纳入本级政府预算，经法定程序批准后组织实施。转移支付资金的性质可以有一般公共预算资金、政府性基金预算资金和国有资本经营预算资金等。

财政总预算会计应设置“与下级往来”总账科目用于核算与下级往来业务；该科目的借方登记借给下级政府财政款项，体制结算中应当由下级政府财政上交的收入数，发生补助多补应当退回数，贷方登记借款收回、转作补助支出或体制结算应当补助下级政府财政的支出、发生上解多交应当退回数；期末借方余额反映下级政府财政欠本级政府财政的款项；期末贷方余额反映本级政府财政欠下级政府财政的款项。该科目应当按照下级政府财政、资金性质等进行明细核算。

借给下级政府财政款项时，借记该科目，贷记“国库存款”科目。体制结算中应当由下级政府财政上交的收入数，借记该科目，贷记“上解收入”科目。借款收回、转作补助支出或体制结算应当补助下级政府财政的支出，借记“国库存款”“补助支出”等有关科目，贷记该科目。发生上解多交应当退回的，按照应当退回的金额，借记“上解收入”科目，贷记该科目。发生补助多补应当退回的，按照应当退回的金额，借记该科目，贷记“补助支出”科目。

【例 4-10】 某县财政为解决所属某镇财政资金周转调度的需要，用一般预算存款借给其款项 20 万元。随后，该县财政通过结算，确认该镇财政应得补助收入 12 万元，其他 8 万元该镇财政应予归还。该县财政收到了下属镇财政归还的该笔款项。

① 支付借款时，县财政总预算会计应编制如下会计分录。

借：与下级往来——某镇　　200 000

　贷：国库存款——一般预算存款　　200 000

② 确认对镇财政补助 12 万元及收到归还的款项 8 万元，县财政总预算会计应编制如下会计分录。

借：国库存款——一般预算存款　　80 000
　　补助支出　　120 000
　贷：与下级往来——某镇　　200 000

【例 4-11】 某市在财政体制结算中，与所属县发生下列业务：

① 甲县财政应上缴本市财政款项 44 万元。市财政总预算会计应编制如下会计分录。

借：与下级往来——甲县　　440 000
　贷：上解收入　　440 000

② 应补助乙县财政款项 22 万元。市财政总预算会计应编制如下会计分录。

借：补助支出　　220 000
　贷：与下级往来——乙县　　220 000

4.2.3　预拨经费的含义和核算

预拨经费是指由于特殊情况预拨给预算单位，但尚未为预算支出的款项。根据预算法相关规定，各级政府预算报告经同级人民代表大会批准后方可执行。在预算批准之前，为满足各预算单位在年初对预算资金使用的需求，财政总预算会计在上年末按照一定标准向所属预算单位预拨下年度初的预算经费，待预算报告批准后，预拨经费再转为预算支出。

财政总预算会计应设置“预拨经费”科目用于核算预拨经费业务。该科目借方登记预拨经费的增加数，贷方登记预拨经费的转出或收回数，期末借方余额反映尚未转列支出或尚待收回的预拨经费数。该科目应按拨款单位设置明细账。

预拨经费时，借记该科目，贷记“国库存款”“其他财政存款”科目；转列支出或收到用款单位交回预拨经费时，借记“一般预算本级支出”“国库存款”等科目，贷记该科目。

【例 4-12】 某市财政 12 月份向位于边远山区的某单位预拨下年 1 月份经费 30 万元。下年，经批准，将该笔经费转为支出。

① 市财政预拨经费时，市财政总预算会计应编制如下会计分录。

借：预拨经费——某单位　　300 000
　贷：国库存款——一般预算存款　　300 000

② 下年，将该笔经费转为支出时，市财政总预算会计应编制如下会计分录。

借：一般公共预算本级支出　　300 000
　贷：预拨经费——某单位　　300 000

4.2.4　其他应收款的含义和核算

其他应收款是指政府财政临时发生的其他应收、暂付、垫付款项。该项目是某级政府财政让渡其资金使用权，而被其他会计主体临时占用的资金。财政总预算会计核算的其他应收款包括：财政部门在尚未批准预算的情况下，对预算单位的临时拨款；上级财政部门为下级财政部门垫付的转贷款还款；财政部门为承担转贷款还款责任的用款单位垫付的转贷款还款；财政部门对承担政府重要商品储备任务企业拨付的商品储备周转资金；从国库支付给政府采购资金专户、准备用于政府采购的财政资金。此外，项目单位拖欠外国政府和国际金融组织贷款本息和相关费用导致相关政府财政履行担保责任，代偿的贷款本息费，也通过其他应收款核算。各级政府财政应当及时清理长期应收款，不得长期挂账。

财政总预算会计应设置“其他应收款”总账科目用于核算其他应收款业务；该科目的借方登记其他应收款的增加数，贷方登记其他应收款的减少数，年终原则上应无余额。该科目应当按照资金性质、债务单位等进行明细核算。

发生其他应收款项时，借记该科目，贷记“国库存款”“其他财政存款”等科目。收回或转作预算支出时，借记“国库存款”“其他财政存款”或有关支出科目，贷记该科目。

【例 4-13】 某省财政代所属某市财政发行一批地方政府债券。偿付债券的资金由市财政负责提供，省财政负责向债券投资者支付。本月末，市财政尚未向省财政提供支付利息的资金，省财政代向市政府向债券持有者支付到期利息 42 万元。2 个月后，该市财政向省财政偿还了垫付的债券利息 42 万元。省财政总预算会计应编制如下会计分录。

① 为所属市财政垫付到期政府债券利息时：

借：其他应收款	420 000	
贷：国库存款		420 000

② 收到所属市财政偿还的政府债券利息时：

借：国库存款	420 000	
贷：其他应收款		420 000

4.3 政府投资

政府投资也称财政投资，是指以各级政府作为主体，为获得一定的经济效益或社会效益，将其通过税收和发行国债的方式募集的财政资金，投资于国内外的部门、企业或组织的经营或事业过程。按照《财政总预算会计制度》的规定，政府投资主要包括有价证券和股权投资。

4.3.1 有价证券的含义和核算

1. 有价证券的含义

在政府会计中，有价证券是指政府依照法定程序发行的、约定一定期限内还本付息的信用凭证，主要包括国库券、特别国债、国家重点建设债券等。发行有价证券是政府调节宏观经济，平衡预算、集中财力、筹集国家重点建设项目的建设资金的一种手段。

在财政总预算会计中，有价证券是指地方各级财政按照有关规定取得并持有的中央政府财政部以信用方式发行的国债。它属财政总预算会计核算的债权性投资。

2. 有价证券的核算

财政总预算会计应设置“有价证券”总账科目用于核算有价证券业务；该科目借方登记购入有价证券数额；贷方登记转让或到期兑付有价证券的数额，期末借方余额反映政府财政持有的有价证券的结存数。该科目明细账应当按照有价证券种类和资金性质设置并进行明细核算。

购入有价证券时，按照实际支付的金额，借记该科目，贷记“国库存款”“其他财政存款”等科目。转让或到期兑付有价证券时，按照实际收到的金额，借记“国库存款”“其他财政存款”等科目，按照该有价证券的账面余额，贷记该科目，按其差额，贷记“一般公共预算本级收入”等科目。

【例 4-14】 某市财政用暂时闲置的一般公共预算结余资金 25 万元购买政府债券。3 个月之后，将购买的该政府债券转让，收到款项合计 256 000 元。市财政总预算会计应编制如下会计分录。

① 购买政府债券时：

借：有价证券	250 000	
贷：国库存款		250 000

② 转让政府债券时：

借：国库存款	256 000	
贷：有价证券		250 000
一般公共预算本级收入		6 000

4.3.2　股权投资的含义和核算

1. 股权投资的含义和分类

股权投资是指政府持有的各类股权投资资产，包括国际金融组织股权投资、投资基金股权投资、国有企业股权投资等。

2. 股权投资的核算

财政总预算会计应设置“股权投资”总账科目用于核算股权投资业务；该科目的借方登记股权投资的增加数，贷方登记股权投资的减少数；期末借方余额反映政府持有的各种股权投资的结存数。该科目应当按照“国际金融组织股权投资”“投资基金股权投资”“企业股权投资”设置一级明细科目，在一级明细科目下，可根据管理需要按照被投资主体进行明细核算。对每一被投资主体还可按“投资成本”“收益转增投资”“损益调整”“其他权益变动”进行明细核算。为如实反映由股权投资业务形成的政府预算支出以及政府股权投资资产，股权投资业务应当采用“双轨制”或“双分录”会计记录方法。

根据财政总预算会计制度的规定，政府财政股权投资一般采用权益法进行投资资产和投资损益的列报。权益法要求政府财政投资要按照其在被投资企业或单位拥有的权益比例和被投资企业或单位净资产的变化来调整“股权投资”科目的账面价值。

1）国际金融组织股权投资的核算

政府财政代表政府认缴国际金融组织股本时，按照实际支付的金额，借记“一般公共预算本级支出”等科目，贷记“国库存款”科目；根据股权投资确认相关资料，按照确定的股权投资成本，借记“股权投资”科目，贷记“资产基金——股权投资”科目。从国际金融组织撤出股本时，按照收回的金额，借记“国库存款”科目，贷记“一般公共预算本级支出”科目；根据股权投资清算相关资料，按照实际撤出的股本，借记“资产基金——股权投资”科目，贷记“股权投资”科目。

【例 4-15】 我国与某国际金融组织签订协议，认缴该国际金融组织股本 300 万美元，当日即期汇率为 1 美元=6.3 元人民币。2 年后，根据协议撤出股本 100 万美元，假定当日即期汇率为 1 美元=6.3 元人民币。财政总预算会计应编制如下会计分录。

① 认缴国际金融组织股本：

借：一般公共预算本级支出	1 890 000	
贷：国库存款		1 890 000
借：股权投资——国际金融组织股权投资（投资成本）	1 890 000	
贷：资产基金——股权投资		1 890 000

② 从国际金融组织撤出股本：

借：国库存款	1 890 000	
贷：一般公共预算本级支出		1 890 000
借：资产基金——股权投资	1 890 000	
贷：股权投资——国际金融组织股权投资（投资成本）		1 890 000

2）投资基金股权投资的核算

（1）取得投资的核算

政府财政对投资基金进行股权投资时，按照实际支付的金额，借记“一般公共预算本级支出”等科目，贷记“国库存款”等科目；根据股权投资确认相关资料，按照实际支付的金额，借记“股权投资——投资成本”科目，按照确定的在被投资基金中占有的权益金额与实际支付金额的差额，借记或贷记“股权投资——其他权益变动”科目，按照确定的在被投资基金中占有的权益金额，贷记“资产基金——股权投资”科目。

（2）持有投资期间的核算

年末，根据政府财政在被投资基金当期净利润或净亏损中占有的份额，借记或贷记“股权投资——损益调整”科目，贷记或借记“资产基金——股权投资”科目。政府财政将归属财政的收益留作基金滚动使用时，借记“股权投资——收益转增投资”科目，贷记“股权投资——损益调整”科目。

被投资基金宣告发放现金股利或利润时，按照应上缴政府财政的部分，借记“应收股利”科目，贷记“资产基金——应收股利”科目；同时按照相同的金额，借记“资产基金——股权投资”科目，贷记“股权投资——损益调整”科目。被投资基金发生除净损益以外的其他权益变动时，按照政府财政持股比例计算应享有的部分，借记或贷记“股权投资——其他权益变动”科目，贷记或借记“资产基金——股权投资”科目。

（3）收回投资的核算

投资基金存续期满、清算或政府财政从投资基金退出需收回出资时，政府财政按照实际收回的资金，借记“国库存款”等科目，按照收回的原实际出资部分，贷记“一般公共预算本级支出”等科目，按照超出原实际出资的部分，贷记“一般公共预算本级收入”等科目；根据股权投资清算相关资料，按照因收回股权投资而减少在被投资基金中占有的权益金额，借记“资产基金——股权投资”科目，贷记“股权投资”科目。

【例 4-16】 某省财政根据发生的投资基金股权投资业务，省财政总预算会计应编制相关会计分录。

① 以国库存款 6 000 万元取得某投资基金 35% 的股权投资，采用权益法核算该项长期股权投资，投资当日该基金净资产为 20 000 万元。不考虑其他因素。

借：一般公共预算本级支出　　60 000 000
　贷：国库存款　　60 000 000

同时：

借：股权投资——投资成本　　60 000 000
　　股权投资——其他权益变动　　10 000 000
　贷：资产基金——股权投资　　70 000 000

② 当年末，该投资基金运营获利 600 万元，发生净损益以外的其他权益增加额合计 50 万元。

政府财政在被投资基金当期净利润中占有的份额 = 600 万元 × 35% = 210 万元

该省财政应享有其他权益的份额 = 50 万元 × 35% = 17. 5 万元

借：股权投资——损益调整　　2 100 000
　贷：资产基金——股权投资　　2 100 000

借：股权投资——其他权益变动　　175 000
　贷：资产基金——股权投资　　175 000

③ 政府财政将归属财政的净利润 100 万元当作基金滚存使用：

借：股权投资——收益转增投资　　1 000 000
　贷：股权投资——损益调整　　1 000 000

④ 当年末，被投资基金宣告发放现金股利 200 万元。

应分享现金股利 = 200 万元 × 35% = 70 万元

借：应收股利　　700 000
　贷：资产基金——应收股利　　700 000

同时：

借：资产基金——股权投资　　700 000
　贷：股权投资——损益调整　　700 000

（4）企业股权投资

企业股权投资的账务处理，根据管理条件和管理需要，参照投资基金股权投资的账务处理。

【例 4-17】 某市政府财政根据经批准的预算，使用国有资本经营预算资金向某国有企业拨付款项 30 万元，作为对该国有企业注入的资本金。市财政总预算会计应编制如下会计分录。

借：国有资本经营预算本级支出　　300 0000
　贷：国库存款　　300 000

同时，

借：股权投资——投资成本　　300 000
　贷：资产基金——股权投资　　300 000

4.3.3 应收股利的含义和核算

应收股利是指政府因持有股权投资应当收取的现金股利或利润。相关被投资主体宣告发放现金股利或利润时，为如实反映政府财政拥有的应收股利或利润债权，财政总预算会计应采用权责发生制核算政府财政应分得的部分。但应收的现金股利或利润暂时还不能用来安排财政支出，财政总预算会计暂时不确认财政收入，需要在实际收到相应现金股利或利润时，才确认一般公共预算本级收入等财政收入。应收股利的核算也需要采用“双轨制”或“双分录”会计处理方法。

财政总预算会计应设置“应收股利”总账科目用于核算应收股利业务；该科目借方登记应收股利的增加数；贷方登记应收股利的减少数，期末借方余额反映政府尚未收回的现金股利或利润的结存数。该科目应当按照被投资主体进行明细核算。

持有股权投资期间被投资主体宣告发放现金股利或利润的，按应上缴政府财政的部分，借记该科目，贷记“资产基金——应收股利”科目；按照相同的金额，借记“资产基金——股权投资”科目，贷记“股权投资——损益调整”科目。实际收到现金股利或利润，借记“国库存款”等科目，贷记有关收入科目；按照相同的金额，借记“资产基金——应收股利”科目，贷记该科目。

【例 4-18】 承例 4-16，该省政府财政收到该投资基金支付的现金股利 70 万元，根据相关规定该部分现金股利纳入该省政府财政的国有资本经营预算。该省财政总预算会计应编制如下会计分录。

借：国库存款	700 000	
贷：国有资本经营预算本级收入		700 000
同时：		
借：资产基金——应收股利	700 000	
贷：应收股利		700 000

4.4 应收转贷款和代发国债

4.4.1 应收地方政府债券转贷款的含义和核算

应收地方政府债券转贷款是指本级政府财政转贷给下级政府财政的地方政府债券资金。

本级政府财政在向下级政府财政转贷地方政府债券款项时，形成应收地方政府债券转贷款；下级政府财政形成应付地方政府债券转贷款。地方政府债券转贷资金属于地方政府间的转移性收入或转移性支出。

本级政府财政转贷给下级政府财政地方政府债券款项时，应当采用“双轨制”或“双分录”会计记录方法。即按照收付实现制确认债务转贷支出，同时，按照权责发生制确认应收地方政府债券转贷款债权。本级政府财政收回地方政府债券转贷款项时，不形成本级政府财政的收入，而形成应向地方政府债券投资者偿付债券本息的负债。

财政总预算会计应设置“应收地方政府债券转贷款”总账科目用于核算本级政府财政转贷给下级政府财政的地方政府债券资金的本金及利息；该科目借方登记向下级政府财政转

贷地方政府债券的本金及利息，贷方登记收回下级政府财政偿还的转贷款本息；期末借方余额反映政府财政应收未收的地方政府债券转贷款本金和利息的结存数。该科目下应当设置“应收地方政府一般债券转贷款”和“应收地方政府专项债券转贷款”明细科目，其下分别设置“应收本金”和“应收利息”两个明细科目，并按照转贷对象进行明细核算。

本级政府财政向下级政府财政转贷地方政府债券资金时，按照转贷的金额，借记“债务转贷支出”科目，贷记“国库存款”科目；根据债务管理部门转来的相关资料，按照到期应收回的转贷本金金额，借记“应收地方政府债券转贷款”科目，贷记“资产基金——应收地方政府债券转贷款”科目。

期末确认地方政府债券转贷款的应收利息时，根据债务管理部门计算出的转贷款本期应收未收利息金额，借记“应收地方政府债券转贷款”科目，贷记“资产基金——应收地方政府债券转贷款”科目。

收回下级政府财政偿还的转贷款本息时，按照收回的金额，借记“国库存款”等科目，贷记“其他应付款”或“其他应收款”科目；根据债务管理部门转来的相关资料，按照收回的转贷款本金及已确认的应收利息金额，借记“资产基金——应收地方政府债券转贷款”科目，贷记“应收地方政府债券转贷款”科目。

扣缴下级政府财政的转贷款本息时，按照扣缴的金额，借记“与下级往来”科目，贷记“其他应付款”或“其他应收款”科目；根据债务管理部门转来的相关资料，按照扣缴的转贷款本金及已确认的应收利息金额，借记“资产基金——应收地方政府债券转贷款”科目，贷记“应收地方政府债券转贷款”科目。被上级政府财政扣缴转贷款的本金及已确认的应收利息后，其所属下级政府财政从上级省政府财政获得的财政补助资金数额将相应扣减。

【例 4-19】 某省财政发行一批地方政府债券。同时，向所属下级某市财政转贷 55 万元。该转贷款项每年利息费用为 6 000 元，转贷期限为 3 年，每年支付一次利息。省财政总预算会计应编制如下会计分录。

① 向下级市政府财政转贷债券本金时：

借：债务转贷支出　550 000
　贷：国库存款　550 000

同时：

借：应收地方政府债券转贷款　550 000
　贷：资产基金——应收地方政府债券转贷款　550 000

② 每年确认债券转贷款的应收利息时：

借：应收地方政府债券转贷款　6 000
　贷：资产基金——应收地方政府债券转贷款　6 000

③ 按时收到下级市政府财政支付的债券转贷款利息时：

借：国库存款　6 000
　贷：其他应付款　6 000

同时：

借：资产基金——应收地方政府债券转贷款　6 000
　贷：应收地方政府债券转贷款　6 000

④ 按时收回下级市政府财政偿还的债券转贷款本金时：

借：国库存款 550 000

贷：其他应付款 550 000

同时：

借：资产基金——应收地方政府债券转贷款 550 000

贷：应收地方政府债券转贷款 550 000

如果该笔转贷款到期，所属市政府财政未按时偿还贷款本金，省政府财政予以扣缴时：

借：与下级往来 550 000

贷：其他应付款 550 000

同时：

借：资产基金——应收地方政府债券转贷款 550 000

贷：应收地方政府债券转贷款 550 000

4.4.2 应收主权外债转贷款的含义和核算

应收主权外债转贷款是指本级政府财政转贷给下级政府财政的外国政府和国际金融组织贷款等主权外债资金的本金及利息。

外债转贷款是指国内机构（以下简称转贷款债权人）从境外借用直接外债后，按照国家相关规定或者根据自身与境外债权人关于资金用途的约定，在对外承担第一性还款责任的前提下，向境内其他机构（以下简称转贷款债务人）继续发放的贷款资金。外债转贷款包括政策性外债转贷款和商业性外债转贷款。

财政总预算会计应设置“应收主权外债转贷款”总账科目用于核算应收主权外债转贷款业务。该科目核算本级政府财政转贷给下级政府财政的外国政府和国际金融组织贷款等主权外债资金的本金及利息。该科借方登记应收政府外债转贷款的本金和利息的增加数，贷方登记偿还的政府外债转贷款的本金和利息的减少数，期末借方余额反映政府财政应收未收的主权外债转贷款本金和利息的结存数。该科目下应当设置“应收本金”和“应收利息”两个明细科目，并按照转贷对象进行明细核算。

本级政府财政向下级政府财政转贷主权外债资金，且主权外债最终还款责任由下级政府财政承担的，相关账务处理如下。

1. 本级政府财政支付转贷资金

根据转贷资金支付相关资料，借记“债务转贷支出”科目，贷记“其他财政存款”科目；根据债务管理部门转来的相关资料，按照实际持有的债权金额，借记“应收主权外债转贷款”科目，贷记“资产基金——应收主权外债转贷款”科目。

2. 外方将贷款资金直接支付给用款单位或供应商时

本级政府财政根据转贷资金支付相关资料，借记“债务转贷支出”科目，贷记“债务收入”或“债务转贷收入”科目；根据债务管理部门转来的相关资料，按照实际持有的债权金额，借记“应收主权外债转贷款”科目，贷记“资产基金——应收主权外债转贷款”科目；同时，借记“待偿债净资产”科目，贷记“借入款项”或“应付主权外债转贷款”科目。

3. 期末确认主权外债转贷款的应收利息

根据债务管理部门计算出转贷款的本期应收未收利息金额，借记“应收主权外债转贷款”科目，贷记“资产基金——应收主权外债转贷款”科目。

4. 收回转贷给下级政府财政主权外债的本息

按照收回的金额，借记“其他财政存款”科目，贷记“其他应付款”或“其他应收款”科目；根据债务管理部门转来的相关资料，按照实际收回的转贷款本金及已确认的应收利息金额，借记“资产基金——应收主权外债转贷款”科目，贷记“应收主权外债转贷款”科目。

5. 扣缴下级政府财政的转贷款本息

按照扣缴的金额，借记“与下级往来”科目，贷记“其他应付款”或“其他应收款”科目；根据债务管理部门转来的相关资料，按照扣缴的转贷款本金及已确认的应收利息金额，借记“资产基金——应收主权外债转贷款”科目，贷记“应收主权外债转贷款”科目。被上级政府财政扣缴转贷款的本金及已确认的应收利息后，其所属下级政府财政从上级省政府财政获得的财政补助资金数额将相应扣减。

【例 4-20】 某省政府向某国际金融组织贷款 70 万元，用于该省范围内的公共基础设施建设。该省政府将相应贷款的一部分资金计 30 万元转贷给所属某市政府。根据约定，相应贷款的期限为 5 年，每年的贷款利息为 5 000 元，该市政府应按期向省政府偿付贷款本息。省财政总预算会计应编制如下会计分录。

① 向下级市政府财政转贷主权外债本金时：

借：债务转贷支出	300 000	
贷：其他财政存款		300 000

同时，

借：应收主权外债转贷款	300 000	
贷：资产基金——应收主权外债转贷款		300 000

② 每年确认省主权外债转贷款的应收利息时：

借：应收主权外债转贷款	5 000	
贷：资产基金——应收主权外债转贷款		5 000

③ 按时收到下级市政府财政支付的主权外债转贷款利息时：

借：其他财政存款	5 000	
贷：其他应付款		5 000

同时：

借：资产基金——应收主权外债转贷款	5 000	
贷：应收主权外债转贷款		5 000

省政府主权外债转贷款到期，所属市政府财政未按时偿还贷款本金，省政府财政应予以扣缴本金：

借：与下级往来	300 000	
贷：其他应付款		300 000

同时：

借：资产基金——应收主权外债转贷款	300 000	
贷：应收主权外债转贷款		300 000

4.4.3 待发国债的含义和核算

待发国债是指为弥补中央财政预算收支差额，中央财政预计发行国债与实际发行国债之间的差额。

为核算待发国债业务，财政总预算会计应设置“待发国债”总账科目。该科目借方登记待发国债的增加数，贷方登记待发国债数的减少数；期末借方余额反映中央财政尚未使用的国债发行额度。

年度终了，实际发行国债收入用于债务还本支出后，小于为弥补中央财政预算收支差额中央财政预计发行国债时，按两者的差额，借记该科目，贷记相关科目；实际发行国债收入用于债务还本支出后，大于为弥补中央财政预算收支差额中央财政预计发行国债时，按两者的差额，借记相关科目，贷记该科目。

思 考 题

1. 什么是财政总预算会计的资产？财政总预算会计的资产主要有哪些种类？
2. 财政存款包括哪些内容？各自用途是什么？
3. 什么是国库单一账户制度？国库单一账户体系中包含了哪些账户？各账户的用途分别是什么？
4. 什么是在途款？为什么要设置“在途款”总账科目？在途款应当如何核算？
5. 什么是预拨经费、借出款项和与下级往来？三者之间的区别是什么？
6. 什么是股权投资？应当如何核算？什么是应收股利？股权投资和应收股利的核算为什么要采用“双轨制”或“双分录”核算方法？还有哪些资产在核算时需要采用“双轨制”或“双分录”核算方法？
7. 什么是应收地方政府债券转贷款和应收政府外债转贷款？应当如何核算？

练 习 题

练习一

一、目的：练习国库存款和其他财政存款的核算。

二、资料：某省财政发生如下经济业务：

① 收到人民银行国库报来的预算收入日报表等凭证，其中，一般公共预算本级收入35万元，政府性基金预算本级收入8万元，国有资本经营预算本级收入6万元；上级财政补助收入10万元；下级财政上解收入5万元。

② 财政国库支付执行机构以财政直接支付的方式，通过财政零余额账户支付有关预算单位的属于一般公共预算本级支出的款项共计20万元，属于政府性基金预算本级支出的款项共计7万元，属于国有资本经营预算本级支出的款项共计6万元；有关预算单位通过财政授权支付方式从预算单位零余额账户中支付属于一般公共预算本级支出的款项共计1万元。当日财政国库支付执行机构和有关预算单位支付属于一般公共预算本级支出的款项共计21万元。财政总预算会计还通过财政国库账户向所属下级财政拨付财政补助资金6万元，向所属下级财政转贷地方政府债券资金2万元，向上级财政上解财政资金8万元。

③ 期末确认地方政府债券转贷款应收利息共计 9 000 元。

④ 收到地方政府债券转贷款应收利息共计 9 000 元。

⑤ 收到实行财政专户管理的资金收入共计 3 万元。

⑥ 通过财政专户向有关预算单位拨付财政专户管理资金共计 2 万元。

三、要求：根据以上经济业务，为该省财政总预算会计编制有关的会计分录。

练习二

一、目的：练习与下级往来的核算。

二、资料：某省财政发生如下经济业务：

① 在上下级财政资金结算中，应补助所属某市财政款项 13 万元。

② 以国库存款拨付与下级往来款项 13 万元。

③ 在上下级财政资金结算中，应获得所属某市财政上解财政资金 28 000 元。

④ 收到与下级往来款项 28 000 元。

三、要求：根据以上经济业务，为该省财政总预算会计编制有关的会计分录。

练习三

一、目的：练习其他应收款的核算。

二、资料：某省财政发生如下经济业务：

① 所属 B 市财政未按时向省财政上缴由省财政代发的市政府债券到期本金 20 万元及其利息 3 600 元，省财政为其垫付了相应资金 203 600 元，用以代为偿付到期市政府债券本息。

② 省财政与所属 B 市财政进行结算，省财政对 B 市财政扣缴到期债券本息 203 600 元。

③ 省财政收到所属 B 市财政缴来的垫付市政府债券本金 20 万元及其利息 3 600 元。

三、要求：根据以上经济业务，为该省财政总预算会计编制有关的会计分录。

练习四

一、目的：练习股权投资和应收股利的核算。

二、资料：某省财政发生如下经济业务：

① 使用一般公共预算资金向省创新创业投资引导基金拨付款项 50 万元，作为对该基金公司的股权投资。

② 基金公司报告实现投资收益，省财政确认相应收益 8 000 元。

③ 将一部分基金公司的投资收益 2000 元留作基金滚动使用。

④ 基金公司宣告现金股利，省财政确认相应收益 5 000 元。

⑤ 收到基金公司宣告的现金股利 5 000 元，该股利收入纳入省财政一般公共预算本级收入。

三、要求：根据以上经济业务，为该省财政总预算会计编制有关的会计分录。

第5章　财政总预算会计的负债

学习目标

- 了解财政总预算会计的负债的含义和分类；
- 理解财政总预算会计各类负债的含义和科目设置；
- 掌握财政总预算会计的各类负债的会计核算。

在财政总预算会计中，负债是指政府财政承担的能以货币计量、需以资产偿付的债务。按照流动性，负债分为流动负债和非流动负债。流动负债是指预计在1年内（含1年）偿还的负债，包括应付短期政府债券、应付利息、应付国库集中支付结余、与上级往来、其他应付款、应付代管资金、一年内到期的非流动负债等。非流动负债，是指流动负债以外的负债。包括应付长期政府债券、借入款项、应付地方政府债券转贷款、应付主权外债转贷款和其他负债等。

根据《财政总预算会计制度》的规定，符合负债定义的债务，应当在对其承担偿还责任，并且能够可靠地进行货币计量时确认，应当按照承担的相关合同金额或实际发生金额进行计量。符合负债定义并确认的负债项目，应当列入资产负债表。政府财政承担或有责任（偿债责任需要通过未来不确定事项的发生或不发生予以证实）的负债，不列入资产负债表，但应当在报表附注中披露。

5.1　应付短期政府债券和应付利息

5.1.1　应付短期政府债券的含义与核算

1. 应付短期政府债券的含义

应付政府债券是指政府财政采用发行政府债券方式筹集资金而形成的负债，包括应付短期政府债券和应付长期政府债券。其中，应付短期政府债券是指政府财政部门以政府名义发行的期限不超过1年（含1年）的应付国债和地方政府债券。

我国政府债券按照发行主体可分为中央政府债券和地方政府债券。中央政府债券包括国家发行的国债和在国际上发行的主权外债；发行国债收入列入中央预算，由中央政府安排支出和使用，还本付息也由中央政府承担。地方政府债券是由省、市地方政府发行的债券，包括直接发行和债转贷两种方式；债券收入列入地方预算，由地方政府安排使用，还本付息也由地方政府承担。

2. 应付短期政府债券的核算

财政总预算会计应设置“应付短期政府债券”总账科目用于核算应付短期政府债券业务。该科目贷方登记短期应付债券的增加数；借方登记短期应付债券的减少数，期末贷方余额反映政府财政尚未偿还的短期政府债券本金和利息的结存数。该科目下应当设置“应付国债”“应付地方政府一般债券”“应付地方政府专项债券”等一级明细科目，在一级明细科目下，再分别设置“应付本金”“应付利息”明细科目，分别核算政府债券的应付本金和利息。同时债务管理部门应当设置相应的辅助账，详细记录每期政府债券金额、种类、期限、发行日、到期日、票面利率、偿还本金及付息情况等。

（1）短期政府债券的发行

财政部门实际收到短期政府债券发行收入时，按照实际收到的金额，借记“国库存款”科目，按照短期政府债券实际发行额，贷记“债务收入”科目，按照发行收入和发行额的差额，借记或贷记有关支出科目；根据债券发行确认文件等相关债券管理资料，按照到期应付的短期政府债券本金金额，借记“待偿债净资产——应付短期政府债券”科目，贷记“应付短期政府债券”科目。因为债务收入需要纳入政府的预算收入，为如实反映由发行政府债券业务形成的债务收入以及应付政府债券负债，发行政府债券的业务应当采用“双轨制”或“双分录”会计记录方法。

（2）确认应付利息

期末确认短期政府债券的应付利息时，根据债务管理部门计算出的本期应付未付利息金额，借记“待偿债净资产——应付短期政府债券”科目，贷记“应付短期政府债券”科目。

（3）支付利息

实际支付本级政府财政承担的短期政府债券利息时，借记“一般公共预算本级支出”或“政府性基金预算本级支出”科目，贷记“国库存款”等科目；实际支付利息金额中属于已确认的应付利息部分，还应根据债券兑付确认文件等相关债券管理资料，借记“应付短期政府债券”科目，贷记“待偿债净资产——应付短期政府债券”科目。

（4）偿还本级政府财政承担的短期政府债券本金

实际偿还本级政府财政承担的短期政府债券本金时，借记“债务还本支出”科目，贷记“国库存款”等科目；根据债券兑付确认文件等相关债券管理资料，借记“应付短期政府债券”科目，贷记“待偿债净资产——应付短期政府债券”科目。

此外，省级财政部门采用定向承销方式发行短期地方政府债券置换存量债务时，根据债权债务确认相关资料，按照置换本级政府存量债务的额度，借记“债务还本支出”科目，贷记“债务收入”科目；根据债务管理部门转来的相关资料，按照置换本级政府存量债务的额度，借记“待偿债净资产——应付短期政府债券”科目，贷记“应付短期政府债券”科目。

【例 5-1】　经政府批准，某省财政发行为期 3 个月的一般债券 3 000 万元，发行 3 个月的专项债券 2 000 万元，支付债券印刷、发行等费用 160 万元，债券利息按月计息并支付，月利率 4‰。省财政总预算会计应编制如下会计分录。

① 实际收到短期政府债券发行收入时：

取得发行债券款 = 3 000+2 000−160 = 4 840（万元）

地方政府一般债券分摊的债券印刷、发行等费用 = 160×(3 000/5 000) = 96（万元）

地方政府专项债券分摊的债券印刷、发行等费用 = 160×(2 000/5 000) = 64（万元）

借：国库存款	48 400 000
一般公共预算本级支出	960 000
政府性基金预算本级支出	640 000

贷：债务收入 50 000 000

同时，按债券本金：

借：待偿债净资产——应付短期政府债券 50 000 000

贷：应付短期政府债券——应付地方政府一般债券——应付本金 30 000 000

——应付地方政府专项债券——应付本金 20 000 000

② 期末确认短期政府债券的应付利息时：

地方政府一般债券利息＝3 000×4‰＝12（万元）

地方政府专项债券利息＝2 000×4‰＝8（万元）

借：待偿债净资产——应付短期政府债券 200 000

贷：应付短期政府债券——应付地方政府一般债券——应付利息 120 000

——应付地方政府专项债券——应付利息 80 000

③ 实际偿付短期政府债券利息时：

借：一般公共预算本级支出 120 000

政府性基金预算本级支出 80 000

贷：国库存款 200 000

借：应付短期政府债券——应付地方政府一般债券——应付利息 120 000

——应付地方政府专项债券——应付利息 80 000

贷：待偿债净资产——应付短期政府债券 200 000

④ 短期政府一般债券到期，偿还债券的全部本金：

借：债务还本支出 30 000 000

贷：国库存款 30 000 000

同时：

借：应付短期政府债券 30 000 000

贷：待偿债净资产——应付短期政府债券——应付本金 30 000 000

⑤ 短期政府专项债券到期，采用定向承销发生发行短期政府专项债券置换存量债务 2 000 万元：

借：应付短期政府债券——应付地方政府专项债券——应付本金 20 000 000

贷：待偿债净资产——应付短期政府债券 20 000 000

同时：

借：债务还本支出 20 000 000

贷：债务收入 20 000 000

借：待偿债净资产——应付短期政府债券 20 000 000

贷：应付短期政府债券——应付地方政府专项债券——应付本金 20 000 000

5.1.2 应付利息的核算

在财政总预算会计中，应付利息是指政府财政期末尚未支付的应付利息金额。包括应付短期政府债券、借入款项、应付地方政府债券转贷款、应付主权外债转贷款中的应付利息，以及属于分期付息到期还本的应付长期政府债券中的应付利息。各级财政应付利息的核算是通过“应付短期政府债券”“借入款项”“应付地方政府债券转贷款”“应付主权外债转贷款”科目下的“应付利息”明细科目，以及属于分期付息到期还本的“应付长期政府债券”的“应付利息”明细科目核算的。各级财政发生应付利息，借记“待偿债净资产”科目，贷记上述科目所属的“应付利息”明细科目；清偿应付利息，借记上述科目所属的“应付利息”明细科目，贷记相关的科目。具体核算举例详见例 5-1、例 5-9、例 5-10、例 5-11。

5.2　应付国库集中支付结余和已结报支出

5.2.1　应付国库集中支付结余的含义与核算

1. 应付国库集中支付结余的含义

应付国库集中支付结余是指国库集中支付中，按照财政部门批复的部门预算，当年未支而需结转下一年度支付的款项采用权责发生制列支后形成的债务。

如果预算单位经批准的可使用预算资金额度由于政策性因素或用款进度等原因在当年未支用，但需要结转下一年度支付使用，财政总预算会计需要采用权责发生制基础确认一项支出，同时确认一项应付国库集中支付结余负债，相应减少当年末财政资金的结转结余数额，从而使下一年度可用来安排预算的财政资金数额得以如实反映，避免下一年度超额分配使用财政资金。根据规定，地方各级财政除国库集中支付结余外，一律不得按权责发生制列支。

国库集中支付结余即是预算单位国库集中支付预算指标数与实际支出数的差额，是预算单位尚未使用的预算资金额度。预算单位按经批准的预算在第二年度实际支付使用上一年度末结转下来的国库集中支付结余资金时，财政总预算会计应转销应付国库集中支付结余负债。

2. 应付国库集中支付结余的核算

财政总预算会计应设置“应付国库集中支付结余”总账科目用于核算应付国库集中支付结余业务。该科目的贷方登记年末对当年形成的国库集中支付结余采用权责发生制列支的数额，借方登记以后年度实际支付国库集中支付的数额；期末贷方余额反映政府财政尚未支付的国库集中支付结余的结存数。该科目应当根据管理需要，按照政府收支分类科目等进行相应明细核算。

年末，政府财政对当年形成的国库集中支付结余采用权责发生制列支时，借记有关支出科目，贷记“应付国库集中支付结余”科目。以后年度实际支付国库集中支付结余资金时，分以下情况处理：①按原结转预算科目支出的，借记“应付国库集中支付结余”科目，贷记“国库存款”科目；②调整支出预算科目的，应当按原结转预算科目作冲销处理，借记“应付国库集中支付结余”科目，贷记有关支出科目，同时，按实际支出预算科目作列支账务处理，借记有关支出科目，贷记“国库存款”科目。

【例 5-2】　年末，某省工商行政管理专项结余资金有 23 万元，该笔资金属于纳入国库集中管理，当年未支出而需结转下一年度支付的国库集中支付结余资金，省财政将其全部结转并确认为该年度一般公共预算本级支出，省财政总预算会计应编制如下会计分录。

① 年末，对当年形成的国库集中支付结余采用权责发生制列支时：

借：一般公共预算本级支出	230 000	
贷：应付国库集中支付结余		230 000

② 次年，该省实际支付国库集中支付结余资金并转销该科目时：

借：应付国库集中支付结余 230 000

　贷：国库存款 230 000

5.2.2 已结报支出的含义和核算

已结报支出，是指政府财政国库支付执行机构已清算的国库集中支付支出数额。

财政国库支付执行机构是财政部门负责审核、拨付和监督财政资金收付工作机构，该机构是预算的具体执行机构，如财政部国库支付中心，地方财政的国库支付局或国库支付中心。国库支付执行机构主要职责是配合财政各部门建立并完善国库单一账户体系，监督单位预算指标与用款计划的执行，监控财政资金的支付过程，负责建立预算单位支出总账及分类账目的管理系统，承担财政资金的审核、支付和会计核算工作，提供预算执行信息；负责财政支付系统内部的监督检查等。

根据财政国库支付执行机构业务活动的特点，会计核算时需要设置“财政零余额账户存款”和“已结报支出”两个特殊总账科目。其中“财政零余额账户存款”属于资产类科目。“已结报支出”科目属于负债类，用于核算财政国库资金已结清的支出数额。每日汇总清算后，财政国库支付执行机构会计根据有关划款凭证回执联和按部门分“类”“款”“项”汇总的《预算支出结算清单》，对于财政直接支付，借记“财政零余额账户存款”科目，贷记“已结报支出”科目；对于财政授权支付，借记“一般公共预算本级支出”“政府性基金预算本级支出”“国有资本经营预算本级支出”等科目，贷记“已结报支出”科目；年终财政国库支付执行机构按照累计结清的支出金额，与有关方面核对一致后转账时，借记“已结报支出”科目，贷记“一般公共预算本级支出”“政府性基金预算本级支出”“国有资本经营预算本级支出”等科目。“已结报支出”科目相关例题参见例4-6。

财政部门采用不同支付方式与财政国库支付执行机构的关系，如图5-1和图5-2所示。

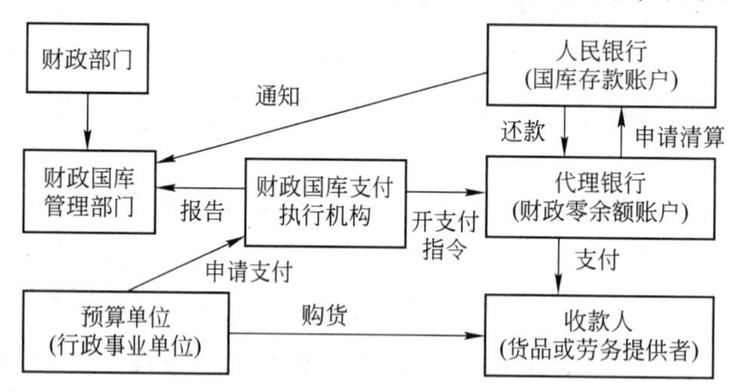

图5-1 财政直接支付与财政国库支付执行机构的关系

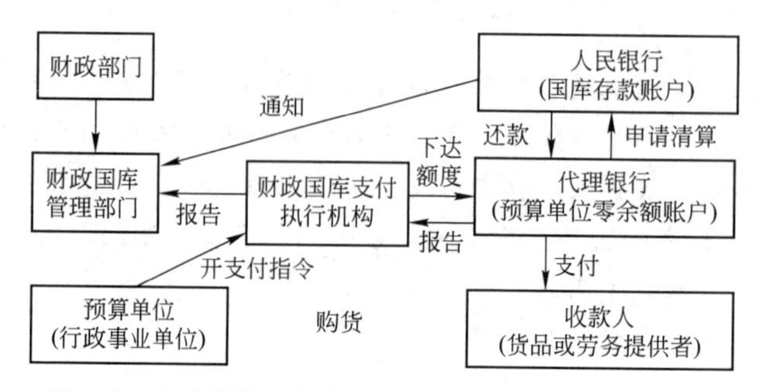

图5-2 财政授权支付与财政国库支付执行机构的关系

5.3　与上级往来、其他应付款和应付代管资金

5.3.1　与上级往来的含义与核算

与上级往来，是指本级政府财政与上级政府财政往来待结算的款项。它是上下级财政之间由于财政资金的周转调度以及预算补助、上解结算等事项而形成的债务。

财政总预算会计应设置“与上级往来”总账科目用于核算与上级往来业务。该科目贷方登记与上级往来款项的增加数；借方登记与上级往来款项的减少数；期末贷方余额反映本级政府财政欠上级政府财政的款项；借方余额反映上级政府财政欠本级政府财政的款项。其明细账应当按照往来款项的类别和项目等设置并进行明细核算。

本级政府财政从上级政府财政借入款或体制结算中发生应上交上级政府财政款项时，借记“国库存款”“上解支出”等科目，贷记该科目。本级政府财政归还借款、转作上级补助收入或体制结算中应由上级补给款项时，借记该科目，贷记“国库存款”“补助收入”等科目。

与上级往来业务和与下级往来业务相对应，在本级财政发生与上级往来的业务时，上级财政即发生与下级往来的业务。“与上级往来”和“与下级往来”均属于双重性质的科目。一般而言，“与下级往来”科目的期末余额应在借方，反映下级财政欠本级财政的款项，属于本级财政的资产；“与下级往来”科目的期末余额如果出现在贷方，反映本级财政欠下级财政的款项，在资产负债表中以负数反映。“与上级往来”科目的期末余额应在贷方，反映本级财政欠上级财政的款项，属于本级财政的负债；“与上级往来”科目的期末余额如果出现在借方，反映上级财政欠本级财政的款项，在资产负债表中以负数反映。

【例 5-3】　在财政体制结算中，某县财政应上交上级某市财政一般公共预算款项 35 万元。县财政总预算会计应编制如下会计分录。

借：上解支出　350 000

　贷：与上级往来　350 000

【例 5-4】　根据财政体制结算的规定，某市财政应对所属某县财政作一般公共预算补助 28 万元。县财政总预算会计应编制如下会计分录。

借：与上级往来　280 000

　贷：补助收入　280 000

5.3.2　其他应付款的含义和核算

其他应付款是指政府财政临时发生的暂收、应付和收到的不明性质款项。财政总预算会计核算的其他应付款包括国库和财政专户收到尚不能确定收入的款项或其他不明原因的款项；财政部门在实行国库集中支付方式中，因预算单位尚未使用资金而未从国库支付的财政拨款；财政部门预收下级财政部门交来的转贷款还款；财政部门预收承担转贷款还款责任的用款单位交来的转贷款还款；政府采购资金专户汇集的待支付政府采购用资金。由于其他应付款项属于待结算款项，无论其金额大小，必须及时清理，不能长期挂账。清理结算时，根据款项的性质，退还或转作收入。

财政总预算会计应设置“其他应付款”总账科目用于核算其他应付款业务。该科目贷方登记其他应付款的增加数，借方登记其他应付款的减少数；期末贷方余额反映政府财政尚未结清的其他应付款项的结存数。该科目应当按照债权单位或资金来源等进行明细核算。税务机关代征入库的社会保险费、项目单位使用并承担还款责任的外国政府和国际金融组织贷款，也通过“其他应付款”科目核算。

政府财政收到暂存款项时，借记“国库存款”“其他财政存款”等科目，贷记该科目。将暂存款项清理退还或转作收入时，借记该科目，贷记“国库存款”“其他财政存款”有关收入科目。社会保险费代征入库时，借记“国库存款”科目，贷记该科目。社会保险费国库缴存社保基金财政专户时，借记该科目，贷记“国库存款”科目。收到项目单位承担还款责任的外国政府和国际金融组织贷款资金时，借记“其他财政存款”科目，贷记该科目；付给项目单位时，借记该科目，贷记“其他财政存款”科目。收到项目单位偿还贷款资金时，借记“其他财政存款”科目，贷记该科目；付给外国政府和国际金融组织项目单位还款资金时，借记该科目，贷记“其他财政存款”科目。

【例 5-5】 年末，某省财政确认向所属某市级政府转贷款的应收利息 2 万元；随后收到所属市财政缴来的转贷债券的利息 2 万元；省财政按时通过相关代办付息机构向债券投资者支付了上述债券利息 2 万元。省财政总预算会计应编制如下会计分录。

① 确认应收转贷债券的应收利息时：

借：应收地方政府债券转贷款——应收利息　　20 000

　贷：资产基金——应收地方政府债券转贷款　　20 000

② 收到所属某市财政缴来转贷债券的利息：

借：国库存款　　20 000

　贷：其他应付款　　20 000

同时：

借：资产基金——应收地方政府债券转贷款　　20 000

　贷：应收地方政府债券转贷款　　20 000

③ 通过相关代办机构向债券投资者支付债券利息时：

借：其他应付款　　20 000

　贷：国库存款　　20 000

【例 5-6】 某省财政国库存款账户收到某单位性质不明的缴款 8 000 元。经查明，该笔性质不明的缴款 8 000 元属于误入，予以退回。省财政总预算会计应编制如下会计分录。

① 收到某单位性质不明的缴款时：

借：国库存款　　8 000

　贷：其他应付款　　8 000

② 退回误入款项时：

借：其他应付款　　8 000

　贷：国库存款　　8 000

5.3.3　应付代管资金的含义与核算

应付代管资金是指政府财政代为管理的、使用权属于被代管主体的资金。

财政总预算会计应设置“应付代管资金”总账科目用于核算应付代管资金业务。该科目贷方登记收到的代管资金的数额，借方登记支付的代管资金的数额，期末贷方余额反映政府财政尚未支付的代管资金的结存数。该科目应当根据管理需要进行相关明细核算。

政府财政收到代管资金时，借记“其他财政存款”等科目，贷记该科目。支付代管资金时，借记该科目，贷记“其他财政存款”等科目。代管资金产生的利息收入按照相关规定仍属于代管资金的，借记“其他财政存款”等科目，贷记该科目。

【例 5–7】 某日，某省财政收到下属预算单位缴入的代管资金 35 000 元。次日，有关预算单位使用财政代管资金，省财政通过财政代管银行存款账户为其支付代管资金 5 000 元。省财政总预算会计应编制如下会计分录。

① 收到代管资金时：

借：其他财政存款	35 000	
贷：应付代管资金		35 000

② 支付代管资金时：

借：应付代管资金	5 000	
贷：其他财政存款		5 000

5.4　应付长期政府债券和借入款项

5.4.1　应付长期政府债券的含义与核算

应付长期政府债券是指政府财政部门以政府名义发行的期限超过 1 年的应付国债和地方政府债券。

财政总预算会计应设置“应付长期政府债券”总账科目用于核算应付长期政府债券业务，该科目贷方登记应付长期政府债券的增加数，借方登记应付长期政府债券的减少数，期末贷方余额反映政府财政尚未偿还的长期政府债券本金和利息的结存数。该科目应当设置“应付国债”“应付地方政府一般债券”“应付地方政府专项债券”等一级明细科目，在一级明细科目下，再分别设置“应付本金”“应付利息”明细科目，分别核算政府债券的应付本金和利息。债务管理部门应当设置相应的辅助账，详细记录每期政府债券金额、种类、期限、发行日、到期日、票面利率、偿还本金及付息情况等。

1. 发行债券

政府财政实际收到长期政府债券发行收入时，按照实际收到的金额，借记“国库存款”科目，按照长期政府债券实际发行额，贷记“债务收入”。科目，按照发行收入和发行额的差额，借记或贷记有关支出科目；根据债券发行确认文件等相关债券管理资料，按照到期应付的长期政府债券本金金额，借记“待偿债净资产——应付长期政府债券”科目，贷记“应付长期政府债券”科目。

2. 期末确认应付息

政府财政期末确认长期政府债券的应付利息时，根据债务管理部门计算出的本期应付未付利息金额，借记“待偿债净资产——应付长期政府债券”科目，贷记“应付长期政府债券”科目。

3. 支付本级政府财政承担的利息

政府财政实际支付本级政府财政承担的长期政府债券利息时，借记“一般公共预算本级支出”或“政府性基金预算本级支出”科目，贷记“国库存款”等科目；实际支付利息金额中属于已确认的应付利息部分，还应根据债券兑付确认文件等相关债券管理资料，借记“应付长期政府债券”科目，贷记“待偿债净资产——应付长期政府债券”科目。

4. 偿还本级政府财政承担的债券本金

政府财政实际偿还本级政府财政承担的长期政府债券本金时，借记“债务还本支出”科目，贷记“国库存款”等科目；根据债券兑付确认文件等相关债券管理资料，借记“应付长期政府债券”科目，贷记“待偿债净资产——应付长期政府债券”科目。

5. 偿还下级政府财政承担的债券本息

本级政府财政偿还下级政府财政承担的地方政府债券本息时，借记“其他应付款”或“其他应收款”科目，贷记“国库存款”科目；根据债券兑付确认文件等相关债券管理资料，按照实际偿还的长期政府债券本金及已确认的应付利息金额，借记“应付长期政府债券”科目，贷记“待偿债净资产——应付长期政府债券”科目。

此外，政府财政采用定向承销方式发行长期地方政府债券置换存量债务时，根据债权债务确认相关资料，按照置换本级政府存量债务的额度，借记“债务还本支出”科目，按照置换下级政府存量债务的额度，借记“债务转贷支出”科目，按照置换存量债务的总额度，贷记“债务收入”科目；根据债务管理部门转来的相关资料，按照置换存量债务的总额度，借记“待偿债净资产——应付长期政府债券”科目，贷记“应付长期政府债券”科目。同时，按照置换下级政府存量债务额度，借记“应收地方政府债券转贷款”科目，贷记“资产基金——应收地方政府债券转贷款”科目。

【例 5-8】 年初，中央财政发行一批 3 年期电子式储蓄国债，实际发行债券面值金额为 200 万元，实际收到债券发行收入 200 万元。该期债券每年支付一次利息，到期偿还本金并支付最后一年利息。中央财政向相关债券承销团成员按承销债券面值的 0.1% 支付债券发行手续费共计 2 000 元。每月末，计算该期债券的应计利息 6 500 元。下年初，向债券持有人支付上期债券利息 78 000 元。3 年后，该项债券到期，偿还本金 200 万元和最后一年利息 78 000 元。财政总预算会计应编制如下会计分录。

① 实际收到长期政府债券发行收入时：

借：国库存款	2 000 000	
贷：债务收入		2 000 000

同时：

借：待偿债净资产——应付长期政府债券	2 000 000	
贷：应付长期政府债券——应付国债（应付本金）		2 000 000

② 向债券承销团成员支付债券发行手续费时：

借：一般公共预算本级支出	2 000	
贷：国库存款		2 000

③ 每月末确认长期政府债券的应付利息时：

借：待偿债净资产——应付长期政府债券 6 500

贷：应付长期政府债券——应付国债（应付利息） 6 500

④ 第二年初，实际支付上期长期政府债券利息时：

借：一般公共预算本级支出 78 000

贷：国库存款 78 000

同时：

借：应付长期政府债券——应付国债（应付利息） 78 000

贷：待偿债净资产——应付长期政府债券 78 000

⑤ 债券到期，偿付长期政府债券本金并和最后一年利息时：

借：债务还本支出 2 000 000

一般公共预算本级支出 78 000

贷：国库存款 2 078 000

同时：

借：应付长期政府债券——应付国债（应付本金） 2 000 000

——应付国债（应付利息） 78 000

贷：待偿债净资产——应付长期政府债券 2 078 000

5.4.2 借入款项的含义与核算

借入款项是指政府财政部门以政府名义向外国政府、国际金融组织等借入的款项（即主权外债）；以及通过经国务院批准的其他方式借款形成的负债（即其他借款），如各级政府财政根据国家法律或国务院特别规定向国家银行的借款等。

财政总预算会计应设置“借入款项”总账科目用于核算借入款项业务。该科目贷方登记借入款项的增加数，借方登记借入款项的减少数，期末贷方余额反映本级政府财政尚未偿还的借入款项本金和利息的结存数。该科目下应当设置“应付本金”“应付利息”明细科目，分别对借入款项的应付本金和利息进行明细核算，还应当按照债权人进行明细核算。债务管理部门应当设置相应的辅助账，详细记录每笔借入款项的期限、借入日期、偿还及付息情况等。

1. 借入主权外债

政府财政收到借入的主权外债资金时，借记“其他财政存款”科目，贷记“债务收入”科目；根据债务管理部门转来的相关资料，按照实际承担的债务金额，借记“待偿债净资产——借入款项”科目，贷记“借入款项”科目。

本级政府财政借入主权外债，且由外方将贷款资金直接支付给用款单位或供应商时，应根据以下情况分别处理：

（1）本级政府财政承担还款责任，贷款资金由本级政府财政同级部门（单位）使用

本级政府财政部门根据贷款资金支付相关资料，借记“一般公共预算本级支出”等科目，贷记“债务收入”科目；根据债务管理部门转来的相关资料，按照实际承担的债务金额，借记“待偿债净资产——借入款项”科目，贷记“借入款项”科目。

（2）本级政府财政承担还款责任，贷款资金由下级政府财政同级部门（单位）使用

本级政府财政部门根据贷款资金支付相关资料及预算指标文件，借记“补助支出”科目，贷记“债务收入”科目；根据债务管理部门转来的相关资料，按照实际承担的债务金额，借记“待偿债净资产——借入款项”科目，贷记“借入款项”科目。

（3）下级政府财政承担还款责任，贷款资金由下级政府财政同级部门（单位）使用

本级政府财政部门根据贷款资金支付相关资料，借记“债务转贷支出”科目，贷记“债务收入”科目；根据债务管理部门转来的相关资料，按照实际承担的债务金额，借记“待偿债净资产——借入款项”科目，贷记“借入款项”科目；同时，借记“应收主权外债转贷款”科目，贷记“资产基金——应收主权外债转贷款”科目。

2. 期末确认应付利息

期末，政府财政确认借入主权外债的应付利息时，根据债务管理部门计算出的本期应付未付利息金额，借记“待偿债净资产——借入款项”科目，贷记“借入款项”科目。

3. 偿还外债本金和利息

偿还本级政府财政承担的借入主权外债本金时，借记“债务还本支出”科目，贷记“国库存款”“其他财政存款”等科目；根据债务管理部门转来的相关资料，按照实际偿还的本金金额，借记“借入款项”科目，贷记“待偿债净资产——借入款项”科目。

偿还本级政府财政承担的借入主权外债利息时，借记“一般公共预算本级支出”等科目，贷记“国库存款”“其他财政存款”等科目；实际偿还利息金额中属于已确认的应付利息部分，还应根据债务管理部门转来的相关资料，借记“借入款项”科目，贷记“待偿债净资产——借入款项”科目。

4. 偿还下级政府财政承担的借入主权外债本息

偿还下级政府财政承担的借入主权外债的本息时，借记“其他应付款”或“其他应收款”科目，贷记“国库存款”“其他财政存款”等科目；根据债务管理部门转来的相关资料，按照实际偿还的本金及已确认的应付利息金额，借记“借入款项”科目，贷记“待偿债净资产——借入款项”科目。

5. 被上级政府财政扣缴借入主权外债的本息

被上级政府财政扣缴借入主权外债的本息时，借记“其他应收款”科目，贷记“与上级往来”科目；根据债务管理部门转来的相关资料，按照实际扣缴的本金及已确认的应付利息金额，借记“借入款项”科目，贷记“待偿债净资产——借入款项”科目。列报支出时，对应由本级政府财政承担的还本支出，借记“债务还本支出”科目，贷记“其他应收款”科目；对应由本级政府财政承担的利息支出，借记“一般公共预算本级支出”等科目，贷记“其他应收款”科目。

此外，如果债权人豁免本级政府财政承担偿还责任的借入主权外债本息时，根据债务管理部门转来的相关资料，按照被豁免的本金及已确认的应付利息金额，借记“借入款项”科目，贷记“待偿债净资产——借入款项”科目。债权人豁免下级政府财政承担偿还责任的借入主权外债本息时，根据债务管理部门转来的相关资料，按照被豁免的本金及已确认的应付利息金额，借记“借入款项”科目，贷记“待偿债净资产——借入款项”科目；同时，借记“资产基金——应收主权外债转贷款”科目，贷记“应收主权外债转贷款”科目。

【例 5-9】 某省财政收到向某国际金融组织借入的一笔主权外债款项 900 万元。年末，省财政确认该笔借入主权外债的应付利息 26 万元。次年，省财政向该国际金融组织

支付本级政府财政承担的借入主权外债年度利 26 万元。5 年后借款到期，省财政向该国际金融组织偿还借入主权外债本金 900 万元。省财政总预算会计应编制如下会计分录。

① 收到向某国际金融组织借入的主权外债款项时：

借：其他财政存款　9 000 000

　贷：债务收入　9 000 000

同时，

借：待偿债净资产——借入款项　9 000 000

　贷：借入款项——应付本金　9 000 000

② 年末，确认借入主权外债的应付利息时：

借：待偿债净资产——借入款项　260 000

　贷：借入款项——应付利息　260 000

③ 次年初，支付借入主权外债利息时：

借：一般公共预算本级支出　260 000

　贷：国库存款　260 000

同时，

借：借入款项——应付利息　260 000

　贷：待偿债净资产——借入款项　260 000

④ 到期偿还借入主权外债本金时：

借：债务还本支出　9 000 000

　贷：国库存款　9 000 000

同时：

借：借入款项——应付本金　9 000 000

　贷：待偿债净资产——借入款项　9 000 000

5.5　应付转贷款和其他负债

5.5.1　应付转贷款的含义和核算

应付转贷款是指地方政府财政向上级政府财政借入转贷资金而形成的负债，包括应付地方政府债券转贷款和应付主权外债转贷款等。

1. 应付地方政府债券转贷款的含义和核算

应付地方政府债券转贷款是指地方政府财政从上级政府财政借入地方政府债券转贷资金而形成的负债。在业务内容上，应付地方政府债券转贷款与应收地方政府债券转贷款相对应。即地方政府财政从上级政府财政借入地方政府债券转贷资金时，上级政府财政形成应收地方政府债券转贷款，本级政府财政形成应付地方政府债券转贷款。

财政总预算会计应设置“应付地方政府债券转贷款”总账科目用于核算应付地方政府债券转贷款业务，该科目贷方登记应付地方政府债券转贷款的增加数；借方登记应付地方政府债券转贷款的减少数；期末贷方余额反映本级政府财政尚未偿还的地方政府债券转贷款的本金和利息的结存数。该科目下应当设置“应付地方政府一般债券转贷款”和“应付地方政府专项债券转贷款”一级明细科目，在一级明细科目下再分别设置“应付本金”和“应付利息”两个明细科目，分别对应付本金和利息进行明细核算。

“应付地方政府债券转贷款”科目的具体会计处理方法与“长期应付债券”科目类似，具体参见5.4.1节。

【例5-10】 某市收到上级省政府转贷的地方政府一般债券，本金50万元，用以支持该市政府的一项公共设施建设。该转贷款项的期限为3年，每年利息为6 000元，按年付息。市财政总预算会计应编制如下会计分录。

① 收到上级省政府财政转贷的地方政府债券资金时：

借：国库存款 500 000
　贷：债务转贷收入 500 000

同时，

借：待偿债净资产——应付地方政府债券转贷款 500 000
　贷：应付地方政府债券转贷款 500 000

② 每年末，确认省政府债券转贷款的应付利息时：

借：待偿债净资产——应付地方政府债券转贷款 6 000
　贷：应付地方政府债券转贷款 6 000

③ 按时支付由市政府财政承担的省政府债券转贷款利息时：

借：一般公共预算本级支出 6 000
　贷：国库存款 6 000

同时：

借：应付地方政府债券转贷款 6 000
　贷：待偿债净资产——应付地方政府债券转贷款 6 000

④ 按时偿还由市政府财政承担的省政府债券转贷款本金时：

借：债务还本支出 500 000
　贷：国库存款 500 000

同时：

借：应付地方政府债券转贷款 500 000
　贷：待偿债净资产——应付地方政府债券转贷款 500 000

2. 应付主权外债转贷款

应付主权外债转贷款是指本级政府财政从上级政府财政借入主权外债转贷资金而形成的负债。在业务内容上，应付主权外债转贷款与应收主权外债转贷款相对应。即本级政府财政从上级政府财政借入主权外债转贷资金时上级政府财政形成应收主权外债转贷款，本级政府财政形成应付主权外债转贷款。

财政总预算会计应设置“应付主权外债转贷款”总账科目用于核算应付主权外债转贷款业务，该科目贷方登记应付主权外债转贷款的增加；借方登记应付主权外债转贷款的减少；期末贷方余额反映本级政府财政尚未偿还的主权外债转贷款本金和利息。该科目下应当设置“应付本金”和“应付利息”两个明细科目，分别对应付本金和利息进行明细核算。“应付主权外债转贷款”科目的会计处理方法与“借入款项”科目的会计处理方法比较相似。具体参见5.4.2节。

【例5-11】 某省政府向某国际金融组织贷款650万元，并将相应贷款的部分本金280万元转贷给所属某市政府。根据约定，该项贷款的期限为5年，每年的贷款利息为12万元，按年付息，该市政府应按期向省政府偿付贷款本息。市财政总预算会计应编制如下会计分录。

① 收到上级省政府财政转贷的主权外债资金时：

借：其他财政存款　　2 800 000

　贷：债务转贷收入　　2 800 000

同时：

借：待偿债净资产——应付主权外债转贷款　　2 800 000

　贷：应付主权外债转贷款——应付本金　　2 800 000

② 每年确认市政府主权外债转贷款的应付利息时：

借：待偿债净资产——应付主权外债转贷款　　120 000

　贷：应付主权外债转贷款——应付利息　　120 000

③ 按时向上级省政府财政支付主权外债转贷款利息时：

借：一般公共预算本级支出　　120 000

　贷：其他财政存款　　120 000

同时：

借：应付主权外债转贷款——应付利息　　120 000

　贷：待偿债净资产——应付主权外债转贷款　　120 000

④ 上级省政府主权外债转贷款到期，市政府财政未按时偿还贷款本金，被省政府财政扣缴时：

借：其他应收款　　2 800 000

　贷：与上级往来　　2 800 000

同时：

借：应付主权外债转贷款——应付本金　　2 800 000

　贷：待偿债净资产——应付主权外债转贷款　　2 800 000

⑤ 列报债务还本支出时：

借：债务还本支出　　2 800 000

　贷：其他应收款　　2 800 000

5.5.2 其他负债的核算

其他负债是指政府财政因有关政策明确要求其承担支出责任的事项而形成的应付未付款项。

财政总预算会计应设置“其他负债”总账科目用于核算其他负债业务，该科目贷方登记政府财政应承担的其他负债增加数；借方登记实际偿还负债的减少数；贷方余额反映政府财政承担的尚未支付的其他负债的结存数。该科目应当按照债权单位和项目等进行明细核算。

政府财政有关政策已明确政府财政承担的支出责任，按照确定应承担的负债金额，借记“待偿债净资产”科目，贷记该科目。实际偿还负债时，借记有关支出等科目，贷记“国库存款”等科目；同时，按照相同的金额，借记该科目，贷记“待偿债净资产”科目。

思 考 题

1. 什么是财政总预算会计的负债？财政总预算会计的负债主要有哪些种类？

2. 什么是应付国库集中支付结余？对其采用什么会计基础进行核算，采用该会计基础的原因是什么？

3. 什么是应付政府债券？应付政府债券按偿还时间长短分为哪两个种类？各自是什么含义？

4. 什么是与上级往来？它和与下级往来在业务内容上有什么关系？

5. 什么是借入款项？借入款项在业务内容上与应付政府债券有什么不同？

6. 什么是应付地方政府债券转贷款？它在业务内容上与应收地方政府债券转贷款是什么关系？

7. 什么是应付主权外债转贷款？它在业务内容上与应付地方政府债券转贷款有什么不同？在会计处理方法上，两者有什么相同和不同？

练 习 题

练习一

一、目的：练习与上级往来的核算。

二、资料：某省财政发生如下经济业务：

① 在上下级财政资金结算中，应上解上级财政部门财政款项 6 万元。

② 以国库存款上缴与上级往来款项 6 万元。

③ 在上下级财政资金结算中，应获得上级财政补助资金 8 万元。

④ 收到与上级往来款项 8 万元。

三、要求：根据以上经济业务，为该省财政总预算会计编制有关的会计分录。

练习二

一、目的：练习应付国库集中支付结余和其他应付款的核算。

二、资料：某省及其所属某市财政发生如下经济业务：

① 省财政按时收到所属市财政上缴的省政府债券转贷款还本资金 60 万元、债券付息资金 12 000 元，收到款项共计 612 000 元。收到的转贷款利息中，已确认的应收利息金额为 12 000 元。

② 年末，由于用款进度的原因，省统计部门的某些专项活动形成国库集中支付结余资金 4 万元，资金性质为一般公共预算资金。经分析后，省财政决定结余资金在次年继续用于该专项活动。

三、要求：根据以上经济业务，为该省财政总预算会计编制有关的会计分录。

练习三

一、目的：练习应付长期政府债券的核算。

二、资料：某省财政发生如下经济业务：

省财政发行一批 1 年期记账式固定利率附息地方政府一般债券，计划发行面值 650 万元，每年支付一次利息，到期偿还本金和最后一年利息。发行该项债券实际收到债券发行收入 650 万元，经确认的到期应付债券本金金额为 650 万元。省财政向相关债券承销团成员按承销债券面值的 0.1%支付债券发行手续费共计 6 500 元。每月末，计算该项债券的应付利息 6 800 元。1 年后该期债券到期，省财政支付 1 年的到期债券本息和 6 581 600 元。

三、要求：根据以上经济业务，为省财政总预算会计编制有关的会计分录。

练习四

一、目的：练习应付地方政府债券转贷款的核算。

二、资料：某市财政年发生如下经济业务：

市财政收到上级省财政转贷的一笔地方政府一般债券，金额为 45 万元，用以支持一项公共设施建设。该笔转贷款项每年利息费用为 12 000 元，转贷期限为 3 年，按年支付利息。

三、要求：根据以上经济业务，为市财政总预算会计编制有关的会计分录。

第6章 财政总预算会计的净资产

学习目标

- 了解财政总预算会计的净资产的含义和分类；
- 理解财政总预算会计各类净资产的核算内容；
- 掌握各种财政预算资金结转结余的会计核算；
- 了解预算稳定调节基金设置的目的，掌握预算稳定调节基金的会计核算；
- 了解预算周转金设置的目的，掌握预算周转金的会计核算。

在财政总预算会计中，净资产是指政府财政资产减去负债的差额。净资产体现了财政总预算会计主体在一定时期所控制的经济资源的净额，反映了该主体持续发展过程中预期能够产生服务潜力或者带来经济利益流入的能力；净资产随着财政总预算会计主体取得收入扣除费用或支出的正差额而增加，也会随着收入扣除费用或支出的负差额而减少。

财政总预算会计核算的净资产包括各项预算结转结余、预算稳定调节基金、预算周转金、资产基金和待偿债净资产等。《基本准则》规定，净资产金额取决于资产和负债的计量。

6.1 结转结余

结转结余是指政府各种性质财政资金的收支执行结果，数额上等于各种性质财政资金的收入减去支出的差额。财政总预算会计核算的“结转结余”概念包括两层含义：①财政拨款结转资金（以下简称结转资金）是指当年支出预算已执行但尚未完成，或因故未执行，下年需按原用途继续使用的财政拨款资金；②财政拨款结余资金（以下简称结余资金）是指支出预算工作目标已完成，或由于受政策变化、计划调整等因素影响工作终止，当年剩余的财政拨款资金。我国现行《预算法》规定，各级政府上一年度预算的结转资金，应当在下一年用于结转项目的支出；连续两年未用完的结转资金，应当作为结余资金管理。各级一般公共预算的结余资金，应当补充预算稳定调节基金。

财政总预算会计核算的各项结转结余每年年终结算一次，平时不结算。财政总预算会计核算的预算结转结余包括一般公共预算结转结余、政府性基金预算结转结余、国有资本经营预算结转结余。财政总预算会计核算的非预算结余包括财政专户管理资金结余、专用基金结余。按照现行财政预算管理模型和财政预算资金管理方式，一般公共预算、政府性基金预算、国有资本经营预算以及财政专户管理资金和专用基金等实行分别管理、各自平衡的管理方式。因此，一般公共预算结转结余、政府性基金预算结转结余、国有资本经营预算结转结余、财政专户管理资金结余和专用基金结余等各种结转结余也相对独立，不能混淆。

6.1.1　一般公共预算结转结余的含义和核算

1. 一般公共预算结转结余的含义

一般公共预算结转结余是指一般公共预算收支的执行结果，它是政府财政纳入一般公共预算管理的收支相抵形成的结转结余。一般公共预算结转结余的计算公式如下。

一般公共预算结转结余=一般公共预算收入-一般公共预算支出

其中：①政府财政纳入一般公共预算管理的收入包括一般公共预算本级收入、一般公共预算补助收入、一般公共预算上解收入、地区间援助收入、一般公共预算调入资金、一般债务收入、一般债务转贷收入、动用预算稳定调节基金等；②政府财政纳入一般公共预算管理的支出包括一般公共预算本级支出、一般公共预算补助支出、一般公共预算上解支出、地区间援助支出、一般公共预算调出资金、一般债务还本支出、一般债务转贷支出、安排预算稳定调节基金等。

2. 一般公共预算结转结余的核算

财政总预算会计应设置“一般公共预算结转结余”总账科目用于核算一般公共预算结转结余业务。年终转账时，将一般公共预算的有关收入科目贷方余额转入“一般公共预算结转结余”科目的贷方，将一般公共预算的有关支出科目借方余额转入“一般公共预算结转结余”科目的借方，该科目年终贷方余额反映一般公共预算收支相抵后的滚存结转结余的结存数。

政府财政设置和补充预算周转金时，借记“一般公共预算结转结余”科目，贷记“预算周转金”科目。

【例 6-1】 某省财政年终结账时，有关一般公共预算收入科目的贷方余额和一般公共预算支出科目的借方余额如表 6-1 所示。

表 6-1　一般公共预算收入和支出科目余额表　　单位：元

贷方余额科目	金额	借方余额科目	金额
一般公共预算本级收入	658 000	一般公共预算本级支出	562 000
补助收入——一般性转移支付收入	138 000	补助支出——专项转移支付	189 000
补助收入——专项转移支付收入	220 000	上解支出——专项上解支出	300 000
上解收入——体制上解收入	33 000	债务还本支出——地方政府一般债务还本支出	200 000
调入资金——调入一般公共预算资金	15 600	债务转贷支出——地方政府一般债务转贷支出	140 000
动用预算稳定调节基金	24 500		
债务收入——地方政府一般债务收入	600 000		
合　计	1 689 100	合　计	1 391 000

根据表 6-1，省财政总预算会计应编制如下会计分录。

① 结清一般公共预算收入所有明细账的余额，并将有关收入科目贷方余额结转到“一般公共预算结转结余”科目：

借：一般公共预算本级收入 658 000
　　补助收入——一般性转移支付收入 138 000
　　　　　　——专项转移支付收入 220 000
　　上解收入——体制上解收入 33 000
　　调入资金——调入一般公共预算资金 15 600
　　动用预算稳定调节基金 24 500
　　债务收入——地方政府一般债务收入 600 000
　贷：一般公共预算结转结余 1 689 100

② 结清一般公共预算支出所有明细账的余额，并将有关支出科目借方余额结转到“一般公共预算结转结余”科目：

借：一般公共预算结转结余 1 391 000
　贷：一般公共预算本级支出 562 000
　　　补助支出——专项转移支付 189 000
　　　上解支出——专项上解支出 300 000
　　　债务还本支出——地方政府一般债务还本支出 200 000
　　　债务转贷支出——地方政府一般债务转贷支出 140 000

该省财政一般公共预算本级收入减去支出后的差额为 298 100 元，即为当年一般公共预算结转结余的结存数。

6.1.2 政府性基金预算结转结余的含义和核算

1. 政府性基金预算结转结余的含义

政府性基金预算结转结余是指政府性基金预算收支的执行结果，它是政府财政纳入政府性基金预算管理的收支相抵形成的结转结余。政府性基金预算结转结余的计算公式如下。

政府性基金预算结转结余=政府性基金预算收入-政府性基金预算支出

其中：①纳入政府财政的政府性基金预算管理的收入包括政府性基金预算本级收入、政府性基金预算补助收入、政府性基金预算上解收入、政府性基金预算调入资金、专项债务收入、专项债务转贷收入等；②纳入政府财政的政府性基金预算管理的支出包括政府性基金预算本级支出、政府性基金预算补助支出、政府性基金预算上解支出、政府性基金预算调出资金、专项债务还本支出、专项债务转贷支出等。

2. 政府性基金预算结转结余的核算

财政总预算会计应设置“政府性基金预算结转结余”总账科目用于核算政府性基金预算结转结余业务。该科目应当根据管理需要，按照政府性基金的种类进行明细核算。由于政府性基金预算结转结余是各个种类的政府性基金收支结转结余，如是农网还贷资金结转结余、民航发展基金结转结余、彩票公益金结转结余、国有土地使用权出让金结转结余等，因此，各种类政府性基金预算结转结余之和即为政府性基金预算结转结余总数。

年终转账时，政府财政应将政府性基金预算的有关收入科目贷方余额按照政府性基金种类分别转入该科目下相应明细科目的贷方，将政府性基金预算的有关支出科目借方余额按照政府性基金种类分别转入该科目下相应明细科目的借方，该科目年终贷方余额反映政府性基金预算收支相抵后的滚存结转结余的结存数。

【例 6-2】 某省财政年终结账时，有关政府性基金预算收入科目的贷方余额和政府性基金预算支出科目的借方余额，如表 6-2 所示。

表 6-2　政府性基金预算收支和支出科目余额表　　　　单位：元

贷方余额科目	金额	借方余额科目	金额
政府性基金预算本级收入	228 000	政府性基金预算本级支出	312 000
补助收入——政府性基金补助收入	186 000	补助支出——政府性基金补助支出	59 000
债务转贷收入——地方政府专项债务转贷收入	264 000	调出资金——政府性基金预算调出资金	70 000
		债务还本支出——地方政府专项债务还本支出	200 000
合　计	678 000	合　计	641 000

根据表 6-2，省财政总预算会计应编制会计分录。

① 结清政府性基金预算收入所有明细账的余额，并将有关收入科目贷方余额结转到“政府性基金预算结转结余”科目：

借：政府性基金预算本级收入　　228 000
　　补助收入——政府性基金补助收入　　186 000
　　债务转贷收入——地方政府专项债务转贷收入　　264 000
　贷：政府性基金预算结转结余　　678 000

② 结清政府性基金预算支出所有明细账的余额，并将有关支出科目借方余额结转到“政府性基金预算结转结余”科目：

借：政府性基金预算结转结余　　641 000
　贷：政府性基金预算本级支出　　362 000
　　　补助支出——政府性基金补助支出　　59 000
　　　调出资金——政府性基金预算调出资金　　70 000
　　　债务还本支出——地方政府专项债务还本支出　　200 000

该省财政政府性基金预算收入减去支出后的差额为 37 000 元，即为当年政府性基金预算结转结余的结存数。

6.1.3　国有资本经营预算结转结余的含义和核算

1. 国有资本经营预算结转结余的含义

国有资本经营预算结转结余是指国有资本经营预算收支的执行结果，它是政府财政纳入国有资本经营预算管理的收支相抵形成的结转结余。国有资本经营预算结转结余的计算公式如下。

国有资本经营预算结转结余=国有资本经营预算收入-国有资本经营预算支出

其中：①政府财政纳入国有资本经营预算管理的收入包括国有资本经营预算本级收入、国有资本经营预算转移支付收入等；②政府财政纳入国有资本经营预算管理的支出包括国有资本经营预算本级支出、国有资本经营预算转移支付支出、国有资本经营预算调出资金等。

2. 国有资本经营预算结转结余的核算

财政总预算会计应设置“国有资本经营预算结转结余”总账科目用于核算国有资本经营预算结转结余业务。国有资本经营预算是一个各种收入综合安排使用的预算，因此，其结转结余也是一个综合结转结余。

年终转账时，政府财政应将国有资本经营预算的有关收入科目贷方余额转入该科目贷方，将国有资本经营预算的有关支出科目借方余额转入该科目借方，该科目年终贷方余额反映国有资本经营预算收支相抵后的滚存结转结余的结存数

【例 6-3】 某省财政年终结账时，与国有资本经营预算相关科目总账余额为：“国有资本经营预算本级收入”科目的贷方余额为 1 550 000 元，“国有资本经营预算本级支出”科目的借方余额为 1 010 000 元。省财政总预算会计应编制如下会计分录。

① 结清国有资本经营预算收入所有明细账的余额，并将有关收入科目贷方余额结转到“国有资本经营预算结转结余”科目：

借：国有资本经营预算本级收入　　1 550 000

　贷：国有资本经营预算结转结余　　1 550 000

② 结清国有资本经营预算支出所有明细账的余额，并将有关支出科目借方余额结转到“国有资本经营预算结转结余”科目：

借：国有资本经营预算结转结余　　1 010 000

　贷：国有资本经营预算本级支出　　1 010 000

该省财政国有资本经营预算收入减去支出后的差额为 54 万元，即为当年国有资本经营预算结转结余的数额。

6.1.4 财政专户管理资金结余和专用基金结余的含义和核算

1. 财政专户管理资金结余的含义和核算

财政专户管理资金结余是指纳入财政专户管理的教育收费等资金收支的执行结果。它是政府财政纳入财政专户管理的教育收费等资金收支相抵后形成的结余。

财政总预算会计应设置“财政专户管理资金结余”总账科目用于核算财政专户管理资金结余业务。该科目应当根据管理需要按照部门（单位）等进行明细核算。

年终转账时，政府财政将财政专户管理资金的有关收入科目贷方余额转入该科目贷方，将财政专户管理资金的有关支出科目借方余额转入该科目借方。该科目年终贷方余额反映政府财政纳入财政专户管理的资金收支相抵后的滚存结余的结存数。由于财政专户管理资金通常需要返还给缴款单位，财政总预算会计通常需要为每个缴款单位结算出财政专户管理资金年终结余的结存数。

【例 6-4】 某省财政年终结账时，与财政专户管理资金结余相关科目总账及明细账资料为：“财政专户管理收入——教育收费收入”为 165 万元；“财政专户管理支出——教育经费支出”为 140 万元。省财政总预算会计应编制如下会计分录。

借：财政专户管理资金收入——教育收费收入　　1 650 000

　贷：财政专户管理资金结余　　1 650 000

借：财政专户管理资金结余　　1 400 000

　贷：财政专户管理资金支出——教育经费支出　　1 400 000

该省财政专户管理资金收入减去支出后的差额为 25 万元，即为当年财政专户管理资金结余的结存数。

2. 专用基金结余的含义和核算

专用基金结余是指专用基金收支的执行结果，它是政府财政管理的专用基金收支相抵形成的结余。

财政总预算会计应设置“专用基金结余”总账科目用于核算专用基金结余业务，该科目应当根据专用基金的种类进行明细核算。年终转账时，将专用基金的有关收入科目贷方余额转入该科目贷方，将专用基金的有关支出科目借方余额转入该科目借方。该科目年终贷方余额反映政府财政管理的专用基金收支相抵后的滚存结余的结存数。

【例 6-5】 某省财政年终结账时，“专用基金收入”科目贷方发生额合计为 502 000 元，“专用基金支出”科目借方发生额合计为 478 000 元。省财政总预算会计应编制如下会计分录。

借：专用基金收入	502 000	
贷：专用基金结余		502 000
借：专用基金结余	478 000	
贷：专用基金支出		478 000

该省财政专用基金收入减去支出后的差额为 24 000，即为当年专用基金结余的数额。

6.2　预算稳定调节基金和预算周转金

6.2.1　预算稳定调节基金的含义和核算

1. 预算稳定调节基金的含义

预算稳定调节基金是指政府财政安排用于弥补以后年度预算资金不足的储备资金。它是各级财政为平衡各预算年度之间预算收支的差异，保证各年度预算资金的收支平衡和预算稳定而设置的调节基金。预算稳定基金是一种政府预算储备，其资金来源于经济繁荣年度财政盈余的累积或者非常规收入，预算稳定调节基金的建立，有利于更加科学合理地编制预算，保持预算的稳定性。

在数额上，预算稳定调节基金等于由安排预算稳定调节基金等形成的预算稳定调节基金减去动用预算稳定调节基金后的差额。其中，安排预算稳定调节基金是指从财政超收收入中安排或从一般公共预算结余补充的预算稳定调节基金；动用预算稳定调节基金是指为弥补财政短收年份预算执行收支缺口而调用的预算稳定调节基金。

2. 预算稳定调节基金的核算

财政总预算会计应设置“预算稳定调节基金”总账科目用于核算预算稳定调节基金业务，该科目期末贷方余额反映预算稳定调节基金的结存数。

政府财政使用超收收入或一般公共预算结余补充预算稳定调节基金时，借记“安排预算稳定调节基金”科目，贷记该科目。将预算周转金调入预算稳定调节基金时，借记“预算周转金”科目，贷记该科目。调用预算稳定调节基金时，借记该科目，贷记“动用预算稳定调节基金”科目。

【例6-6】 年末，某省财政从政府财政的超收收入中补充预算稳定调节基金35万元，并将预算周转金25万元调入预算稳定调节基金。省财政总预算会计应编制如下会计分录。

借：安排预算稳定调节基金 350 000
　　预算周转金 250 000
　贷：预算稳定调节基金 600 000

如果政府财政调用预算稳定调节基金50万元，省财政总预算会计应编制如下会计分录。

借：预算稳定调节基金 500 000
　贷：动用预算稳定调节基金 500 000

6.2.2 预算周转金的含义和核算

1. 预算周转金的含义

预算周转金是指政府财政安排的用于调剂预算年度内季节性收支差额周转使用的资金。为了保证预算收支的正常进行，避免收支在时间上脱节，各级财政总预算应设置预算周转金，它是国家财政后备基金的一种形式，是国家财政后备基金的组成部分。

各级财政的总预算确定后，预算收入由于受客观条件等因素的影响，在年度、季度、月度中往往有淡旺的差别，而预算支出的拨付，又往往需要均衡地进行，不能完全与收入的进度相适应，可先用预算周转金垫借，待收大于支时再予归还。这项基金只能用于周转使用，不能安排支出，年底需补足数额，以保证国家预算正常执行和圆满实现。

预算周转金的来源包括：①从本级财政预算净结余中设置和补充的；②由上级财政部门拨入的。预算周转金存入国库存款账户，不另设存款户，只能用于年度预算执行中的周转调剂，即在资金收少支多时用于临时垫支，在资金收多支少时如数补充归还，不能用于追加新的支出，年终必须保持原额，逐年结转使用。动用预算周转金时，作为国库存款的减少，不作为预算周转金的减少；预算周转金余额过大时，可以调入预算稳定调节基金。

2. 预算周转金的核算

财政总预算会计应设置“预算周转金”总账科目用于核算预算周转金业务，政府财政设置和补充预算周转金时，借记“一般公共预算结转结余”科目，贷记该科目。将预算周转金调入预算稳定调节基金时，借记该科目，贷记“预算稳定调节基金”科目。该科目期末贷方余额反映预算周转金的结存数。

【例6-7】 年末，某省财政用一般公共预算结转结余补充预算周转金15万元。省财政总预算会计应编制如下会计分录。

借：一般公共预算结转结余 150 000
　贷：预算周转金 150 000

6.3 资产基金和待偿债净资产

6.3.1 资产基金的含义和核算

资产基金是指政府财政持有的债权和股权投资等资产（与其相关的资金收支纳入预算

管理）在净资产中占用的金额。构成资产基金的债权和股权投资等资产包括政府财政持有的应收地方政府债券转贷款、应收主权外债转贷款、股权投资和应收股利等资产。

财政总预算会计应设置“资产基金”总账科目用于核算资产基金业务，该科目的贷方登记资产基金的增加数，借方登记资产基金的减少数，期末贷方余额反映政府财政持有债权和股权投资等资产在净资产中占用的金额。该科目下应当设置“应收地方政府债券转贷款”“应收主权外债转贷款”“股权投资”“应收股利”等明细科目进行明细核算。

资产基金的账务处理相关例题参见“应收地方政府债券转贷款”“应收主权外债转贷款”“股权投资”“应收股利”等科目的例题。

6.3.2　待偿债净资产的含义和核算

待偿债净资产是指政府财政承担应付短期政府债券、应付长期政府债券、借入款项、应付地方政府债券转贷款、应付主权外债转贷款、其他负债等负债（与其相关的资金收支纳入预算管理）而相应需在净资产中冲减的金额。

待偿债净资产应当根据相对应的负债项目的确认而确认，与待偿债净资产相关负债项目增加时，待偿债净资产随之增加；反之，相关负债项目减少时，待偿债净资产随之减少。待偿债净资产是财政总预算会计主体净资产整体的抵减项目，实质是财政总预算会计主体净资产减少，即相关负债减少前，经济资源尚未流出会计主体，待偿债净资产作为抵减项目列入净资产。

财政总预算会计应设置“待偿债净资产”总账科目用于核算待偿债净资产业务，该科目的借方登记待偿债净资产的增加数，贷方登记待偿债净资产的减少数，期末借方余额反映政府财政应冲减净资产的结存数。该科目应当设置“应付短期政府债券”“应付长期政府债券”“借入款项”“应付地方政府债券转贷款”“应付主权外债转贷款”“其他负债”等明细科目进行明细核算。

政府财政根据债务管理部门转来的相关资料，按照实际承担的债务金额，借记“待偿债净资产”科目，贷记“应付短期政府券”“应付长期政府债券”“借入款项”“付地方政府债券转贷款”“应付主权外债转贷款”“其他负债”等科目。

待偿债净资产的账务处理举例参见“应付短期政府债券”“应付长期政府债券”“借入款项”“应付地方政府债券转贷款”“应付主权外债转贷款”等科目的举例。

思　考　题

1. 什么是财政总预算会计的净资产？财政总预算会计核算的净资产包括哪些内容？
2. 什么是结转结余？财政总预算会计核算的结转结余包括哪些种类？
3. 什么是预算稳定调节基金？各级财政为什么要设置预算稳定调节基金？
4. 什么是预算周转金？各级财政为什么要设置预算周转金？
5. 什么是资产基金？“资产基金”总账科目下应当设置哪些明细科目？
6. 什么是待偿债净资产？“待偿债净资产”总账科目下应当设置哪些明细科目？

练 习 题

练习一

一、目的：练习结转结余的核算。

二、资料：某省财政年末有关收入和支出科目的结账前余额如下。

① 一般公共预算收支科目的结账前余额如表 6-3 所示。

表 6-3 一般公共预算收入和支出科目余额表

单位：元

	借方余额	贷方余额
一般公共预算本级收入		682 000
补助收入——一般性转移支付收入		342 000
补助收入——专项转移支付收入		210 000
上解收入——体制上解收入		15 200
调入资金——调入一般公共预算资金		6 900
债务收入——地方政府一般债务收入		65 000
一般公共预算本级支出	523 000	
补助支出——一般性转移支付	420 000	
补助支出——专项转移支付	325 000	
上解支出——专项上解支出	2 200	
安排预算稳定调节基金	4 000	
债务还本支出——地方政府专项债务还本支出	45 000	
合 计	1 319 200	1 321 100

② 政府性基金预算收支科目的结账前余额如表 6-4 所示。

表 6-4 政府性基金预算收入和支出科目余额表

单位：元

	借方余额	贷方余额
政府性基金预算本级收入		188 000
补助收入——政府性基金补助收入		32 200
债务转贷收入——地方政府专项债务转贷收入		56 300
政府性基金预算本级支出	206 000	
补助支出——政府性基金补助支出	5 500	
调出资金——政府性基金预算调出资金	6 900	
债务还本支出——地方政府专项债务还本支出	52 000	
支出合计	270 400	276 500

③ 国有资本经营预算收支科目的结账前余额如表 6-5 所示。

表 6-5　国有资本经营预算收支科目余额表　　单位：元

	借方余额	贷方余额
国有资本经营预算本级收入		3 120 200
国有资本经营预算本级支出	3 050 000	

④ 财政专户管理资金收支科目的结账前余额如表 6-6 所示。

表 6-6　财政专户管理资金收支科目余额表　　单位：元

	借方余额	贷方余额
财政专户管理资金收入		890 600
财政专户管理资金支出	880 500	

⑤ 专用基金收支科目的结账前余额如表 6-7 所示。

表 6-7　专用基金收支科目余额表　　单位：元

	借方余额	贷方余额
专用基金收入		150 000
专用基金支出	124 000	

三、要求：根据以上资料，为该省财政总预算会计编制有关年终收支结账的会计分录，并分别计算当年各类资金结转结余数额。

练习二

一、目的：练习预算稳定调节基金和预算周转金的核算。

二、资料：某省财政发生如下经济业务：

① 年终发生财政短收，财政收入小于财政支出安排，决定动用预算稳定调节基金 66 万元。

② 根据本年预算收支结余情况，从本年财政超收收入中补充预算周转金 150 万元。

③ 年终将预算周转金 3 万元调入预算稳定调节基金。

三、要求：根据以上经济业务，为该省财政总预算会计编制有关的会计分录。

第7章　财政总预算会计的收入

学习目标

- 了解财政总预算会计的收入的含义和分类；
- 理解各项财政总预算会计的收入的含义和科目设置；
- 掌握各项财政总预算的收入的确认和会计核算。

7.1　政府预算收入概述

政府预算收入是指政府为实现其职能，根据法令和法规规定所取得的非偿还性资金。政府预算收入是一级政府财政资金的来源，反映一级政府当年组织的财政收入总规模，也反映一个地方经济发展的规模水平和总体实力。

按照《政府收支分类科目》的规定，政府预算收入包括一般公共预算收入、政府性基金预算本级收入、国有资本经营预算本级收入、社会保险基金预算收入（社会保险基金预算资金会计核算不适用《财政总预算会计制度》，由财政部另行规定，此部分内容不在本书中介绍），各项收入分别按类、款、项、目分设具体项目（本书主要列出各种预算收入的类、款、项级科目，目级科目具体参见《政府收支分类科目》），各级科目逐级递进，内容也逐级细化。其中，类级科目包括“税收收入”“非税收收入”“债务收入”“转移性收入”。

按照《财政总预算会计制度》的规定，财政总预算会计核算的收入具体分为一般公共预算本级收入、政府性基金预算本级收入、国有资本经营预算本级收入、财政专户管理资金收入、专用基金收入、补助收入、上解收入、地区间援助收入、调入资金、动用预算稳定调节基金、债务收入、债务转贷收入。财政总预算会计核算上述收入时应按照《政府收支分类科目》的类、款、项、目科目设置明细科目，进行明细核算。

本书综合《政府收支分类科目》与《财政总预算会计制度》，将财政总预算会计收入分为一般公共预算本级收入、政府性基金预算本级收入、国有资本经营预算本级收入、财政专户管理资金收入和专用基金收入、转移性收入、债务收入和债务转贷收入，并在本章后续各节进行介绍。

7.1.1　组织预算收入的机构和预算收入的报解、入库

1. 组织预算收入的机构

我国预算收入的组织机构主要是由征收机关和出纳机关组成。

1）征收机关

征收机关，是指具体负责预算收入征收、管理和监督的机构。我国预算收入的征收机关

及分工如下。

① 税务部门。税务部门主要负责征收各项工商税收（如增值税、消费税等）、企业所得税及由税务部门征收的其他预算收入。

② 海关。海关主要负责征收关税及国家指定其负责征收的其他一般公共预算收入。

③ 财政部门。财政部门主要负责国有资产经营收益、行政性收费、罚没收入、其他预算收入的征收管理等。

④ 临时指定部门。凡不属于以上范围的一般公共预算收入，以国家临时指定负责征收的部门为征收机关。

2）出纳机关

预算收入的出纳机关是国家金库（简称国库），它是国家预算资金唯一的收纳、划分、报解的专门机构。政府预算的一切收支都要通过国库进行收纳和拨付。

（1）国库的机构设置

我国国库，按照国家统一领导、分级管理的财政体制设立，由中国人民银行代理。国库分为总库、分库、中心支库、支库四级。总库设在中国人民银行总行；分库设在省、自治区、直辖市分行；中心支库设在地（市）中心支行；支库设在县（市）支行。在支行以下的办事处、分理处、营业所设金库经收处，较大的省辖市分（支）行所属办事处，根据需要可以设立支库。各省（直辖市、自治区）分行及其所属的各级国库，既是中央国库的分支机构，又是各级地方财政的国库。

（2）国库的职责

国库工作是国家预算管理工作的重要组成部分，是办理国家预算收支的重要基础工作。根据有关规定，国库的基本职责如下。

① 准确及时地收纳各项预算收入。根据国家财政管理体制规定的预算收入级次和上级财政机关确定的分成留解比例，正确、及时地办理各级财政库款的划分和留解，以保证各级财政预算资金的运用。

② 按照财政制度的有关规定和银行的开户管理办法，为各级财政机关开立账户。根据同级财政机关填发拨款凭证，办理同级财政库款的支拨。

③ 对各级财政库款和预算收入进行会计账务核算。按期向上级国库和同级财政部门、税收机关编报日报、旬报、月报和年度决算报表，定期与财政、税收机关对账，以保证数字的准确一致。

④ 协助财政机关、征收机关组织预算收入及时缴库；根据征收机关填发的凭证核收滞纳金；根据国家税法协助财税机关扣收个别单位屡催不缴的应缴预算收入；按照国家财政制度的规定，监督库款的退付。

⑤ 组织管理和检查指导下级国库和国库经收处的工作，总结交流经验，及时解决存在的问题。

⑥ 办理国家交办的同国库有关的其他工作。

2. 预算收入的入库、报解

按照现行国库管理制度规定，目前我国预算收入的缴库方式有直接缴款和集中汇缴两种。直接缴库是指由基层缴款单位（缴款人），按征收机关规定的缴款期限，直接将应缴收入缴入国库单一账户（预算内）。集中汇缴是指由征收机关和依法享有征收权限的单位按照法律法规的规定，将所收取的应缴收入汇总缴入国库单一账户（预算内）。

预算收入的报解是指通过国库向上级国库和财政部门报告预算收入情况，并将属于上级财政的预算收入解缴到中心支库、分库和总库。通过报解使各级财政机关掌握预算收入的收取进度和相关情况，并在对预算收入进行划分的基础上，将属于上级财政的预算收入解缴到支库、分库和总库。

国库在划分和报解预算收入时，要根据“缴款书”编制“收入日报表”，经审核无误后连同缴款书回执及时送交财政部门。属于本级预算收入，则由收款国库按一般公共预算本级收入划分、报解和留成，分别报解同级财政部门和地方国库。

7.1.2 预算收入的审核与退库

1. 预算收入的审核

各级财政总预算会计在确认预算收入的核算中，要以本年度缴入同级国库的数额为准，主要以国库编报的“一般公共预算本级收入日报表”“分成收入计算日报表”和所附的“缴款书”“收入退还书”等原始凭证作为入账的依据。对国库每天报来的各种预算收入凭证，财政总预算会计应当审核无误后才能做账。除一般数字关系等技术性审核外，应着重审核以下几点。

(1) 审核预算级次

一般公共预算收入的划分，应当按照财政管理体制规定的收入划分范围审核。属于上级财政的固定收入，不能作为本级财政的固定收入；属于上下级财政之间的分成收入，不能作为本级财政的固定收入。

(2) 审核分成比例

应当审核应计分成收入的“收入总额”是否齐全、准确，有无遗漏项目或地区，分成收入的留解比例，是否按上级财政机关体制的要求贯彻执行。

(3) 审核预算科目

应当按照国家的统一规定认真审核。对于错用国家预算科目的，应当及时办理更正，以免影响国家预算收入的分类分析和检查预算缴款部门收入任务完成情况。

2. 预算收入的退库

(1) 退库范围

在执行财政总预算过程中，已入库的各项预算收入，即为国家预算资金，是国家办理各项预算支出的财力保证。因此，一般不予以退库。但确有正当理由，符合国家规定退库范围的，可按规定审批程序办理收入退库。目前，允许收入退库的范围如下。

① 由于工作疏忽，发生技术性差错需要退库的。如收入错缴、多缴，中央和地方预算收入相互误缴。

② 改变企业隶属关系办理财务结算需要退库的。例如企业单位上划下划，交接双方办理财务结算，需要办理退库或缴款转账的。

③ 企业计划上缴税利，超过实际应缴数额过多，不宜在下期抵缴，需要退库的。

④ 财政部明文规定或专项批准的其他退库项目。如弥补企业计划亏损补贴、调整价格、修订税率等。

(2) 退库手续

预算收入的退库工作，由各级国库负责办理，收入退库应按预算收入的级次办理；中央预算收入退库，从中央级库款中退付；地方各级预算固定收入的退库，从地方各级库款中退付；共享收入的退库，按规定分成比例，分别从上级和本级库款中退付。

预算收入的退库必须遵守规定的手续制度。首先由需要办理退库的单位或个人提出申请，并将有关文件资料报送财政部门或征收机关，同时按规定的要求填写“退库申请书”一并上报。“退库申请书”需要填写的基本内容包括：申请单位或个人名称、主管部门、预算级次、征收机关、原缴款书日期和编号、预算科目、缴款金额、申请退库原因和退库金额、审查批准机关的审批意见和核定的退库金额。财政部门和征收机关严格审查提交的退库申请及有关资料后填发“收入退还书”，申请退库单位持有“收入退还书”到指定的国库办理退库。

预算收入退库，原则上通过转账形式办理，通常不支付现金。有特殊原因必须以现金方式支付的，财政部门或收入机关严格审核后，在“收入退还书”加盖“退付现金”的戳记，由收款人凭“收入退还书”向国库办理退库。在中国银行分支机构开户的外资企业、中外合资企业和其他外籍人员，以外币兑换人民币缴纳税款，签发“收入退还书”时加盖“可退付外币”戳记，可以退付外币。

由于预算收入的退库按级次在当日各科目的收入内退付，国库会计只就预算收入的缴库与退库数的差额填列“预算收入日报表”。当日的缴库数与退库数相抵后，如果入库数大于退库数，则“预算收入日报表”内各项收入合计用蓝字填列，财政总预算会计仍按规定的分成比例，根据收入数和退库数相抵后的数额进行核算，对退库部分不做账务处理。如果当日缴库后退库数大于入库数，财政总预算会计做相应的账务处理：属于本级预算的固定收入退库的，以红字入账，冲减本级预算收入和国库存款；属于分成收入退库的，应根据“分成收入计算日报表”，按原定分成比例做相应的账务处理。

7.2　一般公共预算本级收入

7.2.1　一般公共预算本级收入的含义和分类

《财政总预算会计制度》指出，一般公共预算本级收入是指政府财政筹集的纳入本级一般公共预算管理的税收收入和非税收入。一般公共预算的收入来源主要是税收收入，相应的支出是为满足社会公共的需要。一般公共预算本级收入主要用于保证政府基本职能和事业发展的资金需要，以维持政府的公共活动，保障国家安全和社会秩序，改善民生，发展各项社会公共事业。

一般公共预算分为中央一般公共预算和地方各级一般公共预算。其中，中央一般公共预算包括中央各部门（含直属单位）的预算和中央对地方的税收返还、转移支付预算；地方各级一般公共预算包括本级各部门（含直属单位）的预算和税收返还、转移支付预算。中央一般公共预算收入包括中央本级收入和地方向中央的上解收入；地方各级一般公共预算收入包括地方本级收入、上级政府对本级政府的税收返还和转移支付、下级政府的上解收入。

按照《政府收支分类科目》，一般公共预算收入科目按照税收收入、非税收入、债务收入、转移性收入 4 个类级科目设置款级科目，款级科目下再设项级、目级科目分别详细反映具体的收入项目。财政总预算会计核算的一般公共预算本级收入，应当按照《政府收支分类科目》中的一般公共预算收入科目进行分类，并且仅包括一般公共预算收入科目中的税收收入和非税收入科目，不包括债务收入和转移性收入科目。

1. 税收收入

税收收入是政府依法向纳税人征收的各种税金收入，它是政府取得财政收入的最基本形式。按照《政府收支分类科目》，“税收收入”类级科目下分为款、项、目三级科目，以满足不同层次的管理需求。该类级科目分设20个款级科目，具体见表7-1。

表7-1 一般公共预算收入——税收收入分类表

类级科目	款级科目	项级科目
101 税收收入	01 增值税	反映按《中华人民共和国增值税暂行条例》征收的国内增值税、进口货物增值税和经审批退库的出口货物增值税。该科目分设国内增值税、进口货物增值税、出口货物退增值税，共3个项级科目
	02 消费税	反映按《中华人民共和国消费税暂行条例》征收的国内消费税、进口消费品消费税和经审批退库的出口消费品消费税。该科目分设国内消费税、进口消费品消费税、出口消费品退消费税，共3个项级科目
	04 企业所得税	反映按《中华人民共和国企业所得税法》征收的企业所得税。该科目分设国有冶金工业所得税、国有有色金属工业所得税、国有煤炭工业所得税、其他国有企业所得税、集体企业所得税、股份制企业所得税、港澳台和外商投资企业所得税、私营企业所得税等，共50个项级科目
	05 企业所得税退税	反映财政部门按“先征后退”政策审批退库的企业所得税。其科目与“企业所得税”相同
	06 个人所得税	反映按《中华人民共和国个人所得税法》等法律法规征收的个人所得税。该科目分设个人所得税、个人所得税综合所得汇算清缴退税、个人所得税代扣代缴手续费退库及个人所得税税款滞纳金、罚款收入，共4个项级科目
	07 资源税	反映按《中华人民共和国资源税暂行条例》等征收的资源税。该科目分设海洋石油资源税、水资源税收入、其他资源税及资源税税款滞纳金、罚款收入，共4个项级科目
	09 城市维护建设税	反映按《中华人民共和国城市维护建设税暂行条例》征收的城市维护建设税。该科目分设国有企业城市维护建设税、集体企业城市维护建设税、股份制企业城市维护建设税等，共11个项级科目
	10 房产税	反映按《中华人民共和国房产税暂行条例》征收的房产税。该科目分设国有企业房产税、集体企业房产税、港澳台和外商投资企业房地产税等，共8个项级科目
	11 印花税	反映按《中华人民共和国印花税暂行条例》征收的印花税。该科目分设证券交易印花税、其他印花税及印花税税款滞纳金、罚款收入，共3个项级科目
	12 城镇土地使用税	反映按《中华人民共和国城镇土地使用税暂行条例》征收的城镇土地使用税。该科目分设国有企业城镇土地使用税、集体企业城镇土地使用税、股份制企业城镇土地使用税等，共8个项级科目
	13 土地增值税	反映按《中华人民共和国土地增值税暂行条例》征收的土地增值税。该科目分设国有企业土地增值税、集体企业土地增值税、股份制企业土地增值税等，共8个项级科目

续表

类级科目	款级科目	项级科目
101 税收收入	14 车船税	反映按《中华人民共和国车船税暂行条例》征收的车船税。该科目按照车船税，车船税税款滞纳金、罚款收入，共 2 个项级科目
	15 船舶吨税	反映船舶吨税收入。该科目分设船舶吨税及船舶吨税税款滞纳金、罚款收入，共 2 个项级科目
	16 车辆购置税	反映按《中华人民共和国车辆购置税暂行条例》征收的车辆购置税。该科目分设车辆购置税及车辆购置税税款滞纳金、罚款收入，共 2 个项级科目
	17 关税	反映按《中华人民共和国进出口关税条例》等有关法律法规征收的关税。该科目分设关税，特别关税，关税和特别关税税款滞纳金、罚款收入，关税退税，共 4 个项级科目
	18 耕地占用税	反映按《中华人民共和国耕地占用税暂行条例》征收的耕地占用税。该科目分设耕地占用税、耕地占用税退税及耕地占用税款滞纳金、罚款收入，共 3 个项级科目
	19 契税	反映按《中华人民共和国契税暂行条例》征收的契税。该科目分设契税及契税税款滞纳金、罚款收入 2 个项级科目
	20 烟叶税	反映按《中华人民共和国烟草税暂行条例》向收购烟叶（指晾晒烟叶、烤烟叶）单位征收的烟叶税。该科目下设烟叶税及烟叶税税款滞纳金、罚款收入 2 个项级科目
	21 环境保护税	反映按《中华人民共和国环境保护法》征收的环境保护税。该科目下设环境保护税、环境保护税税款滞纳金、罚款收入 2 个项级科目。
	99 其他税收收入	反映除上述项目以外的其他税收收入，包括已停征税种的尾欠等

2. 非税收入

非税收入（类级科目）反映各级政府及其所属部门和单位依法利用行政权力、政府信誉、国家资源、国有资产或提供特定公共服务征收、收取、提取、募集的除税收和政府债务收入以外的财政收入。非税收入是政府财政收入的重要组成部分，是政府参与国民收入分配和再分配的一种形式。

按照《政府收支分类科目》，一般预算收入中的“非税收入”类级科目分设 8 个款级科目，具体见表 7-2。

3. 债务收入

债务收入（类级科目）主要反映政府的各类债务收入。按照《政府收支分类科目》，一般预算收入中的“债务收入”类级科目分设 2 个款级科目，具体见表 7-3。

4. 转移性收入

转移性收入（类级科目）主要反映政府间的转移支付及不同性质资金之间的调拨收入。一般预算收入中的“转移性收入”类级科目分设 9 个款级科目，具体见表 7-4。

表 7-2 一般公共预算收入——非税收入分类表

类级科目	款级科目	项级科目
103 非税收入	02 专项收入	反映纳入一般公共预算管理的有专项用途的非税收入。该科目分设教育费附加收入、铀产品出售收入、三峡库区移民专项收入、场外核应急准备收入、地方教育附加收入等，共 14 个项级科目
	04 行政事业性收费收入	反映依据法律、行政法规、国务院有关规定、国务院财政部门与计划部门共同发布的规章或规定，以及省、自治区、直辖市的地方性法规、政府规章或规定，省、自治区、直辖市人民政府财政部门与计划（物价）部门共同发布的规定所收取的各项收费收入。该科目分设公安行政事业性收费收入、法院行政事业性收费收入、司法行政性收费收入、外交行政事业性收费收入、商贸行政事业性收费收入、财政行政事业性收费收入、税务行政事业性收费收入、海关行政事业性收费收入等，共 57 个项级科目。目前行政事业性收费没有设置科目的，地方在增设科目时可以从科目编码 98 开始从大至小、逐一列目级科目反映，不宜列目级科目的，统一在各部门行政事业性收费项级科目下的 50 目“其他缴入国库的＊＊行政事业性收费”反映
	05 罚没收入	反映执法机关依法收缴的罚款（罚金）、没收款、赃款，没收物资、赃物的变价款收入。该科目分设一般罚没收入、缉私罚没收入、缉毒罚没收入、罚没收入退库，共 4 个项级科目
	06 国有资本经营收入	反映各级人民政府及其部门、机构履行出资人职责的企业（即一级企业）上缴的国有资本收益。该科目分设利润收入，股利、股息收入，产权转让收入，清算收入，国有资本经营收入退库，国有企业计划亏损补贴，烟草企业上缴专项收入，其他国有资本经营收入，共 8 个项级科目
	07 国有资源（资产）有偿使用收入	反映有偿转让国有资源（资产）使用费而取得的收入。该科目分设海域使用金收入、场地和矿区使用费收入、特征矿产品出售收入、专项储备物资销售收入、利息收入、非经营性国有资产收入、出租车营业权有偿使用收入和转让收入等，共 22 个项级科目
	08 捐赠收入	反映按《财政部关于加强政府非税收入管理的通知》（财综〔2004〕53 号）的规定以政府名义接受的捐赠收入。该科目分设国外捐赠收入、国内捐赠收入，共 2 个项级科目
	09 政府住房基金收入	反映按《住房公积金管理条例》等规定收取的政府住房基金收入。该科目分设上缴管理费用、计提公共租赁住房资金、公共租赁住房租金收入、配建商业设施租售收入、其他政府住房基金收入，共 5 个项级科目
	99 其他收入	反映除上述各款收入以外的其他收入。该科目分设上级主管部门集中收入、免税商品特评经营费收入、基本建设收入、差别电价收入、债务管理收入、南水北调工程基金收入、生态环境损害赔偿资金、其他收入，共 8 个项级科目

表 7-3 一般公共预算收入——债务收入分类表

类级科目	款级科目	项级科目
105 债务收入	03 中央政府债务收入	反映中央政府取得的债务收入。该科目分设中央政府国内债务收入和中央政府国外债务收入，2 个项级科目
	04 地方政府债务收入	反映地方政府取得的债务收入。该科目设有一般债务收入 1 个项级科目

表 7-4　一般公共预算收入——转移性收入分类表

类级科目	款级科目	项级科目
110 转移性收入	01 返还性收入	反映下级政府收到的上级政府返还的收入。该科目分设所得税基数返还收入、成品油税费改革税收返还收入、增值税税收返还收入、消费税税收返还收入、增值税“五五分享”税收返还收入、其他税收返还收入，共 6 个项级科目
	02 一般性转移支付收入	反映政府间财力性转移支付收入。该科目分设体制补助收入、均衡性转移支付收入、县级基本财力保障机制奖补资金收入、结算补助收入、资源枯竭型城市转移支付补助收入等，共 40 个项级科目
	03 专项转移支付收入	它反映下级政府收到的上级政府的专项转移支付收入。该科目分设一般服务、外交、国防、公共安全、教育、科学技术、文化体育与传媒、社会保证和就业、医疗卫生与计划生育、节能环保等，共 20 个项级科目
	06 上解收入	反映上级政府收到的下级政府上解的收入。该科目具体分设体制上解收入、专项上解收入，2 个项级科目
	08 上年结余收入	反映各类资金的上年结余
	09 调入资金	反映不同性质资金间的调入收入。该科目具体分设调入一般公共预算资金 1 个项级科目
	11 债务转贷收入	反映下级政府收到的上级政府转贷的债务收入。该科目具体分设地方政府一般债务转贷收入 1 个项级科目
	13 接受其他地区援助收入	反映受援方政府接受的可统筹使用的各类援助、捐赠等资金收入。该科目反映的是以受援方政府名义接收的、援助方政府安排且没有限定用途的公共预算援助资金。该科目使用主体为各级财政部门，其他部门不得使用。反映的内容为一般公共预算资金，其他性质的资金不在本科目反映。各地按照国家统一要求安排的对口援助西藏、新疆、青海藏区的资金，不在本科目反映
	15 动用预算稳定调节基金	反映用于弥补收支缺口的预算稳定调节基金

7.2.2　一般公共预算本级收入的核算

财政总预算会计应设置“一般公共预算本级收入”总账科目，用于核算一般公共预算本级收入业务，该科目贷方登记一般公共预算本级收入的增加数，借方登记一般公共预算本级收入的减少数；平时贷方余额反映一般公共预算本级收入的累计数，年终转账后该科目无余额。该科目应根据《政府收支分类科目》中“一般公共预算收入”科目规定进行明细核算。

一般公共预算收入按收付实现制基础核算。政府财政收到款项时，根据当日预算收入日报表所列一般公共预算本级收入数，借记“国库存款”等科目，贷记该科目。年终转账时，该科目贷方余额全数转入“一般公共预算结转结余”科目，借记该科目，贷记“一般公共预算结转结余”科目。

【例 7-1】　某省财政总预算会计收到中国人民银行国库报来的一般预算收入日报表（见表 7-5）。

表 7-5 一般预算收入日报表

单位：元

预算科目			金额
类	款	项	
税收收入	增值税	国内增值税	545 000
税收收入	增值税	进口货物增值税	56 000
税收收入	增值税	改征增值税	321 000
税收收入	消费税	国内消费税	21 000
税收收入	企业所得税	国有冶金工业所得税	150 000
税收收入	企业所得税	国有煤炭工业所得税	250 000
税收收入	个人所得税	个人所得税	55 000
税收收入	城市维护建设税	国有企业城市维护建设税	50 000
税收收入	房产税	股份制企业房产税	130 000
税收收入	关税	进口关税	80 000
合计			1 658 000

省财政总预算会计应编制如下会计分录。

借：国库存款——一般预算存款　　1 658 000

　贷：一般公共预算本级收入

　　——税收收入——增值税（国内增值税）　　545 000

　　　　　　　　——增值税（进口货物增值税）　　56 000

　　　　　　　　——增值税（改征增值税）　　321 000

　　　　　　　　——消费税（国内消费税）　　21 000

　　　　　　　　——企业所得税（国有冶金工业所得税）　　150 000

　　　　　　　　——企业所得税（国有煤炭工业所得税）　　250 000

　　　　　　　　——个人所得税（个人所得税）　　55 000

　　　　　　　　——城市维护建设税（国有企业城市维护建设税）　　50 000

　　　　　　　　——房产税（股份制企业房产税）　　130 000

　　　　　　　　——关税（进口关税）　　80 000

【例 7-2】 某市财政总预算会计收到中国人民银行国库报来的一般预算收入日报表（见表 7-6）。

表 7-6 一般预算收入日报表

单位：元

预算科目			金额
类	款	项	
非税收收入	专项收入	教育费附加收入	45 000
非税收收入	专项收入	文化事业建设费收入	76 000
非税收收入	行政事业性收费收入	公安行政事业性收费收入	43 000

续表

预算科目			金　额
非税收收入	行政事业性收费收入	法院行政事业性收费收入	55 000
非税收收入	行政事业性收费收入	司法行政事业性收费收入	67 000
非税收收入	行政事业性收费收入	海关行政事业性收费收入	23 000
非税收收入	行政事业性收费收入	科技行政事业性收费收入	11 000
非税收收入	罚没收入	一般罚没收入	23 000
非税收收入	罚没收入	缉私罚没收入	45 000
非税收收入	国有资本经营收入	利润收入	78 000
非税收收入	国有资本经营收入	股利、股息收入	66 000
合　计			532 000

财政总预算会计根据收入日报表编制会计分录如下。

借：国库存款——一般预算存款　532 000

　贷：一般公共预算本级收入

　　——非税收收入——专项收入（教育费附加收入）　45 000

　　　　——专项收入（文化事业建设费收入）　76 000

　　　　——行政事业性收费收入（公安行政事业性收费收入）　43 000

　　　　——行政事业性收费收入（法院行政事业性收费收入）　55 000

　　　　——行政事业性收费收入（司法行政事业性收费收入）　67 000

　　　　——行政事业性收费收入（海关行政事业性收费收入）　23 000

　　　　——行政事业性收费收入（科技行政事业性收费收入）　11 000

　　　　——罚没收入（一般罚没收入）　23 000

　　　　——罚没收入（缉私罚没收入）　45 000

　　　　——国有资本经营收入（利润收入）　78 000

　　　　——国有资本经营收入（股利、股息收入）　66 000

【例 7-3】　年终，某省财政“一般公共预算本级收入”总账科目贷方余额为 2 798 000元，将其全数转入“一般公共预算结转结余”总账科目，同时结清“一般公共预算本级收入”科目的所有明细账。省财政总预算会计编制会计分录如下。

借：一般公共预算本级收入　2 798 000

　贷：一般公共预算结转结余　2 798 000

7.3　政府性基金预算本级收入

7.3.1　政府性基金预算本级收入的含义和分类

根据财政部《政府性基金管理暂行办法》（财综〔2010〕80 号）的规定，政府性基金是指各级政府及其所属部门根据法律、行政法规和中共中央、国务院文件规定，为支持特定公共基础设施建设和公共事业发展，向公民、法人和其他组织无偿征收的具有专项用途的财政资金。

《财政总预算会计制度》指出，政府性基金预算本级收入是指政府财政筹集的纳入本级政府性基金预算管理的非税收入。按照《政府收支分类科目》，政府性基金预算收入按照非税收入、债务收入、转移性收入3个类级科目设置款级科目，款级科目下再分设项级、目级科目分别详细反映具体的收入项目，具体见表7-7。财政总预算会计核算的政府性基金预算本级收入，仅包括政府性基金预算收入科目中的非税收入科目，不包括债务收入和转移性收入科目。

表7-7 政府性基金预算收入分类表

类级科目	款级科目	项级科目
103 非税收入	01 政府性基金收入	政府性基金收入是指各级政府及其所属部门依法征收的政府性基金，以及参照政府性基金管理或纳入政府性基金预算、具有特定用途的财政资金。该科目分设农网还贷资金收入、铁路建设基金收入、民航发展基金收入、港口建设费收入、旅游发展基金收入、国有土地收益基金收入、农业土地开发基金收入、彩票公益金收入、污水处理费收入等，共26个项级科目
	10 专项债券对应项目专项收入	反映地方政府专项债券对应项目形成、可用于偿还专项债券本息的经营收入。该科目分设海南省高等级公路车辆通行附加费专项债务对应项目专项收入、港口建设费专项债务对应项目专项收入、国家电影事业发展专项资金专项债务对应项目收入、国有土地使用权出让金专项债务对应项目专项收入等，共12个项级科目
105 债务收入	04 地方政府债务收入	反映地方政府取得的债务收入。该科目设有专项债务收入1个项级科目
110 转移性收入	04 政府性基金转移收入	反映政府性基金转移收入。该科目分设科学技术、节能环保、城乡社区、农林水等，共9个项级科目
	06 上解收入	反映上级政府收到下级政府的上解收入。该科目包括政府基金上解收入1个项级科目
	08 上年结余收入	反映各类资金的上年结余。包括政府性基金预算上年结余收入1个项级科目
	09 调入资金	反映不同性质资金间的调入收入。该科目具体分设调入政府性基金预算资金1个项级科目
	11 债务转贷收入	反映下级政府收到的上级政府转贷的债务收入。该科目具体分设地方政府专项债务转贷收入1个项级科目

7.3.2 政府性基金预算本级收入的核算

政府性基金预算本级收入应当按照政府非税收入的基本管理要求进行管理，实行中央一级审批制度，遵循统一领导、分级管理的原则。政府性基金预算本级收入的列报基础和收入日报表的参考格式均参考一般公共预算本级收入。

财政总预算会计应设置“政府性基金预算本级收入”总账科目用于核算政府性基金预算本级收入业务，该科目贷方登记政府性基金预算本级收入的增加数，借方登记政府性基金预算本级收入的减少数；平时贷方余额反映政府基金预算本级收入的累计数，年终转账后该科目无余额。该科目应当根据《政府收支分类科目》中“政府性基金预算收入”科目规定进行明细核算。

政府性基金预算收入按收付实现制基础核算。政府财政收到款项时，根据当日预算收入日报表所列政府性基金预算本级收入数，借记“国库存款”等科目，贷记该科目。年终转账时，该科目贷方余额全数转入“政府性基金预算结转结余”科目，借记该科目，贷记“政府性基金预算结转结余”科目。

【例7-4】 某省财政总预算会计收到中国人民银行国库报来的基金预算收入日报表（见表7-8）。

表7-8　基金预算收入日报表　　单位：元

预算科目			金　额
类	款	项	
非税收收入	政府性基金收入	农网还贷资金收入	256 000
非税收收入	政府性基金收入	铁路建设基金收入	34 000
非税收收入	政府性基金收入	民航发展基金收入	44 000
非税收收入	政府性基金收入	旅游发展基金收入	34 000
非税收收入	政府性基金收入	国家电影事业发展专项资金收入	56 000
非税收收入	政府性基金收入	农业土地开发资金收入	212 000
合　计			636 000

省总预算会计根据日报表编制会计分录如下。

借：国库存款　　636 000

　贷：政府性基金预算本级收入

　　　——政府性基金收入——农网还贷资金收入　　256 000

　　　　　　　　　　　——铁路建设基金收入　　34 000

　　　　　　　　　　　——民航发展基金收入　　44 000

　　　　　　　　　　　——旅游发展基金收入　　34 000

　　　　　　　　　　　——国家电影事业发展专项资金收入　　56 000

　　　　　　　　　　　——农业土地开发资金收入　　212 000

【例7-5】 年终，某省财政“政府性基金预算本级收入”总账科目贷方余额为1 980 000元，将其全数转入“政府性基金预算结转结余”总账科目，同时结清所有政府性基金预算本级收入明细账的余额。省财政总预算会计应编制如下会计分录。

借：政府性基金预算本级收入　　1 980 000

　贷：政府性基金预算结转结余　　1 980 000

7.4　国有资本经营预算本级收入

7.4.1　国有资本经营预算本级收入的概念和分类

国有资本经营预算收入是指各级政府及其部门以所有者身份依法取得的国有资本收益，

是各级人民政府及其部门、机构履行出资人职责的企业（即一级企业）上缴的国有资本收益，主要包括国有独资企业按规定上交国家的利润；国有控股、参股企业国有股权（股份）获得的股利、股息；企业国有产权（含国有股份）转让收入；国有独资企业清算收入（扣除清算费用），以及国有控股、参股企业国有股权（股份）分享的公司清算收入（扣除清算费用）；其他收入。

国有资本经营预算本级收入是政府财政筹集的纳入本级国有资本经营预算管理的非税收入。按照《政府收支分类科目》，国有资本经营预算收入科目按照非税收入、转移性收入 2 个类级科目设置款级科目，款级科目下再设项级、目级科目，分别详细反映具体的收入项目，具体见表 7-9。财政总预算会计核算的国有资本经营预算本级收入，应当按照《政府收支分类科目》中的国有资本经营预算收入科目进行分类，并且仅包括国有资本经营预算收入科目中的非税收入科目，不包括转移性收入科目。

表 7-9 国有资本经营预算收入分类表

类级科目	款级科目	项级科目
103 非税收入	06 国有资本经营收入	反映各级人民政府、机构履行出资人职责的企业（即一级企业）上缴的国有资本收益。该科目分设利润收入、股利和股息收入、产权转让收入、清算收入、其他国有资本经营预算企业产权转让收入，共 5 个项级科目
110 转移性收入	05 国有资本经营预算转移支付收入	反映国有资本经营预算转移支付收入。该科目分设国有资本营业预算转移支付收入，共 1 个项级科目
	06 上解收入	反映上级政府收到下级政府的上解收入。该科目包括国有资本经营预算上解收入，共 1 个项级科目

7.4.2 国有资本经营预算本级收入的核算

在现行《政府收支分类科目》中，国有资本经营预算收入科目和一般公共预算收入科目下的非税收入科目中都设置有国有资本经营收入科目，即国有资本收益中的一部分上缴一般公共预算，主要用于社会保障、改善民生等一般公共预算目的；另一部分上缴国有资本经营预算，主要用于国有经济结构调整、国有企业改革成本等国有资本经营预算目的。国有资本经营预算本级收入的列报基础和收入日报表的参考格式，均参考一般公共预算本级收入。

财政总预算会计应设置“国有资本经营预算本级收入”总账科目，用于核算国有资本经营预算本级收入业务，该科目贷方登记国有资本经营预算本级收入的增加数，借方登记国有资本经营预算本级收入的减少数；平时贷方余额反映国有资本经营预算本级收入的累计数，年终转账后该科目无余额。该科目应当根据《政府收支分类科目》中“国有资本经营预算收入”科目规定进行明细核算。

政府财政收到款项时，根据当日预算收入日报表所列国有资本经营预算本级收入数，借记“国库存款”等科目，贷记该科目。年终转账时，该科目贷方余额全数转入“国有资本经营预算结转结余”科目，借记该科目，贷记“国有资本经营预算结转结余”科目。

【例 7-6】 某省财政总预算会计收到中国人民银行国库报来的国有资本经营预算收入日报表，当日共收到国有资本经营预算本级收入 36 万元。其中，“非税收入——国有资本经营收入——利润收入”19 万元，“非税收入——国有资本经营收入——股利、股息收入”8 万元，“非税收入——国有资本经营收入——产权转让收入”9 万元。省财政总预算会计应编制如下会计分录。

借：国库存款	360 000	
贷：国有资本经营预算本级收入——利润收入		190 000
——股利、股息收入		80 000
——产权转让收入		90 000

【例7-7】 年终，某省财政“国有资本经营预算本级收入”总账科目贷方余额为71万元，将其全数转入“国有资本经营预算结转结余”总账科目，同时结清所有国有资本经营预算本级收入明细账的余额。省财政总预算会计应编制如下会计分录。

借：国有资本经营预算本级收入	710 000	
贷：国有资本经营预算结转结余		710 000

7.5 财政专户管理资金收入和专用基金收入

7.5.1 财政专户管理资金收入的含义和核算

1. 财政专户管理资金收入的含义

财政专户管理资金收入是指政府财政纳入财政专户管理的资金收入。财政专户管理资金，是指未纳入预算、实行财政专户管理的资金，主要包括教育收费，即教育部门收取的各种教育收费（如普通高中学费、普通高中住宿费、中等职业学校学费、中等职业学校住宿费、高等学校学费、高等学校住宿费、高等学校委托培养费、函大电大夜大及短训班培训费、考试考务费、中央广播电视大学中专学费等），其他相关部门的教育收费（如公安、法院、财政、审计、税务、海关、体育、卫生等部门）。教育收费属于政府非税收入，相应款项缴入财政部门在商业银行开设的财政专户中，实行专项管理。财政部门通过财政专户返还给教育部门的教育收费，教育部门作为事业收入处理。

2. 财政专户管理资金收入的核算

财政总预算会计应设置“财政专户管理资金收入”总账科目用于核算财政专户管理资金收入业务。该科目贷方登记收到财政专户管理资金的增加数，借方登记年终将财政专户管理资金转入财政专户管理资金结余的减少数；平时贷方余额反映财政专户管理资金收入的累计数，年终结转后该科目无余额。该科目应当按照《政府收支分类科目》中收入分类科目的规定进行明细核算。同时，根据管理需要，按部门（单位）等进行明细核算。

政府财政收到教育事业单位交来的财政专户管理资金时，政府财政会计应确认为财政专户管理资金的收入，借记“其他财政存款”科目，贷记该科目。年终转账时，该科目贷方余额全数转入“财政专户管理资金结余”科目，借记该科目，贷记“财政专户管理资金结余”科目。财政专户管理资金产生的存款利息，也作为财政专户管理资金的收入。

【例7-8】 某省财政收到财政专户管理资金收入共计65万元。其中，“非税收入——行政事业性收费收入——教育行政事业性收费收入——普通高中学费”26万元，“非税收入——行政事业性收费收入——科技行政事业性收费收入——教育收费”20万元，“非税收入——行政事业性收费收入——体育行政事业性收费收入——教育收费”19万元。省财政总预算会计应编制如下会计分录。

借：其他财政存款　　650 000

　贷：财政专户管理资金收入

　　——教育行政事业性收费收入（普通高中学费）　　260 000

　　——科技行政事业性收费收入（教育收费）　　200 000

　　——体育行政事业性收费收入（教育收费）　　190 000

【例 7-9】 年终，某省财政“财政专户管理资金收入”总账科目贷方余额为 149 万元，将其全数转入“财政专户管理资金结余”总账科目，并结清所有财政专户管理资金收入明细账的余额。省财政总预算会计应编制如下会计分录。

借：财政专户管理资金收入　　1 490 000

　贷：财政专户管理资金结余　　1 490 000

7.5.2 专用基金收入的含义和核算

1. 专用基金收入的含义

专用基金收入是财政部门取得的作为专用基金管理的资金收入。专用基金是指财政总预算会计管理的各项具有专门用途的资金，目前主要是粮食风险基金。粮食风险基金收入主要来源于上级政府的专项拨款及本级政府的预算安排，粮食风险基金银行存款的利息收入也属于粮食风险基金，不能挪作他用。建立粮食风险基金，主要用于对种粮农民进行直接补贴等方面，对于防范国家粮食风险具有重要意义。

2. 专用基金收入的核算

按照专用基金的管理要求，专用基金收入的款项一般要求进行专户存储，存入财政部门按规定在有关银行开设的财政专户，专用基金要做到先收后支、量入为出。专用基金收入应当按照实际收到的金额入账。

财政总预算会计应设置“专用基金收入”总账科目，用于核算政府财政按照法律法规和国务院、财政部规定设置或取得的粮食风险基金等专用基金收入的业务，该科目贷方登记预算支出安排取得专用基金收入的增加数，借方登记退回专用基金收入及年终转账将本科目贷方余额全数转入“专用基金结余”科目的减少数；平时贷方余额反映取得专用基金收入的累计数，年终结转后该科目无余额。该科目应当按照专用基金的种类进行明细核算。

政府财政通过预算支出安排取得专用基金收入转入财政专户的，借记“其他财政存款”科目，贷记该科目；同时，借记“一般公共预算本级支出”等科目，贷记“国库存款”“补助收入”等科目。退回专用基金收入时，借记该科目，贷记“其他财政存款”科目。如果通过预算支出安排取得专用基金收入仍存在国库的，借记“一般公共预算本级支出”等科目，贷记“专用基金收入”科目。年终转账时，该科目贷方余额全数转入“专用基金结余”科目，借记该科目，贷记“专用基金结余”科目。

【例 7-10】 某省财政通过本级一般公共预算安排取得粮食风险基金 69 万元。相应款项已从财政国库转入粮食风险基金财政专户。省财政总预算会计应编制如下会计分录。

借：一般公共预算本级支出　　690 000

　贷：国库存款　　690 000

同时：
借：其他财政存款　　690 000
　贷：专用基金收入——粮食风险基金　　690 000

【例 7-11】 年终，某省财政“专用基金收入”总账科目贷方余额为 150 万元，将其全数转入“专用基金结余”总账科目，并结清所有专用基金收入明细账的余额。省财政总预算会计应编制如下会计分录。

借：专用基金收入——粮食风险基金　　1 500 000
　贷：专用基金结余　　1 500 000

7.6　转移性收入

7.6.1　转移性收入的含义和分类

转移性收入是指在各级政府财政之间进行资金调拨，以及在本级政府财政不同类资金之间调剂所形成的收入，包括补助收入、上解收入、地区间援助收入、调入资金、动用预算稳定调节基金等。

我国现行的转移支付制度是以各级政府之间存在的财政能力差异为基础，以实现各地公共服务水平的均等化为主旨，而实行的一种财政资金转移或财政平衡制度，是在政府间第一次财政分配（即分税）的基础上所进行的第二次分配。

按照《政府收支分类科目》，转移性收入是与税收收入、非税收入、债务收入相并列的类级科目。按照政府财政总预算的科目设置，转移性收入还可以分别有一般公共预算的转移性收入（具体见表 7-4）、政府性基金预算的转移性收入（具体见表 7-7）、国有资本经营预算的转移性收入（具体见表 7-9）和社会保险基金预算的转移性收入。

现行《政府收支分类科目》将债务转贷收入列入转移性收入类级科目下的款级科目，但现行《财政总预算会计制度》将债务转贷收入列为与债务收入并列的总账会计科目。补助收入、上解收入、债务转贷收入、债务收入都是一级政府的财政收入。债务转贷收入与补助收入、上解收入等转移性收入的重要区别是：债务转贷收入需要偿还，而补助收入、上解收入等不需要偿还。

财政总预算会计收入核算科目和政府预算收入科目的比较如表 7-10 所示。

表 7-10　财政总预算会计收入核算科目与政府预算收入科目比较

财政总预算会计收入核算科目	政府预算收入科目
一般公共预算本级收入	税收收入、非税收入
政府性基金预算本级收入	非税收入
国有资本经营预算本级收入	非税收入
债务收入	债务收入
补助收入、上解收入、地区间援助收入、调入资金、动用预算稳定调节基金	转移性收入
债务转贷收入	转移性收入

7.6.2 转移性收入的核算

财政总预算会计应设置“补助收入”“上解收入”“地区间援助收入”“调入资金”“动用预算稳定调节基金”总账科目用于核算转移性收入业务。转移性收入应当按照财政体制的规定或实际发生的金额入账。财政总预算会计设置的转移性收入会计科目与《政府收支分类科目》中设置的转移性收入预算科目的比较如表7-11所示。

表7-11 转移性收入会计科目与预算科目的比较

会计科目	预算科目
补助收入	返还性收入、一般性转移支付收入、专项转移支付收入、政府性基金补助收入、国有资本经营预算转移支付收入
上解收入	上解收入、政府性基金上解收入
地区间援助收入	接受其他地区援助收入
调入资金	调入资金
动用预算稳定调节基金	动用预算稳定调节基金

在财政总预算会计中，本级政府从上级政府取得的补助收入会增加本级政府可用财政资金的数额，但它不会增加本级政府与上级政府合计可用的财政资金数额。因此，上级政府在编制本级政府与下级政府的合并会计报表时，需要将本级政府的“补助支出”科目与所属下级政府的“补助收入”科目进行抵销。“上解收入”科目与“上解支出”科目的情况也是如此。

1. 补助收入的核算

补助收入是指上级政府财政按照财政体制规定或因专项需要补助给本级政府财政的款项，包括税收返还收入、一般性转移支付补助收入、专项转移支付补助收入、政府性基金转移支付补助收入、上级财政对本级财政的专项补助和临时补助等。

财政总预算会计应设置“补助收入”总账科目用于核算补助收入业务，该科目贷方登记收到的补助收入增加数，借方登记退还或核减补助收入的减少数；该科目平时贷方余额反映补助收入的累计数，年终结转后该科目无余额。该科目下应当按照不同的资金性质设置“一般公共预算补助收入”“政府性基金预算补助收入”等明细科目。

专项转移支付资金实行特设专户管理的，政府财政应当根据上级政府财政下达的预算文件确认补助收入。本级政府财政部门收到上级政府财政拨入的补助款时，借记“国库存款”“其他财政存款”等科目，贷记“补助收入”科目。在年度中收到资金时，借记“其他财政存款”科目，贷记“与上级往来”等科目；年度终了根据专项转移支付资金预算文件，从“与上级往来”科目转入“补助收入”科目时，借记“与上级往来”科目，贷记“补助收入”科目。

有主权外债业务的财政部门，贷款资金由本级政府财政同级部门（单位）使用，且贷款的最终还款责任由上级政府财政承担的，本级政府财政部门收到贷款资金时，借记“其他财政存款”科目，贷记“补助收入”科目；如果外方将贷款资金直接支付给供应商或用款单位时，借记“一般公共预算本级支出”，贷记“补助收入”科目。

年终与上级政府财政结算时，根据预算文件，按照尚未收到的补助款金额，借记“与上级往来”科目，贷记“补助收入”科目。退还或核减补助收入时，借记“补助收入”科目，贷记“国库存款”“与上级往来”等科目。

年终转账时，“补助收入”科目贷方余额应根据不同资金性质分别转入对应的结转结余科目，借记“补助收入”科目，贷记“一般公共预算结转结余”“政府性基金预算结转结余”等科目。

【例7-12】 某省财政收到中国人民银行国库报来的一般公共预算收入日报表，当日共收到中央一般公共预算转移性收入45万元。其中，“转移性收入——一般性转移支付收入”28万元，“转移性收入——专项转移支付收入”17万元。省财政总预算会计应编制如下会计分录。

借：国库存款	450 000	
贷：补助收入——一般性转移支付收入		280 000
——专项转移支付收入		170 000

【例7-13】 年终，某市财政与上级省政府财政进行结算，根据预算文件尚未收到的补助款金额为25万元。具体情况为：“转移性收入——一般性转移支付收入”15万元，“转移性收入——政府性基金转移收入”10万元。市财政总预算会计应编制如下会计分录。

借：与上级往来	250 000	
贷：补助收入——一般性转移支付收入		150 000
——政府性基金补助收入		100 000

【例7-14】 年终，某省财政“补助收入”总账科目贷方余额为68万元。其中，属于一般公共预算资金的补助收入为38万元，属于政府性基金预算资金的补助收入为30万元。省财政总预算会计将其分别转入“一般公共预算结转结余”“政府性基金预算结转结余”总账科目，并结清所有补助收入明细账的余额。省财政总预算会计应编制如下会计分录。

借：补助收入	680 000	
贷：一般公共预算结转结余		380 000
政府性基金预算结转结余		300 000

2. 上解收入的核算

上解收入是指按照财政体制规定由下级政府财政上解给本级政府财政的款项，包括财政管理体制规定由国库在下级预算中直接划解给本级财政的一般性转移支付上解收入，政府性基金转移上解收入，按财政管理体制结算后由下级财政补缴给本级财政的收入和各项专项转移支付上解收入等。

政府财政总预算会计应设置“上解收入”总账科目用于核算上解收入业务，该科目贷方登记收到下级政府财政的上解收入的增加数，借方登记退还或核减上解收入的减少数；平时贷方余额反映上解收入的累计数，年终结转后该科目无余额。该科目下应当按照不同资金性质设置“一般公共预算上解收入”“政府性基金预算上解收入”等明细科目。同时，还应当按照上解地区进行明细核算。

本级政府财政收到下级政府财政的上解款时，借记“国库存款”等科目，贷记“上解收入”科目。年终与下级政府财政结算时，根据预算文件，按照尚未收到的上解款金额，借记“与下级往来”科目，贷记“上解收入”科目。退还或核减上解收入时，借记“上解收入”科目，贷记“国库存款”“与下级往来”等科目。年终转账时，“上解收入”科目贷方余额应根据不同资金性质分别转入对应的结转结余科目，借记“上解收入”科目，贷记“一般公共预算结转结余”“政府性基金预算结转结余”等科目。

【例 7-15】 某省财政收到中国人民银行国库报来的一般公共预算收入日报表，当日共收到所属某市财政一般公共预算转移性收入 32 万元。其中，“转移性收入——上解收入——体制上解收入”25 万元，“转移性收入——上解收入——专项上解收入”7 万元。省财政总预算会计应编制如下会计分录。

借：国库存款 320 000
　贷：上解收入——体制上解收入 250 000
　　　　　　——专项上解收入 70 000

【例 7-16】 年终，某省财政与下级某市政府财政进行结算，根据预算文件，尚未收到的上解款金额为 15 万元。具体情况为：“转移性收入——上解收入——体制上解收入”9 万元，“转移性收入——政府性基金转移收入——政府性基金上解收入”6 万元。省财政总预算会计应编制如下会计分录。

借：与下级往来 150 000
　贷：上解收入——体制上解收入 90 000
　　　　　　——政府性基金上解收入 60 000

【例 7-17】 年终，某省财政“上解收入”总账科目贷方余额为 17 万元。其中，属于一般公共预算资金的上解收入为 10 万元，属于政府性基金预算资金的上解收入为 7 万元，将其分别转入“一般公共预算结转结余”“政府性基金预算结转结余”总账科目，并结清所有上解收入明细账的余额。省财政总预算会计应编制如下会计分录。

借：上解收入 170 000
　贷：一般公共预算结转结余 100 000
　　　政府性基金预算结转结余 70 000

3. 地区间援助收入的核算

地区间援助收入是指受援方政府财政收到援助方政府财政转来的可统筹使用的各类援助、捐赠等资金收入。地区间援助收入的使用主体为各级政府财政部门，其他部门不能使用。

财政总预算会计应设置“地区间援助收入”总账科目用于核算地区间援助收入业务，该科目的贷方登记收到援助方政府财政转来的收入增加数，借方登记年终将地区间援助收入转入相关结余的数额；平时贷方余额反映地区间援助收入的累计数，年终结转后该科目无余额。该科目应当按照援助地区及管理需要进行相应的明细核算。

受援方政府财政收到援助方政府财政转来的资金时，借记“国库存款”科目，贷记该科目。年终转账时，该科目贷方余额全数转入“一般公共预算结转结余”科目，借记该科目，贷记“一般公共预算结转结余”科目。

【例 7-18】　某省财政收到 A 省财政转来的一笔可统筹使用的援助资金，具体情况为“转移性收入——接受其他地区援助收入”60 万元。省财政总预算会计应编制如下会计分录。

借：国库存款　　600 000

　贷：地区间援助收入——接受其他地区援助收入　　600 000

【例 7-19】　年终，某省财政“地区间援助收入”总账科目贷方余额为 60 万元，将其全数转入“一般公共预算结转结余”总账科目，并结清所有地区间援助收入明细账的余额。省财政总预算会计应编制如下会计分录。

借：地区间援助收入　　600 000

　贷：一般公共预算结转结余　　600 000

4. 调入资金的核算

调入资金是指政府财政为平衡某类预算收支，从其他类型预算资金及其他渠道调入的资金。为了平衡一般预算收支，各级政府可从政府性基金预算结余中或按规定从其他渠道中调入资金补充一般预算资金，这种资金调度属于预算资金之间的横向调剂，调入资金仅限于弥补财政总预算赤字，在年终决算时一次使用。财政资金在两种不同性质资金之间调剂使用时，一方记录的调入资金，另一方记录的调出资金，应当在数额上相等，一级政府的可用财政资金总额没有发生变化。

政府财政总预算会计应设置“调入资金”总账科目用于核算调入资金业务，该科目贷方登记调入资金的增加数，借方登记年终将贷方的调入资金累计数转入相应的结转结余科目的金额；平时科目贷方余额反映调入资金累计数，年终转账后该科目无余额。该科目下应当按照不同资金性质设置“一般公共预算调入资金”“政府性基金预算调入资金”等明细科目。

政府财政从其他类型预算资金及其他渠道调入一般公共预算时，按照调入的资金金额，借记“调出资金——政府性基金预算调出资金”“调出资金——国有资本经营预算调出资金”“国库存款”等科目，贷记“调入资金——调入一般公共预算资金”科目。从其他类型预算资金及其他渠道调入政府性基金预算时，按照调入的资金金额，借记“调出资金——一般公共预算调出资金”“国库存款”等科目，贷记“调入资金——政府性基金预算调入资金”科目。年终转账时，“调入资金”科目贷方余额分别转入相应的结转结余科目，借记“调入资金”科目，贷记“一般公共预算结转结余”“政府性基金预算结转结余”等科目。

【例 7-20】　某省财政为平衡一般公共预算，从政府性基金预算中调入一笔资金，具体情况为“转移性收入——调入资金——调入一般公共预算资金”58 万元。省财政总预算会计应编制如下会计分录。

借：调出资金——政府性基金预算调出资金　　580 000

　贷：调入资金——调入一般公共预算资金　　580 000

【例 7-21】　年终，某省财政“调入资金”总账科目贷方余额为 58 万元。具体情况为：“调入资金——调入一般公共预算资金”58 万元，将其转入“一般公共预算结转结余”总账科目，并结清所有调入资金明细账的余额。省财政总预算会计应编制如下会计分录。

借：调入资金——调入一般公共预算资金　　580 000

　贷：一般公共预算结转结余　　580 000

5. 动用预算稳定调节基金的核算

动用预算稳定调节基金是指政府财政为弥补短收年份预算资金的不足，调用的预算稳定调节基金。通过调用预算稳定调节基金，以前年度累积的预算稳定调节基金减少，当年的财政总收入增加，当年的财政收支缺口减少，但不会带来国库存款的增加。

财政总预算会计应设置“动用预算稳定调节基金”总账科目用于核算动用预算稳定调节基金业务，该科目贷方登记调用的预算稳定调节基金的增加数，借方登记年终将该科目贷方发生额全部转入一般预算结转结余科目的金额；平时贷方余额反映动用预算稳定调节基金的累计数，年终结转后该科目无余额。

政府财政调用预算稳定调节基金时，借记“预算稳定调节基金”科目，贷记该科目。年终转账时，该科目贷方余额全数转入“一般公共预算结转结余”科目，借记该科目，贷记“一般公共预算结转结余”科目。

【例7-22】 某省财政发生财政短收，财政收入小于财政支出，决定调用预算稳定调节基金35万元，相应的预算科目为“转移性收入——动用预算稳定调节基金”。省财政总预算会计应编制如下会计分录。

借：预算稳定调节基金	350 000	
贷：动用预算稳定调节基金		350 000

【例7-23】 年终，某省财政“动用预算稳定调节基金”总账科目贷方余额为35万元，将其转入“一般公共预算结转结余”总账科目。省财政总预算会计应编制如下会计分录。

借：动用预算稳定调节基金	350 000	
贷：一般公共预算结转结余		350 000

7.7 债务收入和债务转贷收入

7.7.1 债务收入的含义和核算

1. 债务收入的含义和分类

债务收入是指政府财政按照国家法律、国务院规定以发行债券等方式取得的，以及向外国政府、国际金融组织等借款取得的纳入预算管理的债务收入。

财政总预算会计核算的债务收入，应当按照《政府收支分类科目》中一般公共预算收入和政府性基金预算收入科目下的债务收入科目进行分类。按照《政府收支分类科目》，债务收入是与税收收入、非税收入、转移性收入等相并列的类级科目。债务收入类级科目下的科目设置情况具体见表7-3和表7-7。

2. 债务收入的核算

财政总预算会计应设置“债务收入”总账科目，用于核算债务收入业务。该科目贷方登记债务收入的增加数，借方登记年终将该科目贷方发生额全部转入相关结转结余科目的金额；平时贷方余额反映债务收入的累计数，年终转账后该科目无余额。该科目应当按照《政府收支分类科目》中“债务收入”科目的规定进行明细核算。债务收入应当按照实际发行额或借入的金额入账。

省级以上政府财政收到政府债券发行收入时，按照实际收到的金额，借记“国库存款”科目，按照政府债券实际发行额，贷记“债务收入”科目，按照发行收入和发行额的差额，借记或贷记有关支出科目；根据债务管理部门转来的债券发行确认文件等相关资料，按照到期应付的政府债券本金金额，借记“待偿债净资产——应付短期政府债券/应付长期政府债券”科目，贷记“应付短期政府债券”“应付长期政府债券”等科目。

政府财政向外国政府、国际金融组织等借款时，按照借入的金额，借记“国库存款”“其他财政存款”等科目，贷记“债务收入”科目；根据债务管理部门转来的相关资料，按照实际承担的债务金额，借记“待偿债净资产——借入款项”科目，贷记“借入款项”科目。

年终转账时，“债务收入”科目下“专项债务收入”明细科目的贷方余额应按照对应的政府性基金种类分别转入“政府性基金预算结转结余”相应明细科目，借记“债务收入——专项债务收入”科目（有关明细科目），贷记“政府性基金预算结转结余”科目；“债务收入”科目下其他明细科目的贷方余额全数转入“一般公共预算结转结余”科目，借记“债务收入”科目（其他明细科目），贷记“一般公共预算结转结余”科目。

【例 7-24】 某省财政发行一批 3 年期记账式固定利率附息地方政府专项债券，相应的预算科目为“债务收入——地方政府债务收入——专项债务收入”，实际发行债券面值金额为 56 万元，实际收到债券发行收入 56 万元。省财政总预算会计应编制如下会计分录。

借：国库存款	560 000	
贷：债务收入——专项债务收入		560 000
同时：		
借：待偿债净资产	560 000	
贷：应付长期政府债券		560 000

【例 7-25】 年终，某省财政“债务收入”总账科目贷方余额为 156 万元。其中，“一般债务收入”100 万元，“专项债务收入”56 万元，分别将其转入“一般公共预算结转结余”“政府性基金预算结转结余”总账科目，并结清所有债务收入明细账余额。省财政总预算会计应编制如下会计分录。

借：债务收入	1 560 000	
贷：一般公共预算结转结余		1 000 000
政府性基金预算结转结余		560 000

7.7.2　债务转贷收入的含义和核算

1. 债务转贷收入的含义和分类

债务转贷收入是指本级政府财政收到的上级政府财政转贷的债务收入，主要是省级以下（不含省级）政府财政收到上级政府财政转贷的债务收入。

财政总预算会计核算的债务转贷收入，应当按照《政府收支分类科目》中一般公共预算收入和政府性基金预算收入科目下的债务转贷收入科目进行分类。按照《政府收支分类科目》，债务转贷收入属于转移性收入类级科目下的款级科目，其明细科目的设置见表 7-4 和表 7-7。

2. 债务转贷收入的核算

财政总预算会计应设置“债务转贷收入”总账科目用于核算债务转贷收入业务，该科目贷方登记收到上级的债务转贷收入的增加数，借方登记年终将该科目贷方发生额全部转入相关结转结余科目的金额；平时贷方余额反映收到的债务转贷收入累计余额，年终结转后该科目无余额。该科目下应当设置“地方政府一般债务转贷收入”“地方政府专项债务转贷收入”明细科目。债务转贷收入应当按照实际收到的转贷金额入账。

省级以下（不含省级）政府财政收到地方政府债券转贷收入时，按照实际收到的金额，借记“国库存款”科目，贷记“债务转贷收入”科目；根据债务管理部门转来的相关资料，按照到期应偿还的转贷款本金金额，借记“待偿债净资产——应付地方政府债券转贷款”科目，贷记“应付地方政府债券转贷款”科目。

省级以下（不含省级）政府财政收到主权外债转贷资金时，借记“其他财政存款”科目，贷记“债务转贷收入”科目；根据债务管理部门转来的相关资料，按照实际承担的债务金额，借记“待偿债净资产——应付主权外债转贷款”科目，贷记“应付主权外债转贷款”科目。

年终转账时，“债务转贷收入”科目下“地方政府一般债务转贷收入”明细科目的贷方余额全数转入“一般公共预算结转结余”科目，借记“债务转贷收入”科目，贷记“一般公共预算结转结余”科目。“债务转贷收入”科目下“地方政府专项债务转贷收入”明细科目的贷方余额按照对应的政府性基金种类分别转入“政府性基金预算结转结余”相应明细科目，借记“债务转贷收入”科目，贷记“政府性基金预算结转结余”科目。

【例7-26】 某省财政发行一批地方政府专项债券，并向所属下级某市财政转贷25万元，市财政相应的预算科目为“转移性收入——债务转贷收入——地方政府专项债务转贷收入”。市财政总预算会计应编制如下会计分录。

借：国库存款　　250 000
　贷：债务转贷收入——地方政府专项债务转贷收入　　250 000
同时：
借：待偿债净资产　　250 000
　贷：应付地方政府债券转贷款　　250 000

【例7-27】 年终，某市财政“债务转贷收入”总账科目贷方余额为78万元。其中，“地方政府一般债务转贷收入”53万元，“地方政府专项债务转贷收入”25万元，分别将其转入“一般公共预算结转结余”“政府性基金预算结转结余”总账科目，并结清所有债务转贷收入明细账的余额。市财政总预算会计应编制如下会计分录。

借：债务转贷收入　　780 000
　贷：一般公共预算结转结余　　530 000
　　　政府性基金预算结转结余　　250 000

思考题

1. 什么是财政总预算会计的收入？财政总预算会计核算的收入包括哪些内容？
2. 什么是一般公共预算本级收入？按照现行《政府收支分类科目》，一般公共预算本级收入可分为哪些主要类别？
3. 什么是政府性基金预算本级收入？按照现行《政府收支分类科目》，政府性基金预算本级收入可分为哪些主要类别？

4. 什么是国有资本经营预算本级收入？按照现行《政府收支分类科目》，国有资本经营预算本级收入可分为哪些主要类别？

5. 什么是转移性收入？按照现行《政府收支分类科目》，转移性收入可分为哪些主要类别？

6. 什么是财政专户管理资金收入？什么是专用基金收入？试举例说明。

7. 什么是债务收入？什么是债务转贷收入？简述二者的异同。

练　习　题

练习一

一、目的：练习一般公共预算本级收入的核算。

二、资料：某省财政发生如下经济业务。

① 收到中国人民银行国库报来的一般公共预算收入日报表，当日收到一般公共预算本级收入，其中“税收收入——增值税”78 万元，“税收收入——企业所得税”45 万元，“税收收入——房产税”6 万元。

② 收到中国人民银行国库报来的一般公共预算收入日报表，当日收到一般公共预算本级收入，其中“非税收入——专项收入”44 万元，“非税收入——行政事业性收费收入”15 万元，“非税收入——罚没收入”7 万元。

③ 收到中国人民银行国库报来的一般公共预算收入日报表，当日收到一般公共预算本级收入，其中“非税收入——国有资本经营收入”15 万元，“非税收入——国有资源（资产）有偿使用收入”25 万元，“非税收入——政府住房基金收入”3 万元。

三、要求：根据以上经济业务，为该省财政总预算会计编制有关的会计分录。

练习二

一、目的：练习政府性基金预算本级收入和国有资本经营预算本级收入的核算。

二、资料：某省财政发生如下经济业务。

① 收到中国人民银行国库报来的政府性基金预算本级收入日报表，当日收到政府性基金预算，其中“非税收入——政府性基金收入——国有土地使用权出让收入”63 万元，“非税收入——政府性基金收入——彩票公益金收入”58 万元。

② 收到中国人民银行国库报来的国有资本经营预算收入日报表，当日收到国有资本经营预算本级收入，其中“非税收入——国有资本经营收入——利润收入”20 万元，“非税收入——国有资本经营收入——产权转让收入”14 万元。

三、要求：根据以上经济业务，为该省财政总预算会计编制有关的会计分录。

练习三

一、目的：练习财政专户管理资金收入和专用基金收入的核算。

二、资料：某省财政发生如下经济业务。

① 收到财政专户管理的资金收入共计 27 万元。其中，“非税收入——行政事业性收费收入——教育行政事业性收费收入——高等学校学费”23 万元，“非税收入——行政事业性收费收入——卫生行政事业性收费收入——教育收费”4 万元。

② 通过预算支出安排取得专用基金收入 5 万元，具体为粮食风险基金，相应款项仍存

在国库。

三、要求：根据以上经济业务，为该省财政总预算会计编制有关的会计分录。

练习四

一、目的：练习转移性收入的核算。

二、资料：某省财政发生如下经济业务。

① 收到中国人民银行国库报来的一般公共预算收入日报表，当日共收到一般公共预算转移性收入28万元。其中，“转移性收入——一般性转移支付收入”18万元，“转移性收入——专项转移支付收入”10万元。

② 收到中国人民银行国库报来的一般公共预算收入日报表，当日收到所属某市一般公共预算转移性收入36万元，具体为“转移性收入——上解收入——专项上解收入”36万元。

③ 为平衡一般公共预算，从政府性基金预算中调入资金8万元。

④ 收到中国人民银行国库报来的政府性基金预算收入日报表，当日共收到中央政府性基金预算转移性收入45万元，具体为“转移性收入——政府性基金转移收入——政府性基金补助收入”45万元。

三、要求：根据以上经济业务，为该省财政总预算会计编制有关的会计分录。

练习五

一、目的：练习动用预算稳定调节基金的核算。

二、资料：某省财政发生如下经济业务。

① 发生财政短收，即财政收入小于财政支出，决定调用预算稳定调节基金50万元。

② 年终转账，将“动用预算稳定调节基金”科目贷方余额50万元全数转入“一般公共预算结转结余”科目。

三、要求：根据以上经济业务，为该省财政总预算会计编制有关的会计分录。

练习六

一、目的：练习债务收入的核算。

二、资料：某省财政发生如下经济业务。

① 收到中国人民银行国库报来的一般公共预算收入日报表，当日收到地方政府长期一般债券发行收入60万元，具体为“债务收入——地方政府债务收入——一般债务收入”60万元。

② 收到中国人民银行国库报来的政府性基金预算收入日报表，当日收到地方政府长期专项债券发行收入45万元，具体为“债务收入——地方政府债务收入——专项债务收入”45万元。

三、要求：根据以上经济业务，为该省财政总预算会计编制有关的会计分录。

练习七

一、目的：练习债务转贷收入的核算。

二、资料：某市财政发生如下经济业务。

① 通过向上级某省政府债务转贷取得一笔地方政府一般债务转贷收入，具体为“转移性收入——债务转贷收入——地方政府一般债务转贷收入”32万元。

② 通过向上级某省政府债务转贷取得一笔地方政府专项债务转贷收入，具体为“转移性收入——债务转贷收入——地方政府专项债务转贷收入”54万元。

三、要求：根据以上经济业务，为该市财政总预算会计编制有关的会计分录。

第8章　财政总预算会计的支出

学习目标

- 了解财政总预算会计支出的含义和分类；
- 理解各项财政总预算会计的支出的含义和科目设置；
- 掌握各项财政总预算的支出的确认和会计核算。

在财政总预算会计中，支出是指政府财政为实现政府职能，对财政资金的分配和使用。财政总预算会计核算的支出包括一般公共预算本级支出、政府性基金预算本级支出、国有资本经营预算本级支出、财政专户管理资金支出、专用基金支出、转移性支出、债务还本支出和债务转贷支出等。

按照《政府收支分类科目》的规定，我国政府支出划分为支出功能分类和支出经济分类两大体系。政府支出按功能分类，主要是按政府的职能或功能来分类，着重反映政府的具体职能工作。根据政府管理和部门预算的要求，政府支出按功能分类设置类、款、项三级科目。政府支出的经济分类，主要反映政府各项支出的具体用途，是按经济性质对政府各项支出的具体细化，主要是反映各项支出的具体经济构成，反映政府的每一笔钱具体是如何花的。政府支出按经济分类设置类、款两级科目。

本章按《财政总预算会计制度》设置的支出科目分节介绍各项财政总预算会计支出。

8.1　一般公共预算本级支出

8.1.1　一般公共预算本级支出的含义和分类

一般公共预算本级支出是指各级政府对集中的一般预算收入有计划地进行分配和使用而安排的各项支出。它是指政府财政管理的由本级政府使用的列入一般公共预算的支出，是由本级政府使用的支出，不是转移给上级政府或下级政府的支出，也不是向其他地区援助的支出。一般公共预算本级支出纳入政府的一般公共预算管理，它是各级政府最主要的财政资金支出。

1. 一般公共预算本级支出的功能分类

按照《政府收支分类科目》，一般公共预算支出按功能分类科目，分设类、款、项三级，各级科目逐级递进，内容也逐级细化，具体见表8-1。财政总预算会计核算的一般公共预算本级支出仅包括其中的一般公共服务支出、外交支出、国防支出、公共安全支出、教育支出、科学技术支出等反映财政资金由本级政府使用的相关科目，不包括转移性支出和债务还本支出相关科目。

表 8-1　一般公共预算支出按功能分类科目

类级科目	款级科目
201 一般公共服务支出：反映政府一般公共服务的支出，下设 27 个款级科目	01 人大事务、02 政协事务、03 政府办公厅（室）及相关机构事务、04 发展与改革事务、05 统计信息事务、06 财政事务、07 税收事务、08 审计事务、09 海关事务、10 人力资源事务、11 纪检监察事务、13 商贸事务、14 知识产权事务、23 民族事务、25 港澳台事务、26 档案事务、28 民主党派及工商联事务、29 群众团体事务、31 党委办公厅（室）及相关机构事务、32 组织事务、33 宣传事务、34 统战事务、35 对外联络事务、36 其他共产党事务支出、37 网信事务、38 市场监督管理事务、99 其他一般公共服务支出
202 外交支出：反映政府外交事务的支出［人大、政协、政府及所属各部门（除国家领导人、外交部门）的出国费、招待费不在本科目反映］，下设 9 个款级科目	01 外交管理事务、02 驻外机构、03 对外援助、04 国际组织、05 对外合作与交流、06 对外宣传、07 边界勘界联检、08 国际发展合作、99 其他外交支出
203 国防支出：反映政府用于国防方面的支出，下设 5 个款级科目	01 现役部队、04 国防科研事业、05 专项工程、06 国防动员、99 其他国防支出
204 公共安全支出：反映政府维护社会公共安全方面的支出，下设 11 个款级科目	01 武装警察部队、02 公安、03 国家安全、04 检察、05 法院、06 司法、07 监狱、08 强制隔离戒毒、09 国家保密、10 缉私警察、99 其他公共安全支出
205 教育支出：反映政府教育事务支出，下设 10 个款级科目	01 教育管理事务、02 普通教育、03 职业教育、04 成人教育、05 广播电视教育、06 留学教育、07 特殊教育、08 进修及培训、09 教育费附加安排的支出、99 其他教育支出
206 科学技术支出：反映用于科学技术方面的支出，下设 10 个款级科目	01 科学技术管理事务、02 基础研究、03 应用研究、04 技术研究与开发、05 科技条件与服务、06 社会科学、07 科学技术普及、08 科技交流与合作、09 科技重大项目、99 其他科学技术支出
207 文化体育与传媒支出：反映政府在文化、文物、体育、广播影视、新闻出版社等方面的支出，下设 6 个款级科目	01 文化和旅游、02 文物、03 体育、06 新闻出版电影、08 广播电视、99 其他文化体育与传媒支出
208 社会保障和就业支出：反映政府在社会保障和就业方面的支出，下设 21 个款级科目	01 人力资源和社会保障管理事务、02 民政管理事务、04 补充全国社会保障基金、05 行政事业单位养老支出、06 企业改革补助、07 就业补助、08 抚恤、09 退役安置、10 社会福利、11 残疾人事业、16 红十字事业、19 最低生活保障、20 临时补助、21 特困人员救助供养、24 补充道路交通事故社会救助基金、25 其他生活补助、26 财政对基本养老保险基金的补助、27 财政对其他社会保险金的补助、28 退役军人管理事务、30 财政代缴社会保险费支出、99 其他社会保障和就业支出
210 卫生健康支出：反映政府卫生健康方面的支出，分设 13 个款级科目	01 卫生健康管理事务、02 公立医院、03 基层医疗卫生机构、04 公共卫生、06 中医药、07 计划生育事务、11 行政事业单位医疗、12 财政对基本医疗保险基金的补助、13 医疗救助、14 优抚对象医疗、15 医疗保障管理事务、16 老龄卫生健康事务、99 其他卫生健康支出
211 节能环保支出：反映政府节能环保支出，分设 15 款级科目	01 环境保护管理事务、02 环境监测与监察、03 污染防治、04 自然生态保护、05 天然林保护、06 退耕还林还草、07 风沙荒漠治理、08 退牧还草、09 已垦草原退耕还草、10 能源节约利用、11 污染减排、12 可再生能源、13 循环经济、14 能源管理事务、99 其他环境保护支出

续表

类级科目	款级科目
212 城乡社区支出：反映政府城乡社区事务支出，分设 6 个款级科目	01 城乡社区管理事务、02 城乡社区规划与管理、03 城乡社区公共设施、05 城乡社区环境卫生、06 建设市场管理与监督、99 其他城乡社区事务支出
213 农林水支出：反映政府农林水事务支出，分设 8 个款级科目	01 农业、02 林业和草原、03 水利、05 扶贫、07 农村综合改革、08 普惠金融发展支出、09 目标价格补贴、99 其他农林水支出
214 交通运输支出：反映政府交通运输方面的支出，分设 7 个款级科目	01 公路水路运输、02 铁路运输、03 民用航空运输、04 成品油价格改革对交通运输的补贴、05 邮政业支出、06 车辆购置税支出、99 其他交通运输支出
215 资源勘探信息等支出：反映用于资源勘探、制造业、建筑业、工业信息等方面的支出，分设 7 个款级科目	01 资源勘探开发、02 制造业、03 建筑业、05 工业和信息产业监管、07 国有资产监管、08 支持中小企业发展和管理支出、99 其他资源勘探信息等支出
216 商业服务业等支出：反映商业服务业等方面的支出，分设 3 个款级科目	02 商业流通事务、06 涉外发展服务支出、99 其他商业服务业等事务支出
217 金融支出：反映金融部门行政支出，分设 5 个款级科目	01 金融部门行政支出、02 金融部门监管支出、03 金融发展支出、04 金融调控支出、99 其他金融支出
219 援助其他地区支出：反映援助地方政府安排并管理的对其他地区各类援助、捐赠等资金支出，分设 9 个款级科目	01 一般公共服务、02 教育、03 文化体育与传媒、04 医疗卫生、05 节能环保、06 农业、07 交通运输、08 住房保障、99 其他支出
220 自然资源海洋气象等支出：反映政府用于自然资源、海洋、测绘、地震、气象等公益服务事业方面的支出，分设 3 个款级科目	01 自然资源事务、05 气象事务、99 其他自然资源海洋气象等支出
221 住房保障支出：反映政府用于住房方面的支出，分设 3 个款级科目	01 保障性安居工程支出、02 住房改革支出、03 城乡社区住宅
222 粮油物资储备支出：反映政府用于粮油物资储备方面的支出，分设 4 个款级科目	01 粮油物资事务、03 能源储备、04 粮油储备、05 重要商品储备
224 灾害防治及应急管理支出：反映政府用于自然灾害防治、安全生产监管及应急管理等方面的支出，分设 8 个款级科目	01 应急管理事务、02 消防事务、03 森林消防事务、04 煤矿安全、05 地震事务、06 自然灾害防治、07 自然灾害救灾及恢复重建支出、99 其他灾害防治及应急管理支出
227 预备费：反映预算中安排的预备费	—
229 其他支出：反映不能划分到上述功能科目的其他政府支出，分设 2 个款级科目	02 年初预留、99 其他支出

续表

类级科目	款级科目
230 转移性支出：反映政府的转移支付及不同性质资金之间的调拨支出，分设 10 个款级科目	01 返还性支出、02 一般性转移支付、03 专项转移支付、06 上解支出、08 调出资金、09 年终结余、11 债务转贷支出、13 援助其他地区支出、15 安排预算稳定调节基金、16 补充预算周转金
231 债务还本支出：反映归还债务本金所发生的支出，分设 3 个款级科目	01 中央政府国内债务还本支出、02 中央政府国外债务还本支出、03 地方政府一般债务还本支出
232 债务付息支出：反映用于归还债务利息所发生的支出，分设 3 个款级科目	01 中央政府国内债务付息支出、02 中央政府国外债务付息支出、03 地方政府一般债务付息支出
233 债务发行费用支出：反映用于债务发行兑付费用的支出，分设 3 个款级科目	01 中央政府国内债务发行费用支出、02 中央政府国外债务发行费用支出、03 地方政府一般债务发行费用支出

一般预算支出的款级科目还根据情况设置了相应的项级科目。项级科目的设置主要分如下两种情况。

（1）按活动设置

该类项级科目的设置着重反映相关行政单位支出的具体情况。以人大事务款级科目为例。它设置行政运行、一般行政管理事务、人大会议、人大立法、人大监督、人大培训、代表工作、人大信访工作等项级科目。其中，行政运行科目反映人大运行行政单位的基本支出，人大会议、人大立法、人大监督等科目反映相应活动的项目支出。未单独设置项级科目的其他项目支出，在一般行政管理事务科目反映。

（2）按职能设置

这类项级科目的设置着重于反映相关单位或职能。例如设置机关服务、小学教育、初中教育、高中教育、高等教育、中医医院、综合医院、图书馆、博物馆等项级科目。通过小学教育科目，可以了解在小学教育方面的所有支出，包括基本建设支出、日常办公经费支出、人员工资奖金支出等。

2. 一般公共预算本级支出的经济分类

按照《政府收支分类科目》，政府预算支出经济分类科目分设类、款两级，两级科目逐级递进，内容也逐级细化，具体见表 8-2。财政总预算会计核算的一般公共预算本级支出仅包括其中的机关工资福利支出、机关商品和服务支出、机关资本性支出、对事业单位经常性补助、对事业单位资本性补助等反映财政资金由本级政府使用的相关科目，不包括其中的转移性支出和债务还本支出相关科目。

表 8-2 政府预算支出按经济分类科目

类级科目	款级科目
501 机关工资福利支出：反映机关和参照公务员法管理的事业单位（以下简称参公事业单位）在职职工和编制外长期聘用人员的各类劳动报酬，以及为上述人员缴纳的各项社会保险费等，下设 4 个款级科目	01 工资奖金津补贴、02 社会保障缴费、03 住房公积金、99 其他工资福利支出

续表

类级科目	款级科目
502 机关商品和服务支出：反映机关和参公事业单位购买商品和服务的各类支出，其中不包括用于购置固定资产、战略性和应急性物资储备等资本性支出，下设 10 个款级科目	01 办公经费、02 会议费、03 培训费、04 专用材料购置费、05 委托业务费、06 公务接待费、07 因公出国（境）费用、08 公务用车运行维护费、09 维修（护）费、99 其他商品和服务支出
503 机关资本性支出（一）：反映机关和参公事业单位的资本性支出，下设 7 个款级科目	01 房屋建筑物购建、02 基础设施建设、03 公务用车购置、04 土地征迁补偿和安置支出、05 设备购置、06 大型修缮、99 其他资本性支出
504 机关资本性支出（二）：反映由发展改革部门安排的基本建设支出中机关和参公事业单位资本性支出，下设 6 个款级科目	01 房屋建筑物购建、02 基础设施建设、03 公务用车购置、04 设备购置、05 大型修缮、99 其他资本性支出
505 对事业单位经常性补助：反映对事业单位（不含参公事业单位）的经常性补助支出，下设 3 个款级科目	01 工资福利支出、02 商品和服务支出、99 其他对事业单位补助
506 对事业单位资本性补助：反映对事业单位（不含参公事业单位）的资本性补助支出，下设 2 个款级科目	01 资本性支出（一）、02 资本性支出（二）
507 对企业补助：反映政府对各类企业的补助支出，对企业资本性支出不在此科目反映，下设 3 个款级科目	01 费用补贴、02 利息补贴、99 其他对企业补助
508 对企业资本性支出：反映政府对各类企业的资本性支出，分设 2 个款级科目	01 对企业资本性支出（一）、02 对企业资本性支出（二）
509 对个人和家庭的补助：反映政府用于对个人和家庭的补助支出，分设 5 个款级科目	01 社会福利和救助、02 助学金、03 个人农业生产补贴、05 离退休费、99 其他对个人和家庭补助
510 对社会保障基金补助：反映政府对社会保险基金的补助以及补充全国社会保障基金的支出，分设 3 个款级科目	02 对社会保险基金补助、03 补充全国社会保障基金、04 对机关事业单位职业年金的补助
511 债务利息及费用支出：反映政府债务利息及费用支出，分设 4 个款级科目	01 国内债务付息、02 国外债务付息、03 国内债务发行费用、04 国外债务发行费用
512 债务还本支出：反映政府债务还本支出，分设 2 个款级科目	01 国内债务还本、02 国外债务还本
513 转移性支出：反映政府间和不同性质预算间的转移性支出，分设 6 个款级科目	01 上下级政府间转移性支出、02 援助其他地区支出、03 债务转贷、04 调出资金、05 安排预算稳定调节基金、06 补充预算周转金
514 预备费及预留：反映预备费及预留，分设 2 个款级科目	01 预备费、02 预留
599 其他支出：反映不能划分到上述经济科目的其他支出，分设 4 个款级科目	06 赠与、07 国家赔偿费用支出、08 对民间非营利组织和群众性自治组织补贴、99 其他支出

8.1.2 一般公共预算本级支出的支付程序和列报基础

1. 一般公共预算本级支出的支付程序

在财政国库集中支付方式下，一般公共预算本级支出的支付方式有财政直接支付和财政授权支付两种。两种支付方式的支付程序分别如下。

在财政直接支付方式下：①预算单位按照经批复的部门预算和资金使用计划，在相应的经济业务发生后向财政国库支付执行机构提交“财政直接支付申请书”；②财政国库支付执行机构根据经批复的部门预算和资金使用计划及相关要求对预算单位提交的“财政直接支付申请书”审核无误后，开具“财政直接支付清算汇总通知单”和“财政直接支付凭证”，经财政国库管理机构盖章后，分别送中国人民银行和相应的代理银行（商业银行）；③代理银行根据收到的“财政直接支付凭证”，以垫付资金的方式将资金直接支付给有关预算单位的商品或劳务供应者，之后代理银行于当日填写“财政直接支付申请划款凭证”，向中国人民银行提出资金清算申请，同时代理银行再开具“财政直接支付入账通知书”，发给有关的预算单位，作为预算单位取得财政拨款的依据；④中国人民银行将代理银行发来的“财政直接支付申请划款凭证”与财政国库支付执行机构发来的“财政直接支付清算汇总通知单”核对无误后，于当日办理资金清算手续，将资金划给代理银行，以偿还代理银行垫付的资金；⑤代理银行应当在将资金支付到收款人后，于支付资金的当日将加盖转讫章的“财政直接支付凭证”相应联次退回财政国库支付执行机构，以向财政国库支付执行机构反馈财政资金支付信息，财政国库支付执行机构应当按日向财政国库管理机构报送“预算支出结算清单”，列明财政直接支付的内容、数额和其他相关信息；⑥财政总预算会计根据财政国库支付执行机构报来的“预算支出结算清单”，经与中国人民银行报来的“财政直接支付申请划款凭证”及其他有关凭证核对无误后，做出相应的会计处理，确认国库存款的减少，并确认相应的预算支出。

在财政直接支付方式下，财政部门选择有关的商业银行作为代理银行，并在相应的代理银行开设财政零余额账户，用以办理财政直接支付业务。财政零余额账户不是实存财政资金的账户，它只是财政部门与代理银行间的一个临时结算过渡账户。每日终了，该账户的余额为零。

在财政授权支付方式下：①预算单位根据经批复的部门预算和资金使用计划，按照规定的时间和程序向财政部门申请授权支付用款限额；②财政部门批准后，分别向中国人民银行和相应的代理银行（商业银行）签发“财政授权支付汇总清算额度通知书”和“财政授权支付额度通知书”；③代理银行凭据“财政授权支付额度通知书”受理预算单位签发的支付指令，并与国库单一账户进行资金清算，代理银行在收到“财政授权支付额度通知书”后，向有关的预算单位发送“财政授权支付额度到账通知书”，作为预算单位财政授权支付用款额度增加的依据；④预算单位凭据“财政授权支付额度到账通知书”，自行签发财政授权支付指令即“财政授权支付凭证”，交给代理银行办理资金支付业务，代理银行根据预算单位提交的财政授权支付指令，对其审核后，办理现金支付或转账支付的资金支付业务，之后代理银行根据已办理支付的资金，于当日填写“财政授权支付申请划款凭证”，向中国人民银行提出资金清算申请；⑤中国人民银行以收到的“财政授权支付汇总清算额度通知书”为依据，在对“财政授权支付申请划款凭证”审核无误后，通过国库单一账户与代理银行进行资金清算，将款项划给代理银行，以偿还代理银行垫付的资金，代理银行应当按规定向财政国库支付执行机构和预算单位报送“财政支出日报表”，财政国库支付执行机构应当按日向财政国库管理机构报送"预算支出结算清单"，列明财政授权支付的内容、数额和其他相关信息；⑥财政总预算会计根据财政国库支付执行机构报来的"预算支出结算清单"，经与中国人民银行报来的"财政授权支付申请划款凭证"及其他有关凭证核对无误后，做出相应的会计处理，确认国库存款的减少，并确认相应的预算支出。

在财政授权支付方式下，财政部门选择有关的商业银行作为代理银行，并在相应的代理银行开设预算单位零余额账户，用以办理财政授权支付业务。预算单位零余额账户也不是实存财政资金的账户，它也只是财政部门与代理银行间的一个临时结算过渡账户。每日终了，该账户的余额也为零。

在财政国库集中支付过程中，"预算支出结算清单"的参考格式如表 8-3 所示。

表 8-3　预算支出结算清单

年　　月　　日　　　　　　　　单位：元

政府预算支出支出功能分类科目		政府预算支出经济分类科目		预算部门		支出总计	财政直接支付	财政授权支付
编号	名　称	编号	名　称	编号	名　称			
20101	一般公共服务支出——人大事务	501	机关工资福利支出	（略）	省人大			
20405	公共安全支出——法院	502	机关商品和服务支出		省中级法院			
20502	教育支出——普通教育	505	对事业单位经常性补助		省教育局			
	支出合计							

国库支付执行机构负责人：　　　　　　　　国库支付执行机构经办人：

除财政国库集中支付方式外，财政资金的另一种支付方式为财政实拨资金支付方式。财政实拨资金是指财政部门通过国库存款账户将财政资金实际拨付到预算单位在商业银行开设的银行存款账户上，供预算单位使用的财政资金支付方式。在财政实拨资金支付方式下，财政总预算会计以拨作支，即以实际拨付数确认预算支出。预算单位在实际使用了财政资金后，仍然需要向财政部门核销。

2. 一般公共预算本级支出的列报基础

根据现行《财政总预算会计制度》的规定，一般公共预算本级支出、政府性基金预算本级支出、国有资本经营预算本级支出一般按照收付实现制确认，应当按照实际支付的金额入账；年末可采用权责发生制将国库集中支付结余列支入账，从本级预算支出中安排提取的专用基金，按照实际提取金额列支入账。

财政总预算会计从财政国库拨付财政资金时确认和列报一般公共预算本级支出，对于收回当年已列支出的款项，应冲销当年支出。对于收回以前年度已列支出的款项，除财政部门另有规定外，应冲销当年支出。对于各项支出的账务处理必须以审核无误的国库划款清算凭证、资金支付凭证和其他合法凭证为依据。地方各级财政部门除国库集中支付结余外，不得采用权责发生制列支。权责发生制列支只限于年末采用，平时不得采用。

具体来说，在财政直接支付方式下，财政总预算会计应根据财政国库支付执行机构每日报来的"预算支出结算清单"，并与中国人民银行报来的"财政直接支付申请划款凭证"核对无误后，列报预算支出。在财政授权支付方式下，财政总预算会计应根据财政国库支付执行机构每日报来的“预算支出结算清单”，并与中国人民银行报来的“财政授权支付申请划款凭证”核对无误后，列报预算支出。在财政实拨资金支付方式下，财政总预算会计应根据经审核批准的“预算经费请拨单”，按实际财政拨款数列报预算支出。凡是属于预拨经费的款项，到期转列支出时，应当按照预拨经费的列支口径列报支出。

8.1.3 一般公共预算本级支出的核算

财政总预算会计应设置“一般公共预算本级支出”总账科目用于核算一般公共预算本级支出业务，该科目借方登记一般公共预算本级支出的增加数，贷方登记一般公共预算本级支出的减少数；平时借方余额反映一般公共预算本级支出的累计数，年终转账后该科目无余额。该科目应当根据《政府收支分类科目》中支出功能分类科目设置明细科目，同时根据管理要求，按照支出经济分类科目、部门等进行明细核算。

政府财政实际发生一般公共预算本级支出时，借记该科目，贷记“国库存款”“其他财政存款”等科目。年度终了，对纳入国库集中支付管理的、当年未支付而需结转下一年度支付的款项（国库集中支付结余），采用权责发生制确认支出时，借记该科目，贷记“应付国库集中支付结余”科目。年终转账时，该科目借方余额应全数转入“一般公共预算结转结余”科目，借记“一般公共预算结转结余”科目，贷记该科目。

【例8-1】 某省财政总预算会计收到财政国库支付中心报来的预算支出结算清单（见表8-4）。财政国库支付中心以财政直接支付的方式，通过财政零余额账户支付有关预算单位的属于一般预算支出的款项共计552 000元。

表8-4 一般预算支出结算清单　　单位：元

<table>
<tr><th colspan="3">预算支出科目</th><th rowspan="2">金　额</th></tr>
<tr><th>类级科目</th><th>款级科目</th><th>项级科目</th></tr>
<tr><td rowspan="10">一般公共服务</td><td>人大事务</td><td>行政运行</td><td>35 000</td></tr>
<tr><td>人大事务</td><td>人大会议</td><td>34 000</td></tr>
<tr><td>政协事务</td><td>行政运行</td><td>54 000</td></tr>
<tr><td>政府办公厅（室）及相关机构事务</td><td>行政运行</td><td>67 000</td></tr>
<tr><td>发展与改革事务</td><td>行政运行</td><td>12 000</td></tr>
<tr><td>财政事务</td><td>行政运行</td><td>54 000</td></tr>
<tr><td>财政事务</td><td>预算改革业务</td><td>43 000</td></tr>
<tr><td>财政事务</td><td>财政国库业务</td><td>34 000</td></tr>
<tr><td>财政事务</td><td>财政监察</td><td>12 000</td></tr>
<tr><td>纪检监察事务</td><td>大案要案查处</td><td>43 000</td></tr>
<tr><td rowspan="2">公共安全</td><td>公安</td><td>行政运行</td><td>29 000</td></tr>
<tr><td>公安</td><td>执法办案</td><td>56 000</td></tr>
<tr><td rowspan="2">科学技术支出</td><td>基础研究</td><td>自然科学基金</td><td>23 000</td></tr>
<tr><td>应用研究</td><td>高技术研究</td><td>56 000</td></tr>
<tr><td colspan="3">合　计</td><td>552 000</td></tr>
</table>

省财政总预算会计应编制会计分录如下。

借：一般公共预算本级支出

——一般公共服务——人大事务（行政运行）　35 000

——人大事务（人大会议）　34 000

——政协事务（行政运行）　54 000

——政府办公厅（室）及相关机构事务（行政运行）　67 000

——发展与改革事务（行政运行）　12 000

——财政事务（行政运行）　54 000

——财政事务（预算改革业务）　43 000

——财政事务（财政国库业务）　34 000

——财政事务（财政监察）　12 000

——纪检监察事务（大案要案查处）　43 000

——公共安全——公安（行政运行）　29 000

——公安（执法办案）　56 000

——科学技术支出——基础研究（自然科学基金）　23 000

——应用研究（高技术研究）　56 000

贷：国库存款　552 000

【例 8-2】 某省财政总预算会计收到财政国库支付中心报来的预算支出结算清单（见表 8-5）。财政国库支付中心以财政直接支付的方式，通过财政零余额账户支付有关预算单位的属于一般预算支出的款项共计 427 000 元。

表 8-5　一般预算支出结算清单　　单位：元

预算支出科目			金　额
类级科目	款级科目	项级科目	
公共安全	检察	侦查监督	23 000
教育	教育管理事务	行政运行	45 000
	普通教育	高中教育	55 000
	特殊教育	工读学校教育	16 000
文化旅游体育与传媒支出	文化与旅游	行政运行	65 000
	文物	博物馆	43 000
	广播电视	电视	21 000
	体育	体育场馆	36 000
社会保障和就业	民政管理事务	民间组织管理	24 000
卫生健康支出	公立医院	综合医院	27 000
节能环保支出	污染防治	大气	72 000
合　计			427 000

省财政总预算会计应编制会计分录如下。

借：一般公共预算本级支出——公共安全——检察（侦查监督） 23 000
——教育——教育管理事务（行政运行） 45 000
——普通教育（高中教育） 55 000
——特殊教育（工读学校教育） 16 000
——文化旅游体育与传媒支出
——文化化与旅游（行政运行） 65 000
——文物（博物馆） 43 000
——广播电视（电视） 21 000
——体育（体育场馆） 36 000
——社会保障和就业
——民政管理事务（民间组织管理） 24 000
——卫生健康支出
——公立医院（综合医院） 27 000
——节能环保支出
——污染防治（大气） 72 000
贷：国库存款 427 000

【例 8-3】 年终，某省财政总预算会计核定当年确实无法实现拨款、按规定应留归预算单位在下一年度继续使用的本年终国库集中支付结余资金共计 33 万元。具体包括“自然资源海洋气象等支出——自然资源事务”18 万元，“住房保障支出——保障性安居工程支出”15 万元。省财政总预算会计应编制如下会计分录。

借：一般公共预算本级支出
——自然资源海洋气象等支出——自然资源事务 180 000
——住房保障支出——保障性安居工程支出 150 000
贷：应付国库集中支付结余 330 000

【例 8-4】 年终，某省财政“一般公共预算本级支出”总账科目借方余额为 155 万元，将其全数转入“一般公共预算结转结余”总账科目，并结清所有一般公共预算本级支出明细账的余额。省财政总预算会计应编制如下会计分录。

借：一般公共预算结转结余 1 550 000
贷：一般公共预算本级支出 1 550 000

8.2 政府性基金预算本级支出

8.2.1 政府性基金预算本级支出的含义和分类

政府性基金预算本级支出是指政府财政管理的由本级政府使用的列入政府性基金预算的支出。它是一级政府财政支出的重要组成部分，纳入政府预算管理，并具有专用性。财政总预算会计在办理基金预算支出时，应当遵循先收后支、专款专用、自求平衡、结余结转下年使用的原则。

按照《政府收支分类科目》，政府性基金预算支出功能分类科目分设类、款、项三级，各级科目逐级递进，内容也逐级细化，具体见表 8-6。财政总预算会计核算的政府性基金预算本级支出仅包括科学技术支出、社会保障和就业支出、节能环保支出等反映财政资金由本级政府使用的相关科目，不包括其中的转移性支出和债务还本支出等相关科目。

表 8-6 政府性基金预算支出功能分类科目

类级科目	款级科目
206 科学技术支出：反映科学技术方面的支出，下设 1 个款级科目	10 核电站乏燃料出来处置基金支出
207 文化体育与传媒支出：反映政府在文化、文物、体育、广播影视、新闻出版等方面的支出，下设 3 个款级科目	07 国家电影事业发展专项资金及对应专项债务收入安排的支出、09 旅游发展基金支出、10 国家电影事业发展专项资金对应专项债务收入安排的支出
208 社会保障和就业支出：反映政府在社会保障和就业方面的支出，下设 3 个款级科目	22 大中型水库移民后期扶持基金支出、23 小型水库移民扶助基金、29 小型水库移民扶助基金对应专项债务收入安排的支出
211 节能环保支出：反映政府节能环保支出，下设 2 个款级科目	60 可再生能源电价附加收入安排的支出、61 废弃电器电子产品处理基金支出
212 城乡社区支出：反映政府城乡社区事务支出，下设 10 个款级科目	08 国有土地使用权出让收入安排的支出、10 国有土地收益基金安排的支出、11 农业土地开发基金安排支出、13 城市基础设施配套费安排的支出、14 污水处理费安排的支出、15 土地储备专项债券收入安排的支出、16 棚户区改造专项债券收入安排的支出、17 城市基础设施配套费对应专项债务收入安排的支出、18 污水处理费对应专项债务收入安排的支出、19 国有土地使用权出让收入对应专项债务收入安排的支出
213 农林水支出：反映政府农林水事务支出，下设 5 个款级科目	66 大中型水库库区基金安排的支出、67 三峡水库库区基金支出、69 国家重大水利工程建设基金安排的支出、70 大中型水库库区基金对应专项债务收入安排的支出、71 国家重大水利工程建设基金对应专项债务收入安排的支出
214 交通运输支出：反映交通运输和邮政业方面的支出，下设 10 个款级科目	60 海南省高等级公路车辆通行附加费安排的支出、62 车辆通行费安排的支出、63 港口建设费安排的支出、64 铁路建设基金支出、68 船舶油污损害赔偿基金支出、69 民航发展基金支出、70 海南省高等级公路车辆通行附加费对应专项债务收入安排的支出、71 政府收费公路专项债券收入安排的支出、72 车辆通行费对应专项债务收入安排的支出、73 港口建设费对应专项债务收入安排的支出
215 资源勘探信息等支出：反映用于资源勘探、制造业、建筑业、工业信息等方面的支出，下设 1 个款级科目	62 农网还贷资金支出
217 金融支出：反映金融方面的支出，下设 1 个款级科目	04 金融调控支出
229 其他支出：反映不能划分到上述功能科目的其他政府支出，下设 3 个款级科目	04 其他政府性基金及对应专项债务收入安排的支出、08 彩票发行销售机构业务费安排的支出、60 彩票公益金安排的支出

续表

类级科目	款级科目
230 转移性支出：反映政府的转移支付以及不同性质资金之间的调拨支出，下设5个款级科目	04 政府性基金转移支付、06 上解支出、08 调出资金、09 年终结余、11 债务转贷支出
231 债务还本支出：反映归还债务本金所发生的支出，下设1个款级科目	04 地方政府专项债务还本支出
232 债务付息支出：反映用于归还债务利息所发生的支出，下设1个款级科目	04 地方政府专项债务付息支出
233 债务发行费用支出：反映用于债务发行兑付费用的支出，下设1个款级科目	04 地方政府专项债务发行费用支出
234 抗疫特别国债安排的支出：反映抗疫特别国债安排的支出下设2个款级科目	01 基础设施建设、02 抗疫相关支出

政府性基金预算本级支出经济分类科目的设置情况同一般公共预算本级支出经济分类科目的设置情况。

政府性基金预算本级支出的支付程序和列报基础等均比照一般公共预算本级支出。

8.2.2 政府性基金预算本级支出的核算

财政总预算会计应设置“政府性基金预算本级支出”总账科目用于核算政府性基金预算本级支出业务，该科目借方登记政府性基金预算本级支出的增加数，贷方登记政府性基金预算本级支出的减少数；平时借方预算反映政府性基金本级支出的累计数，年终结转后该科目无余额。该科目应当按照《政府收支分类科目》中支出功能分类科目设置明细科目，同时根据管理需要，按照支出经济分类科目、部门等进行明细核算。

政府财政实际发生政府性基金预算本级支出时，借记该科目，贷记“国库存款”科目。年度终了，对纳入国库集中支付管理的、当年未支付而需结转下一年度支付的款项（国库集中支付结余），采用权责发生制确认支出时，借记该科目，贷记“应付国库集中支付结余”科目。年终转账时，该科目借方余额应全数转入“政府性基金预算结转结余”科目，借记“政府性基金预算结转结余”科目，贷记该科目。

【例8-5】 某省财政总预算会计收到财政国库支付执行机构报来的预算支出结算清单，以财政直接支付的方式支付有关属于政府性基金预算本级支出的款项共计17万元，具体包括“文化体育与传媒支出——旅游发展基金支出”13万元，“资源勘探信息等支出——农网还贷资金支出”3万元，“其他支出——彩票公益金安排的支出”1万元。省财政总预算会计应编制如下会计分录。

借：政府性基金预算本级支出——旅游发展基金支出	130 000	
——农网还贷资金支出	30 000	
——彩票公益金安排的支出	10 000	
贷：国库存款		170 000

【例 8-6】 年终，某省财政"政府性基金预算本级支出"总账科目借方余额为 36 万元，将其全数转入"政府性基金预算结转结余"总账科目，并结清所有政府性基金预算本级支出明细账的余额。省财政总预算会计应编制如下会计分录。

借：政府性基金预算结转结余　　360 000

　贷：政府性基金预算本级支出　　360 000

8.3 国有资本经营预算本级支出

8.3.1 国有资本经营预算本级支出的含义和分类

国有资本经营预算本级支出是指政府财政管理的由本级政府使用的列入国有资本经营预算的支出。根据我国《预算法》的规定，国有资本经营预算应当按照收支平衡的原则编制，不列赤字，并安排资金调入一般公共预算。

国有资本经营预算资金的使用单位为国有企业，支出内容主要有：①资本性支出，它是根据国家产业发展规划、国有经济布局和结构调整规划，用于支持国有企业改制、重组，自主创新，提高企业核心竞争力，具体包括新设企业注入国有资本、补充企业国有资本、认购股权股份和其他资本性支出；②费用性支出，主要用于弥补国有企业改革成本，解决历史遗留问题；③其他支出，即用于社会保障等方面的支出。

按照《政府收支分类科目》，国有资本经营预算支出功能分类科目分设类、款、项三级，各级科目逐级递进，内容也逐级细化，具体见表 8-7。财政总预算会计核算的国有资本经营预算支出仅包括社会保障和就业支出、国有资本经营预算支出等反映财政资金由本级政府使用的相关科目，不包括其中的转移性支出等相关科目。

表 8-7　国有资本经营预算支出按功能分类科目

类级科目	款级科目
208 社会保障和就业支出：反映政府在社会保障和就业方面的支出，下设 1 个款级科目	04 补充全国社会保障基金
223 国有资本经营预算支出：反映用国有资本经营预算收入安排的支出，下设 4 个款级科目	01 解决历史遗留问题及改革成本支出、02 国有企业资本金注入、03 国有企业政策性补贴、99 其他国有资本经营预算支出
230 转移性支出：反映政府的转移支付以及不同性质资金之间的调拨支出，下设 3 个款级科目	05 国有资本经营预算转移支付、06 上解收入、08 调出资金

国有资本经营预算本级支出经济分类科目的设置情况同一般公共预算本级支出经济分类科目的设置情况。

国有资本经营预算本级支出的支付程序、列报基础等均比照一般公共预算本级支出。

8.3.2 国有资本经营预算本级支出的核算

财政总预算会计应设置“国有资本经营预算本级支出”总账科目用于核算国有资本经营预算本级支出业务，该科目借方登记国有资本经营预算本级支出的增加数，贷方登记年终转入国有资本经营预算结转结余的数额；平时借方余额反映国有资本经营预算本级支出的累计数，年终转账后该科目无余额。该科目应当按照《政府收支分类科目》中支出功能分类科目设置明细科目，同时根据管理需要，按照支出经济分类科目、部门等进行明细核算。

政府财政实际发生国有资本经营预算本级支出时，借记该科目，贷记“国库存款”科目。年度终了，对纳入国库集中支付管理的、当年未支付而需结转下一年度支付的款（国库集中支付结余），采用权责发生制确认支出时，借记该科目，贷记“应付国库集中支付结余”科目。年终转账时，该科目借方余额应全数转入“国有资本经营预算结转结余”科目，借记“国有资本经营预算结转结余”科目，贷记该科目。

【例 8-7】 某省财政总预算会计收到财政国库支付执行机构报来的预算支出结算清单，以财政直接支付的方式支付有关国有资本经营预算本级支出的款项共计 21 万元，具体包括“国有资本经营预算支出——解决历史遗留问题及改革成本支出”5 万元，“国有资本经营预算支出——国有企业资本金注入”16 万元。省财政总预算会计应编制如下会计分录。

借：国有资本经营预算本级支出——国有企业政策性补贴	50 000	
——国有企业资本金注入	160 000	
贷：国库存款		210 000

【例 8-8】 年终，某省财政“国有资本经营预算本级支出”总账科目借方余额为 61 万元，将其全数转入“国有资本经营预算结转结余”总账科目，并结清所有国有资本经营预算本级支出明细账的余额。省财政总预算会计应编制如下会计分录。

借：国有资本经营预算结转结余	610 000	
贷：国有资本经营预算本级支出		610 000

8.4 财政专户管理资金支出和专用基金支出

8.4.1 财政专户管理资金支出的含义和核算

1. 财政专户管理资金支出的含义

财政专户管理资金支出是指政府财政用纳入财政专户管理的教育收费等资金安排的支出。各种教育收费由各教育单位按规定标准收取，并按规定缴入财政专户，实行收支两条线管理。财政部门通常采用返还教育收费的方式向有关教育单位拨付财政专户资金，并监督其按部门预算的规定用途使用。

2. 财政专户管理资金支出的核算

财政向教育单位返还教育收费，可以采用财政专户集中支付的方式，也可以采用财政实拨资金的方式。采用财政专户集中支出的方式，即财政部门通过财政零余额账户或预算单位零余额账户垫付资金，再通过财政专户向财政零余额账户或预算单位零余额账户归还垫付资金。采用财政实拨资金的方式，即财政部门将存放在财政专户中的教育收费直接拨入有关教育收费单位的银行存款账户，供其按预算管理要求使用。

财政总预算会计应设置“财政专户管理资金支出”总账科目，用于核算财政专户管理资金支出业务。该科目借方登记财政专户管理资金支出的增加数，贷方登记年终将财政专户管理资金支出转入财政专户管理资金结余的数额；平时借方余额反映财政专户管理资金支出的累计数，年终结转后该科目无余额。该科目应当按照《政府收支分类科目》中支出功能分类科目设置相应明细科目，同时根据管理需要，按照支出经济分类科目、部门（单位）等进行明细核算。

政府财政发生财政专户管理资金支出时，借记该科目，贷记“其他财政存款”等有关科目。年终转账时，该科目借方余额全数转入“财政专户管理资金结余”科目，借记“财政专户管理资金结余”科目，贷记该科目。

【例8-9】 某省财政通过财政专户向有关教育单位拨付教育收费共计17万元，包括：“教育支出——普通教育——高中教育”5万元，“教育支出——普通教育——高等教育”12万元。省财政总预算会计应编制如下会计分录。

借：财政专户管理资金支出——教育支出——普通教育——高中教育　50 000
——高等教育　120 000
　贷：其他财政存款　170 000

【例8-10】 年终，某省财政“财政专户管理资金支出”总账科目借方余额为27万元，将其全数转入“财政专户管理资金结余”总账科目，并结清所有财政专户管理资金支出明细账的余额。省财政总预算会计应编制如下会计分录。

借：财政专户管理资金结余　270 000
　贷：财政专户管理资金支出　270 000

8.4.2　专用基金支出的含义和核算

1. 专用基金支出的含义

专用基金支出是指政府财政用专用基金收入安排的支出。专用基金支出的管理原则为先收后支，量入为出，按规定用途安排使用，从其他财政存款账户中支付。目前主要是以粮食风险基金收入安排的相应支出用于保护粮食安全、维护粮食价格基本稳定。

2. 专用基金支出的核算

财政总预算会计应设置“专用基金支出”总账科目，用于核算专用基金支出业务。该科目借方登记专用基金支出的增加数，贷方登记年终将专用基金支出转入专用基金结余的数额；平时借方余额反映专用基金支出的累计数，年终结转后该科目无余额。该科目应当根据专用基金的种类设置明细科目，同时根据管理需要，按部门等进行明细核算。

政府财政发生专用基金支出时，借记该科目，贷记“其他财政存款”等有关科目。退回专用基金支出时，做相反的会计分录。年终转账时，将该科目借方余额全数转入“专用基金结余”科目，借记“专用基金结余”科目，贷记该科目。

【例 8-11】 某省财政使用粮食风险基金对种粮农民进行直接补贴，从粮食风险基金财政专户拨付资金 4 万元。省财政总预算会计应编制如下会计分录。

借：专用基金支出——粮食风险基金——对种粮农民的直接补贴 40 000

贷：其他财政存款 40 000

【例 8-12】 年终，某省财政“专用基金支出”总账科目借方余额为 7 万元，将其全数转入“专用基金结余”总账科目。省财政总预算会计应编制如下会计分录。

借：专用基金结余 70 000

贷：专用基金支出 70 000

8.5 转移性支出

8.5.1 转移性支出的概念和分类

转移性支出是指在各级政府财政之间进行资金调拨及在本级政府财政不同类型资金之间调剂所形成的支出、包括补助支出、上解支出，调出资金、地区间援助支出等。转移性支出是与转移收入相对应的，本级财政支付给下级财政的一般性转移支付、专项转移支付，本级政府从政府性基金预算中调出资金给一般公共预算使用等，都会形成转移性支出，相对应的一方形成转移性收入。

根据《政府收支分类科目》，一般公共预算支出中设置转移性支出类级科目，分设 10 个款级科目，具体见表 8-1。政府性基金预算中设置转移性支出类级科目，分设 4 个款级科目，具体见表 8-6。国有资本经营预算中设置转移性支出类级科目，分设 3 个款级科目，具体见表 8-7。财政总预算会计核算的转移性支出，应当按照《政府收支分类科目》中的支出功能分类科目进行分类，并且应当按一般公共预算转移性支出、政府性基金预算转移性支出、国有资本经营预算转移性支出进行分类。

根据《政府收支分类科目》，在政府预算支出经济分类科目中，转移性支出是与机关工资福利支出、机关商品和服务支出、机关资本性支出、对事业单位经常性补助、对事业单位资本性补助等相并列的类级科目。一般公共预算支出经济分类科目中设置转移性支出类级科目，反映政府间和不同性质预算间的转移性支出。该类级科目分设 6 个款级科目，具体见表 8-2。政府性基金预算支出和国有资本经营预算支出的转移性支出类级科目设置情况与一般公共预算支出的设置情况一致。财政总预算会计核算的转移性支出，还应当按照《政府收支分类科目》中的政府预算支出经济分类科目进行分类，分成转移性支出类别。

与债务转贷收入的情况相似，现行《政府收支分类科目》将债务转贷支出列入转移性支出类级科目。但现行《财政总预算会计制度》没有将债务转贷支出列入转移性支出类级科目，而是将债务转贷支出单独列为一个支出总账科目，与一般公共预算本级支出、政府性基金预算本级支出、补助支出、债务还本支出相并列。

8.5.2 转移性支出的核算

财政总预算会计应设置“补助支出”“上解支出”“地区间援助支出”“调出资金”“安排预算稳定调节基金”总账科目，用于核算转移性支出业务。转移性支出应当按照财政体制的规定或实际发生的金额入账。财政总预算会计设置的这些转移性支出会计科目与《政府收支分类科目》中设置的转移性支出预算科目的比较情况如表8-8所示。

表8-8 转移性支出会计科目与预算科目的比较

会计科目	预算支出功能分类科目	预算支出经济分类科目
补助支出	返还性支出、一般性转移支付、专项转移支付、政府性基金补助支出、国有资本经营预算转移支付	上下级政府间转移性支出
上解支出	上解支出、政府性基金上解支出	—
地区间援助支出	援助其他地区支出	援助其他地区支出
调出资金	调出资金	调出资金
安排预算稳定调节基金	安排预算稳定调节基金	安排预算稳定调节基金

1. 补助支出的核算

补助支出是指本级政府财政按财政体制规定或因专项需要补助给下级政府财政的款项。

财政总预算会计应设置“补助支出”总账科目，用于核算补助支出业务。该科目借方登记发生的财政补助支出增加数，贷方登记退还或核减补助的补助支出的减少数，平时借方余额反映补助支出的累计数，年终结转后该科目无余额。该科目下应当按照不同资金性质设置“一般公共预算补助支出”“政府性基金预算补助支出”等明细科目，同时还应当按照补助地区进行明细核算。

政府财政发生补助支出或从“与下级往来”科目转入时，借记“补助支出”科目，贷记“国库存款”“其他财政存款”“与下级往来”等科目。专项转移支付资金实行特设专户管理的，本级政府财政应当根据本级政府财政下达的预算文件确认补助支出，借记“补助支出”科目，贷记“国库存款”“与下级往来”等科目。

有主权外债业务的财政部门，贷款资金由下级政府财政同级部门（单位）使用，且贷款最终还款责任由本级政府财政承担的，本级政府财政部门支付贷款资金时，借记“补助支出”科目，贷记“其他财政存款”科目；外方将贷款资金直接支付给用款单位或供应商时，借记“补助支出”科目，贷记“债务收入”“债务转贷收入”等科目；根据债务管理部门转来的相关外债转贷管理资料，按照实际支付的金额，借记“待偿债净资产”科目，贷记“借入款项”“应付主权外债转贷款”等科目。

年终与下级政府财政结算时，按照尚未拨付的补助金额，借记该科目，贷记“与下级往来”科目。退还或核减补助支出时，借记“国库存款”“与下级往来”等科目，贷记该科目。年终转账时，应将该科目借方余额根据不同资金性质分别转入对应的结转结余科目，借记“一般公共预算结转结余”“政府性基金预算结转结余”等科目，贷记该科目。

【例8-13】 某省财政发生财政补助支出19万元，适用预算科目为“转移性支出——一般性转移支付——均衡性转移支付支出”；同时，该省财政为所属某市财政支付一笔财政补助支出3万元，适用预算科目为“转移性支出——专项转移支付——医疗卫生与计划生育”。省财政总预算会计应编制如下会计分录。

借：补助支出——一般性转移支付　　190 000

　　　　　　——专项转移支付　　30 000

　贷：国库存款　　220 000

【例 8-14】 某省财政与其所属某市财政年终进行财政体制结算，省财政应给予所属市财政补助款项共计 10 万元，包括："转移性支出——一般性转移支付——体制补助支出" 2 万元，"转移性支出——政府性基金转移支付——政府性基金补助支出" 8 万元。省财政总预算会计应编制如下会计分录。

借：补助支出——一般性转移支付 20 000

——政府性基金补助支出 80 000

贷：与下级往来 100 000

【例 8-15】 年终，某省财政"补助支出"总账科目借方余额为 70 万元。其中，属于一般公共预算的补助支出共计 66 万元，属于政府性基金预算的补助支出共计 4 万元，将其分别转入"一般公共预算结转结余""政府性基金预算结转结余"总账科目，并结清所有补助支出明细账的余额。省财政总预算会计应编制如下会计分录。

借：一般公共预算结转结余 660 000

政府性基金预算结转结余 40 000

贷：补助支出 700 000

2. 上解支出的核算

上解支出是指本级政府财政按照财政体制规定上解给上级政府财政的款项。

财政总预算会计应设置"上解支出"总账科目，用于核算上解支出业务。该科目借方登记发生的上解支出的增加数，贷方登记退还或核减的上解支出的减少数；平时借方余额反映上解支出的累计数，年终结转后该科目无余额。该科目应当按照不同资金性质设置"一般公共预算上解支出""政府性基金预算上解支出"等明细科目。

政府财政发生上解支出时，借记该科目，贷记"国库存款""与上级往来"等科目。年终与上级政府财政结算时，按照尚未支付的上解金额，借记该科目，贷记"与上级往来"科目。退还或核减上解支出时，借记"国库存款""与上级往来"等科目，贷记该科目。年终转账时，应将该科目借方余额根据不同资金性质分别转入对应的结转结余科目，借记"一般公共预算结转结余""政府性基金预算结转结余"等科目，贷记该科目。

【例 8-16】 某市财政按财政管理体制规定向上级某省财政上解一笔款项 4 万元，适用预算科目为"转移性支出——上解支出——体制上解支出"。市财政总预算会计应编制如下会计分录。

借：上解支出——体制上解支出 40 000

贷：国库存款 40 000

【例 8-17】 某市财政与上级某省财政年终进行财政体制结算，市财政应向上级省财政上解款项 12 万元，适用预算科目为"转移性支出——上解支出——专项上解支出"。市财政总预算会计应编制如下会计分录。

借：上解支出——专项上解支出 120 000

贷：与上级往来 120 000

【例 8-18】 年终，某市财政"上解支出"总账科目借方余额为 38 万元。其中，属于一般公共预算的上解支出共计 32 万元，属于政府性基金预算的上解支出共计 6 万元，将其分别转入“一般公共预算结转结余”“政府性基金预算结转结余”总账科目，并结清所有上解支出明细账的余额。市财政总预算会计应编制如下会计分录。

借：一般公共预算结转结余　　320 000
　　政府性基金预算结转结余　　60 000
　贷：上解支出　　380 000

3. 地区间援助支出的核算

地区间援助支出是指援助方政府财政安排用于受援方政府财政统筹使用的各类援助、捐赠等资金支出。

财政总预算会计应设置“地区间援助支出”总账科目，用于核算地区间援助支出业务。该科目借方登记发生的地区间援助支出的增加数，贷方登记年终将地区间援助支出转入相关结余的数额；平时借方余额反映地区间援助支出的累计数，年终结转后该科目无余额。该科目应当按照受援地区及管理需要进行相应明细核算。

政府财政发生地区间援助支出时，借记该科目，贷记“国库存款”科目。年终转账时，将该科目借方余额全部转入“一般公共预算结转结余”科目，借记“一般公共预算结转结余”科目，贷记该科目。

【例 8-19】 甲省财政通过财政国库向乙省财政拨付地区间援助资金 45 万元，适用预算科目为“转移性支出——援助其他地区支出”。甲省财政总预算会计应编制如下会计分录。

借：地区间援助支出——援助其他地区支出　　450 000
　贷：国库存款　　450 000

【例 8-20】 年终，甲省财政“地区间援助支出”总账科目借方余额为 45 万元，将其全数转入“一般公共预算结转结余”总账科目，并结清所有地区间援助支出明细账的余额。省财政总预算会计应编制如下会计分录。

借：一般公共预算结转结余　　450 000
　贷：地区间援助支出　　450 000

4. 调出资金的核算

调出资金是指政府财政为平衡预算收支，从某类资金向其他类型预算调出的资金。

财政总预算会计应设置“调出资金”总账科目，用于核算调出资金业务。该科目借方登记发生的调出资金的增加数，贷方登记年终转账将本科目借方余额转入相应的结转结余科目的数额，平时借方余额反映调出资金的累计数，年终转账后该科目无余额。该科目应当设置“一般公共预算调出资金”“政府性基金预算调出资金”“国有资本经营预算调出资金”等明细科目。

政府财政从一般公共预算调出资金时，按照调出的金额，借记“调出资金”科目，贷记“调入资金”相关明细科目。从政府性基金预算调出资金时，按照调出的金额，借记“调出资金”科目，贷记“调入资金”相关明细科目。从国有资本经营预算调出资金时，按照调出的金额，借记“调出资金”科目，贷记“调入资金”相关明细科目。年终转账时，该科目借方余额分别转入相应的结转结余科目，借记“一般公共预算结转结余”“政府性基金预算结转结余”“国有资本经营预算结转结余”等科目，贷记该科目。

【例 8-21】 某省财政经批准从政府基金预算中调出一笔资金 37 万元至一般公共预算，适用预算科目为“转移性支出——调出资金——政府性基金预算调出资金”。省财政总预算会计应编制如下会计分录。

借：调出资金——政府性基金预算调出资金 370 000

贷：调入资金 370 000

【例 8-22】 年终，某省财政“调出资金——政府性基金预算调出资金”科目借方余额为 37 万元，将其转入“政府性基金预算结转结余”总账科目，并结清所有调出资金明细账的余额。财政总预算会计应编制如下会计分录。

借：政府性基金预算结转结余 370 000

贷：调出资金 370 000

5. 安排预算稳定调节基金

安排预算稳定调节基金是指政府财政按照有关规定安排的预算稳定调节基金。

财政总预算会计应设置“安排预算稳定调节基金”总账科目，用于核算安排预算稳定调节基金业务。该科目借方登记补充预算稳定调节基金的增加数，贷方登记年终将安排预算稳定调节基金借方余额全数转入一般公共预算结转结余的数额；平时借方余额反映安排预算稳定调节基金的累计数，年终结转后该科目无余额。该科目属于支出类科目，但它不会带来国库存款的减少。

政府财政补充预算稳定调节基金时，借记该科目，贷记“预算稳定调节基金”科目。年终转账时，该科目借方余额全数转入“一般公共预算结转结余”科目，借记“一般公共预算结转结余”科目，贷记该科目。

【例 8-23】 某省财政年终发生财政超收，即财政收入大于财政支出，决定安排预算稳定调节基金 25 万元，适用预算科目为“转移性支出——安排预算稳定调节基金”。省财政总预算会计应编制如下会计分录。

借：安排预算稳定调节基金 250 000

贷：预算稳定调节基金 250 000

【例 8-24】 年终，某省财政“安排预算稳定调节基金”总账科目借方余额为 25 万元，将其转入“一般公共预算结转结余”总账科目。省财政总预算会计应编制如下会计分录。

借：一般公共预算结转结余 250 000

贷：安排预算稳定调节基金 250 000

8.6 债务还本支出和债务转贷支出

8.6.1 债务还本支出的含义和核算

1. 债务还本支出的含义和分类

债务还本支出是指政府财政偿还本级政府财政承担的纳入预算管理的债务本金支出。政府债务还本支出分为国内债务还本支出和国外债务还本支出。

根据《政府收支分类科目》，债务还本支出的功能分类为：一般公共预算支出科目中设置债务还本支出类级科目，分设3个款级科目，具体见表8-1；政府性基金预算支出科目中设置债务还本支出类级科目，分设1个款级科目，具体见表8-6。

根据《政府收支分类科目》，政府预算支出经济分类科目中分设债务还本支出类级科目，反映政府还本债务支出，分设2个款级科目，具体见表8-2。

2. 债务还本支出的核算

财政总预算会计应设置“债务还本支出”总账科目，用于核算债务还本支出业务。该科目借方登记偿还本级政府财政承担的纳入预算管理的债务还本支出的增加数，贷方登记年终将该科目借方余额转入相关结转结余科目的数额；平时借方余额反映本级政府财政债务还本支出的累计数，年终结转后该科目无余额。该科目应当根据《政府收支分类科目》中“债务还本支出”有关规定设置明细科目。

债务还本支出应当按照实际偿还的金额入账。政府财政偿还本级政府财政承担的政府债券、主权外债等纳入预算管理的债务本金时，借记“债务还本支出”科目，贷记“国库存款”“其他财政存款”等科目；根据债务管理部门转来的相关资料，按照实际偿还的本金金额，借记“应付短期政府债券”“应付长期政府债券”“借入款项”“应付地方政府债券转贷款”“应付主权外债转贷款”等科目，贷记“待偿债净资产”科目。

年终转账时，“债务还本支出”科目下“专项债务还本支出”明细科目的借方余额应按照对应的政府性基金种类分别转入“政府性基金预算结转结余”相应明细科目，借记“政府性基金预算结转结余”科目，贷记“债务还本支出”科目。“债务还本支出”科目下其他明细科目的借方余额全数转入“一般公共预算结转结余”科目，借记“一般公共预算结转结余”科目，贷记“债务还本支出”科目。

【例8-25】 某省财政偿还本级政府财政承担的长期债券本金共计45万元，包括“债务还本支出——地方政府一般债务还本支出”24万元，“债务还本支出——地方政府专项债务还本支出”21万元。省财政总预算会计应编制如下会计分录。

借：债务还本支出——地方政府一般债务还本支出	240 000	
——地方政府专项债务还本支出	210 000	
贷：国库存款		450 000
同时：		
借：应付长期政府债券	450 000	
贷：待偿债净资产		450 000

【例8-26】 年终，某省财政“债务还本支出”总账科目借方余额为85万元，包括“地方政府一般债务还本支出”55万元，“地方政府专项债务还本支出”30万元，将其分别转入“一般公共预算结转结余”“政府性基金预算结转结余”总账科目，并结清所有债务还本支出明细账的余额。省财政总预算会计应编制如下会计分录。

借：一般公共预算结转结余	550 000	
政府性基金预算结转结余	300 000	
贷：债务还本支出		850 000

8.6.2 债务转贷支出的含义和核算

1. 债务转贷支出的含义和分类

债务转贷支出是指本级政府财政向下级政府财政转贷的债务支出。债务转贷支出纳入政府预算管理，属于财政资金在上下级政府之间的转移，取得转贷资金的下级政府需要在未来偿还取得的贷款资金，并支付相应的贷款利息。

根据《政府收支分类科目》，债务转贷支出的功能分类为：一般公共预算支出科目中的转移性支出类级科目下分设债务转贷支出款级科目，反映本级政府向下级政府转贷的债务支出，具体见表8-1；政府性基金预算支出科目中的转移性支出类级科目下分设债务转贷支出款级科目，反映本级政府向下级政府转贷的债务支出，具体见表8-6。

根据《政府收支分类科目》，政府预算支出经济分类科目中的转移性支出科目下分设债务转贷支出款级科目，反映上下级政府间的债务转贷支出，具体见表8-2。

2. 债务转贷支出的核算

财政总预算会计应设置“债务转贷支出”总账科目，用于核算债务转贷支出业务。该科目借方登记发生的债务转贷支出的增加数，贷方登记年终将该科目借方余额转入相关结转结余科目的数额；平时借方余额反映发生的债务转贷支出累计数，年终结转后该科目无余额。该科目下应当设置“地方政府一般债务转贷支出”“地方政府专项债务转贷支出”明细科目，同时还应当按照转贷地区进行明细核算。

债务转贷支出应当按照实际转贷的金额入账。本级政府财政向下级政府财政转贷地方政府债券资金时，借记“债务转贷支出”科目，贷记“国库存款”科目；根据债务管理部门转来的相关资料，按照到期应收回的转贷款本金金额，借记“应收地方政府债券转贷款”科目，贷记“资产基金——应收地方政府债券转贷款”科目。

本级政府财政向下级政府财政转贷主权外债资金，且主权外债最终还款责任由下级政府财政承担的，相关账务处理如下。

本级政府财政支付转贷资金时，根据转贷资金支付相关资料，借记“债务转贷支出”科目，贷记“其他财政存款”科目；根据债务管理部门转来的相关资料，按照实际持有的债权金额，借记“应收主权外债转贷款”科目，贷记“资产基金——应收主权外债转贷款”科目。

外方将贷款资金直接支付给用款单位或供应商时，本级政府财政根据转贷资金支付相关资料，借记“债务转贷支出”科目，贷记“债务收入”“债务转贷收入”科目；根据债务管理部门转来的相关资料，按照实际持有的债权金额，借记“应收主权外债转贷款”科目，贷记“资产基金——应收主权外债转贷款”科目；同时，借记“待偿债净资产”科目，贷记“借入款项”“应付主权外债转贷款”等科目。

年终转账时，“债务转贷支出”科目下“地方政府一般债务转贷支出”明细科目的借方余额全数转入“一般公共预算结转结余”科目，借记“一般公共预算结转结余”科目，贷记“债务转贷支出”科目。“债务转贷支出”科目下“地方政府专项债务转贷支出”明细科目的借方余额全数转入“政府性基金预算结转结余”科目，借记“政府性基金预算结转结余”科目，贷记“债务转贷支出”科目。

【例 8-27】　某省财政将发行地方政府一般债券转贷给所属下级某市财政 35 万元，适用预算科目为“转移性支出——债务转贷支出——地方政府一般债券转贷支出”。省财政总预算会计应编制如下会计分录。

借：债务转贷支出——地方政府一般债券转贷支出　　350 000

　贷：国库存款　　350 000

同时：

借：应收地方政府债券转贷款　　350 000

　贷：资产基金　　350 000

【例 8-28】　年终，某省财政“债务转贷支出”总账科目借方余额为 69 万元，包括“地方政府一般债券转贷支出”41 万元，“地方政府专项债券转贷支出”28 万元，将其分别转入“一般公共预算结转结余”“政府性基金预算结转结余”总账科目，并结清所有债务转贷支出明细账的余额。省财政总预算会计应编制如下会计分录。

借：一般公共预算结转结余　　410 000

　　政府性基金预算结转结余　　280 000

　贷：债务转贷支出　　690 000

思　考　题

1. 什么是财政总预算会计的支出？财政总预算会计核算的支出包括哪些内容？

2. 什么是一般公共预算本级支出？按照《政府收支分类科目》，一般公共预算本级支出可分为哪些主要类别？

3. 在财政国库集中支付方式下，阐述一般公共预算本级支出的支付流程。

4. 什么是政府性基金预算本级支出？按照《政府收支分类科目》，政府性基金预算本级支出可分为哪些主要类别？

5. 什么是国有资本经营预算本级支出？按照《政府收支分类科目》，国有资本经营预算本级支出可分为哪些主要类别？

6. 什么是转移性支出？按照《政府收支分类科目》，转移性支出可分为哪些主要类别？

7. 一般公共预算本级支出的列报基础是怎样的？

8. 什么是财政专户管理资金支出？什么是专用基金支出？

9. 什么是债务还本支出？什么是债务转贷支出？简述两者的异同。

练　习　题

练习一

一、目的：练习一般公共预算本级支出的核算。

二、资料：某省财政发生如下经济业务。

① 以财政直接支付的方式支付属于一般公共预算本级支出的款项共计 53 万元，包括“一般公共服务支出——税收事务——行政运行”30 万元，“一般公共服务支出——审计事务——行政运行”23 000 元。

② 有关预算单位通过财政授权支付方式支付属于一般公共预算本级支出的款项共计41万元，包括“公共安全支出——公安——行政运行”28万元，“公共安全支出——法院——行政运行”13万元。

③ 有关预算单位通过财政授权支付方式支付属于一般公共预算本级支出的款项共计64万元，包括“一般公共服务支出——工商行政管理事务——执法办案专项”38万元，“节能环保支出——环境监测与监察——建设项目环评审查与监督”26万元。

④ 以财政直接支付的方式，通过财政零余额账户支付属于一般公共预算本级支出的款项共计57万元，包括“教育支出——普通教育——高等教育”35万元，“医疗卫生与计划生育支出——公立医院——综合医院”22万元。

⑤ 年终核定当年确实无法实现拨款、按规定应留归预算单位在下一年度继续使用的本年终一般公共预算国库集中支付结余资金共计25万元，包括“文化体育与传媒支出——文物——文物保护”15万元，“农林水支出——农业——农业生产支持补贴”10万元。

三、要求：根据以上经济业务，为该省财政总预算会计编制有关的会计分录。

练习二

一、目的：练习政府性基金预算本级支出和国有资本经营预算本级支出的核算。

二、资料：某省财政发生如下经济业务。

① 以财政直接支付的方式，通过财政零余额账户支付属于政府性基金预算本级支出的款项共计18万元，包括“其他支出——彩票公益金安排的支出——用于社会福利的彩票公益金支出”10万元，“其他支出——彩票公益金安排的支出——用于红十字事业的彩票公益金支出”8万元。

② 以财政授权支付的方式，通过预算单位零余额账户中支付属于政府性基金预算本级支出的款项共计13万元，包括：“文化体育与传媒支出——国家电影事业发展专项资金安排的支出——资助国产影片放映”7万元，“城乡社区支出——城市基础设置配套费安排的支出——城市公共设施”6万元。

③ 以财政直接支付的方式，通过财政零余额账户支付属于国有资本经营预算本级支出的款项共计12万元，包括“国有资本经营预算支出——解决历史遗留问题及改革成本支出——国有企业改革成本支出”4万元，“国有资本经营预算支出——企业资本金注入——支持科技进步支出”8万元。

④ 年终核定当年确实无法实现拨款、按规定应留归预算单位下一年度继续使用的本年终国有资本经营预算国库集中支付结余资金共计17万元，包括“国有资本经营预算支出——国有企业政策性补贴”17万元。

三、要求：根据以上经济业务，为该省财政总预算会计编制有关的会计分录。

练习三

一、目的：练习财政专户管理资金支出和专用基金支出的核算。

二、资料：某省财政发生如下经济业务。

① 通过财政专户向有关教育单位拨付教育收费共计12万元，包括“教育支出——普通教育——高等教育”7万元，“教育支出——职业教育——高等职业教育”5万元。

② 使用粮食风险基金对省级储备粮油的利息费用进行补贴，从粮食风险基金财政专户拨付资金4万元。

三、要求：根据以上经济业务，为该省财政总预算会计编制有关的会计分录。

练习四

一、目的：练习转移性支出的核算。

二、资料：某省财政发生如下经济业务。

① 通过财政国库向所属某市财政拨付一般公共预算资金共计 22 万元。其中，属于向该市财政拨付的均衡性转移支付资金 15 万元，适用预算科目为“转移性支出——一般性转移支付——均衡性转移支付支出”；属于向该市财政拨付的专项用于节能环保方面的资金 7 万元，适用预算科目为“转移性支出——专项转移支付——节能环保”。

② 通过财政直接支付的方式，为所属某市财政支付一笔政府性基金预算资金 12 万元，适用预算科目为“转移性支出——政府性基金转移支付——政府性基金补助支出”。

③ 按财政管理体制规定通过财政国库向中央财政上解款项共计 7 万元，具体为体制上解款项，适用预算科目为“转移性支出——上解支出——体制上解支出”。

④ 与所属某市财政进行年终结算，应给予所属该市财政结算补助款项 8 万元，适用预算科目为“转移性支出——一般性转移支付——结算补助支出”。

⑤ 年终发生公共财政超收，决定安排预算稳定调节基金 5 万元。

三、要求：根据以上经济业务，为该省财政总预算会计编制有关的会计分录。

练习五

一、目的：练习债务还本支出和债务转贷支出的核算。

二、资料：某省财政发生如下经济业务。

① 通过财政国库偿还本级政府财政承担的省政府长期债券本金共计 60 万元，包括“债务还本支出——地方政府一般债务还本支出”45 万元，“债务还本支出——地方政府专项债务还本支出”15 万元。

② 省财政将发行的地方政府一般债券向所属下级某市财政转贷 22 万元，适用预算科目为“转移性支出——债务转贷支出——地方政府一般债券转贷支出”。

③ 年终，省财政“债务还本支出”总账科目借方余额为 97 万元。其中，“地方政府一般债务还本支出”65 万元，“地方政府专项债务还本支出”32 万元，财政总预算会计将其分别转入“一般公共预算结转结余”“政府性基金预算结转结余”总账科目。

④ 年终，“债务转贷支出”总账科目借方余额为 82 万元。其中，“地方政府一般债券转贷支出”48 万元，“地方政府专项债券转贷支出”24 万元，“地方政府向国际组织借款转贷支出”10 万元，财政总预算会计将其分别转入“一般公共预算结转结余”“政府性基金预算结转结余”总账科目。

三、要求：根据以上经济业务，为该省财政总预算会计编制有关的会计分录。

第9章　财政总预算会计报表

学习目标

- 了解财政总预算会计报表的含义和分类；
- 熟悉财政总预算会计报表的编制要求；
- 熟悉财政总预算会计的结账和年终结算程序；
- 熟悉资产负债表、收入支出表、各种预算执行情况表的作用和结构；
- 掌握资产负债表、收入支出表、各种预算执行情况表的编制方法；
- 熟悉附注的作用和基本内容。

9.1　财政总预算会计报表概述

9.1.1　财政总预算会计报表的含义和分类

1. 财政总预算会计报表的含义

财政总预算会计报表是反映政府财政预算执行结果和财务状况的书面文件，它全面反映了各级政府的财务状况、预算执行情况及政府受托责任履行情况。财政总预算会计报表提供的信息不仅是各级政府财政部门了解情况、掌握政策、指导预算执行的主要基础资料，也是编制下年度预算计划的重要参考资料和依据。各级财政机关必须定期汇编财政总预算会计报表，并定期向同级人民政府和上级财政机关报告本地区预算收支的执行情况，财政部须定期向国院报告国家预算收支情况。

2. 财政总预算会计报表的分类

依据《财政总预算会计制度》，目前财政部门编制的年终报表包括资产负债表、收入支出表、一般公共预算执行情况表、政府性基金预算执行情况表、国有资本经营预算执行情况表、财政专户管理资金收支情况表、专用基金收支情况表等会计报表和附注。其中，一般公共预算执行情况表、政府性基金预算执行情况表、国有资本经营预算执行情况表属于预算执行情况表，是纳入预算管理的财政资金收支决算报表。上述这些报表及其相关附注说明需要提请同级人民代表大会审查和批准。

3. 财政总预算会计报表的编制要求

（1）报表编报的及时性

所有预算单位和各级财政总预算会计都必须在规定的期限内报出报表，以便主管部门和财政部门及时汇总、上报。一般公共预算执行情况表、政府性基金预算执行情况表、国有资本经营预算执行情况表应当按旬、月度和年度编制，财政专户管理资金收支情况表和专用基金收支情况表应当按月度和年度编制，收入支出表按月度和年度编制，资产负债表和附注应当至少按年度编制。旬报、月报的报送期限及编报内容应当根据上级政府财政具体要求和本行政区域预算管理的需要办理。

（2）报表数字的准确性

财政总预算会计应当根据《财政总预算会计制度》编制并提供真实、完整的会计报表。财政总预算会计报表的数字，必须根据核对无误的账目记录编制，做到账账相符、账表相符，以客观、准确地反映各级政府执行财政预算的情况；切实做到账表一致，不得估列代编，弄虚作假。

（3）报表口径和内容的全国统一性

财政总预算会计的各种报表要严格按照统一规定的内容、会计科目、格式、统计口径及方法编制，以保证全国统一汇总和分析。各级政府部门预算会计汇总总预算时，要做好基础工作，认真进行年终清理结算与结账，要把所属单位的报表汇集齐全，防止漏报、错报。

4. 财政总预算会计的结账和年终结算程序

财政总预算会计在编制财政总预算会计报表前要按《财政总预算会计制度》的规定办理结账和年终结算程序。

（1）按照规定进行会计结账

财政总预算会计应当按月进行会计结账。具体结账方法，按照《会计基础工作规范》处理。

（2）及时进行年终清理结算

政府财政部门应当及时进行年终清理结算。年终清理结算的主要事项如下。

① 核对年度预算。预算是预算执行和办理会计结算的依据。年终前，财政总预算会计应配合预算管理部门将本级政府财政全年预算指标与上、下级政府财政总预算和本级各部门预算进行核对，及时办理预算调整和转移支付事项。本年预算调整和对下级转移支付一般截止到 11 月底；各项预算拨款，一般截止到 12 月 25 日。

② 清理本年预算收支。财政总预算会计应认真清理本年预算收入，督促征收部门和国家金库年终前如数缴库。在本年预算支领列报的款项，非特殊原因应在年终前办理完毕。同时，应清理财政专户管理资金和专用基金收支，凡属应列入本年的收入，应及时催收，并缴入国库或指定财政专户。

③ 财政总预算会计应组织征收部门和国家金库进行年度对账。

④ 清理核对当年拨款支出。财政总预算会计对本级各单位的拨款支出应与单位的拨款收入进行核对，核对无误后，属于应收回的拨款，应及时收回，并按收回数相应冲减预算支出；属于预拨下年度的经费，不得列入当年的预算支出。

⑤ 核实股权、债权和债务。财政部门内部相关资产、负债管理部门应于 12 月 20 日前向财政总预算会计提供与股权、债权、债务等核算相关的资料。财政总预算会计对股权投资、借出款项、应收股利、应收地方政府债券转贷款、应收主权外债转贷款、借入款项、应付短期政府债券、应付长期政府债券、应付地方政府债券转贷款、应付主权外债转贷款、其他负债等的余额应与相关管理部门进行核对，记录不一致的要及时查明原因，按规定调整账务，做到账实相符、账账相符。

⑥ 清理往来款项。政府财政要认真清理其他应收款、其他应付款等各种往来款项在年度终了前予以收回或归还。应转作收入或支出的各种款项，要及时转入本年有关收支账。

⑦ 进行年终财政结算。财政预算管理部门应在年终清理的基础上，于次年 1 月底前结清上、下级政府财政的转移支付收支和往来款项。财政总预算会计要按财政管理体制的规

定，根据预算数与年度预算执行过程中已补助和已上解数额，结合往来款项和借垫款项情况，计算出全年最后应补或应退数额，填制年终财政决算结算单，核对无误后应作为年终财政结算凭证，据以入账。

(3) 年终结账

政府会计主体经过年终清理和结算，把各项结算收支入账后，即可办理年终结账。年终结账工作一般分为年终转账、结清旧账和记入新账三个步骤，依次做账。

① 年终转账。计算出各账户12月份的合计数和全年累计数，并结出各账户12月末余额，编制结账前的资产负债表，再根据收支余额填制记账凭证，将收支分别转入“一般公共预算结转结余”“政府性基金预算结转结余”“国有资本经营预算结转结余”“专用基金结余”“财政专户管理资金结余”等账户。

② 结清旧账。将各个收入和支出账户的借方、贷方结出全年总计数。对年终有余额的账户在“摘要”栏内注明“结转下年”字样，表示转入新账。

③ 记入新账。根据年终转账后的总账和明细账余额编制年终资产负债表和有关明细表（不需填制记账凭证），将表中各账户余额直接记入新年度有关总账和明细账年初余额栏内，并在“摘要”栏注明“上年结转”字样，以区别新年度发生数。

决算经本级人民代表大会常务委员会（或人民代表大会）审查批准后，如需更正原报决算草案收入、支出，则要相应地调整有关账目，重新办理结账事项。

9.2 资产负债表

9.2.1 资产负债表的含义和格式

资产负债表是反映政府财政在某一特定日期财务状况的报表。在财政总预算会计中，财务状况一般是指各级政府某一特定时点的资产，以及对这些资产所主张的权利，如占有权或控制权。各级政府的财务状况，反映了该级政府的资产总量、结构及筹资渠道等状况，它是判断政府运营能力和偿债能力的依据。

资产负债表应当按照资产、负债和净资产分类、分项列示。资产负债表采用“资产=负债+净资产”的平衡等式。资产负债表的各个项目，一般按要素及其流动性的强弱、偿还的先后顺序分类排列，即按变现能力的强弱排列，资产项目分为流动资产和非流动资产；按需偿还的先后顺序排列，负债项目分为流动负债和非流动负债；净资产项目单独划分为一类。资产负债表每个栏目均设有年初余额和期末余额两个纵向数字栏，分别列示政府财政的各项资产、负债、净资产在报表编制期的年初金额和期末金额，年度资产负债表的期末余额就是年末余额。各级政府财政编制的资产负债表的格式如表9-1所示。

表9-1 资产负债表

会财政01表

编制单位： 年 月 日 单位：元

资产	年初余额	期末余额	负债和净资产	年初余额	期末余额
流动资产：			流动负债：		
国库存款			应付短期政府债券		
国库现金管理存款			应付利息		

续表

资　产	年初余额	期末余额	负债和净资产	年初余额	期末余额
其他财政存款			应付国库集中支付结余		
有价证券			与上级往来		
在途款			其他应付款		
预拨经费			应付代管资金		
借出款项			一年内到期的非流动负债		
应收股利			流动负债合计		
应收利息			非流动负债：		
与下级往来			应付长期政府债券		
其他应收款			借入款项		
流动资产合计			应付地方政府债券转贷款		
非流动资产：			应付主权外债转贷款		
应收地方政府债券转贷款			其他负债		
应收主权外债转贷款			非流动负债合计		
股权投资			负债合计		
待发国债			一般公共预算结转结余		
非流动资产合计			政府性基金预算结转结余		
			国有资本经营预算结转结余		
			财政专户管理资金结余		
			专用基金结余		
			预算稳定调节基金		
			预算周转金		
			资产基金		
			减：待偿债净资产		
			净资产合计		
资产总计			负债和净资产总计		

9.2.2　资产负债表的编制方法

资产负债表中年初余额栏的相关项目，应当根据上年末资产负债表“期末余额”栏内数字填列。如果本年度资产负债表规定的各个项目的名称和内容同上年度不相一致，应对上年末资产负债表各项目的名称和数字按照本年度的规定进行调整，然后再填入资产负债表的“年初余额”栏内。资产负债表中期末余额栏的内容和列报方法如下。

1. 资产类项目

①“国库存款”项目，反映政府财政期末存放在国库单一账户的款项金额。该项目应当根据“国库存款”科目的期末余额填列。

②“国库现金管理存款”项目，反映政府财政期末实行国库现金管理业务持有的存款金额。该项目应当根据“国库现金管理存款”科目的期末余额填列。

③“其他财政存款”项目，反映政府财政期末持有的其他财政存款金额。该项目应当根

据“其他财政存款”科目的期末余额填列。

④“有价证券”项目，反映政府财政期末持有的有价证券金额。该项目应当根据“有价证券”科目的期末余额填列。

⑤“在途款”项目，反映政府财政期末持有的在途款金额。该项目应当根据“在途款”科目的期末余额填列。

⑥“预拨经费”项目，反映政府财政期末尚未转列支出或尚待收回的预拨经费金额。该项目应当根据“预拨经费”科目的期末余额填列。

⑦“借出款项”项目，反映政府财政期末借给预算单位尚未收回的款项金额。该项目应当根据“借出款项”科目的期末余额填列。

⑧“应收股利”项目，反映政府期末尚未收回的现金股利或利润金额。该项目应当根据“应收股利”科目的期末余额填列。

⑨“应收利息”项目，反映政府财政期末尚未收回的应收利息金额。该项目应当根据“应收地方政府债券转贷款”科目和“应收主权外债转贷款”科目下“应收利息”明细科目的期末余额合计数填列。

⑩“与下级往来”项目，正数反映下级政府财政欠本级政府财政的款项金额；负数反映本级政府财政欠下级政府财政的款项金额。该项目应当根据“与下级往来”科目的期末余额填列，期末余额如为借方则以正数填列，如为贷方则以“-”号填列。

⑪“其他应收款”项目，反映政府财政期末尚未收回的其他应收款的金额。该项目应当根据“其他应收款”科目的期末余额填列。

⑫“应收地方政府债券转贷款”项目，反映政府财政期末尚未收回的地方政府债券转贷款的本金金额。该项目应当根据“应收地方政府债券转贷款”科目下“应收本金”明细科目的期末余额填列。

⑬“应收主权外债转贷款”项目，反映政府财政期末尚未收回的主权外债转贷款的本金金额。该项目应当根据“应收主权外债转贷款”科目下的“应收本金”明细科目的期末余额填列。

⑭“股权投资”项目，反映政府期末持有的股权投资的金额。该项目应当根据“股权投资”科目的期末余额填列。

⑮“待发国债”项目，反映中央政府财政期末尚未使用的国债发行额度。该项目应当根据“待发国债”科目的期末余额填列。

2. 负债类项目

①“应付短期政府债券”项目，反映政府财政期末尚未偿还的发行期限不超过1年（含1年）的政府债券的本金金额。该项目应当根据“应付短期政府债券”科目下的“应付本金”明细科目的期末余额填列。

②“应付利息”项目，反映政府财政期末尚未支付的应付利息金额。该项目应当根据“应付短期政府债券”“借入款项”“应付地方政府债券转贷款”“应付主权外债转贷款”科目下的“应付利息”明细科目期末余额，以及属于分期付息到期还本的“应付长期政府债券”的“应付利息”明细科目期末余额计算填列。

③“应付国库集中支付结余”项目，反映政府财政期末尚未支付的国库集中支付结余金额。该项目应当根据“应付国库集中支付结余”科目的期末余额填列。

④“与上级往来”项目，正数反映本级政府财政期末欠上级政府财政的款项金额，负数

反映上级政府财政欠本级政府财政的款项金额。该项目应当根据“与上级往来”科目的期末余额填列，如为借方余额则以“-”号填列。

⑤“其他应付款”项目，反映政府财政期末尚未支付的其他应付款的金额。该项目应当根据“其他应付款”科目的期末余额填列。

⑥“应付代管资金”项目，反映政府财政期末尚未支付的代管资金金额。该项目应当根据“应付代管资金”科目的期末余额填列。

⑦“一年内到期的非流动负债”项目，反映政府财政期末承担的 1 年以内（含 1 年）到期偿还的非流动负债。该项目应当根据“应付长期政府债券”“借入款项”“应付地方政府债券转贷款”“应付主权外债转贷款”“其他负债”等科目的期末余额及债务管理部门提供的资料分析填列。

⑧“应付长期政府债券”项目，反映政府财政期末承担的偿还期限超过 1 年的长期政府债券的本金金额及到期一次还本付息的长期政府债券的应付利息金额。该项目应当根据“应付长期政府债券”科目的期末余额分析填列。

⑨“应付地方政府债券转贷款”项目，反映政府财政期末承担的偿还期限超过 1 年的地方政府债券转贷款的本金金额。该项目应当根据“应付地方政府债券转贷款”科目下“应付本金”明细科目的期末余额分析填列。

⑩“应付主权外债转贷款”项目，反映政府财政期末承担的偿还期限超过 1 年的主权外债转贷款的本金金额。该项目应当根据“应付主权外债转贷款”科目下“应付本金”明细科目的期末余额分析填列。

⑪“借入款项”项目，反映政府财政期末承担的偿还期限超过 1 年的借入款项的本金金额。该项目应当根据“借入款项”科目下“应付本金”明细科目的期末余额分析填列。

⑫“其他负债”项目，反映政府财政期末承担的偿还期限超过 1 年的其他负债金额。该项目应当根据“其他负债”科目的期末余额分析填列。

3. 净资产类项目

①“一般公共预算结转结余”项目，反映政府财政期末滚存的一般公共预算结转结余金额。该项目应当根据“一般公共预算结转结余”科目的期末余额填列。

②“政府性基金预算结转结余”项目，反映政府财政期末滚存的政府性基金预算结转结余金额。该项目应当根据“政府性基金预算结转结余”科目的期末余额填列。

③“国有资本经营预算结转结余”项目，反映政府财政期末滚存的国有资本经营预算结转结余金额。该项目应当根据“国有资本经营预算结转结余”科目的期末余额填列。

④“财政专户管理资金结余”项目，反映政府财政期末滚存的财政专户管理资金结余金额。该项目应当根据“财政专户管理资金结余”科目的期末余额填列。

⑤“专用基金结余”项目，反映政府财政期末滚存的专用基金结余金额。该项目应当根据“专用基金结余”科目的期末余额填列。

⑥“预算稳定调节基金”项目，反映政府财政期末预算稳定调节基金的余额。该项目应当根据“预算稳定调节基金”科目的期末余额填列。

⑦“预算周转金”项目，反映政府财政期末预算周转金的余额。该项目应当根据“预算周转金”科目的期末余额填列。

⑧“资产基金”项目，反映政府财政期末持有的应收地方政府债券转贷款、应收主权外债转贷款、股权投资和应收股利等资产在净资产中占用的金额。该项目应当根据“资产基

金”科目的期末余额填列。

⑨“待偿债净资产”项目，反映政府财政期末因承担应付短期政府债券、应付长期政府债券、借入款项、应付地方政府债券转贷款、应付主权外债转贷款、其他负债等相应需要在净资产中冲减的金额，该项目应当根据“待偿债净资产”科目的期末借方余额以“-”号填列。

9.3 收入支出表

9.3.1 收入支出表的含义和格式

收入支出表是反映政府财政在某一会计期间各类财政资金收支结余情况的报表。该表既反映了各级政府占有或控制的财政资金的来源、形成的渠道及分配、使用情况，也反映了财政资金的收支总量、结构及结余情况。

收入支出表根据资金性质按照收入、支出、结转结余的构成分类、分项列示。该表以矩阵的形式列示相关内容，列示收入的来源及支出的用途，并按照资金性质划分类别（一般公共预算、政府性基金预算、国有资本经营预算、财政专户管理资金、专用基金），分别列示不同性质的会计事项对收入、支出和结余的影响，提供不同性质资金的收支总量及其结构信息。

收入支出表中的金额，应当根据有关收入、支出与结转结余账户的本期发生额计算填列。各级政府财政编制的收入支出表的格式如表 9-2 所示。

表 9-2 收入支出表

会财政 02 表

编制单位： 年 月 日 单位：元

项 目	一般公共预算		政府性基金预算		国有资本经营预算		财政专户管理资金		专用基金	
	本月数	本年累计数	本月数	本年累计数	本月数	本年累计数	本月数	本年累计数	本月数	本年累计数
年初结转结余										
收入合计										
本级收入										
其中：来自预算安排的收入	—	—	—	—	—	—	—	—		
补助收入					—	—	—	—	—	—
上解收入					—	—	—	—	—	—
地区间援助收入			—	—	—	—	—	—	—	—
债务收入					—	—	—	—	—	—
债务转贷收入					—	—	—	—	—	—
动用预算稳定调节基金			—	—	—	—	—	—	—	—
调入资金					—	—	—	—	—	—
支出合计										
本级支出										

续表

项目	一般公共预算		政府性基金预算		国有资本经营预算		财政专户管理资金		专用基金	
	本月数	本年累计数	本月数	本年累计数	本月数	本年累计数	本月数	本年累计数	本月数	本年累计数
其中：权责发生制列支							—	—	—	—
预算安排专用基金的支出			—	—	—	—	—	—	—	—
补助支出					—	—	—	—	—	—
上解支出					—	—	—	—	—	—
地区间援助支出			—	—	—	—	—	—	—	—
债务还本支出					—	—	—	—	—	—
债务转贷支出					—	—	—	—	—	—
安排预算稳定调节基金			—	—	—	—	—	—	—	—
调出资金							—	—	—	—
结余转出			—	—	—	—	—	—	—	—
其中：增设预算周转金			—	—	—	—	—	—	—	—
年末结转结余										

注：表中有“—”的部分不必填列。

9.3.2 收入支出表的编制方法

收入支出表“本月数”栏反映各项目的本月实际发生数，“本年累计数”栏反映各项目自年初起至报告期末止的累计实际发生数。在编制年度收入支出表时，应将“本月数”栏改为“上年数”栏，反映上年度各项目的实际发生数，将“本年累计数”栏改为“本年数”。如果本年度收入支出表规定的各个项目的名称和内容同上年度不一致，应对上年度收入支出表各项目的名称和数字按照本年度的规定进行调整，填入本年度收入支出表的“上年数”栏。

收入支出表“本月数”栏各项目的内容和填列方法如下。

1. 年初结转结余项目

“年初结转结余”项目，反映政府财政本年初各类资金结转结余金额。其中，一般公共预算的“年初结转结余”应当根据“一般公共预算结转结余”科目的年初余额填列；政府性基金预算的“年初结转结余”应当根据“政府性基金预算结转结余”科目的年初余额填列；国有资本经营预算的“年初结转结余”应当根据“国有资本经营预算结转结余”科目的年初余额填列；财政专户管理资金的“年初结转结余”应当根据“财政专户管理资金结余”科目的年初余额填列；专用基金的“年初结转结余”应当根据“专用基金结余”科目的年初余额填列。

2. 收入类项目

①“收入合计”项目，反映政府财政本期取得的各类资金的收入合计金额。其中，一般公共预算的“收入合计”应当根据属于一般公共预算的“本级收入”“补助收入”“上解收入”“地区间援助收入”“债务收入”“债务转贷收入”“动用预算稳定调节基金”“调入资金”各行项目金额的合计填列；政府性基金预算的“收入合计”应当根据属于政府性基金预算的“本级收入”“补助收入”“上解收入”“债务收入”“债务转贷收入”“调入资金”

各行项目金额的合计填列；国有资本经营预算的“收入合计”应当根据属于国有资本经营预算的“本级收入”项目的金额填列；财政专户管理资金的“收入合计”应当根据属于财政专户管理资金的“本级收入”科目的金额填列；专用基金的“收入合计”应当根据属于专用基金的“本级收入”项目的金额填列。

②“本级收入”项目，反映政府财政本期取得的各类资金的本级收入金额。其中，一般公共预算的“本级收入”应当根据“一般公共预算本级收入”科目的本期发生额填列；政府性基金预算的“本级收入”应当根据“政府性基金预算本级收入”科目的本期发生额填列；国有资本经营预算的“本级收入”应当根据“国有资本经营预算本级收入”科目的本期发生额填列；财政专户管理资金的“本级收入”应当根据“财政专户管理资金收入”科目的本期发生额填列；专用基金的“本级收入”应当根据“专用基金收入”科目的本期发生额填列。

③“补助收入”项目，反映政府财政本期取得的各类资金的补助收入金额。其中，一般公共预算的“补助收入”应当根据“补助收入”科目下的“一般公共预算补助收入”明细科目的本期发生额填列；政府性基金预算的“补助收入”应当根据“补助收入”科目下的“政府性基金预算补助收入”明细科目的本期发生额填列。

④“上解收入”项目，反映政府财政本期取得的各类资金的上解收入金额。其中，一般公共预算的“上解收入”应当根据“上解收入”科目下的“一般公共预算上解收入”明细科目的本期发生额填列；政府性基金预算的“上解收入”应当根据“上解收入”科目下的“政府性基金预算上解收入”明细科目的本期发生额填列。

⑤“地区间援助收入”项目，反映政府财政本期取得的地区间援助收入金额。该项目应当根据“地区间援助收入”科目的本期发生额填列。

⑥“债务收入”项目，反映政府财政本期取得的债务收入金额。其中，一般公共预算的“债务收入”应当根据“债务收入”科目下除“专项债务收入”以外的其他明细科目的本期发生额填列；政府性基金预算的“债务收入”应当根据“债务收入”科目下的“专项债务收入”明细科目的本期发生额填列。

⑦“债务转贷收入”项目，反映政府财政本期取得的债务转贷收入金额。其中，一般公共预算的“债务转贷收入”应当根据“债务转贷收入”科目下“地方政府一般债务转贷收入”明细科目的本期发生额填列；政府性基金预算的“债务转贷收入”应当根据“债务转贷收入”科目下的“地方政府专项债务转贷收入”明细科目的本期发生额填列。

⑧“动用预算稳定调节基金”项目，反映政府财政本期调用的预算稳定调节基金金额。该项目应当根据“动用预算稳定调节基金”科目的本期发生额填列。

⑨“调入资金”项目，反映政府财政本期取得的调入资金金额。其中，一般公共预算的“调入资金”应当根据“调入资金”科目下“一般公共预算调入资金”明细科目的本期发生额填列；政府性基金预算的“调入资金”应当根据“调入资金”科目下“政府性基金预算调入资金”明细科目的本期发生额填列。

3. 支出类项目

①“支出合计”项目，反映政府财政本期发生的各类资金的支出合计金额。其中，一般公共预算的“支出合计”应当根据属于一般公共预算的“本级支出”“补助支出”“上解支出”“地区间援助支出”“债务还本支出”“债务转贷支出”“安排预算稳定调节基金”“调出资金”各行项目金额的合计填列；政府性基金预算的“支出合计”应当根据属于政府性

基金预算的“本级支出”“补助支出”“上解支出”“债务还本支出”“债务转贷支出”“调出资金”各行项目金额的合计填列；国有资本经营预算的“支出合计”应当根据属于国有资本经营预算的“本级支出”和“调出资金”项目金额的合计填列；财政专户管理资金的“支出合计”应当根据属于财政专户管理资金的“本级支出”项目的金额填列；专用基金的“支出合计”应当根据属于专用基金的“本级支出”项目的金额填列。

②“补助支出”项目，反映政府财政本期发生的各类资金的补助支出金额。其中，一般公共预算的“补助支出”应当根据“补助支出”科目下的“一般公共预算补助支出”明细科目的本期发生额填列；政府性基金预算的“补助支出”应当根据“补助支出”科目下的“政府性基金预算补助支出”明细科目的本期发生额填列。

③“上解支出”项目，反映政府财政本期发生的各类资金的上解支出金额。其中，一般公共预算的“上解支出”应当根据“上解支出”科目下的“一般公共预算上解支出”明细科目的本期发生额填列；政府性基金预算的“上解支出”应当根据“上解支出”科目下的“政府性基金预算上解支出”明细科目的本期发生额填列。

④“地区间援助支出”项目，反映政府财政本期发生的地区间援助支出金额。该项目应当根据“地区间援助支出”科目的本期发生额填列。

⑤“债务还本支出”项目，反映政府财政本期发生的债务还本支出金额。其中，一般公共预算的“债务还本支出”应当根据“债务还本支出”科目下除“专项债务还本支出”以外的其他明细科目的本期发生额填列；政府性基金预算的“债务还本支出”应当根据“债务还本支出”科目下的“专项债务还本支出”明细科目的本期发生额填列。

⑥“债务转贷支出”项目，反映政府财政本期发生的债务转贷支出金额。其中，一般公共预算的“债务转贷支出”应当根据“债务转贷支出”科目下“地方政府一般债务转贷支出”明细科目的本期发生额填列；政府性基金预算的“债务转贷支出”应当根据“债务转贷支出”科目下的“地方政府专项债务转贷支出”明细科目的本期发生额填列。

⑦“安排预算稳定调节基金”项目，反映政府财政本期安排的预算稳定调节基金金额。该项目根据“安排预算稳定调节基金”科目的本期发生额填列。

⑧“调出资金”项目，反映政府财政本期发生的各类资金的调出资金金额。其中，一般公共预算的“调出资金”应当根据“调出资金”科目下“一般公共预算调出资金”明细科目的本期发生额填列；政府性基金预算的“调出资金”应当根据“调出资金”科目下“政府性基金预算调出资金”明细科目的本期发生额填列；国有资本经营预算的“调出资金”应当根据“调出资金”科目下“国有资本经营预算调出资金”明细科目的本期发生额填列。

⑨“增设预算周转金”项目，反映政府财政本期设置和补充预算周转金的金额。该项目应当根据“预算周转金”科目的本期贷方发生额填列。

4. 年末结转结余项目

“年末结转结余”项目，反映政府财政本年末的各类资金的结转结余金额。其中，一般公共预算的“年末结转结余”应当根据“一般公共预算结转结余”科目的年末余额填列；政府性基金预算的“年末结转结余”应当根据“政府性基金预算结转结余”科目的年末余额填列；国有资本经营预算的“年末结转结余”应当根据“国有资本经营预算结转结余”科目的年末余额填列；财政专户管理资金的“年末结转结余”应当根据“财政专户管理资金结余”科目的年末余额填列；专用基金的“年末结转结余”应当根据“专用基金结余”科目的年末余额填列。

9.4 预算执行情况表和资金收支情况表

9.4.1 一般公共预算执行情况表

一般公共预算执行情况表是反映政府财政在某一会计期间一般公共预算收支执行结果的报表，它是各级财政收支决算的主体表。该表应当按照《政府收支分类科目》中一般公共预算收支科目列示。一般公共预算执行情况表的格式如表9-3所示。

表9-3 一般公共预算执行情况表 会财政03-1表

编制单位： 年 月 旬 单位：元

项 目	本月（旬）数	本年（月）累计数
一般公共预算本级收入		
101 税收收入		
10101 增值税		
1010101 国内增值税		
101010101 国有企业增值税		
⋮		
一般公共预算本级收入合计		
一般公共预算本级支出——功能分类		
201 一般公共服务支出		
20101 人大事务		
2010101 行政运行		
⋮		
一般公共预算本级支出（功能分类）合计		
一般公共预算本级支出——经济分类		
501 机关工资福利支出		
50101 工资奖金津贴补贴		
⋮		
一般公共预算本级支出（经济分类）合计		

一般公共预算执行情况表中，“一般公共预算本级收入”项目及所属各明细项目，应当根据“一般公共预算本级收入”科目及所属各明细科目的本期发生额填列。“一般公共预算本级支出”项目及所属各明细项目，应当根据“一般公共预算本级支出”科目及所属各明细科目的本期发生额填列。一般公共预算执行情况表是对收入支出表中一般公共预算本级收入和本级支出具体情况的展开，它们在金额上存在相互联系。

9.4.2 政府性基金预算执行情况表

政府性基金预算执行情况表是反映政府财政在某一会计期间政府性基金预算收支执行结果的报表。该表应当按照《政府收支分类科目》中政府性基金预算收支科目列示。政府性基金预算执行情况表的格式如表9-4所示。

表 9-4　政府性基金预算执行情况表　　会财政 03-2 表

编制单位：　　年　月　旬　　单位：元

项　目	本月（旬）数	本年（月）累计数
政府性基金预算本级收入		
10301 政府性基金收入		
1030102 农网还贷资金收入		
103010202 地方农网还贷资金收入		
⋮		
政府性基金预算本级收入合计		
政府性基金预算本级支出——功能分类		
206 科学技术支出		
20707 核电站乏燃料处理处置基金支出		
2070701 乏燃料运输		
⋮		
政府性基金预算本级支出（功能分类）合计		
政府性基金预算本级支出——经济分类		
501 机关工资福利支出		
50101 工资奖金津贴补贴		
⋮		
政府性基金预算本级支出（经济分类）合计		

政府性基金预算执行情况表中，“政府性基金预算本级收入”项目及所属各明细项目，应当根据“政府性基金预算本级收入”科目及所属各明细科目的本期发生额填列。“政府性基金预算本级支出”项目及所属各明细项目，应当根据“政府性基金预算本级支出”科目及所属各明细科目的本期发生额填列。政府性基金预算执行情况表是对收入支出表中政府性基金预算本级收入和本级支出具体情况的展开，它们在金额上存在相互联系。

9.4.3　国有资本经营预算执行情况表

国有资本经营预算执行情况表是反映政府财政在某一会计期间国有资本经营预算收支执行结果的报表。该表应当按照《政府收支分类科目》中的国有资本经营预算收支科目列示。

国有资本经营预算执行情况表的格式如表 9-5 所示。

表 9-5　国有资本经营预算执行情况表　　会财政 03-3 表

编制单位：　　年　月　旬　　单位：元

项　目	本月（旬）数	本年（月）累计数
国有资本经营预算本级收入		
10306 国有资本经营收入		
1030601 利润收入		
103060103 烟草企业利润收入		
103060104 石油石化企业利润收入		

续表

项　　目	本月（旬）数	本年（月）累计数
⋮		
国有资本经营预算本级收入合计		
国有资本经营预算本级支出——功能分类		
208 社会保障和就业支出		
20804 补充全国社会保障基金		
223 国有资本经营预算支出		
22301 解决历史遗留问题及改革成本支出		
2230101 厂办大集体改革支出		
⋮		
国有资本经营预算本级支出（功能分类）合计		
国有资本经营预算本级支出——经济分类		
501 机关工资福利支出		
50101 工资奖金津贴补贴		
⋮		
国有资本经营预算本级支出（经济分类）合计		

国有资本经营预算执行情况表中，“国有资本经营预算本级收入”项目及所属各明细项目，应当根据“国有资本经营预算本级收入”科目及所属各明细科目的本期发生额填列。“国有资本经营预算本级支出”项目及所属各明细项目，应当根据“国有资本经营预算本级支出”科目及所属各明细科目的本期发生额填列。国有资本经营预算执行情况表是对收入支出表中国有资本经营预算本级收入和本级支出具体情况的展开，它们在金额上存在相互联系。

9.4.4 财政专户管理资金收支情况表

财政专户管理资金收支情况表是反映政府财政在某一会计期间纳入财政专户管理的财政专户管理资金全部收支情况的报表。该表应当按照相关政府收支分类科目列示。财政专户管理资金收支情况表的格式如表 9-6 所示。

表 9-6　财政专户管理资金收支情况表　　　　会财政 04 表

编制单位：　　　　年　　月　　　　单位：元

项　　目	本月数	本年累计数
财政专户管理资金收入		
教育收费：		
103040171 公安行政事业性收费收入——教育收费		
103040271 法院行政事业性收费收入——教育收费		
103040371 司法行政事业性收费收入——教育收费		
103040471 外交行政事业性收费收入——教育收费		
⋮		

续表

项　　目	本月数	本年累计数
财政专户管理资金收入合计		
财政专户管理资金支出		
教育收费：		
205 教育支出		
20502 普通教育		
2050204 高中教育		
2050205 高等教育		
⋮		
财政专户管理资金支出合计		

财政专户管理资金收支情况表中，“财政专户管理资金收入”项目及所属各明细项目，应当根据“财政专户管理资金收入”科目及所属各明细科目的本期发生额填列。“财政专户管理资金支出”项目及所属各明细项目，应当根据“财政专户管理资金支出”科目及所属各明细科目的本期发生额填列。财政专户管理资金收支情况表是对收入支出表中财政专户管理资金本级收入和本级支出具体情况的展开，它们在金额上存在相互联系。

9.4.5 专用基金收支情况表

专用基金收支情况表是反映政府财政在某一会计期间专用基金全部收支情况的报表。该表应当按照不同类型的专用基金分别列示。专用基金收支情况表的格式如表 9-7 所示。

表 9-7　专用基金收支情况表　　会财政 05 表

编制单位：　　年　　月　　单位：元

项　　目	本月数	本年累计数
专用基金收入		
粮食风险基金		
⋮		
专用基金收入合计		
专用基金支出		
粮食风险基金		
⋮		
专用基金支出合计		

专用基金收支情况表中，“专用基金收入”项目及所属各明细项目，应当根据“专用基金收入”科目及所属各明细科目的本期发生额填列。“专用基金支出”项目及所属各明细项目，应当根据“专用基金支出”科目及所属各明细科目的本期发生额填列。专用基金收支情况表是对收入支出表中专用基金本级收入和本级支出具体情况的展开，它们在金额上存在相互联系。

9.5 财政总预算会计报表附注

财政总预算会计报表附注是在保持报表正文简练的基础上，对报表信息的进一步说明、补充或解释，以提高会计报表的有用性。对报表有关项目需要做解释的，可附于报告中，称为报表附注。会计报表“表内”以数字为主，“表外”附注以文字注释为主，侧重文字说明，两者相互配合。

报表附注是为了便于财务报表使用者理解财务报表的内容而对财务报表的编制基础、编制依据、编制原则和方法及主要项目等所做的解释。

根据《财政总预算会计制度》的规定，财政总预算会计报表附注应当至少披露以下内容：

① 遵循《财政总预算会计制度》的声明；

② 本级政府财政预算执行情况和财政状况的说明；

③ 会计报表中列示的重要项目的进一步说明，包括其主要构成、增减变动情况等；

④ 或有负债的说明；

⑤ 有助于理解和分析会计报表的其他需要说明的事项。

思 考 题

1. 什么是财政总预算会计报表？财政总预算会计报表主要包括哪些种类？
2. 什么是一般公共预算执行情况表？财政总预算会计应当如何编制一般公共预算执行情况表？
3. 什么是政府性基金预算执行情况表？财政总预算会计应当如何编制政府性基金预算执行情况表？
4. 什么是国有资本经营预算执行情况表？财政总预算会计应当如何编制国有资本经营预算执行情况表？
5. 什么是财政专户管理资金收支情况表？财政总预算会计应当如何编制财政专户管理资金收支情况表？
6. 什么是专用基金收支情况表？财政总预算会计应当如何编制专用基金收支情况表？
7. 什么是收入支出表？财政总预算会计应当如何编制收入支出表？
8. 什么是资产负债表？财政总预算会计应当如何编制资产负债表？
9. 什么是财政总预算会计报表附注？报表附注应披露哪些内容？

第 3 篇

行政事业单位会计

第 10 章　行政事业单位会计概述

学习目标

- 熟悉行政事业单位的含义和种类；
- 熟悉行政事业单位会计核算的特点；
- 熟悉行政事业单位会计核算设置的科目。

10.1　行政事业单位的含义和种类

10.1.1　行政单位的含义及其种类

行政单位是指进行国家行政管理、组织经济建设和文化建设、维护社会公共秩序的单位，主要包括国家权力机关、行政机关、司法机关，以及实行预算管理的其他机关、政党组织等。行政单位承担着经济调节、市场监管、社会管理、公共服务等职能，都属于政府的预算部门，它们开展业务活动所需的资金主要由财政预算安排。

一般行政单位泛指各级各类国家机关和政党组织，具体如下。

1. 各级人民代表大会及其常务委员会机关

各级人民代表大会及其常务委员会机关包括全国人民代表大会及其常务委员会、各级地方人民代表大会及其常务委员会等，属于国家立法机关。

2. 各级人民政府及其所属工作机构

各级人民政府及其所属工作机构包括中央人民政府、地方各级人民政府等，还包括国务院所属各部门，如外交部、国防部、国家发展和改革委员会、教育部、科学技术部、工业和信息化部、公安部、民政部、财政部、人力资源和社会保障部等；地方各级人民政府所属各部门包括的相关部门与国务院层面设置的部门类似，如省财政厅、省公安厅、市财政局、市公安局等。各级人民政府及其所属工作机构通常也称行政机关，属于国家执法机关。

3. 中国人民政治协商会议各级委员会机关

中国人民政治协商会议各级委员会机关包括中国人民政治协商会议全国委员会、中国人民政治协商会议各级地方委员会等，属于国家政治协商机关。

4. 各级审判机关

各级审判机关包括最高人民法院、地方各级人民法院等，属于国家司法机关。

5. 各级检察机关

各级检察机关包括最高人民检察院、地方各级人民检察院等，是国家的法律监督机关。

6. 中国共产党各级机关

中国共产党各级机关包括中国共产党中央委员会、中国共产党各级地方委员会等。中国共产党是我国的执政党，发挥总揽全局、协调各方的领导核心作用。

7. 各民主党派和工商联的各级机关等

各民主党派和工商联的各级机关等也属于行政单位。

10.1.2 事业单位的含义及其种类

行政事业单位会计核算的特点和任务

事业单位是指由政府利用国有资产设立的，从事教育、科技、文化、卫生等活动的社会服务组织，泛指由政府举办的各级各类向社会提供公益服务的组织。

事业单位的主要特点是具有公益属性，即事业单位不具有行政职能，不从事社会管理工作，从而区别于行政单位；事业单位不以营利为目的，不从事生产经营活动，从而区别于营利性企业；事业单位以成本或者低于成本的价格向社会公众提供公益性服务，所需资金部分来源于财政补助，部分来源于公益性服务收费。除此之外，事业单位一般都由政府举办，其开展业务活动所需资金纳入政府预算。

10.2 行政事业单位会计科目

行政事业单位会计科目是对行政事业单位会计要素所做的进一步分类，它是行政事业单位会计设置账户、核算和归集经济业务的依据，也是汇总和检查行政事业单位资金活动情况及其结果的依据。按照行政事业单位会计要素的类别，行政事业单位会计科目中，财务会计要素的科目分为资产、负债、净资产、收入和费用五类会计科目，预算会计要素的科目分为预算收入、预算支出和预算结余三类会计科目。根据现行《政府会计制度——行政事业单位会计科目和报表》的规定，各级各类行政事业单位统一适用的会计科目如表 10-1 所示。

表 10-1 行政事业单位会计科目

科目编号	科目名称	科目核算内容
一、财务会计科目		
（一）资产类		
1001	库存现金	单位的库存现金
1002	银行存款	单位存入银行或者其他金融机构的各种存款
1011	零余额账户用款额度	实行国库集中支付的单位根据财政部门批复的用款计划收到和支用的零余额账户用款额度
1021	其他货币资金	单位的外埠存款、银行本票存款、银行汇票存款、信用卡存款等各种其他货币资金
1101	短期投资	事业单位按照规定取得的，持有时间不超过 1 年（含 1 年）的投资
1201	财政应返还额度	实行国库集中支付的单位应收财政返还的资金额度，包括可以使用的以前年度财政直接支付资金额度和财政应返还的财政授权支付资金额度
1211	应收票据	事业单位因开展经营活动销售产品、提供有偿服务等而收到的商业汇票，包括银行承兑汇票和商业承兑汇票

续表

科目编号	科目名称	科目核算内容
1212	应收账款	事业单位提供服务、销售产品等应收取的款项，以及单位因出租资产、出售物资等应收取的款项
1214	预付账款	单位按照购货、服务合同或协议规定预付给供应单位（或个人）的款项，以及按照合同规定向承包工程的施工企业预付的备料款和工程款
1215	应收股利	事业单位持有长期股权投资应当收取的现金股利或应当分得的利润
1216	应收利息	事业单位长期债券投资应当收取的利息
1218	其他应收款	单位除财政应返还额度、应收票据、应收账款、预付账款、应收股利、应收利息以外的其他各项应收及暂付款项
1219	坏账准备	事业单位对收回后不需上缴财政的应收账款和其他应收款提取的坏账准备
1301	在途物品	单位采购材料等物资时货款已付或已开出商业汇票但尚未验收入库的在途物品的采购成本
1302	库存物品	单位在开展业务活动及其他活动中为耗用或出售而储存的各种材料、产品、包装物、低值易耗品，以及达不到固定资产标准的用具、装具、动植物等的成本
1303	加工物品	单位自制或委托外单位加工的各种物品的实际成本
1401	待摊费用	单位已经支付，但应当由本期和以后各期分别负担的分摊期在 1 年以内（含 1 年）的各项费用
1501	长期股权投资	事业单位按照规定取得的，持有时间超过 1 年（不含 1 年）的股权性质的投资
1502	长期债券投资	事业单位按照规定取得的，持有时间超过 1 年（不含 1 年）的债券投资
1601	固定资产	单位固定资产的原值
1602	固定资产累计折旧	单位计提的固定资产累计折旧
1611	工程物资	单位为在建工程准备的各种物资的成本，包括工程用材料、设备等
1613	在建工程	单位在建的建设项目工程的实际成本
1701	无形资产	单位无形资产的原值
1702	无形资产累计摊销	单位对使用年限有限的无形资产计提的累计摊销
1703	研发支出	单位自行研究开发项目研究阶段和开发阶段发生的各项支出
1801	公共基础设施	单位控制的公共基础设施的原值
1802	公共基础设施累计折旧（摊销）	单位计提的公共基础设施累计折旧和累计摊销
1811	政府储备物资	单位控制的政府储备物资的成本
1821	文物文化资产	单位为满足社会公共需求而控制的文物文化资产的成本
1831	保障性住房	单位为满足社会公共需求而控制的保障性住房的原值
1832	保障性住房累计折旧	单位计提的保障性住房的累计折旧

续表

科目编号	科目名称	科目核算内容
1891	受托代理资产	单位接受委托方委托管理的各项资产，包括受托指定转赠的物资、受托存储保管的物资等的成本
1901	长期待摊费用	单位已经支出，但应由本期和以后各期负担的分摊期在1年以上（不含1年）的各项费用
1902	待处理财产损溢	单位在资产清查过程中查明的各种资产盘盈、盘亏和报废、毁损的价值
（二）负债类		
2001	短期借款	事业单位经批准向银行或其他金融机构等借入的期限在1年以内（含1年）的各种借款
2101	应交增值税	单位按照税法规定计算应缴纳的增值税
2102	其他应交税费	单位按照税法等规定计算应缴纳的除增值税以外的各种税费
2103	应缴财政款	单位取得或应收的按照规定应当上缴财政的款项，包括应缴国库的款项和应缴财政专户的款项
2201	应付职工薪酬	单位按照有关规定应付给职工（含长期聘用人员）及为职工支付的各种薪酬
2301	应付票据	事业单位因购买材料、物资等而开出、承兑的商业汇票，包括银行承兑汇票和商业承兑汇票
2302	应付账款	单位因购买物资、接受服务、开展工程建设等而应付的偿还期限在1年以内（含1年）的款项
2303	应付政府补贴款	负责发放政府补贴的行政单位，按照规定应当支付给政府补贴接受者的各种政府补贴款
2304	应付利息	事业单位按照合同约定应支付的借款利息，包括短期借款、分期付息到期还本的长期借款等应支付的利息
2305	预收账款	事业单位预先收取但尚未结算的款项
2307	其他应付款	单位除应交增值税、其他应交税费、应缴财政款、应付职工薪酬、应付票据、应付账款、应付政府补贴款、应付利息、预收账款以外，其他各项偿还期限在1年以内（含1年）的应付及暂收款项
2401	预提费用	单位预先提取的已经发生但尚未支付的费用，如预提租金费用等
2501	长期借款	事业单位经批准向银行或其他金融机构等借入的期限超过1年（不含1年）的各种借款本息
2502	长期应付款	单位发生的偿还期限超过1年（不含1年）的应付款项，如以融资租赁方式取得固定资产应付的租赁费等
2601	预计负债	单位对因或有事项所产生的现时义务而确认的负债，如对未决诉讼等确认的负债
2901	受托代理负债	单位接受委托取得受托代理资产时形成的负债

续表

科目编号	科目名称	科目核算内容
（三）净资产类		
3001	累计盈余	单位历年实现的盈余扣除盈余分配后滚存的金额，以及因无偿调入调出资产产生的净资产变动额
3101	专用基金	事业单位按照规定提取或设置的具有专门用途的净资产，主要包括职工福利基金、科技成果转换基金等
3201	权益法调整	事业单位持有的长期股权投资采用权益法核算时，按照被投资单位除净损益和利润分配以外的所有者权益变动份额调整长期股权投资账面余额而计入净资产的金额
3301	本期盈余	单位本期各项收入、费用相抵后的余额
3302	本年盈余分配	单位本年度盈余分配的情况和结果
3401	无偿调拨净资产	单位无偿调入或调出非现金资产所引起的净资产变动金额
3501	以前年度盈余调整	单位本年度发生的调整以前年度盈余的事项，包括本年度发生的重要前期差错更正涉及调整以前年度盈余的事项
（四）收入类		
4001	财政拨款收入	单位从同级政府财政部门取得的各类财政拨款
4101	事业收入	事业单位开展专业业务活动及其辅助活动实现的收入，不包括从同级政府财政部门取得的各类财政拨款
4201	上级补助收入	事业单位从主管部门和上级单位取得的非财政拨款收入
4301	附属单位上缴收入	事业单位取得的附属独立核算单位按照有关规定上缴的收入
4401	经营收入	事业单位在专业业务活动及其辅助活动之外开展非独立核算经营活动取得的收入
4601	非同级财政拨款收入	单位从非同级政府财政部门取得的经费拨款，包括从同级政府其他部门取得的横向转拨财政款、从上级或下级政府财政部门取得的经费拨款等
4602	投资收益	事业单位股权投资和债券投资所实现的收益或发生的损失
4603	捐赠收入	单位接受其他单位或者个人捐赠取得的收入
4604	利息收入	单位取得的银行存款利息收入
4605	租金收入	单位经批准利用国有资产出租取得并按照规定纳入本单位预算管理的租金收入
4609	其他收入	单位取得的除财政拨款收入、事业收入、上级补助收入、附属单位上缴收入、经营收入、非同级财政拨款收入、投资收益、捐赠收入、利息收入、租金收入以外的各项收入
（五）费用类		
5001	业务活动费用	单位为实现其职能目标，依法履职或开展专业业务活动及其辅助活动所发生的各项费用
5101	单位管理费用	事业单位本级行政及后勤管理部门开展管理活动发生的各项费用

续表

科目编号	科目名称	科目核算内容
5201	经营费用	事业单位在专业业务活动及其辅助活动之外开展非独立核算经营活动发生的各项费用
5301	资产处置费用	单位经批准处置资产时发生的费用，包括转销的被处置资产价值，以及在处置过程中发生的相关费用或者处置收入小于相关费用形成的净支出
5401	上缴上级费用	事业单位按照财政部门和主管部门的规定上缴上级单位款项发生的费用
5501	对附属单位补助费用	事业单位用财政拨款收入之外的收入对附属单位补助发生的费用
5801	所得税费用	有企业所得税缴纳义务的事业单位按规定缴纳企业所得税所形成的费用
5901	其他费用	单位发生的除业务活动费用、单位管理费用、经营费用、资产处置费用、上缴上级费用、附属单位补助费用、所得税费用以外的各项费用
二、预算会计科目		
（一）预算收入类		
6001	财政拨款预算收入	单位从同级政府财政部门取得的各类财政拨款
6101	事业预算收入	事业单位开展专业业务活动及其辅助活动取得的现金流入
6201	上级补助预算收入	事业单位从主管部门和上级单位取得的非财政补助现金流入
6301	附属单位上缴预算收入	事业单位取得附属独立核算单位根据有关规定上缴的现金流入
6401	经营预算收入	事业单位在专业业务活动及其辅助活动之外开展非独立核算经营活动取得的现金流入
6501	债务预算收入	事业单位按照规定从银行和其他金融机构等借入的、纳入部门预算管理的、不以财政资金作为偿还来源的债务本金
6601	非同级财政拨款预算收入	单位从非同级政府财政部门取得的财政拨款，包括本级横向转拨财政款和非本级财政拨款
6602	投资预算收益	事业单位取得的按照规定纳入部门预算管理的属于投资收益的现金流入，包括股权投资收益、出售或收回债券投资所取得的收益和债券投资利息收入
6609	其他预算收入	单位除财政拨款预算收入、事业预算收入、上级补助预算收入、单位上缴预算收入、经营预算收入、债务预算收入、非同级财政拨款预算收入、投资预算收益之外的纳入部门预算管理的现金流入
（二）预算支出类		
7101	行政支出	行政单位履行其职责实际发生的各项现金流出
7201	事业支出	事业单位开展专业业务活动及其辅助活动实际发生的各项流出
7301	经营支出	事业单位在专业业务活动及其辅助活动之外开展非独立核算经营活动实际发生的各项现金流出
7401	上缴上级支出	事业单位按照财政部门和主管部门的规定上缴上级单位款项发生的现金流出

续表

科目编号	科目名称	科目核算内容
7501	对附属单位补助支出	事业单位用财政拨款预算收入之外的收入对附属单位补助发生的现金流出
7601	投资支出	事业单位以货币资金对外投资发生的现金流出
7701	债务还本支出	事业单位偿还自身承担的纳入预算管理的从金融机构举借的债务本金的现金流出
7901	其他支出	单位除行政支出、事业支出、经营支出、上缴上级支出、对附属单位补助支出、投资支出、债务还本支出以外的各项现金流出
（三）预算结余类		
8001	资金结存	单位纳入部门预算管理的资金的流入、流出、调整和滚存等情况
8101	财政拨款结转	单位取得的同级财政拨款结转资金的调整、结转和滚存情况
8102	财政拨款结余	单位取得的同级财政拨款项目支出结余资金的调整、结转和滚存情况
8201	非财政拨款结转	单位除财政拨款收支、经营收支以外各非同级财政拨款专项资金的调整、结转和滚存情况
8202	非财政拨款结余	单位历年滚存的非限定用途的非同级财政拨款结余资金，主要为非财政拨款结余扣除结余分配后滚存的金额
8301	专用结余	事业单位按照规定从非财政拨款结余中提取的具有专门用途的资金的变动和滚存情况
8401	经营结余	事业单位本年度经营活动收支相抵后余额弥补以前年度经营亏损后的余额
8501	其他结余	单位本年度除财政拨款收支、非同级财政专项资金收支和经营收支以外各项收支相抵后的余额
8701	非财政拨款结余分配	事业单位本年度非财政拨款结余分配的情况和结果

思 考 题

1. 什么是行政单位？具体包括哪些单位？什么是事业单位？具体包括哪些单位？
2. 行政事业单位会计的含义是什么？特点包括哪些方面？
3. 行政事业单位会计的任务包括哪些方面？
4. 行政事业单位会计科目分为哪两大类？各大类下再分为哪几类？
5. 行政事业单位财务会计科目和预算会计科目的核算基础有什么不同？

第 11 章　行政事业单位的资产

学习目标

- 熟悉行政事业单位的资产的含义和分类；
- 理解行政事业单位的流动资产的含义和分类；
- 掌握行政事业单位的流动资产的财务会计和预算会计的核算；
- 理解行政事业单位的非流动资产的含义和分类；
- 掌握行政事业单位的非流动资产的财务会计和预算会计的核算。

行政事业单位的资产是指行政事业单位占有、使用或者控制的，能以货币计量的经济资源。行政事业单位对符合资产定义及确认条件的经济资源，应在取得对其相关的权利且能够可靠地进行货币计量时进行确认。行政事业单位资产的计量属性主要包括历史成本、重置成本、现值、公允价值和名义金额，在对资产进行计量时，一般采用历史成本，采用重置成本、现值、公允价值计量时，应当保证其所确定的资产金额能够持续、可靠计量。除国家另有规定外，行政事业单位不得随意调整资产的账面价值。

行政事业单位的资产按照流动性，分为流动资产和非流动资产。流动资产包括货币资金、短期投资、财政应返还额度、应收及预付款项、存货等；非流动资产包括长期投资、固定资产、在建工程、无形资产、公共基础设施、政府储备物资、文物文化资产、保障性住房和自然资源等。本章按流动资产，长期投资，固定资产和在建工程，无形资产和研发支出，公共基础设施和政府储备物资，文物文化资产和保障性住房，受托代理资产、长期待摊费用和待处理财产损溢分节介绍各项资产的含义和核算。

按照《政府会计准则》的规定，行政事业单位会计核算应具备财务会计和预算会计双重功能，实现财务会计与预算会计适度分离并相互衔接，全面清晰地反映行政事业单位财务信息和预算执行信息，因此本章及后续章节对涉及纳入部门预算管理的货币资金及财政应返还额度的相关业务，在阐述财务会计核算的同时，也将介绍预算会计核算，以便更好地理解两种会计核算的综合应用。

11.1　流动资产

流动资产是指行政事业单位占有或者使用的可以在 1 年内（含 1 年）变现或者耗用的资产，包括货币资金、财政应返还额度、应收及预付款项、短期投资、存货、待摊费用等。

11.1.1　货币资金的含义和核算

货币资金是指直接以货币形态存在的资产，根据存放地点和用途可以分为库存现金、银行存款、零余额账户用款额度和其他货币资金等种类。

财务会计体系将库存现金、银行存款、零余额账户用款额度、财政返还额度和其他货币资金作为一级科目进行核算。预算会计体系将库存现金、银行存款、零余额账户用款额度、财政返还额度和其他货币资金并作“资金结存”科目的明细科目核算，具体对应关系见表 11-1。

表 11-1 财务会计科目与预算会计科目对应关系

财务会计科目		预算会计科目			
编号	一级科目名称	编号	一级科目名称	二级科目名称	三级科目名称
1001	库存现金	8001	资金结存	货币资金	库存现金
1002	银行存款				银行存款
1011	零余额账户用款额度			零余额账户用款额度	—
1012	其他货币资金			货币资金	其他货币资金
1021	财政返还额度			财政返还额度	—
102101	财政直接支付				财政直接支付
102102	财政授权支付				财政授权支付

1. 库存现金的含义和核算

库存现金是指行政事业单位在预算执行过程中为保证日常开支需要而存放在财务部门的现金。库存现金是一种流动性最强的流动资产。行政事业单位应当严格按照国家有关现金管理的规定收支现金，并按照规定核算现金的各项收支业务。

行政事业单位应设置“库存现金”总账科目用于核算库存现金业务，该科目借方登记库存现金的收入数，贷方登记库存现金的支出数，期末借方余额反映单位实际持有的库存现金。该科目应当设置“受托代理资产”明细科目，核算单位受托代理、代管的现金。

行政事业单位应当设置“现金日记账”，由出纳人员根据收付款凭证，按照业务发生顺序逐笔登记。每日终了，应当计算当日的现金收入合计数、现金支出合计数和结余数，并将结余数与实际库存数核对，做到账款相符。

“库存现金”科目具体业务的平行账务处理涉及的会计分录如下。

① 行政事业单位从银行等金融机构提取现金或将现金存入银行等金融机构时：

财务会计		预算会计
提取现金： 借：库存现金 　贷：银行存款	将现金存入银行： 借：银行存款 　贷：库存现金	不做账务处理

② 根据规定从单位零余额账户提取现金或将现金退回单位零余额账户时：

财务会计		预算会计
提取现金： 借：库存现金 　贷：零余额账户用款额度	将现金存入银行： 借：零余额账户用款额度 　贷：库存现金	不做账务处理

③ 职工出差借支差旅费、报销差旅费时：

财务会计	预算会计
职工预借差旅费时： 借：其他应收款 　贷：库存现金	不做账务处理
职工报销差旅费时： 借：业务活动费用/单位管理费用等（实际报销金额） 　　库存现金（实际报销金额大于借款金额的差额） 　贷：其他应收款 　　　库存现金（实际报销金额小于借款金额的差额）	借：行政支出/事业支出 　贷：资金结存——货币资金

④ 出差使用公务卡垫支、结转公务卡垫支款项时：

财务会计	预算会计
出差使用公务卡垫支时： 借：业务活动费用/单位管理费用等（实际报销金额） 　贷：其他应付款——公务卡	借：行政支出/事业支出 　贷：资金结存——待结转公务卡结算
结转公务卡垫支款项时： 借：其他应付款——公务卡 　贷：银行存款/零余额账户用款额度	借：资金结存——待结转公务卡结算 　贷：资金结存——货币资金 　　　——零余额账户用款额度

⑤ 因提供服务、物品或者其他事项收到现金或因购买服务、物品或者其他事项支付现金时：

财务会计	预算会计
因提供服务、物品或者其他事项收到现金（涉及增值税业务的，还应做相应的会计处理）： 借：库存现金 　贷：事业收入/应收账款等	借：资金结存——货币资金 　贷：事业预算收入等
因购买服务、物品或者其他事项支付现金（涉及增值税业务的，还应做相应的会计处理）： 借：业务活动费用/单位管理费用/其他费用/应付账款等 　贷：库存现金	借：行政支出/事业支出/其他支出 　贷：资金结存——货币资金

⑥ 以库存现金对外捐赠时：

财务会计	预算会计
借：其他费用 　贷：库存现金	借：其他支出 　贷：资金结存——货币资金

⑦ 收到受托代理、代管的现金或支付受托代理、代管的现金时：

财务会计	预算会计
收到受托代理、代管的现金时： 借：库存现金——受托代理资产 　贷：受托代理负债	不做账务处理

续表

财务会计	预算会计
支付受托代理、代管的现金时： 借：受托代理负债 　贷：库存现金——受托代理资产	不做账务处理

⑧ 发现有待查明原因的现金溢余或短缺、处理现金溢余或短缺时：

财务会计	预算会计
发现有待查明原因的现金溢余时： 借：库存现金 　贷：待处理财产损溢	借：资金结存——货币资金 　贷：其他预算收入
现金溢余属于应支付给有关人员或单位的部分： 借：待处理财产损溢　　　　借：其他应付款 　贷：其他应付款　　　　　　贷：库存现金	借：其他预算收入 　贷：资金结存——货币资金
属于无法查明原因的部分，经报批准后： 借：待处理财产损溢 　贷：其他收入	不做账务处理
发现有待查明原因的现金短缺时： 借：待处理财产损溢 　贷：库存现金	借：其他支出 　贷：资金结存——货币资金
属于应有责任人赔偿的部分： 借：其他应收款　　　　　　借：库存现金 　贷：待处理财产损溢　　　　贷：其他应收款	借：资金结存——货币资金 　贷：其他支出
属于无法查明原因的部分，经报批准后： 借：资产处置费用 　贷：待处理财产损溢	不做账务处理

【例 11-1】 某行政单位从单位零余额账户中提取现金 5 000 元。次日，该行政单位以库存现金支付日常活动中发生的费用 2 000 元。该行政单位会计应编制如下会计分录。

① 提取现金时，财务会计分录：

借：库存现金　　5 000

　贷：零余额账户用款额度　　5 000

② 以库存现金支付费用时：

财务会计分录：

借：业务活动费用　　2 000

　贷：库存现金　　2 000

预算会计分录：

借：行政支出　　2 000

　贷：资金结存——货币资金　　2 000

2. 银行存款的含义和核算

银行存款是指行政事业单位存入银行或者其他金融机构的各种存款。行政事业单位应当严格按照国家相关规定开设银行存款账户，并严格按照国家有关支付结算办法的规定办理银行存款收支业务。

行政事业单位应设置“银行存款”总账科目用于核算银行存款业务，该科目借方登记银行存款收入数，贷方登记银行存款支出数，期末借方余额反映单位银行存款账面实有余额。该科目应当设置“受托代理资产”明细科目，核算单位受托代理、代管的银行存款。

行政事业单位应当按开户银行或其他金融机构、存款种类及币种等，分别设置“银行存款日记账”，由出纳人员根据收付款凭证，按照业务的发生顺序逐笔登记，每日终了应结出余额。“银行存款日记账”应定期与“银行对账单”核对，至少每月核对一次。月度终了，单位银行存款日记账账面余额与银行对账单余额之间如有差额，必须逐笔查明原因并进行处理，按月编制“银行存款余额调节表”，调节后余额应相等。

“银行存款”科目具体业务的平行账务处理涉及的会计分录如下。

① 行政事业单位将款项存入银行或者其他金融机构，以银行存款支付相关费用时：

财务会计	预算会计
行政事业单位将款项存入银行或者其他金融机构时： 借：银行存款 　贷：库存现金/应收账款/事业收入/经营收入/其他收入等	借：资金结存——货币资金 　贷：事业预算收入/其他预算收入
以银行存款支付相关费用时： 借：业务活动费用/单位管理费用/其他费用等 　贷：银行存款	借：行政支出/事业支出/其他支出 　贷：资金结存——货币资金
以银行存款对外捐赠时： 借：其他费用 　贷：银行存款	借：其他支出 　贷：资金结存——货币资金

② 收到受托代理、代管的银行存款，支付受托代理、代管的银行存款时：

财务会计	预算会计
收到受托代理、代管的现金时： 借：银行存款——受托代理资产 　贷：受托代理负债	不做账务处理
支付受托代理、代管的现金时： 借：受托代理负债 　贷：银行存款——受托代理资产	不做账务处理

③ 收到银行存款利息、支付银行手续费等时：

财务会计	预算会计
收到银行存款利息时： 借：银行存款 　贷：利息收入等	借：资金结存——货币资金 　贷：其他预算收入
支付银行手续费等： 借：业务活动费用/单位管理费用等 　贷：银行存款	借：行政支出/事业支出 　贷：资金结存——货币资金

④ 行政事业单位发生外币业务时：

财务会计	预算会计
以外币收取相关款项等时： 借：银行存款/应收账款（外币账户） 　贷：事业收入等	借：资金结存——货币资金（实际收到金额） 　贷：其他预算收入
以外币购买物资、劳务等时： 借：在途物品/库存物品等 　贷：银行存款/应付账款（外币账户）	借：事业支出等（实际支付金额） 　贷：资金结存——货币资金
期末，根据各外币账户按期末即期汇率调整后的人民币余额与原账面人民币的差额： 按汇兑收益金额： 借：银行存款/应收账款/应付账款（外币账户） 　贷：业务活动费用/单位管理费用等 按汇兑损失金额做相反的会计分录	借：资金结存——货币资金 　贷：行政支出/事业支出等

【例 11-2】 某事业单位在开展专业业务活动中取得一项事业收入 8 500 元，款项已存入银行存款账户。同日，该事业单位通过银行存款账户支付开展专业业务活动中发生的业务费 2 000 元。该事业单位会计应编制如下会计分录。

① 将款项存入银行时：

财务会计分录：
借：银行存款　8 500
　贷：事业收入　8 500

预算会计分录：
借：资金结存——货币资金　8 500
　贷：事业预算收入　8 500

② 以银行存款支付业务费用时：

财务会计分录：
借：业务活动费用　2 000
　贷：银行存款　2 000

预算会计分录：
借：事业支出　2 000
　贷：资金结存——货币资金　2 000

3. 零余额账户用款额度的含义和核算

零余额账户用款额度是指实行国库集中支付的行政事业单位根据财政部门批复的用款计划收到和支用的零余额账户用款额度。行政事业单位的零余额账户由财政部门为行政事业单位在商业银行开设，用于行政事业单位的财政授权支付，该账户可以用于实现支付，并于每日终了与财政国库存款账户进行资金清算，清算后余额为零，它属于财政国库单一账户体系。行政事业单位的零余额账户用款额度通常采用年末注销、次年初恢复的管理方法。

行政事业单位应设置“零余额账户用款额度”总账科目，用于核算零余额账户用款额度业务。该科目借方登记零余额账户用款额度的收入数，贷方登记零余额账户用款额度的支出数；期末借方余额反映单位尚未支用的零余额账户用款额度；年末注销单位零余额账户用款额度后，该科目应无余额。涉及“财政应返还额度”的会计处理见 11. 1. 2 节。

“零余额账户用款额度”科目具体业务的平行账务处理涉及的会计分录如下。

① 收到代理银行盖章的“授权支付到账通知书”或按规定支用额度时：

财务会计	预算会计
收到代理银行盖章的“授权支付到账通知书”时： 借：零余额账户用款额度 　贷：财政拨款收入	借：资金结存——零余额账户用款额度 　贷：财政拨款预算收入

续表

财务会计	预算会计
支付日常活动费用时： 借：业务活动费用/单位管理费用等 贷：零余额账户用款额度	借：行政支出/事业支出等 贷：资金结存——零余额账户用款额度
购买库存物品或购建固定资产等时： 借：库存物品/固定资产/在建工程等 贷：零余额账户用款额度	借：行政支出/事业支出等 贷：资金结存——零余额账户用款额度
因购货退回等发生国库授权支付额度退回时： 本年度授权支付的款项： 借：零余额账户用款额度 贷：库存物品 以前年度授权支付的款项： 借：零余额账户用款额度 贷：库存物品/以前年度盈余调整等	借：资金结存——零余额账户用款额度 贷：行政支出/事业支出等 借：资金结存——零余额账户用款额度 贷：财政拨款结转/财政拨款结余——年初余额调整

② 年末注销额度、下年初恢复额度时：

财务会计	预算会计
年末注销额度时，根据代理银行提供的对账单注销财政授权支付额度： 借：财政应返还额度——财政授权支付 贷：零余额账户用款额度	借：资金结存——财政应返还额度 贷：资金结存——零余额账户用款额度
下年初恢复额度时，根据代理银行提供的额度恢复到账通知书恢复财政授权支付额度： 借：零余额账户用款额度 贷：财政应返还额度——财政授权支付	借：资金结存——零余额账户用款额度 贷：资金结存——财政应返还额度
收到财政部门批复的上年末未下达零余额账户用款额度： 借：零余额账户用款额度 贷：财政应返还额度——财政授权支付	借：资金结存——零余额账户用款额度 贷：资金结存——财政应返还额度

【例 11-3】 某行政单位收到“财政授权支付到账通知书”，支付金额为 32 500 元。同日，该行政单位使用零余额账户用款额度支付日常活动费用 5 500 元。该行政单位会计应编制如下会计分录。

① 收到财政授权支付到账通知书时：

财务会计分录：		预算会计分录：	
借：零余额账户用款额度	32 500	借：资金结存——零余额账户用款额度	32 500
贷：财政拨款收入	32 500	贷：财政拨款预算收入	32 500

② 使用零余额账户用款额度支付费用时：

财务会计分录：		预算会计分录：	
借：业务活动费用	5 500	借：行政支出	5 500
贷：零余额账户用款额度	5 500	贷：资金结存——零余额账户用款额度	5 500

4. 其他货币资金的含义和核算

其他货币资金是指除库存现金、银行存款和零余额账户用款额度之外的其他各种货币资金，主要包括外埠存款、银行本票存款、银行汇票存款、信用卡存款等种类。

行政事业单位应设置“其他货币资金”总账科目，用于核算其他货币资金业务。该科目借方登记其他货币资金收入数，贷方登记其他货币资金支出数；期末借方余额反映单位实际持有的其他货币资金。该科目应当设置“外埠存款”“银行本票存款”“银行汇票存款”“信用卡存款”等明细科目，进行明细核算。单位应加强对其他货币资金的管理，及时办理结算，对于逾期尚未办理结算的银行汇票、银行本票等，应当按照规定及时转回，并按照规定进行相应账务处理。

【例 11-4】 某事业单位将款项 10 万元交存银行取得相应数额的银行本票。数日后，该事业单位以该银行本票购买一批库存物品 10 万元。该事业单位会计应编制如下会计分录。

① 取得银行本票时，财务会计分录：

借：其他货币资金——银行本票　　100 000

　贷：银行存款　　100 000

② 使用银行本票购买物品时：

财务会计分录：

借：库存物品　　100 000

　贷：其他货币资金——银行本票存款　　100 000

预算会计分录：

借：事业支出　　100 000

　贷：资金结存——货币资金　　100 000

11.1.2　财政应返还额度的含义和核算

1. 财政应返还额度的含义和分类

财政应返还额度是指实行国库集中支付的行政事业单位应收财政返还的资金额度，包括可以使用的以前年度财政直接支付资金额度和财政应返还的财政授权支付资金额度。

在财政国库集中支付制度下，行政事业单位的财政经费由财政部门通过国库单一账户统一拨付。行政事业单位的年度预算指标包括财政直接支付额度和财政授权支付额度。财政直接支付额度由财政部门完成支付；财政授权支付额度下达到代理银行，由行政事业单位完成支付。年度终了，行政事业单位需要对年度未实现的用款额度进行注销，但相应资金留存在财政国库，通常仍然由行政事业单位按计划安排使用，行政事业单位可以要求财政返还注销的额度，因此形成财政应返还额度，以待次年年初得以恢复。

行政事业单位的财政应返还额度包括财政应返还的直接支付额度和财政应返还的授权支付额度。财政应返还的直接支付额度是财政直接支付额度本年预算指标与当年财政实际支付的差额。财政应返还的授权额度是指财政授权支付额度本年预算指标与当年行政事业单位实际支付数的差额，包括：①未下达的授权额度，是指本年度预算已经安排，但财政部门当年没有下达到行政事业单位代理银行的授权额度，即授权额度的本年预算指标与当年下达数之间的差额；②未使用的额度，是指财政部门已经将授权额度下达到代理银行，但行政事业单位当年尚未完成实际支付的数额，即授权额度的本年下达数与当年实际使用数之间的差额。

2. 财政应返还额度核算

行政事业单位应设置“财政应返还额度”总账科目，用于核算财政应返还额度业务。该科目借方登记财政应返还额度的增加数，贷方登记财政应返还额度的减少数，期末借方余额反映单位应收财政返还的资金额度。该科目应当设置“财政直接支付”“财政授权支付”两个明细科目进行明细核算。

“财政应返还额度”科目具体业务的平行账务处理涉及的会计分录如下。

① 在财政直接支付下：

财务会计	预算会计
年末，单位根据本年度财政直接支付预算指标数与当年财政直接支付实际发生数的差额： 借：财政应返还额度——财政直接支付 贷：财政拨款收入	借：资金结存——财政应返还额度 贷：财政拨款预算收入
下年度使用以前年度财政直接支付额度支付款项时： 借：业务活动费用/单位管理费用/库存物品等 贷：财政应返还额度——财政直接支付	借：行政支出/事业支出等 贷：资金结存——财政应返还额度

② 在财政授权支付下：

财务会计	预算会计
年末，本年度预算指标数大于额度下达数的，根据未下达的用款额度： 借：财政应返还额度——财政授权支付 贷：财政拨款收入	借：资金结存——财政应返还额度 贷：财政拨款预算收入
年末，根据代理银行提供的对账单作注销额度处理： 借：财政应返还额度——财政授权支付 贷：零余额账户用款额度	借：资金结存——财政应返还额度 贷：资金结存——零余额账户用款额度
下年初额度恢复和下年初收到财政部门批复的上年末未下达的零余额账户用款额度： 借：零余额账户用款额度 贷：财政应返还额度——财政授权支付	借：资金结存——零余额账户用款额度 贷：资金结存——财政应返还额度

【例 11-5】 年末，某行政单位本年度财政直接支付预算指标大于当年财政直接支付实际支出数，差额为 8 000 元。次年初，该单位使用以前年度财政直接支付额度支付业务活动费用 6 000 元。该行政单位会计应编制如下会计分录。

① 确认本年度尚未使用的财政直接支付预算指标数时：

财务会计分录：

借：财政应返还额度——财政直接支付 8 000

贷：财政拨款收入 8 000

预算会计分录：

借：资金结存——财政应返还额度 8 000

贷：财政拨款预算收入 8 000

② 使用以前年度财政直接支付额度支付费用时：

财务会计分录：

借：业务活动费用 6 000

贷：财政应返还额度——财政直接支付 6 000

预算会计分录：
借：行政支出　6 000
　贷：资金结存——财政应返还额度　6 000

【例 11-6】　年末，某事业单位根据代理银行提供的对账单，注销本年度尚未使用的零余额账户用款额度 2 万元。该单位本年度财政授权支付预算指标与当年财政授权支付实际支出数的差额为 4 000 元。次年初，该事业单位收到代理银行提供的上年度注销零余额账户用款额度恢复到账通知书，恢复上年度注销的零余额账户用款额度 2 万元。该行政单位会计应编制如下会计分录。

① 年末，注销本年度尚未使用的零余额账户用款额度时：

财务会计分录：
借：财政应返还额度——财政授权支付　20 000
　贷：零余额账户用款额度　20 000

预算会计分录：
借：资金结存——财政应返还额度　20 000
　贷：资金结存——零余额账户用款额度　20 000

② 确认本年度尚未使用的财政授权支付预算指标数时：

财务会计分录：
借：财政应返还额度——财政授权支付　4 000
　贷：财政拨款收入　4 000

预算会计分录：
借：资金结存——财政应返还额度　4 000
　贷：财政拨款预算收入　4 000

③ 次年初，恢复上年度注销的零余额账户用款额度时：

财务会计分录：
借：零余额账户用款额度　20 000
　贷：财政应返还额度——财政授权支付　20 000

预算会计分录：
借：资金结存——零余额账户用款额度　20 000
　贷：资金结存——财政应返还额度　20 000

11.1.3　应收及预付款项的含义和核算

应收及预付款项是指行政单位或事业单位与其他单位及个人之间由于出租资产、出售物资、销售产品、提供劳务或其他结算关系形成的待结算债权，包括应收票据、应收账款、预付账款、其他应收款等。

1. 应收票据的含义和核算

应收票据是指事业单位因开展经营活动销售产品、提供有偿服务等而收到的商业汇票，包括银行承兑汇票和商业承兑汇票。目前，只有事业单位存在应收票据业务。

事业单位应设置“应收票据”总账科目，用于核算应收票据业务。该科目借方登记应收票据的增加数，贷方登记应收票据的减少数，期末借方余额反映事业单位持有的商业汇票票面金额。该科目应当按照开出、承兑商业汇票的单位等进行明细核算。事业单位应当设置“应收票据备查簿”，逐笔登记应收票据的种类、号数、出票日期、到期日、票面金额、交易合同号和付款人、承兑人、背书人姓名或单位名称、背书转让日、贴现日期、贴现率和贴现净额、收款日期、收回金额和退票情况等。应收票据到期结清票款或退票后，应当在备查簿内逐笔注销。

“应收票据”科目具体业务的平行账务处理涉及的会计分录如下。

① 事业单位销售产品、提供服务等收到商业汇票或商业汇票到期时：

财务会计	预算会计
事业单位销售产品、提供服务等收到商业汇票时： 借：应收票据 　贷：经营收入等 （涉及增值税业务的，还应进行相应的会计处理）	不做账务处理
商业汇票到期，收回应收票据时： 借：银行存款 　贷：应收票据	借：资金结存——货币资金 　贷：经营预算收入等
商业汇票到期，付款人无力支付票款时： 借：应收账款 　贷：应收票据	不做账务处理

② 事业单位持未到期的商业汇票向银行贴现或将持有的商业汇票背书转让以取得所需物资时：

财务会计	预算会计
持未到期的商业汇票向银行贴现时： 借：银行存款［贴现净额］ 　　经营费用等［贴现利息］ 　贷：应收票据［不附追索权］ 　　（或）短期借款［附追索权］	借：资金结存——货币资金 　贷：经营预算收入等［贴现净额］
附追索权的商业汇票到期未发生追索事项时： 借：短期借款 　贷：应收票据	不做账务处理
将持有的商业汇票背书转让以取得所需物资时： 借：库存物品等 　贷：应收票据 　　　银行存款［差额］	借：经营支出等［支付的金额］ 　贷：资金结存——货币资金

【例 11-7】 某事业单位为增值税一般纳税人，销售产品一批，价款 1 万元，增值税 1 300 元，收到对方开出期限 2 个月的商业承兑汇票一张。汇票到期后，承兑单位如期付款，该事业单位会计应编制如下会计分录。

① 收到开出商业承兑汇票时，财务会计分录：

借：应收票据　　11 300

　贷：经营收入　　10 000

　　　应交增值税——销项税额　　1 300

② 汇票到期后，承兑单位如期付款时：

财务会计分录：

借：银行存款　　11 300

　贷：应收票据　　11 300

预算会计分录：

借：资金结存——货币资金　　11 300

　贷：经营预算收入　　11 300

③ 如果该事业单位在商业汇票未到期前向银行贴现（无追索权的），贴现利息为10%，则

财务会计分录：

借：银行存款　　10 170

　　其他费用　　1 130

　贷：应收票据　　11 300

预算会计分录：

借：资金结存——货币资金　　10 170

　贷：经营预算收入　　10 170

2. 应收账款的含义和核算

应收账款是指事业单位提供服务、销售产品等应收取的款项，以及行政事业单位因出租资产、出售物资等应收取的款项。

行政事业单位应设置“应收账款”总账科目，用于核算应收账款业务。该科目借方登记应收账款增加数，贷方登记应收账款减少数，期末借方余额反映单位尚未收回的应收账款。该科目应按照债务单位（或个人）进行明细核算。

事业单位应于每年年末，对收回后不需上缴财政的应收账款进行全面检查，如发生不能收回的迹象，应当计提坏账准备。对于账龄超过规定年限、确认无法收回的应收账款，按照规定报经批准后予以核销。同时，对收回后应当上缴财政的应收账款进行全面检查，对于账龄超过规定年限、确认无法收回的应收账款，按照规定报经批准后予以核销。核销的应收账款应当在备查簿中保留登记。

“应收账款”科目具体业务的平行账务处理涉及的会计分录如下。

① 发生应收账款、收回应收账款时：

财务会计	预算会计
发生的应收账款收回后不需上缴财政时： 借：应收账款 　贷：事业收入/经营收入/其他收入等 （涉及增值税业务的，还应进行相应的会计处理）	不做账务处理
发生的应收账款收回后需上缴财政时： 借：应收账款 　贷：应缴财政款 （涉及增值税业务的，还应进行相应的会计处理）	不做账务处理
收回应收账款不需上缴财政时： 借：银行存款等 　贷：应收账款	借：资金结存——货币资金等 　贷：事业预算收入/经营预算收入/其他预算收入等
收回应收账款后需上缴财政时： 借：银行存款等 　贷：应收账款	不做账务处理

② 逾期无法收回应收账款、以后期间收回时：

财务会计	预算会计
报批后予以核销时： 借：坏账准备/应缴财政款 　贷：应收账款	不做账务处理
事业单位已核销不需上缴财政的应收账款在以后期间收回时： 借：应收账款　　　　借：银行存款 　贷：坏账准备　　　　贷：应收账款	借：资金结存——货币资金 　贷：非财政拨款结余等
单位已核销需上缴财政的应收账款在以后期间收回时： 借：银行存款等 　贷：应缴财政款	不做账务处理

【例 11-8】 某事业单位在开展专业业务活动中发生一项应收账款 3 万元，该应收账款收回后不需上缴财政。数日后，该事业单位收回了该项应收账款。该事业单位会计应编制如下会计分录。

① 发生应收账款时：

借：应收账款　　30 000

　贷：事业收入　　30 000

② 收回应收账款时：

财务会计分录：

借：银行存款　　30 000

　贷：应收账款　　30 000

预算会计分录：

借：资金结存——货币资金　　30 000

　贷：事业预算收入　　30 000

3. 坏账准备的含义与核算

事业单位应当于每年年末，对收回后不需上缴财政的应收账款和其他应收款进行全面检查，分析其可收回性，对预计可能产生的坏账损失计提坏账准备，确认坏账损失。根据现行制度规定，行政单位不提取坏账准备。

事业单位可以采用应收款项余额百分比法、账龄分析法、个别认定法等方法计提坏账准备。坏账准备计提方法一经确定，不得随意变更。如需变更，应当按照规定报经批准，并在财务报表附注中予以说明。当期应补提或冲减的坏账准备金额的计算公式如下：当期应补提或冲减的坏账准备=按照期末应收账款和其他应收账款计算应计提的坏账准备金额-本科目贷方余额（或+本科目期末借方余额）

事业单位应设置“坏账准备”总账科目，用于核算坏账准备业务。该科目为应收款项的抵减科目，该科目贷方登记坏账准备的增加数，借方登记坏账准备的减少数，期末贷方余额反映事业单位提取的坏账准备金额。该科目应当分“应收账款”和“其他应收款”进行明细核算。

“坏账准备”科目具体业务的平行账务处理涉及的会计分录如下。

财务会计	预算会计
计提坏账准备时： 借：其他费用 　贷：坏账准备	不做账务处理
冲减坏账准备时： 借：坏账准备 　贷：其他费用	不做账务处理

【例 11-9】 某事业单位经批准确认一笔无法收回的应收账款 2 800 元，该笔应收账款属于收回后不需上缴财政的应收账款。年末，经计算应当补提坏账准备 1 800 元。该事业单位会计应编制如下会计分录。

① 确认无法收回的应收账款时，财务会计分录：

借：坏账准备　　2 800

　贷：应收账款　　2 800

② 年末补提坏账准备时，财务会计分录：

借：其他费用　　1 800

　贷：坏账准备　　1 800

4. 预付账款的含义和核算

预付账款是指行政事业单位按照购货、服务合同或协议规定预付给供应单位（或个人）的款项，以及按照合同规定向承包工程的施工企业预付的备料款和工程款。

行政事业单位应设置“预付账款”总账科目，用于核算预付账款业务。该科目借方登记预付账款的增加数，贷方登记预付账款的减少数，期末借方余额反映单位实际预付但尚未结算的款项。该科目应当按照供应单位（或个人）及具体项目进行明细核算；对于基本建设项目发生的预付账款，还应当在该科目所属基建项目明细科目下设置“预付备料款”“预付工程款”“其他预付款”等明细科目进行明细核算。

单位应当于每年年末，对预付账款进行全面检查。如果有确凿证据表明预付账款不再符合预付款项性质，或者因供应单位破产、撤销等原因可能无法收到所购货物、服务的，应当先将其转入其他应收款，再按照规定进行处理。

“预付账款”科目具体业务的平行账务处理涉及的会计分录如下。

① 发生预付账款时：

财务会计	预算会计
借：预付账款 　贷：财政拨款收入/零余额账户用款额度/银行存款等	借：行政支出/事业支出等 　贷：财政拨款预算收入/资金结存

② 收到所购物资或劳务，以及根据工程进度结算工程价款等时：

财务会计	预算会计
借：业务活动费用/库存物品/固定资产/在建工程等 　贷：预付账款/零余额账户用款额度/财政拨款收入/银行存款等［补付款项］	借：行政支出/事业支出等［补付款项］ 　贷：财政拨款预算收入/资金结存

③ 预付账款退回时：

财务会计	预算会计
当年预付账款退回时： 借：财政拨款收入（财政直接支付） 零余额账户用款额度（财政授权支付） 银行存款等 贷：预付账款	借：财政拨款预算收入/资金结存 贷：行政支出/事业支出等
以前年度预付账款退回时： 借：财政应返还额度（以前年度直接支付） 零余额账户用款额度 银行存款等 贷：预付账款	借：资金结存 贷：财政拨款结余/财政拨款结转——年初余额调整

④ 逾期无法收回的预付账款转为其他应收款时：

财务会计	预算会计
借：其他应收款 贷：预付账款	不做账务处理

【例 11-10】 某行政单位向某企业购买一项服务，通过财政直接支付预付款 4 万元。一个月后，该行政单位收到企业提供的该项服务，同时通过财政补付相应款项 1 万元。该行政单位会计应编制如下会计分录。

① 根据购买服务合同规定预付款项时：

财务会计分录：

借：预付账款 40 000

贷：财政拨款收入 40 000

预算会计分录：

借：行政支出 40 000

贷：财政拨款预算收入 40 000

② 收到所购服务并补付款项时：

财务会计分录：

借：业务活动费用 50 000

贷：预付账款 40 000

财政拨款收入 10 000

预算会计分录：

借：行政支出 10 000

贷：财政拨款预算收入 10 000

5. 其他应收款的含义和核算

其他应收款是指行政事业单位除财政应返还额度、应收票据、应收账款、预付账款、应收股利、应收利息等外的其他各项应收及暂付款项，如职工预借的差旅费、已经偿还银行尚未报销的本单位公务卡欠款、拨付给内部有关部门的备用金、应向职工收取的各种垫付款项、支付的可以收回的订金或押金、应收的上级补助和附属单位上缴款项等。

行政事业单位应设置“其他应收款”总账科目，用于核算其他应收款业务。该科目借方登记其他应收款的增加数，贷方登记其他应收款的减少数，期末借方余额反映单位尚未收回的其他应收款。该科目应当按照其他应收款的类别及债务单位（或个人）进行明细核算。

事业单位应当于每年年末，对其他应收款进行全面检查，如发现不能收回的迹象，应当计提坏账准备。对于账龄超过规定年限、确认无法收回的其他应收款，按照规定报经批准后予以核销。核销的其他应收款应在备查簿中保留登记。

“其他应收款”科目具体业务的平行账务处理涉及的会计分录如下。

① 单位发生暂付款（包括偿还未报销的公务卡款项）及其他各种应收款项时：

财务会计	预算会计
发生暂付款项（包括偿还未报销的公务卡款项）时： 借：其他应收款 　贷：银行存款/库存现金/零余额账户用款额度等	不做账务处理
报销时： 借：业务活动费用/单位管理费用等［实际报销金额］ 　贷：其他应收款	借：行政支出/事业支出等［实际报销金额］ 　贷：资金结存——货币资金/零余额账户用款额度
收回暂付款项时： 借：库存现金/银行存款等 　贷：其他应收款	不做账务处理
确认其他应收款时： 借：其他应收款 　贷：上级补助收入/附属单位上缴收入/其他收入等	不做账务处理
收到其他应收款项时： 借：银行存款/库存现金等 　贷：其他应收款	借：资金结存——货币资金 　贷：上级补助预算收入/附属单位上缴预算收入/其他预算收入等

② 拨付给内部有关部门的备用金或根据报销数用现金补足备用金定额时：

财务会计	预算会计
财务部门核定并发放备用金时： 借：其他应收款 　贷：库存现金	不做账务处理
根据报销数用现金补足备用金定额时： 借：业务活动费用/单位管理费用等［实际报销金额］ 　贷：库存现金	借：行政支出/事业支出等［实际报销金额］ 　贷：资金结存

③ 逾期无法收回的其他应收款、已核销的其他应收款在以后期间收回时：

财务会计	预算会计
逾期无法收回的其他应收款经批准核销时： 借：坏账准备［事业单位］/资产处置费用［行政单位］ 　贷：其他应收款	不做账务处理
已核销的其他应收款在以后期间收回时： 事业单位： 借：其他应收款 　贷：坏账准备 借：银行存款等 　贷：其他应收款 行政单位： 借：银行存款等 　贷：其他收入	借：资金结存——货币资金 　贷：其他预算收入

【例 11-11】 某事业单位内部实行备用金制度，财务部门向单位内部相关业务部门核定并发放备用金5 000元，款项以库存现金支付。数日后，单位内部相关业务部门到财务部门报销备用金4 800元，财务部门以库存现金向其补足备用金。该事业单位会计应编制如下会计分录。

① 核定并发放备用金时，财务会计分录：

借：其他应收款 5 000

　贷：库存现金 5 000

② 报销并补足备用金时：

财务会计分录：			预算会计分录：		
借：业务活动费用	4 800		借：事业支出	4 800	
贷：库存现金		4 800	贷：资金结存——货币资金		4 800

6. 应收股利的含义和核算

应收股利是指事业单位因持有长期股权投资而应当收取的现金股利或应当分得的利润。

事业单位应设置“应收股利”总账科目，用于核算应收股利业务。该科目借方登记应收股利的增加数，贷方登记应收股利的减少数，期末借方余额反映事业单位应当收取但尚未收到的现金股利或利润。该科目应当按照被投资单位等进行明细核算。

“应收股利”科目具体业务的平行账务处理涉及的会计分录参见11. 2. 2节。

【例 11-12】 某事业单位拥有A公司90%的股权，有权决定A公司的财务和经营政策，相应的长期股权投资采用权益法核算。年初，A公司宣告发放现金股利20万元，该事业单位应享有的份额为18万元。次月，该事业单位收到A公司发放的现金股利18万元，款项已存入开户银行。该事业单位会计应编制如下会计分录。

① A公司宣告发放现金股利时，财务会计分录：

借：应收股利 180 000

　贷：长期股权投资 180 000

② 收到A公司发放的现金股利时：

财务会计分录：			预算会计分录：		
借：银行存款	180 000		借：资金结存——货币资金	180 000	
贷：应收股利		180 000	贷：投资预算收益		180 000

7. 应收利息

应收利息是指事业单位长期债券投资应当收取的利息。

事业单位应设置“应收利息”总账科目，用于核算应收利息业务。该科目借方登记应收利息的增加数，贷方登记应收利息的减少数，期末借方余额反映事业单位应收未收的长期债券投资利息。该科目应当按照被投资单位等进行明细核算。事业单位购入的到期一次还本付息的长期债券投资持有期间的利息，应当通过“长期债券投资——应计利息”科目核算，不通过该科目核算。

“应收利息”科目具体业务的平行账务处理涉及的会计分录参见11. 2. 1节。

【例 11-13】 某事业单位持有一项分期付息、一次还本的长期债券投资。年末，该事业单位按照债券票面金额和票面利率计算确定的应收未收利息金额为 36 000 元。次年初，该事业单位收到相应债券的利息收入 36 000 元。该事业单位会计应编制如下会计分录。

① 计算确定应收未收利息时，财务会计分录：

借：应收利息　　36 000
　贷：投资收益　　36 000

② 收到债券利息时：

财务会计分录：

借：银行存款　　36 000
　贷：应收利息　　36 000

预算会计分录：

借：资金结存——货币资金　　36 000
　贷：投资预算收益　　36 000

11.1.4 短期投资的含义和核算

短期投资是指事业单位按照规定取得的，持有时间不超过 1 年（含 1 年）的投资。行政单位没有短期投资业务。

事业单位应设置“短期投资”总账科目，用于核算短期投资业务。该科目借方登记短期投资成本的增加数，贷方登记短期投资成本的减少数，期末借方余额反映事业单位持有短期投资的成本。该科目应当按照投资的种类等进行明细核算。按照《政府会计准则第 2 号——投资》的规定，短期投资在取得时，应当按照实际成本（包括购买价款和相关税费）作为初始投资成本，实际支付价款中包含的已到付息期但尚未领取的利息，应当于收到时冲减短期投资成本，短期投资持有期间的利息，应当于实际收到时确认为投资收益，期末短期投资应当按照账面余额计量。

“短期投资”科目具体业务的平行账务处理涉及的会计分录如下。

① 取得短期投资时：

财务会计	预算会计
取得短期投资时： 借：短期投资 　贷：银行存款等	借：投资支出 　贷：资金结存——货币资金
收到购买时已到付息期但尚未领取的利息时： 借：银行存款 　贷：短期投资	借：资金结存——货币资金 　贷：投资支出

② 短期投资持有期间收到利息时：

财务会计	预算会计
借：银行存款 　贷：投资收益	借：资金结存——货币资金 　贷：投资预算收益

③ 出售短期投资或到期收回短期投资（国债）本息时：

财务会计	预算会计
借：银行存款［实际收到的金额］ 投资收益［借差］ 贷：短期投资［账面余额］ 投资收益［贷差］ （涉及增值税业务的，还应当做相应的会计处理）	借：资金结存——货币资金［实收款］ 投资预算收益［实收款小于投资成本的差额］ 贷：投资支出［出售或收回当年投资的］/其他结余［出售或收回以前年度投资的］ 投资预算收益［实收款大于投资成本的差额］

【例 11-14】 某事业单位以银行存款购买一批国债作为短期投资，实际投资成本为12 万元。该事业单位在债券到期时收回国债本息共 123 500 元，款项已存入开户银行。该事业单位会计应编制如下会计分录。

① 取得短期投资时：

财务会计分录：			预算会计分录：		
借：短期投资	120 000		借：投资支出	120 000	
贷：银行存款		120 000	贷：资金结存——货币资金		120 000

② 债券到期收回国债本息时：

财务会计分录：			预算会计分录：		
借：银行存款	123 500		借：资金结存——货币资金	123 500	
贷：短期投资		120 000	贷：投资支出		120 000
投资收益		3 500	投资预算收益		3 500

11.1.5 存货的含义和核算

1. 存货的含义

存货是指行政事业单位在开展业务活动及其他活动中为耗用或出售而储存的资产，如材料、产品、包装物和低值易耗品等，以及未达到固定资产标准的用具、装具、动植物等。政府储备物资、收储土地不属于存货的内容。

存货在取得时应当按照成本进行初始计量，发出时应当根据实际情况采用先进先出法、加权平均法或者个别计价法确定发出存货的实际成本。存货的计价方法一经确定，不得随意变更。

行政事业单位应按取得存货的方式选择成本计算方法，具体如下。

① 购入的存货，其成本包括购买价款、相关税费、运输费、装卸费、保险费，以及使存货达到目前场所和状态所发生的归属于存货成本的其他支出。

② 自行加工的存货，其成本包括耗用的直接材料费用、发生的直接人工费用和按照一定方法分配的与存货加工有关的间接费用。委托加工的存货，其成本包括委托加工前存货成本、委托加工的成本（如委托加工费及按规定应计入委托加工存货成本的相关税费等），以及使存货达到目前场所和状态所发生的归属于存货成本的其他支出。

③ 接受捐赠的存货，其成本按照有关凭据注明的金额加上相关税费、运输费等确定；没有相关凭据可供取得，但按规定经过资产评估的，其成本按照评估价值加上相关税费、运输费等确定；没有相关凭据可供取得也未经资产评估的，其成本比照同类或类似资产的市场价格加上相关税费、运输费等确定；没有相关凭据且未经资产评估、同类或类似资产的市场

价格也无法可靠取得的，按照名义金额入账，相关税费、运输费等计入当期费用。

④ 无偿调入的存货，其成本按照调出方账面价值加上相关税费、运输费等确定。

⑤ 通过置换取得的存货，其成本按照换出资产的评估价值，加上支付的补价或减去收到的补价，加上为换入存货发生的其他相关支出确定。

2. 存货的核算

行政事业单位的存货按照经济内容或经济用途可分为在途物品、加工物品和库存物品等种类。

1）在途物品的含义和核算

在途物品是指行政事业单位采购材料等物资时货款已付或已开出商业汇票但尚未验收入库的物品，如购入办公用品、实验室用品、消耗性体育用品等。行政事业单位购入的大多数物品为自用物品，不是以出售为目的的商品。

行政事业单位应设置“在途物品”总账科目，用于核算在途物品业务。该科目借方登记购入但尚未验收入库的物品成本的增加数，贷方登记物品验收入库成本的转出数，期末借方余额反映单位在途物品的采购成本。该科目可按照供应单位和物品种类进行明细核算。

“在途物品”科目具体业务的平行账务处理涉及的会计分录如下。

财务会计	预算会计
购入材料等物资，结算凭证收到货未到，款已付或已开出商业汇票时： 借：在途物品 　贷：财政拨款收入/零余额账户用款额度/银行存款/应付票据等	借：行政支出/事业支出/经营支出等 　贷：财政拨款预算收入/资金结存
所购材料等物资到达验收入库时： 借：库存物品 　贷：在途物品	不做账务处理

【例 11-15】　某行政单位采购一批材料，通过单位零余额账户用款额度支付货款 2 万元，材料尚未验收入库（暂不考虑增值税业务），10 日后该批材料到达并验收入库。该行政单位会计应编制如下会计分录。

① 购入材料时，

财务会计分录：		预算会计分录：	
借：在途物品	20 000	借：行政支出	20 000
贷：零余额账户用款额度	20 000	贷：资金结存	20 000

② 材料到达并验收入库时，财务会计分录：

借：库存物品　　20 000

　贷：在途物品　　20 000

2）加工物品的含义和核算

加工物品是指行政事业单位自制或委托外单位加工的各种物品。

行政事业单位应设置“加工物品”总账科目，用于核算加工物品业务。该科目借方登记加工物品成本的增加数，贷方登记加工物品完工后验收入库成本的转出数，期末借方余额反映单位自制或委托外单位加工但尚未完工的各种物品的实际成本。该科目应当设置“自制物品”“委托加工物品”两个一级明细科目，并按照物品类别、品种、项目等设置明细账，进行明细核算。

“加工物品”科目具体业务的平行账务处理涉及的会计分录如下。

① 为自制物品领用材料、发生人工费、其他直接费用、间接费用、制造完成并验收入库时：

财务会计	预算会计
为自制物品领用材料时： 借：加工物品——自制物品（直接材料） 　贷：库存物品（相关明细科目）	不做账务处理
专门从事物资制造的人员发生的直接人工费用时： 借：加工物品——自制物品（直接人工） 　贷：应付职工薪酬	不做账务处理
为自制物品发生其他直接费用和间接费用时： 借：加工物品——自制物品（其他直接费用、间接费用） 　贷：财政拨款收入/零余额账户用款额度/银行存款等	借：事业支出/经营支出等 　贷：财政拨款预算收入/资金结存
自制加工完成、验收入库时： 借：库存物品（相关明细科目） 　贷：加工物品——自制物品（直接材料、直接人工、其他直接费用、间接费用）	不做账务处理

② 发生委托加工物品业务时：

财务会计	预算会计
发给外单位加工的材料时： 借：加工物品——委托加工物品 　贷：库存物品（相关明细科目）	不做账务处理
支付加工费用等时： 借：加工物品——委托加工物品 　贷：财政拨款收入/零余额账户用款额度/银行存款等	借：行政支出/事业支出/经营支出等 　贷：财政拨款预算收入/资金结存
为自制物品发生其他直接费用和间接费用时： 借：加工物品——自制物品（其他直接费用、间接费用） 　贷：财政拨款收入/零余额账户用款额度/银行存款等	借：行政支出/事业支出/经营支出等 　贷：财政拨款预算收入/资金结存
委托加工完成的物品验收入库时： 借：库存物品（相关明细科目） 　贷：加工物品——委托加工物品	不做账务处理

【例 11-16】 某事业单位委托外单位加工一批物品，发给外单位一批加工材料，实际成本为 6 万元。一个月后，该批物品加工完成，该事业单位以银行存款向加工单位支付加工费 25 000 元，加工完成的物品已收回并验收入库，确定的物品成本为 85 000 元（暂不考虑增值税业务）。该事业单位会计应编制如下会计分录。

① 发给外单位加工材料时，财务会计分录：

借：加工物品——委托加工物品　60 000
　贷：库存物品　60 000

② 向加工单位支付加工费时：

财务会计分录：		预算会计分录：	
借：加工物品——委托加工物品	25 000	借：事业支出	25 000
贷：银行存款	25 000	贷：资金结存	25 000

③ 加工物品已收回并验收入库时，财务会分录：

借：库存物品　85 000
　贷：加工物品——委托加工物品　85 000

3）库存物品的含义和核算

库存物品是指行政事业单位在开展业务活动及其他活动中为耗用或出售而储存的各种材料、产品、包装物、低值易耗品，以及达不到固定资产标准的用具、装具、动植物等。

行政事业单位应设置"库存物品"总账科目，用于核算库存物品业务。该科目借方登记验收入库的库存物品成本的增加数，贷方登记发出库存物品成本的减少数，期末借方余额反映单位库存物品的实际成本。已经完成的测绘、地质勘查、设计成果等成本，也通过本科目核算。该科目应当按照库存物品的种类、规格、保管地点等进行明细核算。单位储存的低值易耗品、包装物较多的，可以在该科目（低值易耗品、包装物）下按照"在库""在用""摊销"等进行明细核算。单位随买随用的零星办公用品，可以在购进时直接列作费用，不通过该科目核算。

（1）库存物品的取得

行政事业单位取得的库存物品，应当按照其取得时的成本入账。按照取得存货的方式，选择合适的会计处理方法，具体业务的平行账务处理涉及的会计分录如下。

财务会计	预算会计
外购的库存物品验收入库时： 借：库存物品 　贷：财政拨款收入/财政应返还额度/零余额账户用款额度/银行存款/应付账款等 （涉及增值税业务的，还应进行相应的会计处理）	借：行政支出/事业支出/经营支出等 　贷：财政拨款预算收入/资金结存
自制的库存物品加工完成、验收入库或委托外单位加工收回库存物品时： 借：库存物品——相关明细科目 　贷：加工物品——自制物品/委托加工物品	不做账务处理
置换换入的库存物品，不涉及补价时： 借：库存物品［换出资产评估价值+其他相关支出］ 　固定资产累计折旧/无形资产累计摊销 　资产处置费用［借差］ 　贷：库存物品/固定资产/无形资产等［账面余额］ 　　银行存款等［其他相关支出］ 　　其他收入［贷差］	借：其他支出［实际支付的其他相关支出］ 　贷：资金结存

续表

财务会计	预算会计
置换换入的库存物品，支付补价时： 借：库存物品［换出资产评估价值+其他相关支出+补价］ 　　固定资产累计折旧/无形资产累计摊销 　　资产处置费用［借差］ 　贷：库存物品/固定资产/无形资产等［账面余额］ 　　　银行存款等［其他相关支出+补价］ 　　　其他收入［贷差］	借：其他支出［实际支付的补价和其他相关支出］ 　贷：资金结存
置换换入的库存物品，收到补价时： 借：库存物品［换出资产评估价值+其他相关支出-补价］ 　　银行存款等［补价］ 　　固定资产累计折旧/无形资产累计摊销 　　资产处置费用［借差］ 　贷：库存物品/固定资产/无形资产等［账面余额］ 　　　银行存款等［其他相关支出］ 　　　应缴财政款［补价-其他相关支出］ 　　　其他收入［贷差］	借：其他支出［其他相关支出大于收到的补价的差额］ 　贷：资金结存
接受捐赠的库存物品时： 借：库存物品［按照确定的成本］ 　贷：银行存款等［相关税费］ 　　　捐赠收入	借：其他支出［实际支付的相关税费］ 　贷：资金结存
无偿调入库存物品时： 借：库存物品［按照确定的成本］ 　贷：银行存款等［相关税费］ 　　　无偿调拨净资产	借：其他支出［实际支付的相关税费］ 　贷：资金结存
按照名义金额入账的接收捐赠、无偿调入的库存物品及发生的相关税费、运输费等： 借：库存物品［名义金额］ 　贷：捐赠收入［接受捐赠］/无偿调拨净资产［无偿调入］	
借：其他费用（发生的相关税费、运输费） 　贷：银行存款等	借：其他支出 　贷：资金结存

（2）库存物品的发出

行政事业单位在库存商品发出时，按不同的情况进行不同的账务处理，具体业务的平行账务处理涉及的会计分录如下。

财务会计	预算会计
单位开展业务活动等领用、按照规定自主出售发出或加工发出库存物品时： 借：业务活动费用/单位管理费用/经营费用/加工物品等 　贷：库存物品［按照领用、发出成本］	不做账务处理
其中，采用一次转销法摊销低值易耗品、包装物的，在首次领用时将其账面余额一次性摊销计入有关成本费用；采用五五摊销法摊销低值易耗品、包装物的，首次领用时，将其账面余额的50%摊销计入有关成本费用，使用完时，将剩余的账面余额转销计入有关成本费用	

续表

财务会计	预算会计
经批准对外捐赠的库存物品发出时： 借：资产处置费用 　贷：库存物品［账面余额］ 　　　银行存款［归属于捐出方的相关费用］	借：其他支出［实际支付的相关费用］ 　贷：资金结存
经批准无偿调出的库存物品发出时： 借：无偿调拨净资产 　贷：库存物品［账面余额］ 借：资产处置费用 　贷：银行存款等［归属于调出方的相关费用］	借：其他支出［实际支付的相关费用］ 　贷：资金结存
经批准对外出售［自主出售除外］的库存物品发出时： 借：资产处置费用 　贷：库存物品［账面余额］ 借：银行存款等［收到的价款］ 　贷：银行存款等［发生的相关税费］ 　　　应缴财政款	不做账务处理
经批准置换换出库存物品时： 参照置换换入“库存物品”的处理	不做财务处理

（3）库存物品定期盘点及毁损、报废

单位应当定期对库存物品进行清查盘点，每年至少盘点一次。对于发生的库存物品盘盈、盘亏或者报废、毁损，应当先记入“待处理财产损溢”科目，按照规定报经批准后及时进行后续账务处理。盘盈的库存物品，其成本按照有关凭据注明的金额确定；没有相关凭据但按照规定经过资产评估的，其成本按照评估价值确定；没有相关凭据也未经过评估的，其成本按照重置成本确定。如无法采用上述方法确定盘盈的库存物品成本的，按照名义金额入账。盘亏或者毁损、报废的库存物品，按照待处理库存物品的账面余额转入“待处理财产损溢”科目，属于增值税一般纳税人的单位，若因非正常原因导致的库存物品盘亏或毁损，还应当将与该库存物品相关的增值税进项税额转出。按规定报经批准后处理时，对于盘盈的流动资产，借记“待处理财产损溢”科目，贷记“单位管理费用”（事业单位）或“业务活动费用”（行政单位）科目。具体业务的平行账务处理涉及的会计分录如下。

财务会计	预算会计
盘盈的库存物品时： 借：库存物品 　贷：待处理财产损溢	不做账务处理
盘亏或者毁损、报废的库存物品转入待处理资产时： 借：待处理财产损溢 　贷：库存物品［账面余额］	不做账务处理
增值税一般纳税人购进的非自用材料发生盘亏或者毁损、报废的： 借：待处理财产损溢 　贷：应交增值税——应交税金（进项税额转出）	不做账务处理

【例 11-17】 某事业单位购入原材料一批用于生产产品，原材料成本为 6 000 元，增值税为 780 元，该批材料已验收入库，货款通过零余额账户用款额度支付（该事业单位属于一般纳税人）。该事业单位会计应编制如下会计分录。

财务会计分录：			预算会计分录：		
借：库存物品	6 000		借：经营支出	6 780	
应交增值税——进项税额	780		贷：资金结存		6 780
贷：零余额账户用款额度		6 780			

【例 11-18】 某行政单位购入不符合固定资产标准的自用专业器具，价税合计共 5 万元，运费及装卸费 1 000 元，货款由财政直接支付，已验收该批器具。10 日后，该事业单位领用该批器具用于专业活动。该行政单位会计应编制如下会计分录。

① 购买该批器具，支付货款并验收入库时：

财务会计分录：			预算会计分录：		
借：库存物品	51 000		借：行政支出	51 000	
贷：财政拨款收入		51 000	贷：财政拨款预算收入		51 000

② 领用该批器具时，财务会计分录：

借：业务活动费用　51 000

　贷：库存物品　51 000

【例 11-19】 某事业单位接受捐赠一批库存物品，有关凭据注明的金额为 8 万元，以银行存款支付运输费用 2 000 元，库存物品已验收入库。5 日后，该事业单位业务部门为开展专业业务活动领用一批库存物品，实际成本为 3 万元。该事业单位会计应编制如下会计分录。

① 接受捐赠库存物品时：

财务会计分录：			预算会计分录：		
借：库存物品	82 000		借：其他支出	2 000	
贷：银行存款		2 000	贷：资金结存		2 000
捐赠收入		80 000			

② 业务部门领用库存物品时，财务会计分录：

借：业务活动费用　30 000

　贷：库存物品　30 000

11.1.6 待摊费用的含义和核算

待摊费用是指行政事业单位已经支付，但应当由本期和以后各期分别负担的分摊期在 1 年以内（含 1 年）的各项费用，如预付房屋租金等。

行政事业单位应设置“待摊费用”总账科目，用于核算待摊费用业务。该科目借方登记实际支付的待摊费用金额，贷方登记按期摊销的待摊费用金额，期末借方余额反映单位各种已支付但尚未摊销的费用金额。该科目应当按照待摊费用种类进行明细核算。摊销期限在 1 年以上的租入固定资产改良支出和其他费用，应当通过“长期待摊费用”科目核算，不通过该科目核算。待摊费用应当在其受益期限内分期平均摊销，计入当期费用。

"待摊费用"科目具体业务的平行账务处理涉及的会计分录如下。

财务会计	预算会计
发生待摊费用时： 借：待摊费用 　贷：财政拨款收入/零余额账户用款额度/银行存款等	借：行政支出/事业支出等 　贷：财政拨款预算收入/资金结存
按照受益期限分期平均摊销时： 借：业务活动费用/单位管理费用/经营费用等 　贷：待摊费用［每期摊销金额］	不做账务处理
将摊余金额一次全部转入当期费用时： 借：业务活动费用/单位管理费用/经营费用等 　贷：待摊费用［全部未摊销金额］	不做账务处理

【例 11-20】　某事业单位在开展专业业务活动过程中租用一套房屋，以银行存款预付一年的租金 24 万元，每月平均分摊租金数额 2 万元。该事业单位会计应编制如下会计分录。

① 预付一年的租金时：

财务会计分录：
借：待摊费用　　240 000
　贷：银行存款　　240 000

预算会计分录：
借：事业支出　　240 000
　贷：资金结存　　240 000

② 每月平均分摊租金数额时，财务会计分录：
借：业务活动费用　　20 000
　贷：待摊费用　　20 000

11.2　长期投资

长期投资是指事业单位取得的除短期投资以外的债权和股权性质的投资。长期投资分为长期债券投资和长期股权投资。目前，只有事业单位存在长期投资的业务。

11.2.1　长期债券投资的含义和核算

长期债券投资是指事业单位按照规定取得的，持有时间超过 1 年（不含 1 年）的债券投资。根据《政府会计准则第 2 号——投资》的规定，长期债券投资在取得时，应按照其实际成本作为投资成本。长期债券投资持有期间，应当按期以票面金额与票面利率计算确认利息收入。政府会计主体进行除债券以外的其他债权投资，参照长期债券投资进行会计处理。

事业单位应设置"长期债券投资"总账科目，用于核算长期债券投资业务。该科目借方登记长期债券本金和应计利息的增加数，贷方登记长期债券本金和应计利息的减少数，期末借方余额反映事业单位持有的长期债券投资的价值。该科目应当设置"成本"和"应计利息"明细科目，并按照债券投资的种类进行明细核算。

“长期投资”科目具体业务的平行账务处理涉及的会计分录如下。

① 取得长期债券投资时：

财务会计	预算会计
取得长期债券投资时： 借：长期债券投资——成本 应收利息［实际支付价款中包含的已到付息期但尚未领取的利息］ 贷：银行存款等［实际支付价款］	借：投资支出［实际支付的价款］ 贷：资金结存——货币资金
收到取得投资所支付价款中包含的已到付息期但尚未领取的利息时： 借：银行存款 贷：应收利息	借：资金结存——货币资金 贷：投资支出等

② 持有长期债券投资期间：

财务会计	预算会计
按期以票面金额与票面利率计算确认利息收入时： 借：应收利息［分期付息、到期还本］ （或）长期债券投资——应计利息［到期一次还本付息］ 贷：投资收益	不做账务处理
实际收到分期支付的利息时： 借：银行存款 贷：应收利息	借：资金结存——货币资金 贷：投资预算收益

③ 到期收回长期债券投资本息或对外出售长期债券投资时：

财务会计	预算会计
到期收回长期债券投资本息时： 借：银行存款等 贷：长期债券投资［账面余额］ 应收利息 投资收益	借：资金结存——货币资金 贷：投资支出/其他结余［投资成本］ 投资预算收益
对外出售长期债券投资时： 借：银行存款等［实际收到的款项］ 投资收益［借差］ 贷：长期债券投资［账面余额］ 应收利息 投资收益［贷差］ （涉及增值税业务的，还应进行相应的会计处理）	借：资金结存——货币资金 贷：投资支出/其他结余［投资成本］ 投资预算收益

【例 11-21】 某事业单位购入一批 5 年期债券准备持有至到期，通过银行存款支付价款 60 万元。该批债券票面金额为 60 万元，票面年利率为 5%，到期一次偿还本金利息。该事业单位会计应编制如下会计分录。

① 取得长期债券投资时：

财务会计分录：		预算会计分录：	
借：长期债券投资——成本	600 000	借：投资支出	600 000
贷：银行存款	600 000	贷：资金结存——货币资金	600 000

② 每年末，确认债券利息收入时，财务会计分录：

借：长期债券投资——应计利息	30 000	
贷：投资收益		30 000

③ 到期收回债券本金和利息时：

财务会计分录：		预算会计分录：	
借：银行存款	750 000	借：资金结存——货币资金	750 000
贷：长期债券投资——成本	600 000	贷：其他结余	600 000
——应计利息	150 000	投资预算收益	150 000

11.2.2　长期股权投资的含义和核算

长期股权投资是指事业单位按照规定取得的，持有时间超过 1 年（不含 1 年）的股权性质的投资。

事业单位应设置“长期股权投资”总账科目，用于核算长期股权投资业务。该科目借方登记长期股权投资的增加数，贷方登记长期股权投资的减少数，期末借方余额反映事业单位持有的长期股权投资的价值。该科目应当按照被投资单位和长期股权投资取得方式等进行明细核算。长期股权投资采用权益法核算的，还应当按照“成本”“损益调整”“其他权益变动”设置明细科目，进行明细核算。“长期股权投资”具体业务的会计核算内容如下。

1. 取得长期股权投资的核算

事业单位取得长期股权投资时，应当按照其实际成本作为初始投资成本。根据《政府会计准则第 2 号——投资》的规定，事业单位应按取得长期股权投资的方式选择成本计算方法。

① 以支付现金取得的长期股权投资，按照实际支付的全部价款（包括购买价款和相关税费）作为实际成本。实际支付价款中包含的已宣告但尚未发放的现金股利，应当单独确认为应收股利，不计入长期股权投资初始投资成本。

② 以现金以外的其他资产置换取得的长期股权投资，其成本按照换出资产的评估价值加上支付的补价或减去收到的补价，加上换入长期股权投资发生的其他相关支出确定。

③ 以未入账的无形资产取得的长期股权投资，按照评估价值加相关税费作为投资成本。

④ 接受捐赠的长期股权投资，其成本按照有关凭据注明的金额加上相关税费确定；没有相关凭据可供取得，但按规定经过资产评估的，其成本按照评估价值加上相关税费确定；没有相关凭据可供取得也未经资产评估的，其成本比照同类或类似资产的市场价格加上相关税费确定。

⑤ 无偿调入的长期股权投资，其成本按照调出方账面价值加上相关税费确定。

取得长期股权投资时，具体业务的平行账务处理涉及的会计分录如下。

财务会计	预算会计
以现金取得长期股权投资时： 借：长期股权投资（成本法） （或）长期股权投资——成本（权益法） 应收股利［实际支付价款中包含的已宣告但尚未发放的股利或利润］ 贷：银行存款等［实际支付的价款］	借：投资支出［实际支付的价款］ 贷：资金结存——货币资金
收到取得投资时实际支付价款中所包含的已宣告但尚未发放的股利或利润时： 借：银行存款 贷：应收股利	借：资金结存——货币资金 贷：投资支出等
以现金以外的其他资产置换取得长期股权投资时： 参照“库存物品”科目中置换取得库存物品的账务处理	
以未入账的无形资产取得长期股权投资时： 借：长期股权投资 贷：银行存款/其他应交税费 其他收入	借：其他支出［支付的相关税费］ 贷：资金结存
接受捐赠取得长期股权投资时： 借：长期股权投资（成本法） （或）长期股权投资——成本（权益法） 贷：银行存款等［相关税费］ 捐赠收入	借：其他支出［支付的相关税费］ 贷：资金结存
无偿调入长期股权投资时： 借：长期股权投资（权益法） （或）长期股权投资——成本（成本法） 贷：无偿调拨净资产 银行存款等［相关税费］	借：其他支出［支付的相关税费］ 贷：资金结存

2. 长期股权投资持有期间的核算

根据《政府会计准则第2号——投资》的规定，长期股权投资在持有期间，通常应当采用权益法进行核算。政府会计主体无权决定被投资单位的财务和经营政策或无权参与被投资单位的财务和经营政策的，应当采用成本法进行核算。其中，成本法是指投资按照投资成本计量的方法。权益法是指投资最初以投资成本计量，以后根据事业单位在被投资单位所享有的所有者权益份额的变动对投资的账面余额进行调整的方法。

（1）成本法下的长期股权投资持有期间的核算

长期股权投资持有期间，成本法下的会计处理主要可以归纳为：长期股权投资按初始投资成本确认，在被投资单位宣告分派现金股利时，确认投资收益和应收股利，长期股权投资账面余额不予调整。具体业务的平行账务处理涉及的会计分录如下。

财务会计	预算会计
被投资单位宣告发放现金股利或利润时： 借：应收股利 贷：投资收益	不做账务处理
收到被投资单位发放的现金股利时： 借：银行存款 贷：应收股利	借：资金结存——货币资金 贷：投资预算收益

【例 11-22】 1 月 1 日，某事业单位以银行存款出资 300 万元取得 A 公司 20% 的股权，其中包含已宣告但尚未发放的现金股利 5 万元，该单位无权决定被投资单位的财务和经营政策，该项长期股权投资采用成本法核算。3 月 2 日，该公司发放现金股利给该事业单位。12 月 31 日，A 公司宣告分派本年度现金股利 10 万元，该事业单位按持股比例享有 2 万元的现金股利。该事业单位会计应编制如下会计分录。

① 取得长期股权投资时：

财务会计分录：
借：长期股权投资 2 950 000
　　应收股利 50 000
　贷：银行存款 3 000 000

预算会计分录：
借：投资支出 3 000 000
　贷：资金结存——货币资金 3 000 000

② 收到现金股利时：

财务会计分录：
借：银行存款 50 000
　贷：应收股利 50 000

预算会计分录：
借：资金结存——货币资金 50 000
　贷：投资支出 50 000

③ 被投资方分配本年度现金股利时，财务会计分录：
借：应收股利 20 000
　贷：投资收益 20 000

（2）权益法下的长期股权投资持有期间的核算

长期股权投资持有期间，权益法下的会计处理可以归纳为：按照应享有或应分担的被投资单位实现的净损益的份额，确认为投资损益，同时调整长期股权投资的账面余额；按照被投资单位宣告分派的现金股利或利润计算应享有的份额，确认为应收股利，同时减少长期股权投资的账面余额；按照被投资单位除净损益和利润分配以外的所有者权益变动的份额，确认为净资产，同时调整长期股权投资的账面余额。具体业务的平行账务处理涉及的会计分录如下。

财务会计	预算会计
被投资单位实现净利润，按照其份额计算应享有的净收益时： 借：长期股权投资——损益调整 　贷：投资收益 被投资单位发生净亏损的，按照其份额计算应享有的净损失时，做相反的会计分录	不做账务处理
被投资单位发生净亏损，但以后年度又实现净利润的，按规定恢复确认投资收益时： 借：长期股权投资——损益调整 　贷：投资收益	不做账务处理
被投资单位宣告发放现金股利或利润的，按照其份额计算应分配的现金股利或利润时： 借：应收股利 　贷：长期股权投资——损益调整	不做账务处理

续表

财务会计	预算会计
被投资单位除净损益和利润分配以外的所有者权益变动时，按照其份额计算应调整的长期股权投资账面价值时： 借：长期股权投资——其他权益变动 贷：权益法调整 或做相反的会计分录	不做账务处理
权益法下收到被投资单位发放的现金股利时： 借：银行存款 贷：应收股利	借：资金结存——货币资金 贷：投资预算收益

【例 11-23】 某事业单位用银行存款出资 5 000 万元，购买并持有 B 公司 60%的股份，有权决定 B 公司的财务和经营政策，该项长期股权投资采用权益法核算。年末，B 公司实现净利润 50 万元，宣告分派现金股利 10 万元。该事业单位享有被投资方的净利润 30 万元，享有被投资方分派的现金股利 6 万元。该事业单位会计应编制如下会计分录。

① 取得长期股权投资时：

财务会计分录：

借：长期股权投资——成本 50 000 000

贷：银行存款 50 000 000

预算会计分录：

借：投资支出 50 000 000

贷：资金结存——货币资金 50 000 000

② 确认享有的净利润时，财务会计分录：

借：长期股权投资——损益调整 300 000

贷：投资收益 300 000

③ 确认分派的现金股利时，财务会计分录：

借：应收股利 60 000

贷：长期股权投资——损益调整 6 000

3. 成本法与权益法转换的核算

事业单位因追加投资等原因对长期股权投资的核算从成本法改为权益法的，应当按照成本法下“长期股权投资”科目账面余额与追加投资成本的合计金额，借记“长期股权投资”科目（成本），按照成本法下“长期股权投资”科目账面余额，贷记“长期股权投资”科目，按照追加投资的成本，贷记“银行存款”等科目。

事业单位因处置部分长期股权投资等原因而对处置后的剩余股权投资由权益法改按成本法核算的，应当按照权益法下“长期股权投资”科目账面余额作为成本法下“长期股权投资”科目账面余额（成本）。其后，被投资单位宣告分派现金股利或利润时，属于单位已计入投资账面余额的部分，按照应分得的现金股利或利润份额，借记“应收股利”科目，贷记“长期股权投资”科目；属于处置长期股权投资后分派的现金股利，借记“应收股利”，贷记“投资收益”。

4. 处置长期股权投资的核算

（1）出售（转让）长期股权投资的核算

事业单位按照规定报经批准出售（转让）长期股权投资时，应当区分长期股权投资取得方式分别进行处理，包括处置以现金取得的长期股权投资和处置以现金以外的其他资产取得的长期股权投资，具体业务的平行账务处理涉及的会计分录如下。

财务会计	预算会计
处置以现金取得的长期股权投资时： 借：银行存款［实际取得价款］ 投资收益［借差］ 贷：长期股权投资［账面余额］ 应收股利［尚未领取的现金股利或利润］ 银行存款等［支付的相关税费］ 投资收益［贷差］	借：资金结存——货币资金［取得价款扣减支付的相关税费后的金额］ 贷：投资支出/其他结余［投资款］ 投资预算收益
处置以现金以外的其他资产取得的长期股权投资，处置净收入上缴财政的： 借：资产处置费用 贷：长期股权投资 借：银行存款［实际取得价款］ 贷：应收股利［尚未领取的现金股利或利润］ 银行存款等［支付的相关税费］ 应缴财政款［贷差］	借：资金结存——货币资金 贷：投资预算收益［获得的现金股利或利润］
处置以现金以外的其他资产取得的长期股权投资，按照规定投资收益纳入单位预算管理的： 借：资产处置费用 贷：长期股权投资（被处置长期股权投资的账面余额） 借：银行存款［实际取得价款］ 贷：应收股利［尚未领取的现金股利或利润］ 银行存款等［支付的相关税费］ 投资收益［取得价款扣减投资账面余额、应收股利和相关税费后的差额］	借：资金结存——货币资金［取得价款扣减投资账面余额和相关税费后的差额］ 贷：投资预算收益

采用权益法核算的长期股权投资的处置，除进行上述账务处理外，还应结转原直接计入净资产的相关金额，即将“权益法调整”科目累计发生额转入“投资收益”科目。

（2）核销长期股权投资

因被投资单位破产清算等原因，有确凿证据表明长期股权投资发生损失，事业单位按照规定报经批准后予以核销，具体业务的平行账务处理涉及的会计分录如下。

财务会计	预算会计
借：资产处置费用 贷：长期股权投资［账面余额］	不做账务处理

（3）置换换出长期股权投资

事业单位报经批准置换转出长期股权投资时，参照“库存物品”科目中置换换入库存物品的规定进行账务处理。

【例 11-24】 1 月 1 日，某事业单位以银行存款购买取得并持有 C 公司 80%的股份，有权参与 B 公司的财务和经营政策，该项长期股权投资采用权益法核算。12 月 31 日，该事业单位经批准转让持有的 B 公司 60%的股份，获得转让收入 450 万元，款项已存入银行。转让后，该事业单位仅持有 B 公司 20%的股份，不再有权参与 B 公司的财务和经营政策，该项长期股权投资改按成本法核算。股份转让日，该事业单位采用权益法核算的长期股权投资的成本数额为500万元，损益调整借方余额为26万元。转让60%的长期股权投资的成本数额为375万元，损益调整数额为19 500元，转让收益为555 000元。股份转让后，权益法下剩余20%的长期股权投资的成本数额为125万元，损益调整借方余额为65 000元，合计数为1 315 000元。1年后，B公司宣告分派现金股利5万元，该单位享有份额为1万元，属于已计入该事业单位投资账面余额的部分为4 000元，其余6 000元为应当确认的投资收益数额。不考虑相关增值税的计算，该事业单位会计应编制如下会计分录。

① 转让60%的股权时：

财务会计分录：

借：银行存款　　4 500 000

　贷：长期股权投资——成本　　3 750 000

　　　　　　　　——损益调整　　195 000

　　投资收益　　555 000

预算会计分录：

借：资金结存——货币资金　　4 500 000

　贷：投资支出　　3 750 000

　　投资预算收益　　750 000

② 权益法转成本法核算时，财务会计分录：

借：长期股权投资　　1 315 000

　贷：长期股权投资——成本　　1 250 000

　　　　　　　　——损益调整　　65 000

③ 确认分享的现金股利时，财务会计分录：

借：应收股利　　10 000

　贷：长期股权投资　　4 000

　　投资收益　　6 000

11.3 固定资产和在建工程

11.3.1 固定资产的含义和核算

1. 固定资产的含义和确认原则

固定资产是指行政事业单位为满足自身开展业务活动或其他活动需要而控制的，使用年限超过1年（不含1年）、单位价值在规定标准以上，并在使用过程中基本保持原有物质形态的资产。单位价值虽未达到规定标准，但是使用年限超过1年（不含1年）的大批同类物资，如图书、家具、用具、装具等，应当确认为固定资产。固定资产一般分为六类：房屋及构筑物；专用设备；通用设备；文物和陈列品；图书、档案；家具、用具、装具及动植物。行政事业单位控制的公共基础设施、政府储备物资、保障性住房等资产，不属于固定资产。

行政事业单位的固定资产应当按以下条件进行确认：①购入、换入、接受捐赠、无偿调入不需安装的固定资产，在固定资产验收合格时确认；②购入、换入、接受捐赠、无偿调入需要安装的固定资产，在固定资产安装完成交付使用时确认；③自行建造、改建、扩建的固定资产，在建造完成交付使用时确认。

2. 固定资产的核算

行政事业单位应设置“固定资产”总账科目，用于核算固定资产业务。该科目借方登记固定资产原值的增加数，贷方登记处置、报废固定资产原值的减少数，期末借方余额反映固定资产的原值累计余额。该科目应当按照固定资产类别和项目进行明细核算。

行政事业单位进行固定资产核算时，应当考虑以下情况：①购入需要安装的固定资产，应当先通过“在建工程”科目核算，安装完毕交付使用时再转入该科目核算；②以借入、经营租赁租入方式取得的固定资产，不通过该科目核算，应当设置备查簿进行登记；③采用融资租入方式取得的固定资产，通过该科目核算，并在该科目下设置“融资租入固定资产”明细科目；④经批准在境外购买具有所有权的土地，作为固定资产，通过该科目核算；单位应当在该科目下设置“境外土地”明细科目，进行相应明细核算。固定资产取得时涉及增值税业务的，还应进行相应的会计处理。

1）取得固定资产的核算

固定资产在取得时，应当按照成本进行初始计量。行政事业单位应按取得固定资产的方式选择成本计算方法。

① 行政事业单位外购的固定资产，其成本包括购买价款、相关税费及固定资产交付使用前所发生的可归属于该项资产的运输费、装卸费、安装费和专业人员服务费等。以一笔款项购入多项没有单独标价的固定资产，应当按照各项固定资产同类或类似资产市场价格的比例对总成本进行分配，分别确定各项固定资产的成本。

② 行政事业单位自行建造的固定资产，其成本包括该项资产至交付使用前所发生的全部必要支出。在原有固定资产基础上进行改建、扩建、修缮后的固定资产，其成本按照原固定资产账面价值加上改建、扩建、修缮发生的支出，再扣除固定资产被替换部分的账面价值后的金额确定。为建造固定资产借入的专门借款的利息，属于建设期间发生的，计入在建工程成本；不属于建设期间发生的，计入当期费用。已交付使用但尚未办理竣工决算手续的固定资产，应当以暂估价值入账，待办理竣工决算后再按实际成本调整原来的暂估价值。

③ 行政事业单位融资租赁取得的固定资产，其成本按照租赁协议或者合同确定的租赁价款、相关税费及固定资产交付使用前所发生的可归属于该项资产的运输费、途中保险费、安装调试费等确定。按照规定跨年度分期付款购入固定资产的账务处理，参照融资租入固定资产。

④ 接受捐赠的固定资产，其成本按照有关凭据注明的金额加上相关税费、运输费等确定；没有相关凭据可供取得，但按规定经过资产评估的，其成本按照评估价值加上相关税费、运输费等确定；没有相关凭据可供取得也未经资产评估的，其成本比照同类或类似资产的市场价格加上相关税费、运输费等确定；没有相关凭据且未经资产评估、同类或类似资产的市场价格也无法可靠取得的，按照名义金额入账，相关税费、运输费等计入当期费用。如受赠的是旧的固定资产，在确定其初始入账成本时应当考虑该项资产的新旧程度。

⑤ 无偿调入的固定资产，其成本按照调出方账面价值加上相关税费、运输费等确定。

⑥ 通过置换取得的固定资产，其成本按照换出资产的评估价值加上支付的补价或减去收到的补价，加上换入固定资产发生的其他相关支出确定。置换取得的固定资产，参照

“库存物品”科目中置换取得库存物品的相关规定进行账务处理。

取得固定资产时，具体业务的平行账务处理涉及的会计分录如下（涉及增值税业务的，还应进行相应的会计处理）。

财务会计	预算会计
外购不需安装固定资产时： 借：固定资产 贷：财政拨款收入/零余额账户用款额度/应付账款/银行存款等	借：行政支出/事业支出/经营支出等 贷：财政拨款预算收入/资金结存
外购需安装固定资产或自行建造的固定资产，工程完工交付使用时： 借：固定资产 贷：在建工程	不做账务处理
购入固定资产扣留质量保证金的： 借：固定资产［不需安装］/在建工程［需要安装］ 贷：财政拨款收入/零余额账户用款额度/应付账款/银行存款等 其他应付款［扣留期在1年以内（含1年）］/长期应付款［扣留期超过1年］ 质保期满支付质量保证金时： 借：其他应付款/长期应付款 贷：财政拨款收入/零余额账户用款额度/银行存款等	借：行政支出/事业支出/经营支出等［购买固定资产实际支付的金额］ 贷：财政拨款预算收入/资金结存 借：行政支出/事业支出/经营支出等 贷：财政拨款预算收入/资金结存
融资租入（或跨年度分期付款购入）固定资产时： 借：固定资产［不需安装］/在建工程［需安装］ 贷：长期应付款［协议或合同确定的租赁价款］ 财政拨款收入/零余额账户用款额度/银行存款等［实际支付的相关税费、运输费等］ 定期支付租金（或分期付款）时： 借：长期应付款 贷：财政拨款收入/零余额账户用款额度/银行存款等	借：行政支出/事业支出/经营支出等［实际支付的相关税费、运输费等］ 贷：财政拨款预算收入/资金结存 借：行政支出/事业支出/经营支出等 贷：财政拨款预算收入/资金结存
接受捐赠固定资产时： 借：固定资产［不需安装］/在建工程［需安装］ 贷：银行存款/零余额账户用款额度等［发生的相关税费、运输费等］ 捐赠收入［差额］	借：其他支出［支付的相关税费、运输费等］ 贷：资金结存
接受捐赠的固定资产按照名义金额入账时： 借：固定资产［名义金额］ 贷：捐赠收入 借：其他费用 贷：银行存款/零余额账户用款额度等［发生的相关税费、运输费等］	借：其他支出［支付的相关税费、运输费等］ 贷：资金结存
无偿调入固定资产时： 借：固定资产［不需安装］/在建工程［需安装］ 贷：银行存款/零余额账户用款额度等［发生的相关税费、运输费等］ 无偿调拨净资产［差额］	借：其他支出［支付的相关税费、运输费等］ 贷：资金结存
置换取得固定资产时： 参照“库存物品”科目中置换取得库存物品的账务处理	

【例 11-25】　某行政单位通过财政直接支付方式购入一台不需要安装的通用设备，实际支付价款为 85 500 元。该行政单位会计应编制如下会计分录。

财务会计分录：

借：固定资产——通用设备　　85 500

　贷：财政拨款收入　　85 500

预算会计分录：

借：行政支出　　85 500

　贷：财政拨款预算收入　　85 500

【例 11-26】　某事业单位同时购入 A、B、C、三台专用设备，含税价款合计 1 000 万元，运杂费 5 万元，全部通过财政零余额账户支付，假设三台设备 A、B、C 的公允价值分别为 420 万元、380 万元、200 万元，不考虑其他相关税费。该事业单位会计应编制如下会计分录。

A 设备的入账价值=(1 000+5)×420/(420+380+200)= 422.1(万元)

B 设备的入账价值=(1 000+5)×380/(420+380+200)= 381.9(万元)

C 设备的入账价值=(1 000+5)×200/(420+380+200)= 201(万元)

财务会计分录：

借：固定资产——专用设备——A 设备　　4 221 000

　　　　　　——专用设备——B 设备　　3 819 000

　　　　　　——专用设备——C 设备　　2 010 000

　贷：零余额账户用款额度　　100 050 000

预算会计分录：

借：事业支出　　10 050 000

　贷：资金结存　　10 050 000

【例 11-27】　某事业单位购入营业用办公楼一幢，价款 4 000 万元，经验收合格，交付使用，该单位以银行存款支付了上述款项，并按合同扣留质量保证金500 万元（期限为 1 年)。不考虑其他相关税费，该事业单位会计应编制如下会计分录。

财务会计分录：

借：固定资产——房屋及建筑物　　40 000 000

　贷：银行存款　　35 000 000

　　　其他应付款　　5 000 000

预算会计分录：

借：事业支出　　35 000 000

　贷：资金结存　　35 000 000

【例 11-28】　某事业单位从租赁公司融资租入经营用专用设备一台，租赁协议中规定应付租赁费 10 万元，租赁期限 5 年，每年末付款一次；租赁期满后，设备归单位所有。该事业单位租入设备时另发生运杂费 1 000 元，安装费 2 000 元，均以银行存款支付。不考虑其他相关税费，该事业单位会计应编制如下会计分录。

① 融资租入固定资产时：

财务会计分录：

借：固定资产——融资租入固定资产　　103 000

　贷：长期应付款　　100 000

　　　银行存款　　3 000

预算会计分录：

借：经营支出　　3 000

　贷：资金结存　　3 000

② 每年末支付租金时：

财务会计分录：

借：长期应付款　　20 000

　贷：银行存款　　20 000

预算会计分录：

借：经营支出　　20 000

　贷：资金结存——货币资金　　20 000

③ 租赁期满后，财务会计分录：

借：固定资产——专用设备　　103 000

　贷：固定资产——融资租入固定资产　　103 000

【例 11-29】 某事业单位接受上级单位无偿调入专用设备一台，专业设备的相关原始凭证无法获得，也无法取得相关市场价格，只得用名义金额来确定其价值，用银行存款支付相关运费 1 000 元。该事业单位会计应编制如下会计分录。

财务会计分录：

借：固定资产——专用设备　　1

　贷：捐赠收入　　1

借：其他费用　　1 000

　贷：银行存款　　1 000

预算会计分录：

借：其他支出　　1 000

　贷：资金结存——货币资金　　1 000

2）固定资产折旧的含义和核算

（1）固定资产折旧的含义和折旧范围

折旧是指在固定资产的预计使用年限内，按照确定的方法对应计的折旧额进行系统分摊。行政事业单位应当对固定资产计提折旧，但下列各项固定资产除外：文物和陈列品；动植物；图书、档案；单独计价入账的土地；以名义金额计量的固定资产。固定资产应计的折旧额为其成本，计提固定资产折旧时不考虑预计净残值。行政事业单位应当对暂估入账的固定资产计提折旧，实际成本确定后不需调整原已计提的折旧额。

（2）固定资产的折旧年限和折旧方法

我国《政府会计准则第 3 号——固定资产》规定，行政事业单位应当根据相关规定及固定资产的性质和使用情况，合理确定固定资产的使用年限。固定资产的使用年限一经确定，不得随意变更。固定资产因改建、扩建或修缮等原因而延长其使用年限的，应当重新确定固定资产的折旧年限。行政事业单位盘盈、无偿调入、接受捐赠及置换的固定资产，应当考虑该项资产的新旧程度，按照其尚可使用年限计提折旧。在确定固定资产使用年限时，应当考虑以下因素：固定资产预计实现服务潜力或提供经济利益的期限；固定资产预计有形损耗和无形损耗；法律或者类似规定对固定资产使用的限制。

通常情况下，行政事业单位应当按照规定计算固定资产的折旧年限，具体见表 11-2。

表 11-2 政府固定资产折旧年限表

固定资产类别	内容		折旧年限/年
房屋及构筑物	业务及管理用房	钢结构、钢筋混凝土结构	不低于 50
		砖混结构、砖木结构	不低于 30
	简易房、房屋附属设施、构筑物		不低于 8
通用设备	图书档案设备、电气设备、通信设备、广播、电视、电影设备、仪器仪表、电子和通信测量设备、计量标准器具及量具、衡器		不低于 5
	计算机设备、办公设备		不低于 6
	车辆		不低于 8
	机械设备、雷达、无线电和卫星导航设备		不低于 10
专用设备	公安专用设备		3~10
	化学药品和中药专用设备，医疗设备，电工、电子专用生产设备，专用仪器仪表，殡葬设备及用品		5~10
	文艺设备、体育设备、娱乐设备		5~15
	探矿、采矿、选矿和造块设备，石油天然气开采专用设备，石油和化学工业专用设备，炼焦和金属冶炼轧制设备，工程机械、农业和林业机械，木材采集和加工设备，食品加工专用设备，饮料加工设备，烟草加工设备，粮油作物和饲料加工设备，纺织设备，缝纫，服饰，制革和毛皮加工设备，邮政专用设备		10~15
	非金属矿物制品工业专用设备、造纸和印刷机械、安全生产设备、环境污染防治设备、水工机械、水上交通运输设备、航空器及其配套设备、铁路运输设备		10~20
	电力工业专用设备、核工业专用设备、航空航天工业专用设备		20~30
家具、用具及装具	家具		不低于 15
	用具、装具		不低于 5

行政事业单位一般应当采用年限平均法或者工作量法计提固定资产折旧。在确定固定资产的折旧方法时，应当考虑与固定资产相关的服务潜力或经济利益的预期实现方式。固定资产折旧方法一经确定，不得随意变更。

固定资产应当按月计提折旧，并根据用途计入当期费用或者相关资产成本。当月增加的固定资产，当月开始计提折旧；当月减少的固定资产，当月不再计提折旧。固定资产提足折旧后，无论能否继续使用，均不再计提折旧；提前报废的固定资产，也不再补提折旧。已提足折旧的固定资产，可以继续使用的，应当继续使用。

行政事业单位对融资租入的固定资产计提折旧时，应当采用与自有固定资产相一致的折旧政策。能够合理确定租赁期届满时将会取得租入固定资产所有权的，应当在租入固定资产尚可使用年限内计提折旧；无法合理确定租赁期届满时能够取得租入固定资产所有权的，应当在租赁期与租入固定资产尚可使用年限两者中较短的期间内计提折旧。

3）固定资产计提折旧的核算

行政事业单位应设置“固定资产累计折旧”总账科目，用于核算固定资产折旧业务。该科目贷方登记计提的折旧增加数，借方登记因固定资产出售、转让或报废、毁损等原因的折旧的转出数，期末贷方余额反映单位计提的固定资产折旧累计数，该科目应当按照所对应固定资产的明细分类进行明细核算。

行政事业单位按月计提固定资产折旧时，按照应计提折旧金额，借记“业务活动费用”“单位管理费用”“经营费用”“加工物品”“在建工程”等科目，贷记“固定资产累计折旧”科目。经批准处置或处理固定资产时，按照所处置或处理固定资产的账面价值，借记“资产处置费用”“无偿调拨净资产”“待处理财产损溢”等科目，按照已计提折旧，借记“固定资产累计折旧”科目，按照固定资产的账面余额，贷记“固定资产”科目。该业务不涉及预算资金的收付，只编制财务会计分录，不编制预算会计分录。

【例 11-30】 某行政单位对业务活动中使用的固定资产计提折旧 5 万元。该行政单位会计应该编制如下财务会计分录。

借：业务活动费用	50 000	
贷：固定资产累计折旧		50 000

3. 固定资产后续支出的核算

固定资产的后续支出是指固定资产在使用过程中发生的更新改造支出和修理费用等。符合固定资产确认条件的后续支出包括为增加固定资产使用效能或延长其使用年限而发生的改建、扩建等后续支出。不符合固定资产确认条件的后续支出包括为保证固定资产正常使用而发生的日常维修等支出。

对于符合固定资产确认条件的后续支出，通常情况下，将固定资产转入改建、扩建时，按照固定资产的账面价值，借记“在建工程”科目，按照固定资产已计提折旧，借记“固定资产累计折旧”科目，按照固定资产的账面余额，贷记“固定资产”科目（只编制财务会计分录，不编制预算会计分录）。为增加固定资产使用效能或延长其使用年限而发生改建、扩建等后续支出时，借记“在建工程”科目，贷记“财政拨款收入”“零余额账户用款额度”“银行存款”等科目（除了编制财务会计分录，涉及预算资金收支的还需编制预算会计分录）。固定资产改建、扩建等完成交付使用时，按照在建工程成本，借记“固定资产”科目，贷记“在建工程”科目（只编制财务会计分录，不编制预算会计分录）。

对于不符合固定资产确认条件的后续支出，为保证固定资产正常使用发生日常维修等支出时，借记“业务活动费用”“单位管理费用”等科目，贷记“财政拨款收入”“零余额账户用款额度”“银行存款”等科目（除了编制财务会计分录，涉及预算资金收支的还需编制预算会计分录）。

4. 固定资产处置的核算

行政事业单位按规定报经批准出售、转让固定资产或固定资产报废、毁损的，应当将固定资产账面价值转销计入当期费用，并将处置收入扣除相关处置税费后的差额按规定作应缴款项处理（差额为净收益时）或计入当期费用（差额为净损失时）。行政事业单位按规定报经批准以固定资产对外投资的，应当将该固定资产的账面价值予以转销，并将固定资产在对外投资时的评估价值与其账面价值的差额计入当期收入或费用。按照规定报经批准处置固定资产，根据处置方式选择不同的会计处理，固定资产处置时涉及增值税业务的，还应进行相应的会计处理。处置固定资产时，具体业务的平行账务处理涉及的会计分录如下。

财务会计	预算会计
出售、转让固定资产时： 借：资产处置费用 　　固定资产累计折旧 　贷：固定资产［账面余额］ 借：银行存款［处置固定资产收到的价款］ 　贷：应缴财政款 　　　银行存款等［发生的相关费用］	不做账务处理
对外捐赠固定资产时： 借：资产处置费用 　　固定资产累计折旧 　贷：固定资产［账面余额］ 　　　银行存款等［归属于捐出方的相关费用］	按照对外捐赠过程中发生的归属于捐出方的相关费用： 借：其他支出 　贷：资金结存
无偿调出固定资产时： 借：无偿调拨净资产 　　固定资产累计折旧 　贷：固定资产［账面余额］ 借：资产处置费用 　贷：银行存款等［归属于调出方的相关费用］	不做账务处理 借：其他支出 　贷：资金结存
置换换出固定资产： 参照"库存物品"科目中置换取得库存物品的规定进行账务处理	

【例11-31】 某事业单位报经批准出售一项固定资产，该项固定资产的账面余额为5万元，已计提的累计折旧为3万元，账面价值为2万元，出售价款为25 000元，款项已存入银行。按照规定，该项出售价款应当上缴财政。暂不考虑增值税业务，该事业单位会计应编制如下会计分录。

① 转销固定资产账面记录时，财务会计分录：

借：资产处置费用　　20 000
　　固定资产累计折旧　　30 000
　贷：固定资产　　50 000

② 收到出售款项时，财务会计分录：

借：银行存款　　25 000
　贷：应缴财政款　　25 000

5. 固定资产的盘盈、盘亏或毁损、报废的核算

行政事业单位应当定期对固定资产进行清查盘点，每年至少盘点一次。对于发生的固定资产盘盈、盘亏或毁损、报废，应当先记入"待处理财产损溢"科目，按照规定报经批准后及时进行后续账务处理。

盘盈的固定资产，其成本按照有关凭据注明的金额确定；没有相关凭据但按照规定经过资产评估的，其成本按照评估价值确定；没有相关凭据也未经过评估的，其成本按照重置成本确定。如无法采用上述方法确定盘盈固定资产成本的，按照名义金额（人民币1元）入账。盘盈的固定资产，按照确定的入账成本，借记"固定资产"科目，贷记"待处理财产损溢"科目。

盘亏、毁损或报废的固定资产，按照待处理固定资产的账面价值，借记"待处理财产损溢”科目，按照已计提折旧，借记“固定资产累计折旧”科目，按照固定资产的账面余额，贷记“固定资产”科目。

按照规定报经批准后处理时，对于盘盈的非流动资产，如属于本年度取得的，按照当年新取得相关资产进行账务处理；如属于以前年度取得的，按照前期差错处理，借记“待处理财产损溢”科目，贷记“以前年度盈余调整”科目。

【例11-32】 某事业单位年终进行固定资产清查，盘盈复印设备一台，其重置市场价格为9 000元。该复印设备经查是以前年度取得的，报经批准后进行处理。该事业单位会计应编制如下会计分录。

① 盘盈复印设备时，财务会计分录：

借：固定资产——复印设备	9 000	
贷：待处理财产损溢		9 000

② 报经批准，财务会计分录：

借：待处理财产损溢	9 000	
贷：以前年度盈余调整		9 000

【例11-33】 某事业单位年终进行固定资产清查，拟报废打印设备一台。其账面价值为8 000元，已计提折旧5 000元，账面价值为3 000元。经批准，报废的这台设备予以处置。其中，发生清理费用300元，以库存现金支付，收到残值变价收入3 500元，款项已存入银行。处置净收入3 200元按规定上缴财政国库。该事业单位会计应编制如下会计分录。

① 报废设备时，财务会计分录：

借：待处理财产损溢	3 000	
固定资产累计折旧	5 000	
贷：固定资产		8 000

② 经批准报废的设备予以处置时，财务会计分录：

借：资产处置费用	3 000	
贷：待处理财产损溢		3 000

③ 发生清理费用，取得残值变价收入并上缴国库时，财务会计分录：

借：待处理财产损溢	300	
贷：库存现金		300
借：银行存款	3 500	
贷：待处理财产损溢		3 500
借：待处理财产损溢	3 200	
贷：应缴财政款		3 200

11.3.2 在建工程的含义和核算

在建工程是指行政事业单位在建的建设项目工程，也包括在建的信息系统项目工程、公共基础设施项目工程、保障性住房项目工程。

行政事业单位应设置“在建工程”总账科目，用于核算自行建造的固定资产业务。该科目借方登记在建工程成本的增加数，贷方登记在建工程完工后转出成本的金额，期末借方余额反映单位尚未完工的建设项目工程发生的实际成本。该科目应当设置“建筑安装工程投资”“设备投资”“待摊投资”“其他投资”“待核销基建支出”“基建转出投资”等明细科目，并按照具体项目进行明细核算。

1. 工程物资的核算

工程物资是指行政事业单位为在建工程准备的各种物资，包括工程用材料、设备等。行政事业单位应当设置“工程物资”总账科目用于核算工程物资业务，可按照“库存材料”“库存设备”等工程物资类别进行明细核算。工程物资的核算内容包括取得工程物资、领用工程物资、剩余工程物资处置，具体业务的平行账务处理涉及的会计分录如下（涉及增值税业务的，还应进行相应的会计处理）。

财务会计	预算会计
取得工程物资时： 借：工程物资 　贷：财政拨款收入/零余额账户用款额度/银行存款/应付账款/其他应付款等	借：行政支出/事业支出/经营支出等［实际支付的款项］ 　贷：财政拨款预算收入/资金结存
领用工程物资用于在建工程时： 借：在建工程 　贷：工程物资	不做账务处理
剩余工程物资转为存货时： 借：库存物品 　贷：工程物资	不做账务处理

2. 建筑安装工程投资的核算

“在建工程”总账科目下的“建筑安装工程投资”明细科目核算单位发生的构成建设项目实际支出的建筑工程和安装工程的实际成本，不包括被安装设备本身的价值及按照合同规定支付给施工单位的预付备料款和预付工程款。该科目应当设置“建筑工程”和“安装工程”两个明细科目进行核算。“建筑安装工程投资”明细科目的具体业务的平行账务处理涉及的会计分录如下（涉及增值税业务的，还应进行相应的会计处理）。

财务会计	预算会计
将固定资产等转入改建、扩建时： 借：在建工程——建筑安装工程投资 　　固定资产累计折旧等 　贷：固定资产等	不做账务处理
发包工程预付工程款时： 借：预付账款——预付工程款 　贷：财政拨款收入/零余额账户用款额度/银行存款等	借：行政支出/事业支出等 　贷：财政拨款预算收入/资金结存
按照进度结算工程款时： 借：在建工程——建筑安装工程投资 　贷：预付账款——预付工程款 　　财政拨款收入/零余额账户用款额度/银行存款/应付账款等［补付款项］	借：行政支出/事业支出等［补付款项］ 　贷：财政拨款预算收入/资金结存

续表

财务会计	预算会计
自行施工小型建筑安装工程发生支出时： 借：在建工程——建筑安装工程投资 　贷：工程物资/零余额账户用款额度/银行存款/应付职工薪酬等	借：行政支出/事业支出等［实际支付的款项］ 　贷：资金结存等
改扩建过程中替换（拆除）原资产某些组成部分的： 借：待处理财产损溢 　贷：在建工程——建筑安装工程投资	不做账务处理
工程竣工验收交付使用时： 借：固定资产等 　贷：在建工程——建筑安装工程投资	不做账务处理

3. 设备投资的核算

“在建工程”总账科目下的“设备投资”明细科目核算单位发生的构成建设项目实际支出的各种设备的实际成本。“设备投资”明细科目具体业务的平行账务处理涉及的会计分录如下（涉及增值税业务的，还应进行相应的会计处理）。

财务会计	预算会计
购入设备时： 借：在建工程——设备投资 　贷：财政拨款收入/零余额账户用款额度/应付账款/银行存款等	借：行政支出/事业支出等［实际支付的款项］ 　贷：财政拨款预算收入/资金结存
安装完毕，交付使用时： 借：固定资产等 　贷：在建工程——设备投资（设备成本） 　　　　　　——建筑安装工程投资——安装工程	不做账务处理

4. 待摊投资的核算

“在建工程”总账科目下的“待摊投资”明细科目核算单位发生的构成建设项目实际支出的、按照规定应当分摊计入有关工程成本和设备成本的各项间接费用和税费支出。该明细科目应当按照下述费用项目进行明细核算，其中有些费用（如项目建设管理费等），还应当按照更为具体的费用项目进行明细核算。具体包括：①勘察费、设计费、研究试验费、可行性研究费及项目其他前期费用；②土地征用及迁移补偿费、土地复垦及补偿费、森林植被恢复费及其他为取得土地使用权、租用权而发生的费用；③土地使用税、耕地占用税、契税、车船税、印花税及按照规定缴纳的其他税费；④项目建设管理费、代建管理费、临时设施费、监理费、招投标费、社会中介审计（审查）费及其他管理性质的费用（项目建设管理费是指项目建设单位从项目筹建之日起至办理竣工财务决算之日止发生的管理性质的支出，包括不在原单位发工资的工作人员工资及相关费用、办公费、办公场地租用费、差旅交通费、劳动保护费、工具用具使用费、固定资产使用费、招募生产工人费、技术图书资料费（含软件）、业务招待费、施工现场津贴、竣工验收费等）；⑤项目建设期间发生的各类专门借款利息支出或融资费用；⑥工程检测费、设备检验费、负荷联合试车费及其他检验检测类费用；⑦固定资产损失、器材处理亏损、设备盘亏及毁损、单项工程或单位工程报废、毁损净损失及其他损失；⑧系统集成等信息工程的费用支出；⑨其他待摊性质支出。

建设工程发生的构成建设项目发生的“待摊投资”先在本明细科目中归集；建设工程办妥竣工验收手续交付使用时，按照合理的分配方法，摊入相关工程成本、在安装设备成本等。

某项固定资产应分配的待摊投资=该项固定资产的建筑工程成本或该项固定资产（设备）的采购成本和安装成本合计×分配率

待摊投资的分配率的计算，可按照下列公式计算。

① 按照实际分配率分配，用于建设工期较短、整个项目的所有单项工程一次竣工的建设项目。

实际分配率=待摊投资明细科目余额/(建筑工程明细科目余额+安装工程明细科目余额+设备投资明细科目余额)×100%

② 按照概算分配率分配，适用于建设工期长、单项工程分期分批建成投入使用的建设项目。

概算分配率=(概算中各待摊投资项目的合计数-其中可直接分配部分)/(概算中建筑工程、安装工程和设备投资合计)×100%

“待摊投资”明细科目具体业务的平行账务处理涉及的会计分录如下。

财务会计	预算会计
发生构成待摊投资的各类费用时： 借：在建工程——待摊投资 　贷：财政拨款收入/零余额账户用款额度/银行存款/应付利息/长期借款/其他应交税费等	借：行政支出/事业支出等［实际支付的款项］ 　贷：财政拨款预算收入/资金结存
对于建设过程中试生产、设备调试等产生的收入时： 借：银行存款等 　贷：在建工程——待摊投资［按规定冲减工程成本的部分］ 　　应缴财政款/其他收入［差额］	借：资金结存 　贷：其他预算收入
经批准将单项工程或单位工程报废净损失计入继续施工的工程成本时： 借：在建工程——待摊投资（工程成本扣除残料价值和过失人或保险公司等赔款后的净损失） 　银行存款/其他应收款等［残料变价收入、赔款等］ 　贷：在建工程——建筑安装工程投资［毁损报废工程成本］ 注：该情况属于由于自然灾害、管理不善等原因造成的单项工程或单位工程报废或毁损，扣除残料价值和过失人或保险公司等赔款后的净损失，报经批准后计入继续施工的工程成本	不做账务处理
工程交付使用时，按照一定的分配方法进行待摊投资分配时： 借：在建工程——建筑安装工程投资 　　　　　——设备投资 　贷：在建工程——待摊投资	不做账务处理

5. 其他投资的核算

“在建工程”总账科目下的“其他投资”明细科目核算单位发生的构成建设项目实际支

出的房屋购置支出，办公生活用家具、器具购置支出，软件研发和不能计入设备投资的软件购置等支出。单位为进行可行性研究而购置的固定资产，以及取得土地使用权支付的土地出让金，也通过本明细科目核算。本明细科目应当设置“房屋购置”“基本畜禽支出”“林木支出”“办公生活用家具”“器具购置”“可行性研究固定资产购置”“无形资产”等明细科目。“其他投资”明细科目具体业务的平行账务处理涉及的会计分录如下。

财务会计	预算会计
发生其他投资支出时： 借：在建工程——其他投资 　贷：财政拨款收入/零余额账户用款额度/银行存款等	借：行政支出/事业支出等［实际支付的款项］ 　贷：财政拨款预算收入/资金结存
资产交付使用时： 借：固定资产/无形资产等 　贷：在建工程——其他投资	不做账务处理

6. 待核销基建支出的核算

“在建工程”总账科目下的“待核销基建支出”明细科目核算建设项目发生的江河清障、航道清淤、飞播造林、补助群众造林、水土保持、城市绿化、取消项目的可行性研究费及项目整体报废等不能形成资产部分的基建投资支出。“待核销基建支出”明细科目具体业务的平行账务处理涉及的会计分录如下。

财务会计	预算会计
发生各类待核销基建支出时： 借：在建工程——待核销基建支出 　贷：财政拨款收入/零余额账户用款额度/银行存款等	借：行政支出/事业支出等［实际支付的款项］ 　贷：财政拨款预算收入/资金结存
取消的项目发生的可行性研究费时： 借：在建工程——待核销基建支出 　贷：在建工程——待摊投资	不做账务处理
由于自然灾害等原因发生的项目整体报废所形成的净损失时： 借：在建工程——待核销基建支出 　　银行存款/其他应收款等［残料变价收入、保险赔款等］ 　贷：在建工程——建筑安装工程投资等 注：该情况属于由于自然灾害等原因发生的建设项目整体报废所形成的净损失，报经批准后转入待核销基建支出	不做账务处理
经批准冲销待核销基建支出时： 借：资产处置费用 　贷：在建工程——待核销基建支出	不做账务处理

7. 基建转出投资的核算

“在建工程”总账科目下的“基建转出投资”明细科目核算为建设项目配套而建成的、产权不归属本单位的专用设施的实际成本。行政事业单位在建的信息系统项目工程、公共基础设施项目工程、保障性住房项目工程的实际成本，也通过该科目核算。为建设项目配套而建成的、产权不归属本单位的专用设施，在项目竣工验收交付使用时，按照转出的专用设施的成本，借记本科目（基建转出投资），贷记本科目（建筑安装工程投资）；同时，借记“无偿调拨净资产”科目，贷记本科目（基建转出投资）。

【例 11-34】 某事业单位改建一项建筑工程，该建筑工程的账面原价为 70 万元，已计提累计折旧 34 万元，账面价值为 36 万元。该事业单位根据工程进度采用财政直接支付方式支付工程款 40 万元。4 个月后，工程完工并验收交付使用。暂不考虑增值税业务，该事业单位会计应编制如下会计分录。

① 将固定资产转入改建时，财务会计分录：

借：在建工程——建筑安装工程投资　　360 000
　　固定资产累计折旧　　340 000
　贷：固定资产　　700 000

② 根据工程进度支付工程款时：

财务会计分录：		预算会计分录：	
借：在建工程——建筑安装工程投资	400 000	借：事业支出	400 000
贷：财政拨款收入	400 000	贷：财政拨款预算收入	400 000

③ 工程完工并交付使用时，财务会计分录：

借：固定资产　　760 000
　贷：在建工程——建筑安装工程投资　　760 000

【例 11-35】 某事业单位采用发包方式建造一幢办公楼，建设期为 2 年。第 1 年年初，该单位通过财政直接支付方式向某施工企业预付部分工程建造款项 800 万元。第 1 年年末，根据建筑安装工程价款结算账单与施工企业结算部分工程价款，确认应承付工程价款 1 200 万元，扣除预付款项 800 万元后，剩余款项 400 万元通过财政直接支付方式支付。同时，该事业单位通过单位零余额账户支付项目建设管理费等间接费用 10 万元。建筑工程完工后，该事业单位根据建筑安装工程价款结算账单与施工企业结算剩余工程价款，确认应承付工程价款 300 万元，款项全额通过财政直接支付方式支付。同时，该事业单位通过单位零余额账户支付第二年的项目建设管理费及工程检测费等间接费用共计 10 万元。建筑工程验收合格并交付使用，确定的实际成本为 1 520 万元。该事业单位会计应编制如下会计分录。

① 第 1 年年初，向施工企业预付部分工程建造款项时：

财务会计分录：		预算会计分录：	
借：预付账款	8 000 000	借：事业支出	8 000 000
贷：财政拨款收入	8 000 000	贷：财政拨款预算收入	8 000 000

② 第 1 年年末，与施工企业结算部分工程价款时：

财务会计分录：

借：在建工程——建筑安装工程投资　　12 000 000
　贷：财政拨款收入　　4 000 000
　　　预付账款　　8 000 000

预算会计分录：

借：事业支出　　4 000 000
　贷：财政拨款预算收入　　4 000 000

③ 第1年年末，支付项目建设管理费等间接费用时：

财务会计分录：		预算会计分录：	
借：在建工程——待摊投资	100 000	借：事业支出	100 000
贷：零余额账户用款额度	100 000	贷：资金结存	100 000

④ 项目完工时，与施工企业结算剩余工程价款时：

财务会计分录：

借：在建工程——建筑安装工程投资 3 000 000

贷：财政拨款收入 3 000 000

预算会计分录：

借：事业支出 3 000 000

贷：财政拨款预算收入 3 000 000

⑤ 支付第二年项目建设管理费及工程检测费等间接费用时：

财务会计分录：		预算会计分录：	
借：在建工程——待摊投资	100 000	借：事业支出	100 000
贷：零余额账户用款额度	100 000	贷：资金结存	100 000

⑥ 分摊待摊投资时，财务会计分录：

借：在建工程——建筑安装工程投资 200 000

贷：在建工程——待摊投资 200 000

⑦ 建筑工程验收合格并交付使用时，财务会计分录：

借：固定资产 15 200 000

贷：在建工程——建筑安装工程投资 15 200 000

11.4 无形资产和研发支出

11.4.1 无形资产的含义和核算

1. 无形资产的含义和确认

无形资产是指行政事业单位控制的没有实物形态的可辨认非货币性资产，如专利权、商标权、著作权、土地使用权、非专利技术等。行政事业单位购入的不构成相关硬件不可缺少组成部分的软件，应当确认为无形资产；自创商誉及内部产生的品牌、报刊名等，不应确认为无形资产。资产满足下列条件之一的，符合无形资产定义中的可辨认性标准，应当确认为无形资产：①能够从政府会计主体中分离或者划分出来，并能单独或者与相关合同、资产或负债一起，用于出售、转移、授予许可、租赁或者交换；②源自合同性权利或其他法定权利，无论这些权利是否可以从政府会计主体或其他权利和义务中转移或者分离。

非大批量购入、单价小于1 000元的无形资产，可以于购买的当期将其成本直接计入当期费用。

2. 无形资产的核算

行政事业单位应设置“无形资产”总账科目，用于核算无形资产业务。该科目核算单位无形资产的原值，借方登记无形资产成本的增加数，贷方登记无形资产成本的转出数，期末借方余额反映无形资产成本的累计余额。该科目应当按照无形资产的类别、项目等进行明细核算。

1）取得无形资产的核算

无形资产在取得时，应当按照成本进行初始计量。无形资产按照取得方式，选择不同的成本计算方法。

① 外购的无形资产，其成本包括购买价款、相关税费及可归属于该项资产达到预定用途前所发生的其他支出。

② 接受捐赠的无形资产，其成本按照有关凭据注明的金额加上相关税费确定；没有相关凭据可供取得，但按规定经过资产评估的，其成本按照评估价值加上相关税费确定；没有相关凭据可供取得也未经资产评估的，其成本比照同类或类似资产的市场价格加上相关税费确定；没有相关凭据且未经资产评估、同类或类似资产的市场价格也无法可靠取得的，按照名义金额入账，相关税费计入当期费用。确定接受捐赠无形资产的初始入账成本时，应当考虑该项资产尚可为行政事业单位带来服务潜力或经济利益的能力。

③ 无偿调入的无形资产，其成本按照调出方账面价值加上相关税费确定。

取得无形资产时，具体业务的平行账务处理涉及的会计分录如下（涉及增值税业务的，还应进行相应的会计处理）。

财务会计	预算会计
外购的无形资产入账时： 借：无形资产 贷：财政拨款收入/零余额账户用款额度/应付账款/银行存款等	借：行政支出/事业支出/经营支出等 贷：财政拨款预算收入/资金结存
委托软件公司开发的软件，按照合同约定预付开发费时： 借：预付账款 贷：财政拨款收入/零余额账户用款额度/银行存款等	借：行政支出/事业支出/经营支出等［预付的款项］ 贷：财政拨款预算收入/资金结存
委托开发的软件交付使用，并支付剩余或全部软件开发费用时： 借：无形资产［开发费总额］ 贷：预付账款 财政拨款收入/零余额账户用款额度/银行存款等［支付的剩余款项］	按照支付的剩余款项金额 借：行政支出/事业支出/经营支出等 贷：财政拨款预算收入/资金结存
自行开发的无形资产，开发完成，达到预定用途形成无形资产时： 借：无形资产 贷：研发支出——开发支出	不做账务处理
自行研究开发的无形资产尚未进入开发阶段，或者确实无法区分研究阶段支出和开发阶段支出，但按照法律程序已申请取得无形资产时： 借：无形资产［依法取得时发生的注册费、聘请律师费等费用］ 贷：财政拨款收入/零余额账户用款额度/银行存款等	借：行政支出/事业支出/经营支出等 贷：财政拨款预算收入/资金结存

续表

财务会计	预算会计

接受捐赠的无形资产时：
借：无形资产
  贷：银行存款/零余额账户用款额度等［发生的相关税费等］
    捐赠收入［差额］
	借：其他支出［支付的相关税费等］
	  贷：资金结存

接受捐赠的无形资产按照名义金额入账时：
借：无形资产［名义金额］
  贷：捐赠收入
借：其他费用
  贷：银行存款/零余额账户用款额度等［发生的相关税费等］
	借：其他支出［支付的相关税费等］
	  贷：资金结存

无偿调入无形资产时：
借：无形资产
  贷：银行存款/零余额账户用款额度等［发生的相关税费等］
    无偿调拨净资产［差额］
	借：其他支出［支付的相关税费等］
	  贷：资金结存

置换取得的无形资产时： 参照“库存物品”科目中置换取得库存物品的相关规定进行账务处理	

【例 11-36】 某行政单位委托 A 软件公司开发软件。该行政单位按合同约定向 A 软件公司预付开发费用 3 万元，款项通过财政直接支付的方式支付。三个月后，软件开发完成并交付使用，该行政单位通过财政直接支付的方式向 A 软件公司支付剩余合同款项 5 万元。该软件开发费用总额为 8 万元。该行政单位会计应编制如下会计分录。

① 向软件公司预付开发费用时：

财务会计分录：

借：预付账款 30 000
  贷：财政拨款收入 30 000

预算会计分录：

借：行政支出 30 000
  贷：财政拨款预算收入 30 000

② 软件开发完成交付使用并支付剩余款项时：

财务会计分录：

借：无形资产 80 000
  贷：预付账款 30 000
    财政拨款收入 50 000

预算会计分录：

借：行政支出 50 000
  贷：财政拨款预算收入 50 000

【例 11-37】 某事业单位按照法定程序申请取得一项无形资产，依法取得该项无形资产时发生注册费 4 800 元，款项以银行存款支付。该事业单位会计应编制如下会计分录。

财务会计分录：

借：无形资产 4 800
  贷：银行存款 4 800

预算会计分录：

借：事业支出 4 800
  贷：资金结存 4 800

2）无形资产摊销的核算

（1）无形资产摊销的含义和摊销年限

无形资产摊销，是指在无形资产使用年限内，按照确定的方法对应摊销金额进行系统分摊。行政事业单位应当对使用年限有限的无形资产进行摊销，但已摊销完毕仍继续使用的无形资产和以名义金额计量的无形资产除外。使用年限不确定的无形资产不应摊销。

行政事业单位应当于取得或形成无形资产时合理确定其使用年限。无形资产的使用年限为有限的，应当估计该使用年限。无法预见无形资产为行政事业单位提供服务潜力或者带来经济利益期限的，应当视为使用年限不确定的无形资产。

根据《政府会计准则第 4 号——无形资产》的规定，对于使用年限有限的无形资产，行政事业单位应当按照以下原则确定无形资产的摊销年限：①法律规定了有效年限的，按照法律规定的有效年限作为摊销年限；②法律没有规定有效年限的，按照相关合同或单位申请书中的受益年限作为摊销年限；③法律没有规定有效年限、相关合同或单位申请书也没有规定受益年限的，应当根据无形资产为行政事业单位带来服务潜力或经济利益的实际情况，预计其使用年限。

（2）无形资产摊销的核算

行政事业单位应当采用年限平均法或者工作量法对无形资产进行摊销，应摊销金额为其成本，不考虑预计残值。行政事业单位应当按月对使用年限有限的无形资产进行摊销，并根据用途计入当期费用或者相关资产成本。因发生后续支出而增加无形资产成本的，对于使用年限有限的无形资产，应当按照重新确定的无形资产成本及重新确定的摊销年限计算摊销额。

行政事业单位应设置“无形资产累计摊销”总账科目，用于核算无形资产摊销业务。该科目贷方登记按月计提的摊销金额，借方登记转出的摊销金额，期末贷方余额反映单位计提的无形资产摊销累计数；该科目应当按照所对应无形资产的明细分类进行明细核算。

行政事业单位按月对无形资产进行摊销时，按照应摊销金额，借记“业务活动费用”“单位管理费用”“加工物品”“在建工程”等科目，贷记该科目。经批准处置无形资产时，按照所处置无形资产的账面价值，借记“资产处置费用”“无偿调拨净资产”“待处理财产损溢”等科目，按照已计提摊销，借记该科目，按照无形资产的账面余额，贷记“无形资产”科目。

【例 11-38】 某行政单位对一项无形资产进行摊销，该无形资产为单位履职活动中使用的无形资产，摊销金额 8 000 元计入单位业务活动费用。该行政单位会计应编制如下财务会计分录。

借：业务活动费用	8 000	
贷：无形资产累计摊销		8 000

3）无形资产后续支出的核算

按照是否符合无形资产的确认条件，无形资产的后续支出区分为：①符合无形资产确认条件的后续支出，一般为增加无形资产的使用效能而对其进行升级改造或扩展其功能发生的支出；②不符合无形资产确认条件的后续支出，一般为保证无形资产正常使用而发生的日常维护等支出。

对于符合无形资产确认条件的后续支出，如需暂停对无形资产进行摊销的，按照无形资产的账面价值，借记“在建工程”科目，按照无形资产已摊销金额，借记“无形资产累计摊销”科目，按照无形资产的账面余额，贷记“无形资产”科目（只编制财务会计分录，不编制预算会计分录）。无形资产后续支出符合无形资产确认条件的，按照支出的金额，借记“无形资产”科目［无需暂停摊销的］或“在建工程”科目［需暂停摊销的］，贷记“财政拨款收入”“零余额账户用款额度”“银行存款”等科目（除了编制财务会计分录，涉及预算资金收支的还需编制预算会计分录）。暂停摊销的无形资产升级改造或扩展功能等完成交付使用时，按照在建工程成本，借记“无形资产”科目，贷记“在建工程”科目（只编制财务会计分录，不编制预算会计分录）。

对于不符合无形资产确认条件的后续支出，为保证无形资产正常使用发生日常维护等支出时，借记“业务活动费用”“单位管理费用”等科目，贷记“财政拨款收入”“零余额账户用款额度”“银行存款”等科目（除了编制财务会计分录，涉及预算资金收支的还需编制预算会计分录）。

4）无形资产处置的核算

无形资产处置，是指行政事业单位按规定报经批准出售、转让、捐赠、无偿调出、置换换出无形资产。按照处置方式不同，无形资产处置具体业务的平行账务处理涉及的会计分录如下（涉及增值税业务的，还应进行相应的会计处理）。

财务会计	预算会计
出售、转让无形资产时： 借：资产处置费用 无形资产累计摊销 贷：无形资产	不做账务处理
借：银行存款等［收到的价款］ 贷：银行存款等［发生的相关费用］ 应缴财政款/其他收入	如转让收入按照规定纳入本单位预算： 借：资金结存 贷：其他预算收入
对外捐赠无形资产时： 借：资产处置费用 无形资产累计摊销 贷：无形资产［账面余额］ 银行存款等［归属于捐出方的相关费用］	借：其他支出［归属于捐出方的相关费用］ 贷：资金结存
无偿调出无形资产时： 借：无偿调拨净资产 无形资产累计摊销 贷：无形资产［账面余额］ 借：资产处置费用 贷：银行存款等［相关费用］	借：其他支出［归属于调出方的相关费用］ 贷：资金结存
置换换出无形资产时： 参照“库存物品”科目中置换取得库存物品的规定进行账务处理	
无形资产预期不能为单位带来服务潜力或经济利益，经批准核销无形资产时： 借：资产处置费用 无形资产累计摊销 贷：无形资产［账面余额］	不做账务处理

【例 11-39】 某行政单位的某项无形资产预期已经不能再为单位带来服务潜力，按照规定报经批准核销。该项无形资产的账面余额为 28 万元，已计提累计摊销为 26 万元，账面价值为 2 万元。该行政单位会计应编制如下会计分录。

借：资产处置费用　　　　　　　　　　20 000
　　无形资产累计摊销　　　　　　　　260 000
　贷：无形资产　　　　　　　　　　　　280 000

【例 11-40】 某事业单位报经批准无偿调出一项无形资产。该项无形资产的原价为 56 万元，已计提摊销 25 万元，账面价值为 31 万元。调出过程中，事业单位通过单位的零余额账户支付其他相关费用 3 000 元。该事业单位会计应编制如下会计分录。

① 经批准无偿调出无形资产时，财务会计分录：

借：无偿调拨净资产　　　　　　　　310 000
　　无形资产累计摊销　　　　　　　250 000
　贷：无形资产　　　　　　　　　　　　560 000

② 支付相关费用时：

财务会计分录：		预算会计分录：	
借：资产处置费用	3 000	借：其他支出	3 000
贷：零余额账户用款额度	3 000	贷：资金结存	3 000

11.4.2　研发支出的含义和核算

按照《政府会计准则第 4 号——无形资产》的规定，政府会计主体自行研究开发项目的支出，应当区分研究阶段支出与开发阶段支出。研究是指为获取并理解新的科学或技术知识而进行的独创性的有计划调查。开发是指在进行生产或使用前，将研究成果或其他知识应用于某项计划或设计，以生产出新的或具有实质性改进的材料、装置、产品等。政府会计主体自行研究开发项目研究阶段的支出，应当于发生时计入当期费用。政府会计主体自行开发的无形资产，其成本包括自该项目进入开发阶段至达到预定用途前所发生的支出总额。

行政事业单位应设置“研发支出”总账科目用于核算研发支出业务，该科目借方登记研究开发项目研究阶段和开发阶段发生的各项支出，贷方登记期末研究阶段支出转入费用或项目开发完成后转入无形资产的金额，期末借方余额反映单位预计能达到预定用途的研究开发项目在开发阶段发生的累计支出数。该科目应当按照自行研究开发项目，分“研究支出”“开发支出”进行明细核算。

行政事业单位自行研究开发无形资产时，具体业务的平行账务处理涉及的会计分录如下（涉及增值税业务的，还应进行相应的会计处理）。

财务会计	预算会计
研究阶段的支出： 按照合理的方法先归集支出时： 借：研发支出——研究支出 　贷：应付职工薪酬 　　　库存物品 　　　财政拨款收入/零余额账户用款额度/银行存款等 期（月）末转入当期费用时：	借：事业支出/经营支出等［实际支付的款项］ 　贷：财政拨款预算收入/资金结存

续表

财务会计	预算会计
借：业务活动费用等 　贷：研发支出——研究支出	不进行账务处理
开发阶段的支出： 借：研发支出——开发支出 　贷：应付职工薪酬 　　库存物品 　　财政拨款收入/零余额账户用款额度/银行存款等	借：事业支出/经营支出等［实际支付的款项］ 　贷：财政拨款预算收入/资金结存
自行研究开发项目完成，达到预定用途形成无形资产时： 借：无形资产 　贷：研发支出——开发支出	不进行账务处理
年末经评估，研发项目预计不能达到预定用途时： 借：业务活动费用等 　贷：研发支出——开发支出	不进行账务处理

【例 11-41】 某事业单位自行开展研究开发活动。在研究阶段，计提从事研究活动人员的薪酬共计 12 万元。当年末，将发生的研究阶段支出合计 23 万元转入业务活动费用。次年初经论证和批准，相应研发活动进入开发阶段。在开发阶段，计提从事开发活动人员的薪酬共计 18 万元。半年后，开发项目完成，形成一项无形资产，开发成本合计为 35 万元。该事业单位会计应编制如下会计分录。

① 计提从事研究活动人员的薪酬时，财务会计分录：

借：研发支出——研究支出　　120 000

　贷：应付职工薪酬　　120 000

② 结转研究阶段支出时，财务会计分录：

借：业务活动费用　　230 000

　贷：研发支出——研究支出　　230 000

③ 计提从事开发活动人员的薪酬时，财务会计分录：

借：研发支出——开发支出　　180 000

　贷：应付职工薪酬　　180 000

④ 开发项目完成并形成一项无形资产时，财务会计分录：

借：无形资产　　350 000

　贷：研发支出——开发支出　　350 000

11.5 公共基础设施和政府储备物资

11.5.1 公共基础设施的含义和核算

1. 公共基础设施的含义和确认

公共基础设施，是指政府会计主体为满足社会公共需求而控制的，同时具有以下特征的有形资产：是一个有形资产系统或网络的组成部分；具有特定用途；一般不可移动。

公共基础设施主要包括市政基础设施（如城市道路、桥梁、隧道、公交场站、路灯、广场、公园绿地、室外公共健身器材，以及环卫、排水、供水、供电、供气、供热、污水处理、垃圾处理系统等）、交通基础设施（如公路、航道、港口等）、水利基础设施（如大坝、堤防、水闸、泵站、渠道等）和其他公共基础设施。按照规定，独立于公共基础设施、不构成公共基础设施使用不可缺少组成部分的管理维护用房屋建筑物、设备、车辆等，不属于政府会计主体的公共基础设施，而属于政府会计主体的固定资产。

对应自建或者外购的公共基础设施，政府会计主体应当在该项公共基础设施验收合格并交付使用时确认，对于无偿调入、接受捐赠的公共基础设施，政府会计主体应当承担该项公共基础设置管理维护职责时，由管理维护的单位确认。

2. 公共基础设施的核算

行政事业单位应设置"公共基础设施"总账科目用于核算公共基础设施业务，该科目借方登记确认的公共基础设施原值的增加额，贷方登记公共基础设施原值的减少额，期末借方反映累计的公共基础设施的原值。该科目应当按照公共基础设施的类别、项目等进行明细核算。单位应当根据行业主管部门对公共基础设施的分类规定，制定适合于本单位管理的公共基础设施目录、分类方法，作为进行公共基础设施核算的依据。

（1）取得公共基础设施的核算

公共基础设施在取得时，应当按照其成本入账。

① 外购的公共基础设施，其成本包括购买价款、相关税费及公共基础设施交付使用前所发生的可归属于该项资产的运输费、装卸费、安装费和专业人员服务费等。

② 自行建造的公共基础设施，其成本包括完成批准的建设内容所发生的全部必要支出，包括建筑安装工程投资支出、设备投资支出、待摊投资支出和其他投资支出，为建造公共基础设施借入的专门借款的利息，属于建设期间发生的，计入该公共基础设施在建工程成本；不属于建设期间发生的，计入当期费用。

③ 接受其他会计主体无偿调入的公共基础设施，其成本按照该项公共基础设施在调出方的账面价值加上归属于调入方的相关费用确定。

④ 接受捐赠的公共基础设施，其成本按照有关凭据注明的金额加上相关费用确定；没有相关凭据可供取得，但按规定经过资产评估的，其成本按照评估价值加上相关费用确定；没有相关凭据可供取得也未经资产评估的，其成本比照同类或类似资产的市场价格加上相关费用确定。如受赠的是旧的公共基础设施，在确定其初始入账成本时应当考虑该项资产的新旧程度。

⑤ 对于成本无法可靠取得的公共基础设施，单位应当设置备查簿进行登记，待成本能够可靠确定后按照规定及时入账。

行政事业单位取得公共基础设施时，具体业务的平行账务处理涉及的会计分录如下（涉及增值税业务的，还应进行相应的会计处理）。

财务会计	预算会计
自行建造公共基础设施完工交付使用时： 借：公共基础设施 　贷：在建工程 （已交付使用但尚未办理竣工决算手续的公共基础设施，按照估计价值入账，待办理竣工决算后再按照实际成本调整原来的暂估价值）	不进行账务处理

续表

财务会计	预算会计
接受无偿调入的公共基础设施时： 借：公共基础设施 贷：无偿调拨净资产 财政拨款收入/零余额账户用款额度/银行存款等［发生的归属于调入方的相关费用］ 如无偿调入的公共基础设施成本无法可靠取得时： 借：其他费用［发生的归属于调入方的相关费用］ 贷：财政拨款收入/零余额账户用款额度/银行存款等	借：其他支出［支付的归属于调入方的相关费用］ 贷：财政拨款预算收入/资金结存
接受捐赠的公共基础设施时： 借：公共基础设施 贷：捐赠收入 财政拨款收入/零余额账户用款额度/银行存款等［发生的归属于捐入方的相关费用］ 如接受捐赠的公共基础设施成本无法可靠取得时： 借：其他费用［发生的归属于捐入方的相关费用］ 贷：财政拨款收入/零余额账户用款额度/银行存款等	借：其他支出［支付的归属于受赠方的相关费用］ 贷：财政拨款预算收入/资金结存
外购公共基础设施时： 借：公共基础设施 贷：财政拨款收入/零余额账户用款额度/应付账款/银行存款等	借：行政支出/事业支出 贷：财政拨款预算收入/资金结存

【例 11-42】 某行政单位接受其他单位无偿调入一项公共基础设施，该项公共基础设施在调出方的账面价值为 70 万元。调入过程中，该行政单位通过财政直接支付方式支付相关费用 5 000 元。该行政单位会计应编制如下会计分录。

财务会计分录：

借：公共基础设施　　705 000

　贷：财政拨款收入　　5 000

　　　无偿调拨净资产　　700 000

预算会计分录：

借：其他支出　　5 000

　贷：资金结存　　5 000

（2）公共基础设施的折旧或摊销的核算

公共基础设施折旧是指在公共基础设施的预计使用年限内，按照确定的方法对应计的折旧额进行系统分摊。公共基础设施应计的折旧额为其成本，计提公共基础设施折旧时不考虑预计净残值。政府会计主体应当对暂估入账的公共基础设施计提折旧，实际成本确定后不需调整原已计提的折旧额。

行政事业单位应当根据公共基础设施的性质和使用情况，合理确定公共基础设施的折旧年限。使用年限是指政府主体单位使用公共基础设施预计实现服务潜力或提供经济利益的期限。公共基础设施的折旧年限一经确定，不得随意变更。但因改建、扩建等原因而延长公共基础设施使用年限的，应当按照重新确定的公共基础设施的成本和重新确定的折旧年限计算折旧额，不需调整原已计提的折旧额。行政事业单位确定公共基础设施的折旧年限时，应当考虑下列因素：①设计使用年限或设计基准期；②预计实现服务潜力或提供经济利益的期限；③预计有形损耗和无形损耗；④法律或者类似规定对资产使用的限制。对于接受无偿调入、捐赠的公共基础设施，应当考虑该项资产的新旧程度，按照其尚可使用年限计提折旧。

行政事业单位应对所有公共基础设施计提折旧，但下列各项公共基础设施不计提折旧：①政府会计主体支出进行良好维护使得其性能得到永久维持的公共基础设施；②处于改建、扩建等建造活动期间和因大修理而停用的公共基础设施；③已提足折旧仍继续使用的公共基础设施；④对于提前报废的公共基础设施。

行政事业单位一般应当采用年限平均法或者工作量法计提公共基础设施折旧。折旧方法一经确定，不得随意变更。公共基础设施应当按月计提折旧，并计入当期费用。当月增加的公共基础设施，当月开始计提折旧；当月减少的公共基础设施，当月不再计提折旧。已提足折旧的公共基础设施，可以继续使用的应当继续使用，并规范实物管理。

行政事业单位应设置“公共基础设施累计折旧（摊销）”总账科目用于核算公共基础设施折旧或摊销业务。该科目贷方登记按月计提的公共基础设施累计折旧（摊销）的金额，借方登记转销的公共基础设施累计折旧（摊销）的金额，期末贷方余额反映单位提取的公共基础设施折旧和摊销的累计数。该科目应当按照所对应公共基础设施的明细分类进行明细核算。

单位按月计提公共基础设施折旧时，按照应计提的折旧额，借记“业务活动费用”科目，贷记该科目。按月对确认为公共基础设施的单独计价入账的土地使用权进行摊销时，按照应计提的摊销额，借记“业务活动费用”科目，贷记该科目。处置公共基础设施时，按照所处置公共基础设施的账面价值，借记“资产处置费用”“无偿调拨净资产”“待处理财产损溢”等科目，按照已提取的折旧和摊销，借记该科目，按照公共基础设施账面余额，贷记“公共基础设施”科目。

【例 11-43】 某行政单位对一项公共基础设施计提折旧 12 万元。该行政单位会计应编制如下财务会计分录。

借：业务活动费用　　120 000

　贷：公共基础设施累计折旧（摊销）　　120 000

（3）公共基础设施的后续支出核算

公共基础设施的后续支出，是指为了增加基础设施使用效能或延长其使用年限而发生的改建、扩建等后续支出。公共基础设施的后续支出，符合公共基础设施确认条件的，应当计入公共基础设施成本；为维护公共基础设置上的正常使用而发生的日常维护、养护等后续支出，不符合公共基础设施确认条件的，应当在发生时计入当期费用。

在原有公共基础设施基础上进行改建、扩建等建造活动后的公共基础设施，其成本按照原公共基础设施账面价值加上改建、扩建等建造活动发生的支出，再扣除基础设施被替换部分的账面价值后的金额确定。

将公共基础设施转入改建、扩建时，按照公共基础设施的账面价值，借记“在建工程”科目，按照公共基础设施已计提折旧，借记“公共基础设施累计折旧（摊销）”科目，按照公共基础设施的账面余额，贷记“公共基础设施”科目。为增加公共基础设施使用效能或延长其使用年限而发生的改建、扩建等后续支出，借记“在建工程”科目，贷记“财政拨款收入”“零余额账户用款额度”“银行存款”等科目（除了编制财务会计分录，涉及预算资金收支的，还需编制预算会计分录）。公共基础设施改建、扩建完成，竣工验收交付使用时，按照在建工程成本，借记“公共基础设施”科目，贷记“在建工程”科目。

为保证公共基础设施正常使用发生的日常维修等支出，借记“业务活动费用”“单位管理费用”等科目，贷记“财政拨款收入”“零余额账户用款额度”“银行存款”等科目。

【例 11-44】 某行政单位对一项公共基础设施进行改建、扩建，该项公共基础设施的账面余额为 45 万元，已计提折旧 23 万元，账面价值为 22 万元。通过财政直接支付方式支付改建、扩建过程中发生的支出 30 万元。改建、扩建半年后，工程完工并交付使用。该行政单位会计应编制如下会计分录。

① 将公共基础设施转入改建、扩建时，财务会计分录：

借：在建工程　　220 000
　　公共基础设施累计折旧（摊销）　　230 000
　贷：公共基础设施　　450 000

② 支付改建、扩建工程款项时：

财务会计分录：			预算会计分录：		
借：在建工程	300 000		借：行政支出	300 000	
贷：财政拨款收入		300 000	贷：财政拨款预算收入		300 000

③ 工程完工并交付使用时，财务会计分录：

借：公共基础设施　　520 000
　贷：在建工程　　520 000

【例 11-45】 某行政单位对一项公共基础设施进行日常维修，通过财政授权支付方式支付相应的维修支出 13 000 元。该行政单位会计应编制如下会计分录。

财务会计分录：			预算会计分录：		
借：业务活动费用	13 000		借：行政支出	300 000	
贷：零余额账户用款额度		13 000	贷：资金结存		300 000

（4）公共基础设施处置的核算

公共基础设施处置是指行政事业单位按照规定报经批准无偿调出、对外捐赠公共基础设施。应当将公共基础设施的账面价值予以转销，对外捐赠、无偿调出过程中发生的归属于捐出方或调出方的相关费用应计入当期费用。行政事业单位按照规定报经批准处置公共基础设施时，具体业务的平行账务处理涉及的会计分录如下。

财务会计	预算会计
对外捐赠公共基础设施时： 借：资产处置费用 　　公共基础设施累计折旧（摊销） 　贷：公共基础设施［账面余额］ 　　　银行存款等［归属于捐出方的相关费用］	借：其他支出［支付的归属于捐出方的相关费用］ 　贷：资金结存等
无偿调出公共基础设施时： 借：无偿调拨净资产 　　公共基础设施累计折旧（摊销） 　贷：公共基础设施［账面余额］ 借：资产处置费用 　贷：银行存款等［归属于调出方的相关费用］	借：其他支出［支付的归属于调出方的相关费用］ 　贷：财政拨款预算收入/资金结存

（5）公共基础设施的盘盈、盘亏或毁损、报废的核算

行政事业单位应当定期对公共基础设施进行清查盘点。对于发生的公共基础设施盘盈、

盘亏、毁损或报废，应当先记入“待处理财产损溢”科目，按照规定报经批准后及时进行后续账务处理。

盘盈的公共基础设施，按照确定的入账成本，借记该科目，贷记“待处理财产损溢”科目。盘盈的公共基础设施的成本按照有关凭据注明的金额确定；没有相关凭据但按照规定经过资产评估的，其成本按照评估价值确定；没有相关凭据也未经过评估的，其成本按照重置成本确定。盘盈的公共基础设施成本无法可靠取得的，单位应当设置备查簿进行登记，待成本确定后按照规定及时入账。

盘亏的公共基础设施，按照确定的入账成本，借记“公共基础设施”科目，贷记“待处理财产损溢”科目。盘亏、毁损或报废的公共基础设施，按照待处置公共基础设施的账面价值，借记“待处理财产损溢”科目，按照已计提折旧或摊销，借记“公共基础设施累计折旧（摊销）”科目，按照公共基础设施的账面余额，贷记“公共基础设施”科目。

按照规定，公共基础设施报废或遭受重大毁损的，政府会计主体应当在报经批准后将公共基础设施账面价值予以转销，并将报废、毁损过程中取得的残值变价收入扣除相关费用后的差额按规定做应缴款项处理（差额为净收益时）或计入当期费用（差额为净损失时）。

公共基础设施预期不能为政府会计主体带来服务潜力或者经济利益的，应当在报经批准后将该公共基础设置的账面价值予以转销，借记“资产处置费用”，贷记“待处理财产损溢”。

【例 11-46】 某行政单位经批准报废一批公共照明设施，其账面余额为 42 万元，已提折旧 40 万元；半个月后，获得批准报废该批公共照明设施。该行政单位会计应编制如下会计分录。

① 准备报废该批公共照明设施时，财务会计分录。

借：待处理财产损溢	20 000	
公共基础设施累计折旧	400 000	
贷：公共基础设施		420 000

② 获得批准报废该批公共照明设施时，财务会计分录：

借：资产处置费用	20 000	
贷：待处理财产损溢		20 000

11.5.2　政府储备物资的含义和核算

1. 政府储备物资的含义和确认

政府储备物资是指行政事业单位为满足实施国家安全与发展战略、进行抗灾救灾应对公共突发事件等特定公共需求而控制的，同时具有下列特征的有形资产：在应对可能发生的特定事件或情形时动用；其购入、存储保管、更新（轮换）等由政府及相关部门发布的专门管理制度规范。

政府储备物资包括战略及能源物资、抢险抗灾救灾物资、农产品、医药物资和其他重要商品物资，通常情况下由政府会计主体委托承储单位存储。对于企业及纳入企业财务管理体系的事业单位接受政府委托收储并按企业会计准则核算的储备物资，不属于政府储备物资，作为受托代理资产核算。行政事业单位在开展业务活动及其他活动中为耗用或出售而储存的资产属于存货，不属于政府储备物资。

通常情况下，政府储备物资应当由按规定对其负有行政管理职责的政府会计主体予以确认。

行政管理职责主要指提出或拟定收储计划、更新（轮换）计划、动用方案等。相关行政管理职责由不同政府会计主体行使的政府储备物资，由负责提出收储计划的政府会计主体予以确认。

2. 政府储备物资的核算

行政事业单位应设置“政府储备物资”总账科目用于核算政府储备物资，该科目借方登记购入的政府储备物资成本的增加额，贷方登记发出政府储备物资成本的减少额，期末余额反映累计的政府储备物资成本的余额。该科目应当按照政府储备物资的种类、品种、存放地点等进行明细核算。单位根据需要，可在该科目下设置“在库”“发出”等明细科目进行明细核算。

（1）取得政府储备物资的核算

政府储备物资取得时，应当按照其成本入账。

① 购入的政府储备物资，其成本包括购买价款和单位承担的相关税费、运输费、装卸费、保险费、检测费及使政府储备物资达到目前场所和状态所发生的归属于政府储备物资成本的其他支出。

② 委托加工的政府储备物资，其成本包括委托加工前物料成本、委托加工成本（如委托加工费及按规定应计入委托加工储备物资成本的相关税费等）及政府会计主体承担的使政府储备物资达到目前场所和状态所发生的归属于政府储备物资成本的其他支出。

③ 接受捐赠的政府储备物资，其成本按照有关凭据注明的金额加上单位承担的相关税费、运输费等确定；没有相关凭据可供取得，但按规定经过资产评估的，其成本按照评估价值加上单位承担的相关税费、运输费等确定；没有相关凭据可供取得也未经资产评估的，其成本比照同类或类似资产的市场价格加上单位承担的相关税费、运输费等确定。

④ 接受无偿调入的政府储备物资，其成本按照调出方账面价值加上归属于单位的相关税费、运输费等确定。仓储费用、日常维护费用及不能归属使政府储备物资达到目前场所和状态所发生的其他支出不能计入仓储物资成本。

行政事业单位取得公共基础设施时，具体业务的平行账务处理涉及的会计分录如下。

财务会计	预算会计
购入政府储备物资时： 借：政府储备物资 　贷：财政拨款收入/零余额账户用款额度/应付账款/银行存款等	借：行政支出/事业支出 　贷：财政拨款预算收入/资金结存
接受捐赠的政府储备物资时： 借：政府储备物资 　贷：捐赠收入 　　财政拨款收入/零余额账户用款额度/银行存款［捐入方承担的相关税费］	借：其他支出［捐入方承担的相关税费］ 　贷：财政拨款预算收入/资金结存
无偿调入政府储备物资时： 借：政府储备物资 　贷：无偿调拨净资产 　　财政拨款收入/零余额账户用款额度/银行存款［调入方承担的相关税费］	借：其他支出［调入方承担的相关税费］ 　贷：财政拨款预算收入/资金结存

【例 11-47】 某行政单位购入一批政府储备物资，购买价款为 50 万元，通过财政直接支付方式支付运输费和保险费等相关费用合计为 4 000 元。该行政单位会计应编制如下会计分录。

财务会计分录：			预算会计分录：		
借：政府储备物资	504 000		借：行政支出	504 000	
贷：财政拨款收入		504 000	贷：财政拨款预算收入		504 000

【例 11-48】　某行政单位接受无偿调入一批政府储备物资，有关凭据注明的政府储备物资金额为 60 万元，另以银行存款支付物资的运费 5 500 元、装卸费 2 000 元。该行政单位会计应编制如下会计分录。

财务会计分录：			预算会计分录：		
借：政府储备物资	607 500		借：其他支出	7 500	
贷：无偿调入净资产		600 000	贷：资金结存		7 500
银行存款		7 500			

（2）发出政府储备物资的核算

行政事业单位应当根据实际情况采用先进先出法、加权平均法或者个别计价法确定政府储备物资发出的成本。计价方法一经确定，不得随意变更。对于性质和用途相似的政府储备物资，应采用相关的成本计价方法确定发出物资的成本。对于不能替代使用的政府储备物资、为特定项目专门购入或加工的政府储备物资，单位通常应采用个别计价法确定发出物资的成本。

按照不同的情况，政府储备物资发出具体业务的平行账务处理涉及的会计分录如下。

财务会计	预算会计
动用发出无需收回的政府储备物资时： 借：业务活动费用 　贷：政府储备物资［账面余额］	不进行账务处理
动用发出需要收回或预期可能收回的政府储备物资，发出物资时： 借：政府储备物资——发出 　贷：政府储备物资——在库 按照规定的质量验收标准收回物资时： 借：政府储备物资——在库［收回物资的账面余额］ 　　业务活动费用［未收回物资的账面余额］ 　贷：政府储备物资——发出	不进行账务处理
对外销售政府储备物资时： 按照规定物资销售收入纳入本单位预算的： 借：业务活动费用 　贷：政府储备物资 借：银行存款/应收账款等 　贷：事业收入等 借：业务活动费用 　贷：银行存款等［发生的相关税费］ 按照规定销售收入扣除相关税费后上缴财政的： 借：资产处置费用 　贷：政府储备物资 借：银行存款等［收到的销售价款］ 　贷：银行存款［发生的相关税费］ 　　　应缴财政款	借：资金结存［收到的销售价款］ 　贷：事业预算收入等 借：行政支出/事业支出 　贷：资金结存［支付的相关税费］

【例 11-49】 某行政单位因动用而发出一批无需收回的政府储备物资，该批政府储备物资的成本为 4 万元。该行政单位会计应编制如下财务会计分录。

借：业务活动费用 40 000
　贷：政府储备物资 40 000

【例 11-50】 某行政单位销售一批政府储备物资，销售价格为 42 万元，其成本为 35 万元，货款收到存入银行。按规定，销售物资的净收入应上缴财政。该行政单位会计应编制如下财务会计分录。

借：资产处置费用 350 000
　贷：政府储备物资 350 000
借：银行存款 420 000
　贷：应缴财政款 420 000

（3）政府储备物资的盘盈、盘亏或毁损、报废的核算

行政事业单位应当定期对政府储备物资进行清查盘点，每年至少盘点一次。对于发生的政府储备物资盘盈、盘亏或者报废、毁损，应当先记入“待处理财产损溢”科目，按照规定报经批准后及时进行后续账务处理。

盘盈的政府储备物资，按照确定的入账成本，借记“政府储备物资”科目，贷记“待处理财产损溢”科目。盘盈的政府储备物资，其成本按照有关凭据注明的金额确定；没有相关凭据，但按规定经过资产评估的，其成本按照评估价值确定；没有相关凭据也未经资产评估的，其成本按照重置成本确定。

盘亏或者毁损、报废的政府储备物资，按照待处理政府储备物资的账面余额，借记“待处理财产损溢”科目，贷记“政府储备物资”科目。政府储备物资盘亏的，单位应当按规定报经批准后将盘亏的政府储备物资的账面余额予以转销，确定追究相关赔偿责任的，确认应收款项；属于正常耗费或不可抗力因素造成的，计入当期费用。

政府储备物资报废、毁损的，单位应当按规定报经批准后将报废、毁损的政府储备物资的账面余额予以转销，确认应收款项（确定追究相关赔偿责任的）或计入当期费用（因储存年限到期报废或非人为因素致使报废、毁损的）；同时，将报废、毁损过程中取得的残值变价收入扣除单位承担的相关费用后的差额按规定作应缴款项处理（差额为净收益时）或计入当期费用（差额为净损失时）。

【例 11-51】 某行政单位因管理不善毁损一批政府储备物资，其账面余额为 25 万元，用银行存款支付该批材料相关清理费用 3 万元，毁损材料变价收入 2 万元，款项收到存入银行。该行政单位会计应编制如下财务会计分录。

① 经批准，毁损物资转入待处理财产损溢时：

借：待处理财产损溢——待处理财产价值 250 000
　贷：政府储备物资 250 000

② 报经批准将毁损物资予以处置时：

借：资产处置费用 250 000
　贷：待处理财产损溢——待处理财产价值 250 000

③ 确认毁损物资变价收入时：
借：银行存款　　20 000
　贷：待处理财产损溢——处理净收入　　20 000
④ 确认清理毁损物资发生的相关费用时：
借：待处理财产损溢——处理净收入　　30 000
　贷：银行存款　　30 000
⑤ 结转清理毁损物资净损失时：
借：资产处置费用　　10 000
　贷：待处理财产损溢——处理净收入　　10 000

11.6　文物文化资产和保障性住房

11.6.1　文物文化资产的含义和核算

1. 文物文化资产的含义

文物文化资产是指用于展览、教育或研究等目的的历史文物、艺术品及其他具有历史或文化价值并作长期或永久保存的典藏等。行政事业单位为满足自身开展业务活动或其他活动需要而控制的文物和陈列品，属于单位的固定资产，不属于文物文化资产。

2. 文物文化资产的核算

行政事业单位应设置“文物文化资产”总账科目用于核算文物文化资产业务，该科目借方登记文物文化资产成本的增加额，贷方登记文物文化资产成本的减少额，期末借方余额反映累计的文物文化资产的成本余额。该科目应当按照文物文化资产的类别、项目等进行明细核算。

(1) 取得文物文化资产的核算

文物文化资产在取得时，应当按照其成本入账。

① 外购的文物文化资产，其成本包括购买价款、相关税费及可归属于该项资产达到预定用途前所发生的其他支出（如运输费、安装费、装卸费等）。

② 接受其他单位无偿调入的文物文化资产，其成本按照该项资产在调出方的账面价值加上归属于调入方的相关费用确定。

③ 接受捐赠的文物文化资产，其成本按照有关凭据注明的金额加上相关费用确定；没有相关凭据可供取得，但按照规定经过资产评估的，其成本按照评估价值加上相关费用确定；没有相关凭据可供取得也未经评估的，其成本比照同类或类似资产的市场价格加上相关费用确定。

④ 对于成本无法可靠取得的文物文化资产，单位应当设置备查簿进行登记，待成本能够可靠确定后按照规定及时入账。

行政事业单位取得文物文化资产具体业务的平行账务处理涉及的会计分录如下。

财务会计	预算会计
外购文物文化资产时： 借：文物文化资产 贷：财政拨款收入/零余额账户用款额度/应付账款/银行存款等	借：行政支出/事业支出 贷：财政拨款预算收入/资金结存
接受无偿调入的文物文化资产时： 借：文物文化资产 贷：无偿调拨净资产 财政拨款收入/零余额账户用款额度/银行存款等［发生的归属于调入方的相关费用］ 如无偿调入的文物文化资产成本无法可靠取得时： 借：其他费用［发生的归属于调入方的相关费用］ 贷：财政拨款收入/零余额账户用款额度/银行存款等	借：其他支出［支付的归属于调入方的相关费用］ 贷：财政拨款预算收入/资金结存
接受捐赠的文物文化资产时： 借：文物文化资产 贷：捐赠收入 财政拨款收入/零余额账户用款额度/银行存款［发生的归属于捐入方的相关费用］ 接受捐赠的文物文化资产成本无法可靠取得时： 借：其他费用［发生的归属于捐入方的相关费用］ 贷：财政拨款收入/零余额账户用款额度/银行存款等	借：其他支出［支付的归属于捐入方的相关费用］ 贷：资金结存等

【例 11-52】 某事业单位接受捐赠的一项文物文化资产，经过资产评估，评估价值为 26 万元。通过单位零余额账户用款额度支付了接受捐赠过程中发生相关费用 2 000 元。该事业单位会计应编制如下会计分录。

财务会计分录：

借：文物文化资产 262 000

贷：捐赠收入 260 000

零余额账户用款额度 2 000

预算会计分录：

借：其他支出 2 000

贷：资金结存 2 000

（2）文物文化资产的后续支出和处置的核算

与文物文化资产有关的后续支出，参照公共基础设施后续支出的相关规定进行处理。

按照规定报经批准处置文物文化资产，应当分以下情况处理。

① 报经批准对外捐赠文物文化资产，按照被处置文物文化资产账面余额和捐赠过程中发生的归属于捐出方的相关费用合计数，借记“资产处置费用”科目，按照被处置文物文化资产账面余额，贷记“文物文化资产”科目，按照捐赠过程中发生的归属于捐出方的相关费用，贷记“银行存款”等科目。

② 报经批准无偿调出文物文化资产，按照被处置文物文化资产账面余额，借记“无偿调拨净资产”科目，贷记“文物文化资产”科目；同时，按照无偿调出过程中发生的归属于调出方的相关费用，借记“资产处置费用”科目，贷记“银行存款”等科目。

（3）文物文化资产的盘盈、盘亏或毁损、报废的核算

行政事业单位应当定期对文物文化资产进行清查盘点，每年至少盘点一次。对于发生的文物文化资产盘盈，按照确定的入账成本，借记“文物文化资产”科目，贷记“待处理财产损溢”科目；对于发生的文物文化资产盘亏、毁损或报废等，按照待处理文物文化资产账面价值，借记“待处理财产损溢”科目，贷记“文物文化资产”科目。

行政事业单位按规定报经批准后将报废、毁损的文物文化资产的账面余额予以转销，确认应收款项（确定追究相关赔偿责任的）或计入当期费用（因储存年限到期报废或非人为因素导致报废、毁损的），同时将报废、毁损过程中取得残值变价收入扣除相关处置费用后的差额按规定做应缴款项处理（差额为净收益时）或计入当期费用（差额为净损失时）。

文物文化资产盘亏的，行政事业单位应当按规定报经批准后将盘亏的文物文化资产的账面余额予以转销，确定追究相关赔偿责任的，确认应收款项；属于正常耗费或不可抗力因素造成的，按规定报经批准后应当计入费用。

11.6.2　保障性住房的含义和核算

1. 保障性住房的含义和分类

保障性住房是指政府为中低收入住房困难家庭提供的限定标准、限定价格或租金的住房，一般由廉租住房、经济适用房、政策性租赁住房、定向安置房等构成。

2. 保障性住房的核算

行政事业单位应设置“保障性住房”总账科目用于核算保障性住房业务，该科目借方登记保障性住房原值的增加额，贷方登记转出保障性住房原值的减少额，期末借方余额反映累计的保障性住房原值的余额。该科目应当按照保障性住房的类别、项目等进行明细核算。

（1）取得保障性住房的核算

保障性住房在取得时，应当按其成本入账。

① 外购的保障性住房，其成本包括购买价款、相关税费及可归属于该项资产达到预定用途前所发生的其他支出。

② 自行建造的保障性住房交付使用时，按照在建工程成本结转，已交付使用但尚未办理竣工决算手续的保障性住房，按照估计价值入账，待办理竣工决算后再按照实际成本调整原来的暂估价值。

③ 接受其他单位无偿调入的保障性住房，其成本按照该项资产在调出方的账面价值加上归属于调入方的相关费用确定。

④ 接受捐赠、融资租赁取得的保障性住房，参照接受捐赠、融资租赁取得固定资产的成本计量。

行政事业单位取得保障性住房时，有关平行账务处理涉及的会计分录如下。

财务会计	预算会计
外购保障性住房时： 借：保障性住房 　贷：财政拨款收入/零余额账户用款额度/银行存款等	借：行政支出/事业支出 　贷：财政拨款预算收入/资金结存
自行建造的保障性住房，工程完工交付使用时： 借：保障性住房 　贷：在建工程	不做账务处理
无偿调入保障性住房时： 借：保障性住房 　贷：银行存款/零余额账户用款额度等［发生的相关费用］ 　　　无偿调拨净资产［差额］	借：其他支出［支付的相关税费］ 　贷：资金结存等
受捐赠和融资租赁取得的保障性住房，参照固定资产相应业务的相关规定进行处理	

【例 11-53】 某行政单位外购价值 8 000 万元的保障性住房 3 栋，发生相关税费 26 万元，以财政拨款直接支付全部款项，同时办妥相关产权移交手续。该行政单位会计应编制如下会计分录。

财务会计分录：			预算会计分录：		
借：保障性住房	80 260 000		借：行政支出	80 260 000	
贷：财政拨款收入		80 260 000	贷：财政拨款预算收入		80 260 000

（2）保障性住房折旧的核算

行政事业单位应设置“保障性住房累计折旧”总账科目用于核算保障性住房折旧业务，该科目贷方登记按月计提的保障性住房折旧的增加额，借方登记转出保障性住房折旧的减少额，期末贷方余额反映单位计提的保障性住房折旧累计数。该科目应当按照所对应保障性住房的类别进行明细核算。

行政事业单位应当参照《企业会计准则第 3 号——固定资产》及其应用指南的相关规定，按月对其控制的保障性住房计提折旧。按月计提保障性住房折旧时，按照应计提的折旧额，借记“业务活动费用”科目，贷记该科目。报经批准处置保障性住房时，按照所处置保障性住房的账面价值，借记“资产处置费用”“无偿调拨净资产”“待处理财产损溢”等科目，按照已计提折旧，借记该科目，按照保障性住房的账面余额，贷记“保障性住房”科目。

【例 11-54】 某行政单位保障性住房累计折旧 12 万元，该行政单位会计应编制如下财务会计分录。

借：业务活动费用　　120 000

　贷：保障性住房累计折旧　　120 000

（3）保障性住房后续支出的核算

保障性住房的后续支出，参照固定资产后续支出的相关规定进行处理。通常情况下，为增加保障性住房使用效能或者延长其使用年限而发生的改建、扩建等后续支出，符合保障性住房确认条件的，应当计入保障性住房的成本；为维护保障性住房的正常使用而发生的日常维护、养护等后续支出，不符合保障性住房确认条件的，应当在发生时计入当期费用。

（4）保障性住房出租的核算

按照相关规定，行政事业单位出租保障性住房应将出租收入上缴同级财政，按照收取或应收取的租金金额，借记“银行存款”“应收账款”等科目，贷记“应缴财政款”科目。

【例 11-55】 某行政单位出租一幢保障性住房，收到租金 38 万元，款项已存入开户银行。按规定，该租金应当上缴同级财政。该行政单位会计应编制如下财务会计分录。

借：银行存款　　380 000

　贷：应缴财政款　　380 000

（5）保障性住房处置的核算

保障性住房的处置，是指行政事业单位按规定报经批准出售、无偿调出保障性住房。处置保证性住房，应当将保障性住房的账面价值予以转销，对外出售、无偿调出中发生的归属调出方的相关费用计入当期费用。行政事业单位按照规定报经批准处置保障性住房，应当分以下情况处理，具体业务的平行账务处理涉及的会计分录如下。

财务会计	预算会计
出售保障性住房时： 借：资产处置费用 　　保障性住房累计折旧 　贷：保障性住房［账面余额］ 借：银行存款［处置保障性住房收到的价款］ 　贷：应缴财政款 　　　银行存款等［发生的相关费用］	不做账务处理
无偿调出保障性住房时： 借：无偿调拨净资产 　　保障性住房累计折旧 　贷：保障性住房［账面余额］ 借：资产处置费用 　贷：银行存款等［归属于调出方的相关费用］	借：其他支出 　贷：资金结存等

【例 11-56】 某行政单位报经批准出售经济适用房 500 套，账面原值为 600 万元，已经计提折旧 40 万元，出售价格为 2 200 万元，已经收到相应款项，同时用银行存款支付相关费用 46 万元。该行政单位会计应编制如下会计分录。

① 转销保障性住房的账面价值时，财务会计分录：

借：资产处置费用　　5 600 000

　　保障性住房累计折旧　　40 000

　贷：保障性住房　　6 000 000

② 收到相应款项并支付相关费用时：

借：银行存款　　22 000 000

　贷：应缴财政款　　21 540 000

　　　银行存款等　　460 000

（6）保障性住房盘盈、盘亏或毁损、报废的核算

行政事业单位应当定期对保障性住房进行清查盘点。对于发生的保障性住房盘盈，按照确定的入账成本，借记“保障性住房”，贷记“待处理财产损溢”。对于发生的保障性住房盘亏、毁损或报废，按照待处理保障性住房账面价值，借记“待处理财产损溢”，按照已经计提的折旧，借记“保障性住房累计折旧”，按照其账面余额，贷记“保障性住房”。具体核算参见固定资产盘盈、盘亏或报废、毁损的会计处理。

11.7　受托代理资产、长期待摊费用和待处理财产损溢

11.7.1　受托代理资产的含义和核算

受托代理资产是指行政事业单位接受委托方委托管理的各项资产，包括受托指定转赠的物资、受托存储保管的物资等。

行政事业单位应设置“受托代理资产”总账科目用于核算受托代理资产业务。该科目借方登记受托代理资产成本的增加数，贷方登记受托代理资产成本的减少数，期末借方余额反映累计的受托代理资产的成本余额。单位管理的罚没物资应当通过该科目核算。单位收到的受托代理资产为现金和银行存款的，不通过该科目核算，应当通过“库存现金”“银行存

款”科目进行核算。该科目应当按照资产的种类和委托人进行明细核算；属于转赠资产的，还应当按照受赠人进行明细核算。

1. 受托指定转赠物资的核算

行政事业单位接受委托人委托需要转赠给受赠人的物资，其成本按照有关凭据注明的金额确定。受托指定转赠物资验收（入库），按照确定的成本入账，具体业务的平行账务处理涉及的会计分录如下。

财务会计	预算会计
接受委托人委托需要转赠给受赠人的物资时： 借：受托代理资产 　贷：受托代理负债	不做账务处理
受托协议约定由受托方承担相关税费、运输费时： 借：其他费用 　贷：财政拨款收入/零余额账户用款额度/银行存款等	借：其他支出［实际支付的相关税费、运输费等］ 　贷：财政拨款预算收入/资金结存
将受托转赠物资交付受赠人时： 借：受托代理负债 　贷：受托代理资产	不做账务处理
转赠物资的委托人取消了对捐赠物资的转赠要求，且不再收回捐赠物资时，照转赠物资的成本： 借：受托代理负债 　贷：受托代理资产 借：库存物品/固定资产等 　贷：其他收入	不做账务处理

【例 11-57】 某行政单位接受一批委托转赠物资，按照有关凭据注明的金额，该批物资的成本为 36 万元。数日后，该行政单位按照委托人的要求，将该批物资转赠给了相关的受赠人。该行政单位会计应编制如下会计分录。

① 收到受托转赠物资时，财务会计分录：

借：受托代理资产　　360 000

　贷：受托代理负债　　360 000

② 受托转赠物资交付受赠人时，财务会计分录：

借：受托代理负债　　360 000

　贷：受托代理资产　　360 000

2. 罚没物资

单位取得罚没物资时，其成本按照有关凭据注明的金额确定。罚没物资验收（入库），按照确定的成本入账，罚没物资成本无法可靠确定的，单位应当设置备查簿进行登记，具体业务的平行账务处理涉及的会计分录如下。

财务会计	预算会计
取得罚没物资时： 借：受托代理资产 　贷：受托代理负债	不做账务处理

续表

财务会计	预算会计
按照规定处置罚没物资时： 借：受托代理负债 　贷：受托代理资产 处置时取得款项时： 借：银行存款等 　贷：应缴财政款	不做账务处理

单位受托代理的其他实物资产，参照“受托代理资产”科目有关受托转赠物资的规定进行账务处理。

11.7.2　长期待摊费用的含义和核算

长期待摊费用是指行政事业单位已经支出，但应由本期和以后各期负担的分摊期限在 1 年以上（不含 1 年）的各项费用，如以经营租赁方式租入的固定资产发生的改良支出等。

行政事业单位应设置“长期待摊费用”总账科目用于核算长期待摊费用业务，该科目借方登记支付的长期待摊费用的增加额，贷方登记摊销的长期待摊费用的减少额，期末借方余额反映单位尚未摊销完毕的长期待摊费用的余额。该科目应当按照费用项目进行明细核算。

“长期待摊费用”科目具体业务的平行账务处理涉及的会计分录如下。

财务会计	预算会计
发生长期待摊费用时： 借：长期待摊费用 　贷：财政拨款收入/零余额账户用款额度/银行存款等	借：行政支出/事业支出等 　贷：财政拨款预算收入/资金结存
按期摊销或一次转销长期待摊费用剩余账面余额时： 借：业务活动费用/单位管理费用/经营费用等 　贷：长期待摊费用	不做账务处理

【例 11-58】 某行政单位对租入的办公用房进行装修改良（合约租期为 6 年），并通过财政直接支付的方式支付相应的装修改良支出 18 万元，形成长期待摊费用。之后，按合约租期每年摊销长期待摊费用 3 万元。该行政单位会计应编制如下会计分录。

① 发生装修改良支出时：

财务会计分录：			预算会计分录：		
借：长期待摊费用	180 000		借：行政支出	180 000	
贷：财政拨款收入		180 000	贷：财政拨款预算收入		180 000

② 每年摊销长期待摊费用时，财务会计分录：

借：业务活动费用　　30 000

　贷：长期待摊费用　　30 000

11.7.3　待处理财产损溢的含义和核算

待处理财产损溢是指行政事业单位在资产清查过程中查明的各种资产盘盈、盘亏和报废、毁损的价值。

行政事业单位应设置“待处理财产损溢”总账科目用于核算待处理财产损溢业务，该科目借方登记待处理盘亏或毁损的资产的账面价值和转销盘盈的资产的价值，贷方登记待处理盘盈的资产的入账价值和转销的盘亏、毁损的资产的账面价值，该科目期末如为借方余额，反映尚未处理完毕的各种资产的净损失；期末如为贷方余额，反映尚未处理完毕的各种资产净溢余，年末经批准处理后，该科目一般应无余额。该科目应当按照待处理的资产项目进行明细核算；对于在资产处理过程中取得收入或发生相关费用的项目，还应当设置“待处理财产价值”“处理净收入”明细科目进行明细核算。单位资产清查中查明的资产盘盈、盘亏、报废和毁损，一般应先记入该科目，按照规定报经批准后及时进行账务处理。年末结账前一般应处理完毕。

“待处理财产损溢”科目核算内容参见本章各节资产相关业务的介绍。

盘亏或者毁损，报废的各类资产报经批准处理时，借记“资产处置费用”科目，贷记“待处理财产损溢”科目（待处理财产价值）。

处理毁损、报废实物资产过程中取得的残值或残值变价收入、保险理赔和过失人赔偿等，借记“库存现金”“银行存款”“库存物品”“其他应收款”等科目，贷记“待处理财产损溢”科目（处理净收入）；处理毁损、报废实物资产过程中发生的相关费用，借记“待处理财产损溢”科目（处理净收入），贷记“库存现金”“银行存款”等科目。

处理收支结清，如果处理收入大于相关费用的，按照处理收入减去相关费用后的净收入，借记“待处理财产损溢”科目（处理净收入），贷记“应缴财政款”等科目；如果处理收入小于相关费用，按照相关费用减去处理收入后的净支出，借记“资产处置费用”科目，贷记“待处理财产损溢”科目（处理净收入）（预算会计分录，借记“其他支出”，贷记“资金结存”等）。

【例 11-59】 某事业单位在资产清查过程中发现一批已毁损的库存物品。该批库存物品的账面余额为 3 000 元。该事业单位将其转入待处理财产。报经批准后，该事业单位将相应的待处理财产价值转入资产处置费用。该事业单位在处理该批库存物品的过程中，取得变价收入等 1 400 元，发生清理费用等相关费用 500 元，实际形成处理净收入 900 元，款项均以银行存款收付。按照规定，该批库存物品的处理净收入应当上缴财政。该事业单位按规定结清该处理净收入。暂不考虑增值税业务，该事业单位会计应编制如下会计分录。

① 将毁损的库存物品转入待处理财产时，财务会计分录：

借：待处理财产损溢——待处理财产价值	3 000	
贷：库存物品		3 000

② 将待处理财产价值转入资产处置费用时，财务会计分录：

借：资产处置费用	3 000	
贷：待处理财产损溢——待处理财产价值		3 000

③ 取得变价收入等处理收入时，财务会计分录：

借：银行存款	1 400	
贷：待处理财产损溢——处理净收入		1 400

④ 发生清理费用等相关费用时，财务会计分录：

借：待处理财产损溢——处理净收入 500

贷：银行存款 500

⑤ 结清处理净收入时，财务会计分录：

借：待处理财产损溢——处理净收入 900

贷：应缴财政款 900

思考题

1. 什么是行政事业单位的资产？主要包括哪些种类？

2. 什么是行政事业单位的零余额账户用款额度？零余额账户用款额度与银行存款有什么不同？

3. 什么是行政事业单位的财政应返还额度？"财政应返还额度"总账科目应设置哪两个明细科目？

4. 什么是行政事业单位的存货？存货在取得和发出时应当如何核算？

5. 什么是事业单位的长期股权投资？应当如何核算长期股权投资？

6. 什么是行政事业单位的固定资产？固定资产在取得和计提折旧时应当如何核算？

7. 什么是行政事业单位的无形资产？无形资产在取得和计提摊销时应当如何核算？

8. 什么是行政事业单位的公共基础设施和政府储备物资？应当如何核算公共基础设施和政府储备物资？

9. 什么是行政事业单位的文物文化资产和保障性住房？应当如何核算文物文化资产和保障性住房？

10. 什么是行政事业单位的受托代理资产？应当如何核算受托代理资产？

练习题

练习一

一、目的：练习行政事业单位零余额账户用款额度和财政应返还额度的核算。

二、资料：某行政单位发生如下经济业务。

① 收到零余额账户用款额度 3 万元。

② 使用零余额账户用款额度支付日常活动费用 5 000 元。

③ 年末，注销尚未使用的零余额账户用款额度 3 000 元。

④ 年末，本年度财政直接支付预算指标数大于当年财政直接支付实际发生数，差额为 2 400元。

三、要求：根据以上经济业务，为该行政单位编制有关的会计分录。

练习二

一、目的：练习行政事业单位应收及预付款项的核算。

二、资料：某事业单位发生如下经济业务。

① 提供专业服务应收取款项 15 万元，该款项收回后经批准不需上缴财政。

② 收到不需上缴财政的应收账款 3 万元，款项已存入开户银行。

③ 按购货合同预付款项 8 万元，款项以银行存款支付。

④ 收到所购物品，总价款为 24 万元，扣除预付账款 8 万元后，以银行存款补付款项 16 万元。

⑤ 期末，对收回后不需上缴财政的应收账款提取坏账准备 700 元。

三、要求：根据以上经济业务，为该事业单位编制有关的会计分录。

练习三

一、目的：练习行政事业单位存货的核算。

二、资料：某行政单位发生如下经济业务。

① 购入一批物品 6 万元，物品已验收入库，款项通过财政授权支付方式支付。

② 开展业务活动领用物品 12 000 元。

③ 盘盈一批物品，有关凭据注明的金额为 1 000 元。

④ 按照规定报经批准，将盘盈的物品 1 000 元转入业务活动费用。

三、要求：根据以上经济业务，为该行政单位编制有关的会计分录。

练习四

一、目的：练习事业单位长期股权投资的核算。

二、资料：某事业单位发生如下经济业务。

① 经批准以一项无形资产置换取得一项长期股权投资，该项无形资产的账面余额为 48 万元，累计摊销为 9 万元，账面价值为 39 元，评估价值为 42 万元，评估价值大于账面价值（3 万元）。置换取得长期股权投资后，该事业单位持有被投资单位 80% 的股权，有权决定被投资单位的财务和经营政策，相应的长期股权投资按规定采用权益法核算。

② 被投资单位实现净利润 6 万元，该事业单位应享有的份额为 48 000 元。

③ 被投资单位宣告分派现金股利 1 万元，该事业单位应享有的份额为 8 000 元。

④ 被投资单位发生除净利润和利润分配以外的所有者权益变动增加数 5 000 元，该事业单位应享有的份额为 4 000 元。

三、要求：根据以上经济业务，为该事业单位编制有关的会计分录。

练习五

一、目的：练习行政事业单位固定资产的核算。

二、资料：某行政单位发生如下经济业务。

① 购入一台需要安装的固定资产，购入价款为 30 万元，款项通过财政授权支付方式支付。

② 对购入的一台需要安装的固定资产进行安装，通过财政授权支付方式支付安装费 2 000 元，固定资产交付使用，确定的成本为 302 000 元。

③ 按规定对固定资产计提折旧 3 万元。

④ 报废一项固定资产，账面原值为 46 000 元，已计提折旧 43 000 元，账面价值 3 000 元。

⑤ 将报废的固定资产对外出售，获得变价收入 1 000 元，款项存入银行。

⑥ 转销固定资产报废发生的净损失 2 000 元。

三、要求：根据以上经济业务，为该行政单位编制有关的会计分录。

练习六

一、目的：练习行政事业单位无形资产的核算。

二、资料：某事业单位发生如下经济业务。

① 通过银行存款支付 7 万元，外购一项无形资产。

② 申请取得一项无形资产，发生注册费 2 000 元，款项通过银行存款支付。

③ 对一项行政管理部门使用的无形资产进行升级改造，通过零余额账户用款额度支付相应的支出 16 000 元。该项无形资产升级改造期间，无需暂停摊销。

④ 对一项业务部门使用的无形资产进行摊销，摊销金额为 6 000 元。相应的摊销费用作为业务活动费用处理。

三、要求：根据以上经济业务，为该事业单位编制有关的会计分录。

练习七

一、目的：练习行政事业单位公共基础设施的核算。

二、资料：某行政单位发生如下经济业务。

① 新建一项公共基础设施，向施工企业预付工程价款 30 万元，款项通过财政直接支付方式支付。

② 发生构成待摊投资的相关费用 35 000 元，款项通过财政授权支付方式支付。

③ 根据建筑安装工程价款结算账单与施工企业结算工程价款总计 50 万元，扣除预付工程价款 30 万元后，差额 20 万元通过财政直接支付方式向施工企业支付。

④ 公共基础设施建造完成并交付使用，在建工程的成本为 535 000 元。

⑤ 发生一项公共基础设施的日常维修支出 2 万元，款项通过财政直接支付方式支付。

三、要求：根据以上经济业务，为该行政单位编制有关的会计分录。

练习八

一、目的：练习行政事业单位政府储备物资的核算。

二、资料：某行政单位发生如下经济业务。

① 接受捐赠一批政府储备物资，确定的成本为 6 万元，相应物资已验收入库。

② 发出一批预期可能收回的政府储备物资，发出物资的账面余额为 13 万元。

③ 收回上述部分政府储备物资，原账面余额为 38 000 元，其余发出的政府储备物资未收回，原账面余额为 92 000 元。

④ 报废一批政府储备物资，账面余额为 2 400 元，经批准作为资产处置费用处理。

三、要求：根据上述经济业务，为该行政事业单位编制有关会计分录。

练习九

一、目的：练习行政事业单位文物文化资产的核算。

二、资料：某事业单位发生如下经济业务。

① 购入一项文物文化资产，确定的成本为 4 万元，款项通过财政直接支付方式支付。

② 接受捐赠一项文物文化资产，确定的成本为 26 000 元。

③ 经批准无偿调出一项文物文化资产，该项文物文化资产的账面余额为 35 000 元。

三、要求：根据以上经济业务，为该事业单位编制有关的会计分录。

练习十

一、目的：练习行政事业单位保障性住房的核算。

二、资料：某行政单位发生如下经济业务。

① 外购一批保障性住房，确定的成本为780万元，款项通过财政直接支付方式支付。

② 出租一批保障性住房，取得租金收入10万元，款项已存入开户银行，之后需要上缴同级财政。

③ 发生保障性住房日常维修支出2 100元，款项通过零余额账户用款额度支出。

三、要求：根据以上经济业务，为该行政单位编制有关的会计分录。

练习十一

一、目的：练习行政事业单位受托代理资产的核算。

二、资料：某行政单位发生如下经济业务。

① 取得一项罚没物资，根据有关凭据注明的金额，确定的成本为4 500元，罚没物资验收入库。

② 处置罚没物资，取得处置收入5 100元，款项已存入开户银行，该笔款项需上缴财政国库。

③ 将处置罚没物资取得的收入5 100元上缴财政国库。

三、要求：根据以上经济业务，为该行政单位编制有关的会计分录。

第 12 章　行政事业单位的负债

学习目标

- 熟悉行政事业单位的负债的含义和分类；
- 理解行政事业单位的流动负债的含义和分类；
- 掌握行政事业单位的流动负债的财务会计和预算会计的核算；
- 理解行政事业单位的非流动负债的含义和分类；
- 掌握行政事业单位的非流动负债的财务会计和预算会计的核算。

负债是指行政事业单位过去的经济业务或者事项形成的，预期会导致经济资源流出政府会计主体的现时义务。行政事业单位的负债按照流动性，分为流动负债和非流动负债。流动负债包括短期借款、应付短期政府债券、应付及预收款项、应缴款项等；非流动负债包括长期借款、长期应付款、应付长期政府债券等。行政事业单位对符合负债定义的债务，应当在确定承担偿债责任并且能够可靠地进行货币计量时确认。行政事业单位的负债，应当按照承担的相关合同金额或实际发生额进行计量。本章分别介绍流动负债和非流动负债的财务会计和预算会计的核算内容。

12.1　流动负债

流动负债是指预计在 1 年内（含 1 年）偿还的负债。行政事业单位的流动负债包括短期借款、应交增值税、其他应交税费、应缴财政款、应付职工薪酬、应付票据、应付账款、应付政府补贴款、应付利息、预收账款、其他应付款、预提费用等。

12.1.1　短期借款的含义和核算

短期借款是指事业单位经批准向银行或其他金融机构等借入的期限在 1 年以内（含 1 年）的各种借款。行政单位没有短期借款业务。

事业单位应设置“短期借款”总账科目用于核算短期借款业务，该科目贷方登记借入的短期借款本金的增加额，借方登记偿还的短期借款本金的减少额，期末贷方余额反映事业单位尚未偿还的短期借款本金。该科目应当按照债权人和借款种类进行明细核算。事业单位“短期借款”科目具体业务的平行账务处理涉及的会计分录如下。

财务会计	预算会计
借入各种短期借款时： 借：银行存款 　贷：短期借款	借：资金结存——货币资金 　贷：债务预算收入

续表

财务会计	预算会计
银行承兑汇票到期，本单位无力支付票款时： 借：应付票据 　贷：短期借款	借：经营支出等 　贷：债务预算收入
归还短期借款时： 借：短期借款 　贷：银行存款	借：债务还本支出 　贷：资金结存——货币资金

【例 12-1】 某事业单位经批准向银行借入一笔短期借款，借款金额为 50 万元，借款期限为 3 个月，到期一次偿还借款本金，并支付借款利息 5 000 元。该事业单位会计应编制如下会计分录。

① 借入短期借款时：

财务会计分录：			预算会计分录：		
借：银行存款	500 000		借：资金结存	500 000	
贷：短期借款		500 000	贷：债务预算收入		500 000

② 偿付借款本金并支付借款利息时：

财务会计分录：			预算会计分录：		
借：短期借款	500 000		借：债务还本支出	500 000	
其他费用	5 000		其他支出	5 000	
贷：银行存款		505 000	贷：资金结存		505 000

12.1.2 应交增值税和其他应交税费的含义和核算

1. 应交增值税的含义和核算

1）应交增值税的含义

应交增值税是指行政事业单位按照税法规定计算应缴纳的增值税。事业单位的增值税业务主要涉及经营活动，在行政单位和公益类事业单位等没有经营活动的单位不涉及应交增值税的业务。

根据规定，增值税一般纳税人销售货物、劳务、服务、无形资产、不动产（可统称为应税销售行为），除了规定的进项税额不得从销项税额中抵扣的情形外，应纳税额为当期销项税额抵扣当期进项税额后的余额。销售税额等于销售额乘以税率，纳税人购进货物、劳务、服务、无形资产、不动产支付或者负担的增值税额，为进项税额。增值税税率有 13%、9%、6%三种。纳税人出口货物，税率为零。小规模纳税人发生应税销售行为，实行按照销售额和征收率计算应纳税额的简易办法，并不得抵扣进项税额。小规模纳税人应纳税额为销售额乘以征收率，小规模纳税人的增值税征收率为 3%。

2）应交增值税的科目设置

行政事业单位应设置"应交增值税"总账科目用于核算应交增值税业务，该科目贷方登记应交增值税的增加额，借方登记应交增值税的减少额，期末贷方余额反映单位应交未交的增值税；期末如为借方余额，反映单位尚未抵扣或多交的增值税。属于增值税小规模纳税人的单位，只需在“应交增值税”总账科目下设置“转让金融商品应交增值税”“代扣代交增值税”明细科目。属于增值税一般纳税人的单位，应当在该科目下设置“应交税金”“未交税金”“预交税金”“待抵扣进项税额”“待认证进项税额”“待转销项税额”“简易计税”“转让金融商品应交增值税”“代扣代交增值税”等明细科目。

3）应交增值税的核算

如果行政事业单位获得一般纳税人资格认定，可以按照增值税一般纳税人的规定抵扣符合条件的进项税额。以下简要介绍获得一般纳税人资格的行政事业单位的应交增值税的主要核算内容。

（1）事业单位购入资产或接受劳务等业务的核算

事业单位购买用于增值税应税项目的资产或服务时，按照应计入相关成本费用或资产的金额确认相关资产或费用，按照当月已认证的可抵扣增值税额确认进项税额；事业单位取得资产或接受劳务等业务时，有关应交增值税业务的平行账务处理涉及的会计分录如下。

财务会计	预算会计
购入应税资产或服务时： 借：业务活动费用/在途物品/库存物品/工程物资/在建工程/固定资产/无形资产等 应交增值税——应交税金（进项税额）[当月已认证可抵扣] 应交增值税——待认证进项税额 [当月未认证可抵扣] 贷：银行存款/零余额账户用款额度等 [实际支付的金额] /应付票据 [开出并承兑的商业汇票] /应付账款等 [应付的金额]	借：事业支出/经营支出等 贷：资金结存等 [实际支付的金额]
经税务机关认证为不可抵扣进项税时： 借：应交增值税——应交税金（进项税额） 贷：应交增值税——待认证进项税额 同时： 借：业务活动费用等 贷：应交增值税——应交税金（进项税额转出） （单位购进资产或服务等，用于简易计税方法计税项目、免征增值税项目、集体福利或个人消费等，其进项税额按照增值税制度规定不得从销项税额中抵扣）	不做账务处理
购进属于增值税应税项目的资产后，发生非正常损失或改变用途的： 借：待处理财产损溢/固定资产/无形资产等 [按照现行增值税制度规定不得从销项税额中抵扣的进项税额] 贷：应交增值税——应交税金（进项税额转出） /应交增值税——待认证进项税额 /应交增值税——待抵扣进项税额 （单位因发生非正常损失或改变用途等，原已计入进项税额、待抵扣进项税额或待认证进项税额，按照现行增值税制度规定不得从销项税额中抵扣的）	不做账务处理
原不得抵扣且未抵扣进项税额的固定资产、无形资产等，因改变用途等用于允许抵扣进项税额的应税项目： 借：应交增值税——应交税金（进项税额）[可以抵扣的进项税额] 贷：固定资产/无形资产等 （固定资产、无形资产等经上述调整后，应按照调整后的账面价值在剩余尚可使用年限内计提折旧或摊销）	不做账务处理

续表

财务会计	预算会计
购进资产或服务时作为扣缴义务人： 借：业务活动费用/在途物品/库存物品/工程物资/固定资产/无形资产等 应交增值税——应交税金（进项税额）［当期可抵扣］ 贷：银行存款［实际支付的金额］ 应付账款等 应交增值税——代扣代交增值税	借：事业支出/经营支出等 贷：资金结存［实际支付的金额］
实际缴纳代扣代缴增值税时： 借：应交增值税——代扣代交增值税 贷：银行存款/零余额账户用款额度等 （按照现行增值税制度规定，境外单位或个人在境内发生应税行为，在境内未设有经营机构的，以购买方为增值税扣缴义务人）	借：事业支出/经营支出等 贷：资金结存［实际支付的金额］

【例 12-2】 某事业单位购入一批经营用材料，取得增值税专用发票注明材料价款 1 万元，增值税进项税额为 1 300 元，材料已验收入库，以银行存款支付货款 11 300 元，增值税发票已认证抵扣。该事业单位会计应编制如下会计分录。

财务会计分录：

借：库存物品 10 000

　　应交增值税——应交税金（进项税额） 1 300

　贷：银行存款 11 300

预算会计分录：

借：经营支出 11 300

　贷：资金结存 11 300

【例 12-3】 某事业单位购入一批经营用商品，取得增值税专用发票注明材料价款 2 万元，增值税进项税额为 2 600 元，商品已验收入库，以银行存款支付货款 22 600 元，增值税发票尚未认证抵扣。该事业单位会计应编制如下会计分录。

财务会计分录：

借：库存物品 20 000

　　应交增值税——待认证进项税额 2 600

　贷：银行存款 22 600

预算会计分录：

借：经营支出 22 600

　贷：资金结存 22 600

【例 12-4】 某事业单位将购入的经营用部分商品作为福利发放给员工，商品成本为 8 000元，增值税进项税额为 1 040 元，增值税发票尚未认证抵扣。该事业单位会计应编制如下财务会计分录。

借：应交增值税——应交税金（进项税额） 1 040

　贷：应交增值税——待认证进项税额 1 040

借：应付职工薪酬 9 040

　贷：应交增值税——应交税金（进项税额转出） 1 040

　　　库存商品 8 000

【例 12-5】 某事业单位购入一间经营用的仓库，取得增值税专用发票注明材料价款 800 万元，增值税进项税额为 40 万元，增值税发票已认证，货款尚未支付。该事业单位会计应编制如下财务会计分录。

借：固定资产 8 000 000
　　应交增值税——应交税金（进项税额） 400 000
　贷：应付账款 8 400 000

（2）事业单位销售应税产品、提供应税服务或转让金融资产等业务的核算

事业单位销售应税产品、提供应税服务或金融资产转让，应当按照应收或已收的金额，确认收入的同时确认销项税额。发生销售退回的，应根据按照规定开具的红字增值税专用发票做相反的会计分录。金融商品转让按照规定以盈亏相抵后的余额作为销售额。有关应交增值税业务的平行账务处理涉及的会计分录如下。

财务会计	预算会计
销售应税产品或提供应税服务时： 借：银行存款/应收账款/应收票据等［包含增值税的价款总额］ 　贷：事业收入/经营收入等［扣除增值税销项税额后的价款］ 　　应交增值税——应交税金（销项税额） 　　/应交增值税——简易计税	借：资金结存［实际收到的含税金额］ 　贷：事业预算收入/经营预算收入等
金融商品转让产生收益时： 借：投资收益［按净收益计算的应纳增值税］ 　贷：应交增值税——转让金融商品应交增值税 产生损失做相反会计分录	不做账务处理
金融商品转让交纳增值税时： 借：应交增值税——转让金融商品应交增值税 　贷：银行存款等	借：投资预算收益等 　贷：资金结存［实际支付的金额］
金融商品转让，年末应交增值税科目如有借方余额： 借：投资收益 　贷：应交增值税——转让金融商品应交增值税	不做账务处理

按照相关政府会计准则或政府会计制度确认收入的时点早于按照增值税制度确认增值税纳税义务发生时点的，应将相关销项税额记入“应交增值税——待转销项税额”科目，待实际发生纳税义务时再转入“应交增值税——应交税金（销项税额）”科目或“应交增值税——简易计税”科目。

按照增值税制度确认增值税纳税义务发生时点早于按照相关政府会计准则或政府会计制度确认收入的时点的，应按照应纳增值税额，借记“应收账款”科目，贷记“应交增值税——应交税金（销项税额）”科目或“应交增值税——简易计税”科目。

【例 12-6】 某事业单位销售自产产品，开出的增值税专用发票注明材料价款为 3 万元，增值税额为 3 900 元，货款已经收到并存入银行。产品成本为 24 000 元。该事业单位会计应编制如下会计分录。

财务会计分录：

借：银行存款 33 900
　贷：经营收入 30 000
　　　应交增值税——应交税金（销项税额） 3 900

借：经营费用　24 000
　贷：库存商品　24 000
预算会计分录：
借：资金结存　33 900
　贷：经营预算收入　33 900

【例 12-7】 某事业单位转让当年买入的金融理财产品，出售价格为 5 万元，款项已经收到并存入银行。理财产品的购入价为 45 000 元，该事业单位按投资收益确认应交增值税 283 元，并用银行存款交纳该项增值税。该事业单位会计应编制如下会计分录。

① 按转让金融理财产品计算应交纳的增值税时，财务会计分录：
金融资产转让应交增值税=[(50 000-45 000)/(1+6%)]×6%=283 元
借：投资收益　283
　贷：应交增值税——转让金融商品应交增值税　283
② 交纳增值税时：
财务会计分录：
借：应交增值税——转让金融商品应交增值税　283
　贷：银行存款　283
预算会计分录：
借：投资预算收益　283
　贷：资金结存　283

(3) 事业单位月末转出多交增值税和未交增值税的核算

月度终了，事业单位应当将当月应交未交或多交的增值税自“应交税金”明细科目转入“未交税金”明细科目。对于当月应交未交的增值税，借记“应交增值税——应交税金（转出未交增值税）”科目，贷记“应交增值税——未交税金”科目；对于当月多交的增值税，借记“应交增值税——未交税金”科目，贷记“应交增值税——应交税金（转出多交增值税）”科目。

(4) 缴纳增值税

事业单位缴纳当月应交的增值税，借记“应交增值税——应交税金（已交税金）”科目，贷记“银行存款”等科目（预算会计分录，借记“事业支出/经营支出”科目，贷记“资金结存”科目）。

事业单位缴纳以前期间未交的增值税，借记“应交增值税——未交税金”科目，贷记“银行存款”等科目（预算会计分录，借记“事业支出/经营支出等”科目，贷记“资金结存”科目）。

事业单位预交增值税时，借记“应交增值税——预交税金”科目，贷记“银行存款”等科目（预算会计分录，借记“事业支出/经营支出”科目，贷记“资金结存”科目）。月末，应将“预交税金”明细科目余额转入“应交增值税——未交税金”明细科目，借记“应交增值税——未交税金”科目，贷记“应交增值税——预交税金”科目。

对于当期直接减免的增值税，借记“应交增值税——应交税金（减免税款）”科目，贷记“业务活动费用”“经营费用”等科目。按照现行增值税制度规定，单位初次购买增值税税控系统专用设备支付的费用及缴纳的技术维护费允许在增值税应纳税额中全额抵减的，按照规定抵减的增值税应纳税额，借记“应交增值税——应交税金（减免税款）”科目，贷记“业务活动费用”“经营费用”等科目。

【例 12-8】 月末，某事业单位将当月应交未交的增值税 3 800 元，自“应交税金”明细科目转入“未交税金”明细科目；次月，以银行存款交纳上月未交增值税。该事业单位会计应编制如下会计分录。

① 月末，结转应交未交增值税时，财务会计分录：

借：应交增值税——应交税金（转出未交增值税）　3 800

　贷：应交增值税——未交税金　3 800

② 次月，以银行存款缴纳上月未交的增值税时：

财务会计分录：

借：应交增值税——未交税金　3 800

　贷：银行存款　3 800

预算会计分录：

借：经营支出　3 800

　贷：资金结存　3 800

如果事业单位被认定为小规模纳税人，适用简易征收法，适用税率为 3%，不得抵扣购入应税资产或服务相关的进项税额。有关应交增值税业务的平行账务处理涉及的会计分录如下。

财务会计	预算会计
购入应税资产或服务时： 借：业务活动费用/在途物品/库存物品等［按价税合计金额］ 　贷：银行存款等［实际支付的金额］ 　　/应付票据［开出并承兑的商业汇票］ 　　/应付账款等［应付的金额］	借：事业支出/经营支出等 　贷：资金结存［实际支付的金额］
购进资产或服务时作为扣缴义务人时： 借：在途物品/库存物品/固定资产/无形资产等 　贷：应付账款/银行存款等 　　应交增值税——代扣代交增值税 　实际缴纳增值税时参见一般纳税人的账务处理	借：事业支出/经营支出等 　贷：资金结存［实际支付的金额］
销售资产或提供服务时： 借：银行存款/应收账款/应收票据［包含增值税的价款总额］ 　贷：事业收入/经营收入等［扣除增值税金额后的价款］ 　　应交增值税	借：资金结存［实际收到的含税金额］ 　贷：事业预算收入/经营预算收入等
缴纳增值税时： 借：应交增值税 　贷：银行存款等	借：事业支出/经营支出等 　贷：资金结存
减免增值税时： 借：应交增值税 　贷：业务活动费用/经营费用等	不做账务处理
金融商品转让产生收益时： 借：投资收益［按净收益计算的应纳增值税］ 　贷：应交增值税——转让金融商品应交增值税 产生损失做相反会计分录	不做账务处理
金融商品转让实际缴纳增值税时参见一般纳税人的账务处理	

2. 其他应交税费的含义和核算

其他应交税费是指行政事业单位按照税法等规定计算应缴纳的除增值税以外的各种税费，包括城市维护建设税、教育费附加、地方教育费附加、车船税、房产税、城镇土地使用税和企业所得税等。事业单位的城市维护建设税、教育费附加、地方教育费附加和企业所得税业务也主要涉及经营活动。行政单位没有前述其他应交税费的业务。

事业单位应设置“其他应交税费”总账科目用于核算除增值税以外的其他应交税费业务，该科目贷方登记其他应交税费的增加数，借方登记其他应交税费的减少数，期末如为贷方余额，反映单位应交未交的其他税费的余额，期末如为借方余额，反映单位多交纳的其他税费余额。该科目应当按照应缴纳的税费种类进行明细核算。单位代扣代缴的个人所得税，也通过该科目核算。单位应缴纳的印花税不需要预提应交税费，直接通过“业务活动费用”“单位管理费用”“经营费用”等科目核算，不通过该科目核算。“其他应交税费”科目具体业务的平行账务处理涉及的会计分录如下。

财务会计	预算会计
发生其他应交税费，按照税法规定计算应交税费金额时： 借：业务活动费用/单位管理费用/经营费用等 　贷：其他应交税费——应交城市维护建设税/应交教育费附加/应交地方教育费附加/应交车船税/应交房产税/应交城镇土地使用税等	不做账务处理
实际交纳其他应交税费时： 借：其他应交税费——应交城市维护建设税/应交教育费附加/应交地方教育费附加/应交车船税/应交房产税/应交城镇土地使用税等 　贷：银行存款等	借：事业支出/经营支出等 　贷：资金结存
计算应代扣代缴职工和其他人员的个人所得税金额时： 借：应付职工薪酬 　贷：其他应交税费——应交个人所得税	不做账务处理
实际缴纳代扣个人所得税时： 借：其他应交税费——应交个人所得税 　贷：财政拨款收入/零余额账户用款额度/银行存款等	借：行政支出/事业支出/经营支出等 　贷：财政拨款预算收入/资金结存
发生企业所得税纳税义务，按照税法规定计算应缴税费金额时： 借：所得税费用 　贷：其他应交税费——单位应交所得税	不做账务处理
实际缴纳企业所得税时： 借：其他应交税费——单位应交所得税 　贷：银行存款等	借：非财政拨款结余 　贷：资金结存

【例 12-9】 按税法规定，某事业单位发生应交城市维护建设税 2 100 元，教育费附加 900 元，两项税费合计 3 000 元，按规定应计入业务活动费用。该事业单位会计应编制如下财务会计分录。

借：业务活动费用　　3 000

　贷：其他应交税费——城市维护建设税　　2 100

　　　　　　　　　——教育费附加　　900

12.1.3　应缴财政款的含义和核算

应缴财政款是指行政事业单位取得或应收的按照规定应当上缴财政的款项，包括应缴国库的款项和应缴财政专户的款项。

行政事业单位应设置“应缴财政款”总账科目用于核算应缴财政款业务，该科目贷方登记应缴财政款的增加数，借方登记已经上缴的应缴财政款的减少数，期末贷方余额反映单位应当上缴财政但尚未缴纳的款项；年终清缴后，该科目一般应无余额。该科目应当按照应缴财政款项的类别进行明细核算。

行政事业单位取得或应收按照规定应缴财政的款项时，借记“银行存款”“应收账款”等科目，贷记该科目。单位处置资产取得应上缴财政的处置净收入时，借记“待处理财产损溢”科目（处理净收入），贷记该科目。单位上缴应缴财政的款项时，按照实际上缴的金额，借记该科目，贷记“银行存款”科目。应缴财政款不属于过渡性的资金，不形成预算收支，因此不需要做预算会计账务处理。相关业务财务会计分录见资产相关业务的会计处理。

【例 12-10】 某行政单位在执法过程中取得一笔按照规定应当上缴财政的款项 23 万元，款项已存入开户银行。该行政单位按照规定及时将该笔款项上缴财政国库，款项以银行存款支付。该行政单位会计应编制如下会计分录。

① 收到应当上缴财政的款项时，财务会计分录：

借：银行存款　　230 000

　贷：应缴财政款　　230 000

② 上缴财政款项时，财务会计分录：

借：应缴财政款　　230 000

　贷：银行存款　　230 000

12.1.4　应付职工薪酬的含义和核算

1. 应付职工薪酬的含义和分类

应付职工薪酬是指行政事业单位按照有关规定应付给职工（含长期聘用人员）及为职工支付的各种薪酬，包括基本工资、国家统一规定的津贴补贴、规范津贴补贴（绩效工资）、改革性补贴、社会保险费（如职工基本养老保险费、职业年金、基本医疗保险费等）、住房公积金等。

行政事业单位的职工薪酬具体包括以下内容。

① 基本工资，反映按规定发放的基本工资，包括：公务员的职务工资、级别工资；机关工人的岗位工资、技术等级工资；事业单位工作人员的岗位工资、薪级工资；各类学校毕业生试用期（见习期）工资，新参加工作人员学徒期、熟练期工资；军队（含武警）军官、文职干部的职务（专业技术等级）工资，军衔（级别）工资和军龄工资；军队士官的军衔工资和军龄工资等。

② 国家统一规定的津贴补贴，反映按国家统一规定发放的津贴、补贴，包括机关工作人员工作性津贴、生活性补贴、地区附加津贴、机关事业单位艰苦边远地区津贴、事业单位工作人员特殊岗位津贴，以及提租补贴、购房补贴、取暖补贴、物业服务补贴等。

③ 奖金，反映按规定发放的奖金，包括机关工作人员年终一次性奖金等。

④ 伙食补助费，反映单位发给职工的伙食补助费，因公负伤等住院治疗、住疗养院期间的伙食补助费，军队（含武警）人员的伙食费等。

⑤ 规范津贴补贴（绩效工资），反映事业单位人员的绩效工资，包括基础性绩效工资和奖励性绩效工资。

⑥ 机关事业单位养老保险缴费，反映单位为职工缴纳的基本养老保险费。

⑦ 职业年金缴费，反映单位为职工实际缴纳的职业年金（含职业年金补记支出）。

⑧ 职工基本医疗保险缴费，反映单位为职工缴纳的基本医疗保险缴费。

⑨ 公务员医疗补助缴费，反映按规定可享受公务员医疗补助单位为职工缴纳的公务员医疗补助缴费。

⑩ 其他社会保障缴费，反映单位为职工缴纳的失业、工伤、生育、大病统筹等社会保险费及残疾人就业保障金，军队（含武警）为军人缴纳的退役养老、医疗等其他社会保障缴费，生育保险和职工基本医疗保险合并实施的地区，相关缴费不在此科目反映。

⑪ 住房公积金，反映单位按规定为职工缴纳的住房公积金。

⑫ 医疗费，反映未参加医疗保险单位的医疗经费和单位为职工支付的其他费用。

⑬ 其他工资福利支出，反映上述科目未包括的工资福利支出，如各种加班工资、病假两个月以上期间的人员工资、职工探亲旅费、困难职工生活补助、编制外长期聘用人员（不包括劳务派遣人员）劳务报酬及社会保险、公务员及参照公务员管理办法的事业单位工作人员转入企业工作并按规定参加企业职工基本养老保险而给予的一次性补贴。

2. 应付职工薪酬的核算

行政事业单位应设置“应付职工薪酬”总账科目用于核算应付职工薪酬业务，该科目贷方登记计提的应付职工薪酬的增加额，借方登记实际支付的应付职工薪酬的减少额，期末贷方余额反映单位应付未付的职工薪酬。该科目应当根据国家有关规定按照“基本工资（含离退休费）”“国家统一规定的津贴补贴”“规范津贴补贴（绩效工资）”“改革性补贴”“社会保险费”“住房公积金”“其他个人收入”等进行明细核算。该科目中，“社会保险费”“住房公积金”明细科目核算内容包括单位从职工工资中代扣代缴的社会保险费、住房公积金，以及单位为职工计算缴纳的社会保险费、住房公积金。“应付职工薪酬”科目具体业务的平行账务处理涉及的会计分录如下。

① 计算确认当期应付职工薪酬时：

财务会计	预算会计
从事专业及其辅助活动人员的职工薪酬： 借：业务活动费用/单位管理费用 　贷：应付职工薪酬	不做账务处理
应由在建工程、加工物品、自行研发无形资产负担的职工薪酬： 借：在建工程/加工物品/研发支出等 　贷：应付职工薪酬	不做账务处理
从事专业及其辅助活动以外的经营活动人员的职工薪酬： 借：经营费用 　贷：应付职工薪酬	不做账务处理

续表

财务会计	预算会计
因解除与职工的劳动关系而给予的补偿： 借：单位管理费用 　贷：应付职工薪酬	不做账务处理

② 向职工支付工资、津贴补贴等薪酬时：

财务会计	预算会计
借：应付职工薪酬 　贷：财政拨款收入/零余额账户用款额度/银行存款等	借：行政支出/事业支出/经营支出等 　贷：财政拨款预算收入/资金结存

③ 从职工薪酬中代扣各种款项时：

财务会计	预算会计
计算应代扣代缴职工的个人所得税金额时： 借：应付职工薪酬 　贷：其他应交税费——应交个人所得税	不做账务处理
代扣社会保险费和住房公积金时： 借：应付职工薪酬——基本工资 　贷：应付职工薪酬——社会保险费/住房公积金	不做账务处理
代扣为职工垫付的水电费、房租等费用时： 借：应付职工薪酬——基本工资 　贷：其他应收款等	不做账务处理

④ 按照规定缴纳职工社会保险费、住房公积金和其他费用时：

财务会计	预算会计
按照规定缴纳职工社会保险费和住房公积金时： 借：应付职工薪酬——社会保险费/住房公积金 　贷：财政拨款收入/零余额账户用款额度/银行存款等	借：行政支出/事业支出/经营支出等 　贷：财政拨款预算收入/资金结存
从应付职工薪酬中支付的其他款项时： 借：应付职工薪酬 　贷：零余额账户用款额度/银行存款等	借：行政支出/事业支出/经营支出等 　贷：资金结存等

【例 12-11】 某行政单位月底计算本月工资费用，计提应付职工薪酬共计 560 000 元，其中：职工基本工资 42 万元，国家统一规定的津贴补贴 43 000 元，社会保险费 65 000元和住房公积金 32 000 元，单位从应付职工薪酬中代扣社会保险费 7 万元和住房公积金 4 万元，代扣职工个人所得税 8 000 元。下月初，该行政单位通过财政直接支付的方式向职工支付基本工资和津贴补贴共计 345 000 元（420 000 +43 000-70 000-40 000-8 000），通过财政直接支付方式向相关机构缴纳职工社会保险费 135 000 元和住房公积金 72 000 元。该行政单位会计应编制如下会计分录。

① 提职工薪酬时，财务会计分录：

借：业务活动费用	560 000	
贷：应付职工薪酬——基本工资		420 000
——国家统一规定的津贴补贴		43 000
——社会保险费		68 000
——住房公积金		35 000

② 按税法规定代扣职工个人所得税时，财务会计分录：

借：应付职工薪酬——基本工资	8 000	
贷：其他应交税费——应交个人所得税		8 000

③ 从应付职工薪酬中代扣社会保险费和住房公积金时，财务会计分录：

借：应付职工薪酬——基本工资	110 000	
贷：应付职工薪酬——社会保险费		70 000
——住房公积金		40 000

④ 向职工支付基本工资和津贴补贴时：

财务会计分录：

借：应付职工薪酬——基本工资	302 000	
——国家统一规定的津贴补贴	43 000	
贷：财政拨款收入		345 000

预算会计分录：

借：行政支出	345 000	
贷：财政拨款预算收入		345 000

⑤ 向相关机构缴纳职工社会保险费和住房公积金时：

财务会计分录：

借：应付职工薪酬——社会保险费	135 000	
——住房公积金	72 000	
贷：财政拨款收入		207 000

预算会计分录：

借：行政支出	207 000	
贷：财政拨款预算收入		207 000

12.1.5 应付及预收款项的含义和核算

应付及预收款项是指行政事业单位在开展业务活动中发生的各项债务，包括应付票据、应付账款、应付政府补贴款、应付利息、预收账款、其他应付款等。

1. 应付票据的含义和核算

应付票据是指事业单位因购买材料、物资等开出、承兑的商业汇票，包括银行承兑汇票和商业承兑汇票。

事业单位应设置“应付票据”总账科目用于核算应付票据业务，该科贷方登记应付票据的增加额，借方登记应付票据的减少额，期末贷方余额反映事业单位开出、承兑的尚未到期的应付票据金额。该科目应当按照债权人进行明细核算。事业单位应当设置应付票据备查簿，详细登记每张应付票据的种类、号数、出票日期、到期日、票面金额、交易合同号、收款人姓名或单位名称，以及付款日期和金额等。应付票据到期结清票款后，应当在备查簿内逐笔注销。“应付票据”科目具体业务的平行账务处理涉及的会计分录如下。

① 开出、承兑商业汇票或以商业汇票抵付应付账款时：

财务会计	预算会计
开出、承兑商业汇票时： 借：库存物品/固定资产等 　贷：应付票据	不做账务处理
以商业汇票抵付应付账款时： 借：应付账款 　贷：应付票据	不做账务处理
支付银行承兑汇票的手续费时： 借：业务活动费用/经营费用等 　贷：银行存款等	借：事业支出/经营支出 　贷：资金结存——货币资金

② 商业汇票到期，偿还货款或无力支付票款时：

财务会计	预算会计
收到银行支付到期票据的付款通知，偿还货款时： 借：应付票据 　贷：银行存款	借：事业支出/经营支出 　贷：资金结存——货币资金
银行承兑汇票到期，本单位无力支付票款时： 借：应付票据 　贷：短期借款	借：事业支出/经营支出 　贷：债务预算收入
商业承兑汇票到期，本单位无力支付票款时： 借：应付票据 　贷：应付账款	不做账务处理

【例 12-12】 某事业单位是小规模纳税人，购买专业活动用材料一批，开出一张无息商业承兑汇票 67 800 元支付相关货款。该事业单位会计应编制如下财务会计分录。

借：库存物品　　67 800

　贷：应付票据　　67 800

该事业单位开出的商业承兑汇票到期，用银行存款支付 67 800 元时，该事业单位会计应编制如下会计分录。

财务会计分录：

借：应付票据　　67 800

　贷：银行存款　　67 800

预算会计分录：

借：事业支出　　67 800

　贷：资金结存　　67 800

若该事业单位无法支付款项，该事业单位会计应编制如下财务会计分录。

借：应付票据　　67 800

　贷：应付账款　　67 800

2. 应付账款和预收账款的含义和核算

（1）应付账款的含义和核算

应付账款是指行政事业单位因购买物资、接受服务、开展工程建设等应付的偿还期限在1年以内（含1年）的款项。

行政事业单位应设置"应付账款"总账科目用于核算应付账款业务，该科目贷方登记应付账款的增加数，借方登记应付账款的减少数，期末贷方余额反映单位尚未支付的应付账款金额。该科目应当按照债权人进行明细核算。对于建设项目，还应设置"应付器材款""应付工程款"等明细科目，并按照具体项目进行明细核算。"应付账款"科目具体业务的平行账务处理涉及的会计分录如下。

财务会计	预算会计
购入物资、设备或服务及完成工程进度但尚未付款时： 借：库存物品/固定资产/在建工程等 　贷：应付账款	不做账务处理
偿付应付账款时： 借：应付账款 　贷：财政拨款收入/零余额账户用款额度/银行存款等	借：行政支出/事业支出等 　贷：财政拨款预算收入/资金结存
开出、承兑商业汇票抵付应付账款时： 借：应付账款 　贷：应付票据	不做账务处理
无法偿付或债权人豁免偿还的应付账款时： 借：应付账款 　贷：其他收入 （核销的应付账款应在备查簿中保留登记）	不做账务处理

【例12-13】 某事业单位购买一批物品7万元，物品已验收入库，款项尚未支付（暂不考虑增值税业务）。之后，该事业单位以零余额账户用款额度偿付了购买该批物品的款项。该事业单位会计应编制如下会计分录。

① 收到购买物品时，财务会计分录：

借：库存物品　　70 000

　贷：应付账款　　70 000

② 以零余额账户用款额度偿付应付账款时：

财务会计分录：

借：应付账款　　70 000

　贷：零余额账户用款额度 70 000

预算会计分录：

借：事业支出　　70 000

　贷：资金结存　　70 000

（2）预收账款的含义和核算

预收账款是指事业单位预先收取但尚未结算的款项，如公立医院的预收医疗款、科研院所和高等学校的预收科研经费、事业单位在开展经营活动中预收的款项等。行政单位没有预收账款的业务。

事业单位应设置"预收账款"总账科目用于核算预收账款业务，该科目贷方登记预收账款的增加数，借方登记预收账款的减少数，期末贷方余额反映事业单位预收但尚未结算的款项金额。该科目应当按照债权人进行明细核算。“预收账款”科目具体业务的平行账务处理涉及的会计分录如下。

财务会计	预算会计
从付款方预收款项时： 借：银行存款等 　贷：预收账款	借：资金结存——货币资金 　贷：事业预算收入/经营预算收入等
确认有关收入时： 借：预收账款 　　银行存款［收到补付款］ 　贷：事业收入/经营收入等 　　　银行存款［退回预收款］	借：资金结存——货币资金 　贷：事业预算收入/经营预算收入等［收到补付款］ 退回预收款的金额做相反会计分录
无法偿付或债权人豁免偿还的预收账款时： 借：预收账款 　贷：其他收入 （核销的应付账款应在备查簿中保留登记）	不做账务处理

【例 12-14】 某事业单位从付款方预收一笔款项 8 万元，款项已存入开户银行。相应的专业业务活动结束后，该事业单位应确认事业收入 9 万元，付款方通过银行转账方式补付款项 1 万元。该事业单位会计应编制如下会计分录。

① 从付款方预收款项时：

财务会计分录：

借：银行存款　80 000
　贷：预收账款　80 000

预算会计分录：

借：资金结存　80 000
　贷：事业预算收入　80 000

② 确认收入并收到补付款项时：

财务会计分录：

借：银行存款　10 000
　　预收账款　80 000
　贷：事业收入　90 000

预算会计分录：

借：资金结存　10 000
　贷：事业预算收入　10 000

3. 应付政府补贴款的含义和核算

应付政府补贴款是指负责发放政府补贴的行政单位，按照规定应当支付给政府补贴接受者的各种政府补贴款。例如有关行政单位根据职能划分向农民发放农机购置补贴、向使用清洁能源的单位和个人发放使用清洁能源补贴、向购买节能电器的单位和个人发放节能补贴、向职业培训和职业介绍机构发放职业培训和职业介绍补贴等。

行政单位应设置“应付政府补贴款”总账科目用于核算应付政府补贴款业务，该科目贷方登记应付政府补贴款的增加数，借方登记应付政府补贴款的减少数，期末贷方余额反映行政单位应付未付的政府补贴金额。该科目应当按照应支付的政府补贴种类进行明细核算，还应当根据需要按照补贴接受者进行明细核算，或者建立备查簿对补贴接受者予以登记。

行政单位发生应付政府补贴时，按照依规定计算确定的应付政府补贴金额，借记“业务活动费用”科目，贷记该科目。支付应付政府补贴款时，按照支付金额，借记该科目，贷记“零余额账户用款额度”“银行存款”等科目（同时编写预算会计分录，借记“行政支出”科目，贷记“资金结存”科目）。

【例12-15】 某行政单位发生一项应付政府补贴业务，按照规定计算应付政府补贴金额为10万元。次月，该行政单位通过零余额账户用款额度支付该项政府补贴款项10万元。该行政单位会计应编制如下会计分录。

① 发生应付政府补贴时，财务会计分录：

借：业务活动费用　100 000
　贷：应付政府补贴款　100 000

② 通过零余额账户用款额度支付应付政府补贴时：

财务会计分录：			预算会计分录：		
借：应付政府补贴款	100 000		借：行政支出	100 000	
贷：零余额账户用款额度		100 000	贷：资金结存		100 000

4. 应付利息的含义和核算

应付利息是指事业单位按照合同约定应支付的借款利息，包括短期借款、分期付息到期还本的长期借款等应支付的利息。行政单位没有短期借款和长期借款的业务，没有应付利息的业务。

事业单位应设置“应付利息”总账科目用于核算应付利息业务，该科目贷方登记计提的应付利息的增加数，借方登记偿还应付利息的减少数，期末贷方余额反映事业单位应付未付的利息金额。该科目应当按照债权人等进行明细核算。

事业单位为建造固定资产、公共基础设施等借入的专门借款的利息，属于建设期间发生的，按期计提利息费用时，按照计算确定的金额，借记“在建工程”科目，贷记该科目；不属于建设期间发生的，按期计提利息费用时，按照计算确定的金额，借记“其他费用”科目，贷记该科目。对于其他借款，按期计提利息费用时，按照计算确定的金额，借记“其他费用”科目，贷记该科目。单位实际支付应付利息时，按照支付的金额，借记该科目，贷记“银行存款”等科目（同时编写预算会计分录，借记“其他支出”科目，贷记“资金结存”科目）。

【例12-16】 某事业单位经批准向银行借入一笔短期借款，年末计提借款利息费用8 000元。该事业单位会计应编制如下会计分录。

借：其他费用　8 000
　贷：应付利息　8 000

该事业单位用银行存款支付上述利息时，应编制如下会计分录。

财务会计分录：			预算会计分录：		
借：应付利息	8 000		借：其他支出	8 000	
贷：银行存款		8 000	贷：资金结存		8 000

5. 其他应付款的含义和核算

其他应付款是指单位除应交增值税、其他应交税费、应缴财政款、应付职工薪酬、应付票据、应付账款、应付政府补贴款、应付利息、预收账款外，其他各项偿还期限在1年内（含1年）的应付及暂收款项，如收取的押金、存入保证金、已经报销但尚未偿还银行的本单位公务卡欠款等。涉及质保金形成其他应付款的，相关账务处理参见固定资产核算的相关业务。

为核算其他应付款业务，行政事业单位应设置“其他应付款”总账科目，该科目贷方登记其他应付款的增加数，借方登记其他应付款的减少数，期末贷方余额反映单位尚未支付的其他应付款金额。同级政府财政部门预拨的下期预算款和没有纳入预算的暂付款项，以及采用实拨资金方式通过本单位转拨给下属单位的财政拨款，也通过该科目核算。该科目应当按照其他应付款的类别及债权人等进行明细核算。“其他应付款”科目具体业务的平行账务处理涉及的会计分录如下。

财务会计	预算会计
发生暂收款项，取得暂收款项时： 借：银行存款等 　贷：其他应付款 将暂收款项转为收入时： 借：其他应付款 　贷：事业收入等 支付（或退回）其他应付及暂收款项时： 借：其他应付款 　贷：银行存款等	不做账务处理 借：资金结存——货币资金 　贷：事业预算收入 不做账务处理
收到同级财政部门预拨的下期预算款和未纳入预算的暂付款项时，按照实际收到的金额： 借：银行存款等 　贷：其他应付款 待到下一预算期或批准纳入预算时： 借：其他应付款 　贷：财政拨款收入	不做账务处理 借：资金结存——货币资金 　贷：财政拨款预算收入
确认其他应付款项时（本单位公务卡持卡人报销时，按照审核报销的金额）： 借：业务活动费用/单位管理费用等 　贷：其他应付款 支付其他应付款项时（偿还公务卡欠款时）： 借：其他应付款 　贷：银行存款等	不做账务处理 借：行政支出/事业支出等 　贷：资金结存
无法偿付或债权人豁免偿还的其他应付款项时： 借：其他应付款 　贷：其他收入 （核销的应付账款应在备查簿中保留登记）	不做账务处理

【例 12-17】 某行政单位公务卡持卡人报销差旅费，审核报销的金额为 5 400 元。次日，该行政单位通过财政授权支付方式向银行偿还了该项公务卡欠款 5 400 元。该行政单位会计应编制如下会计分录。

① 公务卡持卡人报销时，财务会计分录：

借：业务活动费用　5 400
　贷：其他应付款　5 400

② 偿还公务卡欠款时：

财务会计分录：		预算会计分录：	
借：其他应付款	5 400	借：行政支出	5 400
贷：零余额账户用款额度	5 400	贷：资金结存	5 400

6. 预提费用的含义和核算

预提费用是指行政事业单位预先提取的已经发生但尚未支付的费用，如预提租金费用等。

行政事业单位应设置“预提费用”总账科目为核算预提费用业务，该科目贷方登记预提费用的增加数，借方登记预提费用的减少数，期末贷方余额反映单位已预提但尚未支付的各项费用。事业单位按规定从科研项目收入中提取的项目间接费用或管理费，也通过该科目核算。该科目应当按照预提费用的种类进行明细核算。对于提取的项目间接费用或管理费，应当在该科目下设置“项目间接费用或管理费”明细科目，并按项目进行明细核算。

“预提费用”科目具体业务的平行账务处理涉及的会计分录如下。

财务会计	预算会计
按规定计提项目间接费用或管理费时： 借：单位管理费用 　贷：预提费用——项目间接费用或管理费	借：非财政拨款结转——项目间接费用或管理费 　贷：非财政拨款结余——项目间接费用或管理费
实际使用计提的项目间接费用或管理费时： 借：预提费用——项目间接费用或管理费 　贷：银行存款/库存现金	借：事业支出等 　贷：资金结存
按照规定预提每期租金等费用时： 借：业务活动费用/单位管理费用/经营费用等 　贷：预提费用	不做账务处理
实际支付款项时： 借：预提费用 　贷：银行存款等	借：行政支出/事业支出/经营支出等 　贷：资金结存

【例 12-18】 某事业单位按规定从某项科研项目收入中提取项目管理费 8 000 元。在项目日常管理中，该事业单位实际使用计提的该项目管理费 1 700 元，款项以银行存款支付。该事业单位会计应编制如下会计分录。

① 从科研项目收入中提取项目管理费时：

财务会计分录：

借：单位管理费用　　8 000

　贷：预提费用——项目间接费用或管理费　　8 000

预算会计分录：

借：非财政拨款结转——项目间接费用或管理费　　8 000

　贷：非财政拨款结余——项目间接费用或管理费　　8 000

② 实际使用计提的项目管理费时：

财务会计分录：

借：预提费用——项目间接费用或管理费　　1 700

　贷：银行存款　　1 700

预算会计分录：

借：事业支出　　1 700

　贷：资金结存　　1 700

12.2　非流动负债

非流动负债是指除流动负债以外的负债，通常为预计超过 1 年偿还的债务。行政事业单位的非流动负债包括长期借款、长期应付款和预计负债等。

12.2.1　长期借款的含义和核算

长期借款是指事业单位经批准向银行或其他金融机构等借入的期限超过 1 年（不含 1 年）的各种借款本息。

事业单位应设置“长期借款”总账科目用于核算长期借款业务，该科目贷方登记发生的长期借款本金和利息的增加额，借方登记偿还的长期借款本金和利息的减少数，期末贷方余额反映事业单位尚未偿还的长期借款本息金额。该科目应当设置“本金”和“应计利息”明细科目，并按照贷款单位和贷款种类进行明细核算。对于建设项目借款，还应按照具体项目进行明细核算。

“长期借款”科目具体业务的平行账务处理涉及的会计分录如下。

① 借入各项长期借款时：

财务会计	预算会计
借入各项长期借款时： 借：银行存款 　贷：长期借款——本金	借：资金结存——货币资金 　贷：债务预算收入［本金］

② 计提为购建固定资产、公共基础设施借入的专门长期借款利息或其他长期借款利息时：

财务会计	预算会计
属于工程项目建设期间发生的： 借：在建工程 　贷：应付利息［分期付息、到期还本］ 　　　长期借款——应计利息［到期一次还本付息］	不做账务处理
属于工程项目完工交付使用后发生的： 借：其他费用 　贷：应付利息［分期付息、到期还本］ 　　　长期借款——应计利息［到期一次还本付息］	不做账务处理
计提其他长期借款的利息时： 借：其他费用 　贷：应付利息［分期付息、到期还本］ 　　　长期借款——应计利息［到期一次还本付息］	不做账务处理

③ 实际支付利息或到期归还长期借款本息时：

财务会计	预算会计
实际支付借款的利息时： 借：应付利息 　贷：银行存款等	借：其他支出 　贷：资金结存

续表

财务会计	预算会计
归还长期借款本息时： 借：长期借款——本金 ——应计利息［到期一次还本付息］ 贷：银行存款	借：债务还本支出［支付的本金］ 贷：资金结存

【例 12-19】 某事业单位经批准向银行借入一笔款项 75 万元用于购建一项固定资产，借款期限为 5 年，每年借款利息 3 万元，到期一次偿还本金和利息。工程建造期限为两年，两年后固定资产如期建造完成并交付使用。5 年后，该事业单位通过银行存款支付借款本金 75 万元和应付利息 15 万元。该事业单位会计应编制如下会计分录。

① 向银行借入专门款项时：

财务会计分录：			预算会计分录：		
借：银行存款	750 000		借：资金结存	750 000	
贷：长期借款——本金		750 000	贷：债务预算收入		750 000

② 第 1~2 年的在建工程期间，每年计算确定专门借款利息时，财务会计分录：

借：在建工程　　30 000

　贷：长期借款——应计利息　　30 000

③ 第 3~5 年工程完工后，每年计算确定专门借款利息时：

借：其他费用　　30 000

　贷：长期借款——应计利息　　30 000

④ 5 年后，偿还专门借款本金和利息时：

财务会计分录：			预算会计分录：		
借：长期借款——本金	750 000		借：债务还本支出	750 000	
——应计利息	150 000		其他支出	150 000	
贷：银行存款		900 000	贷：资金结存		900 000

12.2.2 长期应付款的含义和核算

长期应付款是指行政事业单位发生的偿还期限超过 1 年（不含 1 年）的应付款项，如以融资租赁方式取得固定资产应付的租赁费等。除融资租入固定资产的业务外，跨年度分期付款购入固定资产也是形成长期应付款的一项主要业务。涉及质保金形成长期应付款的，相关账务处理参见固定资产核算的业务。

行政事业单位应设置“长期应付款”总账科目用于核算长期应付款业务，该科目贷方登记长期应付款的增加数，借方登记长期应付款的减少数，期末贷方余额反映单位尚未支付的长期应付款金额。该科目应当按照长期应付款的类别及债权人进行明细核算。

“长期应付款”科目具体业务的平行账务处理涉及的会计分录如下。

财务会计	预算会计
发生长期应付款时： 借：固定资产/在建工程等 贷：长期应付款	不做账务处理

续表

财务会计	预算会计
支付长期应付款时： 借：长期应付款 　贷：财政拨款收入/零余额账户用款额度/银行存款	借：行政支出/事业支出/经营支出等 　贷：财政拨款预算收入/资金结存
无法偿付或债权人豁免偿还的长期应付款时： 借：长期应付款 　贷：其他收入 （核销的应付账款应在备查簿中保留登记）	不做账务处理

【例 12-20】 某事业单位融资租入一项固定资产（暂不考虑增值税业务），该项固定资产确定的成本为 60 万元，租赁合同约定，该事业单位每年年末向出租方支付租金 15 万元，连续支付 4 年。该事业单位每年年末通过零余额账户用款额度支付租金 15 万元。该事业单位会计应编制如下会计分录。

① 融资租入固定资产时，财务会计分录：

借：固定资产　600 000
　贷：长期应付款　600 000

② 每年年末支付租金时：

财务会计分录：			预算会计分录：		
借：长期应付款	150 000		借：事业支出	150 000	
贷：零余额账户用款额度		150 000	贷：资金结存		150 000

12.2.3　预计负债的含义和核算

预计负债是指行政事业单位对因或有事项所产生的现时义务而确认的负债，如对未决诉讼等确认的负债。

行政事业单位应设置"预计负债"总账科目用于核算预计负债业务，该科目贷方登记确认的预计负债的增加数，借方登记偿还的预计负债的减少数，期末贷方余额反映单位已确认但尚未支付的预计负债金额。该科目应当按照预计负债的项目进行明细核算。

单位确认预计负债时，按照预计的金额，借记"业务活动费用""经营费用""其他费用"等科目，贷记该科目。实际偿付预计负债时，按照偿付的金额，借记该科目，贷记"银行存款""零余额账户用款额度"等科目（预算会计分录：借记"事业支出/经营支出/其他支出"等科目，贷记"资金结存"科目）。根据确凿证据需要对已确认的预计负债账面余额进行调整的，按照调整增加的金额，借记有关科目，贷记该科目；按照调整减少的金额，借记该科目，贷记有关科目。

【例 12-21】 某事业单位在开展业务活动中因违约被起诉至法院。年末，该案件尚在审理中，法院尚未做出判决。该事业单位咨询了法律顾问，被告知很可能需要赔款 13 000 元。次年，经法院判决，该事业单位需要向其他利益相关方赔款 20 500 元，该事业单位以银行存款支付了该项赔款，该项赔款按规定应计入业务活动费用。该事业单位会计应编制如下会计分录。

① 年末，确认预计负债时，财务会计分录：

借：业务活动费用　　13 000

　贷：预计负债　　13 000

② 次年，按照法院判决，支付赔偿款时：

财务会计分录：		预算会计分录：	
借：预计负债	13 000	借：事业支出	20 500
业务活动费用	7 500	贷：资金结存	20 500
贷：银行存款	20 500		

12.3 受托代理负债

受托代理负债是指行政事业单位接受委托，取得受托代理资产时形成的负债。受托代理负债应当在行政事业单位收到受托代理资产并产生受托代理义务时确认。

行政事业单位应设置“受托代理负债”总账科目用于核算受托代理负债业务，该科目贷方登记受托代理负债的增加数，借方登记受托代理负债的减少数，期末贷方余额反映单位尚未交付或发出受托代理资产形成的受托代理负债金额。该科目应按照指定受赠人进行明细核算。该科目的账务处理参见“受托代理资产”“库存现金”“银行存款”等科目。

思 考 题

1. 什么是行政事业单位的负债？负债包括哪些种类？
2. 什么是行政事业单位的应缴财政款？应缴财政款与应交税费有什么不同？
3. 什么是行政事业单位的应付职工薪酬？“应付职工薪酬”总账科目应当设置哪些明细科目？
4. 什么是行政单位的应付政府补贴款？应付政府补贴款应当在什么时候确认？
5. 什么是行政事业单位的应付票据、应付账款和预收账款？其中，哪两个会计科目只在事业单位中使用？
6. 什么是事业单位的短期借款、长期借款和应付利息？行政单位是否使用这些会计科目？
7. 什么是行政事业单位的预提费用？形成预提费用的主要业务有哪些？
8. 什么是行政事业单位的长期应付款？形成长期应付款的业务主要有哪些？
9. 什么是行政事业单位的预计负债？它与其他应付款或长期应付款有什么不同？
10. 什么是行政事业单位的受托代理负债？“受托代理负债”科目的主要对应科目有哪些？

练 习 题

练习一

一、目的：练习行政事业单位应交增值税的核算。

二、资料：某事业单位发生如下经济业务。

① 购入一项不需要安装的固定资产，购买价为42万元，增值税为54 600元，未认证抵扣该项增值税，已通过银行存款支付款项合计474 600元，固定资产验收合格并投入使用。

② 出租房屋，月底确认应收租金收入8万元，尚未收到该笔租金。

③ 以银行存款缴纳当月的应交增值税4 000元。

④ 月末，转出当月应交未交的增值税2 700元。

三、要求：根据以上经济业务，为该事业单位编制有关的会计分录。

练习二

一、目的：练习行政事业单位应缴财政款的核算。

二、资料：某事业单位发生如下经济业务。

① 经批准处置一项固定资产，该项固定资产的账面余额为45万元，已计提折旧33万元，账面价值为12万元。

② 将处置的固定资产对外出售，价款15万元存入银行。按照规定，本次出售固定资产的收入应当上缴财政国库。

③ 以银行存款将取得的固定资产处置价款15万元上缴财政国库。

④ 在开展业务活动中收到一笔应缴财政专户的事业收入6万元，款项已存入开户银行。

⑤ 将收到的应缴财政专户的事业收入6万元上缴财政专户。

三、要求：根据以上经济业务，为该事业单位编制有关的会计分录。

练习三

一、目的：练习行政事业单位应付职工薪酬的核算。

二、资料：某事业单位发生如下经济业务。

① 计提当月职工薪酬共计79万元，包含职工基本工资46万元，绩效工资22万元，应为职工计算缴纳的社会保险费78 000元和住房公积金32 000元。单位应从职工基本工资中代扣的社会保险费为55 000元，住房公积金为21 000元，个人所得税为6 300元。按照薪酬费用的归属，应当记入“业务活动费用”科目的金额为62万元，应当记入“单位管理费用”科目的金额为17万元。

② 次月，通过财政直接支付的方式向职工支付基本工资和绩效工资，共计597 700元。

③ 通过财政直接支付方式缴纳职工社会保险费133 000元和住房公积金53 000元。

三、要求：根据以上经济业务，为该事业单位编制有关的会计分录。

练习四

一、目的：练习行政事业单位应付账款的核算。

二、资料：某行政单位发生如下经济业务。

① 按照完工进度与施工企业结算一项在建工程的价款25万元，款项尚未支付。

② 通过财政直接支付方式向施工企业支付尚未支付的工程结算价款25万元。

③ 购买一项不需安装的固定资产，购买价为36万元，款项尚未支付，固定资产验收合格并投入使用。

④ 通过财政授权支付方式支付购买一项固定资产尚未支付的款项36万元。

三、要求：根据以上经济业务，为该行政单位编制有关的会计分录（暂不考虑增值税业务）。

练习五

一、目的：练习行政单位应付政府补贴款的核算。

二、资料：某行政单位发生如下经济业务。

① 按照相关规定发生一项应付政府补贴的业务，按规定计算确定的金额为7万元。

② 通过财政授权支付方式向相关政府补贴接受者支付一项应付政府补贴7万元。

三、要求：根据以上经济业务，为该行政单位编制有关的会计分录。

练习六

一、目的：练习事业单位预收账款的核算。

二、资料：某事业单位发生如下经济业务。

① 在开展一项事业活动中预收一笔款项4万元，款项已存入开户银行。

② 完成上述事业活动，实现事业收入45 000元，收到剩余款项5 000元存入开户银行。

三、要求：根据以上经济业务，为该事业单位编制有关的会计分录。

练习七

一、目的：练习行政事业单位预提费用的核算。

二、资料：某行政单位发生如下经济业务。

① 月末，因租入使用一项资产而预提相应的租金费用13万元。

② 次月，按资产租赁合同的约定向资产出租方支付上月租金13万元，款项通过零余额账户用款额度支付。

三、要求：根据以上经济业务，为该行政单位编制有关的会计分录。

练习八

一、目的：练习事业单位长期借款的核算。

二、资料：某事业单位发生如下经济业务。

为购买一项固定资产，经批准专门向银行借入一笔款项76万元，借款期限为5年，每年应计借款利息4万元，到期一次偿还借款本金76万元和利息20万元。5年后，该事业单位用银行存款偿还借款本金76万元和利息20万元。

三、要求：根据以上经济业务，为该事业单位编制有关的会计分录。

练习九

一、目的：练习行政事业单位长期应付款的核算。

二、资料：某行政单位发生如下经济业务。

购入一项不需安装的固定资产，确定的成本为77万元，对购入的固定资产扣留质量保证金12万元，扣留期为两年，实际向供应商支付款项65万元，款项通过零余额账户用款额度支付，固定资产验收合格并交付使用。两年后，购入的固定资产没有发现严重的质量问题，该行政单位向供应商支付了扣留的质量保证金12万元，款项通过零余额账户用款额度支付。

三、要求：根据以上经济业务，为该行政单位编制有关的会计分录（暂不考虑增值税业务）。

第 13 章　行政事业单位的收入和预算收入

学习目标

- 熟悉行政事业单位的收入和预算收入的含义与区别；
- 掌握行政事业单位的收入和预算收入的分类；
- 掌握行政事业单位的收入的财务会计核算；
- 掌握行政事业单位的预算收入的预算会计核算。

在行政事业单位中，收入和预算收入在基本概念、具体种类、确认和计量方法方面虽有一定的联系，但存在明显的区别。行政事业单位收到各项收入时，既需要做财务会计核算，也需要做预算会计核算。

在财务会计体系下，收入属于财务会计要素，它是指报告期内导致政府会计主体净资产增加的、含有服务潜力或者经济利益的经济资源流入。行政事业单位的收入（按照不同的来源渠道和资金性质）包括财政拨款收入、事业收入、上级补助收入、附属单位上缴收入、经营收入、非同级财政拨款收入、投资收益、捐赠收入、利息收入、租金收入和其他收入等种类。收入应当按照权责发生制基础进行确认和计量。

在预算会计体系下，预算收入属于预算会计要素，它是指政府会计主体在预算年度内依法取得的并纳入预算管理的现金流入。预算收入按来源分为财政拨款预算收入、事业预算收入、上级财政补助预算收入、附属单位上缴预算收入、经营预算收入、非同级财政拨款预算收入、投资预算收入、债务预算收入和其他预算收入。预算收入应当按照收付实现制基础进行确认和计量，一般在实际收到时予以确认，以实际收到的金额计量。

财务会计与预算会计实行平行记账的方法，行政事业单位在实际收到各项预算收入时，同时编制财务会计分录和预算会计分录。如果相关的收入属于应收或预收款项，只编制财务会计分录，不编制预算会计分录。待实际收到相关收入时，才编制相关财务会计分录和预算会计分录。

13.1　财政拨款（预算）收入和非同级财政拨款（预算）收入

13.1.1　财政拨款（预算）收入的含义和核算

1. 财政拨款（预算）收入的含义和科目设置

财政拨款（预算）收入是指行政事业单位从同级政府财政部门取得的各类财政拨款，包括一般公共预算财政拨款和政府性基金预算财政拨款等，它是行政事业单位开展业务活动的基本财力保证。行政单位履行行政职能或开展业务活动的资金主要来源于财政拨款（预算）收入，事业单位在开展专业业务活动中的业务收费需经政府部门批准，由政府部门实行统一管理。

在财务会计体系下，行政事业单位应设置“财政拨款收入”总账科目用于核算财政拨款收入业务。该科目贷方登记实际收到或应收的财政拨款收入金额，借方登记期末将本期贷方发生额转入“本期盈余”科目的金额，期末结转后该科目应无余额。该科目可按照一般公共预算财政拨款、政府性基金预算财政拨款等进行明细核算。同级政府财政部门预拨的下期预算款和没有纳入预算的暂付款项，以及采用实拨资金方式通过本单位转拨给下属单位的财政拨款，通过“其他应付款”科目核算，不通过该科目核算。

在预算会计体系下，行政事业单位应设置“财政拨款预算收入”总账科目用于核算财政拨款预算收入业务。该科目贷方登记实际收到的财政拨款预算收入金额，借方登记期末将本期发生额转入“财政拨款结转”科目的金额，期末结转后该科目应无余额。该科目应当设置“基本支出”和“项目支出”两个明细科目，并按照“政府收支分类科目”中“支出功能分类科目”的项级科目进行明细核算有一般公共预算财政拨款、政府性基金预算财政拨款等两种或两种以上财政拨款的单位，还应当按照财政拨款的种类进行明细核算。

2. 财政拨款（预算）收入的核算

（1）通过财政直接支付方式取得的财政拨款（预算）收入的核算

在财政直接支付方式下，财务会计中的财政拨款收入和预算会计中的财政拨款预算收入，都是在收到财政直接支付入账通知书及相关原始凭证，以及年末确认尚未使用的预算指标数时确认。

行政事业单位根据收到的“财政直接支付入账通知书”及相关原始凭证，按照通知书中的直接支付入账金额，借记“库存物品”“固定资产”“业务活动费用”“单位管理费用”“应付职工薪酬”等科目，贷记“财政拨款收入”科目。涉及增值税业务的，还应进行相应的会计处理，同时借记“行政支出” “事业支出”等科目，贷记“财政拨款预算收入”科目。

年末，根据本年度财政直接支付预算指标数与当年财政直接支付实际支付数的差额，借记“财政应返还额度——财政直接支付”科目，贷记“财政拨款收入”科目。同时，借记“资金结存——财政应返还额度”科目，贷记“财政拨款预算收入”科目。

因差错更正或购货退回等发生国库直接支付款项退回的，属于以前年度支付的款项，按照退回金额，借记“财政应返还额度——财政直接支付”科目，贷记“以前年度盈余调整”“库存物品”等科目；属于本年度支付的款项，按照退回金额，借记“财政拨款收入”科目，贷记“业务活动费用”“库存物品”等科目。同时，借记“财政拨款预算收入”科目，贷记“行政支出”“事业支出”等科目。

【例 13-1】 某行政单位通过财政直接支付方式向某企业支付一笔服务费 5 万元。该行政单位会计应编制如下会计分录。

财务会计分录：			预算会计分录：		
借：业务活动费用	50 000		借：行政支出	50 000	
贷：财政拨款收入		50 000	贷：财政拨款预算收入		50 000

如果行政事业单位欠某企业一笔购买服务的费用，进行财务会计核算时，借记“业务活动费用”科目，贷记“应付账款”科目；不需要编制预算会计分录。待用财政直接支付方式偿付相应的应付账款时，财务会计应借记“应付账款”科目，贷记“财政拨款收入”科目；同时，预算会计应借记“行政支出”或“事业支出”科目，贷记“财政拨款预算收入”科目。

(2) 通过财政授权支付方式取得的财政拨款收入

在财政授权支付方式下，行政事业单位根据收到的“财政授权支付额度到账通知书”，按照通知书中的授权支付额度，借记“零余额账户用款额度”科目，贷记“财政拨款收入”科目。同时，借记“资金结存——零余额账户用款额度”科目，贷记“财政拨款预算收入”科目。

年末，单位本年度财政授权支付预算指标数大于零余额账户用款额度下达数的，按照两者差额，借记“财政应返还额度——财政授权支付”科目，贷记“财政拨款收入”科目。同时，借记“资金结存——财政应返还额度”科目，贷记“财政拨款预算收入”科目。

在财政授权支付方式下，行政事业单位在收到零余额账户用款额度及年末确认财政尚未下达的零余额账户用款时确认财政拨款收入。

【例 13-2】 某行政单位收到单位零余额账户代理银行转来的财政授权支付额度到账通知书，收到由一般公共预算资金安排的财政授权支付额度 15 万元，用于日常运行支出需要。该行政单位会计应编制如下会计分录。

财务会计分录：

	借方	贷方
借：零余额账户用款额度	150 000	
贷：财政拨款收入——一般公共预算财政拨款		150 000

预算会计分录：

	借方	贷方
借：资金结存——零余额账户用款额度	150 000	
贷：财政拨款预算收入		150 000

(3) 其他方式取得的财政拨款收入

在国库集中收付制度下，除了财政直接支付和财政授权支付两种主要的财政支付方式外，还存在其他支付方式，如财政实拨资金。在财政实拨资金方式下收到财政拨款收入时，财务会计按照实际收到的金额，借记“银行存款”等科目，贷记“财政拨款收入”科目。同时，借记“资金结存——货币资金”科目，贷记“财政拨款预算收入”科目。

【例 13-3】 某事业单位尚未纳入财政国库单一账户制度改革。该事业单位收到开户银行转来的收款通知，收到财政部门拨入的本期预算经费 24 万元。该事业单位会计应编制如下会计分录。

财务会计分录：

	借方	贷方
借：银行存款	240 000	
贷：财政拨款收入		240 000

预算会计分录：

	借方	贷方
借：资金结存——货币资金	240 000	
贷：财政拨款预算收入		240 000

13.1.2 非同级财政拨款（预算）收入的含义和核算

1. 非同级财政拨款（预算）收入的含义和科目设置

非同级财政拨款（预算）收入是指行政事业单位从非同级政府财政部门取得的经费拨款，包括从同级政府其他部门取得的横向转拨财政款、从上级或下级政府财政部门取得的经费拨款等。行政事业单位取得的非同级财政拨款收入通常需要用于完成相应的专门项目或专项任务。

在财务会计体系下，行政事业单位应设置“非同级财政拨款收入”总账科目用于核算非同级财政拨款收入业务。该科目贷方登记实际收到或应收的非同级财政拨款收入金额，借方登记期末将本期贷方发生额转入“本期盈余”科目的金额，期末结转后该科目应无余额。该科目应当按照本级横向转拨财政款和非本级财政拨款进行明细核算，并按照收入来源进行明细核算。事业单位因开展科研及其辅助活动从非同级政府财政部门取得的经费拨款，应当通过“事业收入——非同级财政拨款”科目核算，不通过该科目核算。

在预算会计体系下，行政事业单位应设置“非同级财政拨款预算收入”总账科目用于核算非同级财政拨款预算收入业务。该科目贷方登记实际收到的非同级财政拨款预算收入，借方登记期末将本期贷方发生额转入“财政拨款结转”科目和“其他结余”科目的金额，期末结转后该科目应无余额。该科目应当按照非同级财政拨款预算收入的类别、来源、“政府收支分类科目”中“支出功能分类科目”的项级科目等进行明细核算。非同级财政拨款预算收入中如有专项资金收入，还应按照具体项目进行明细核算。

2. 非同级财政拨款（预算）收入的核算

行政事业单位确认非同级财政拨款收入时，按照实际收到金额，借记“银行存款”等科目，贷记“非同级财政拨款收入”科目。同时，借记“资金结存——货币资金”科目，贷记“非同级财政拨款预算收入”科目。

如果行政事业单位确认非同级财政拨款收入时尚未收到款项，在财务会计中，应当借记“其他应收款”科目，贷记“非同级财政拨款收入”科目；在预算会计中，则不做会计处理。待收到相应款项时，在财务会计中，应当借记“银行存款”科目，贷记“其他应收款”科目。同时，借记“资金结存——货币资金”科目，贷记“非同级财政拨款预算收入”科目。

【例13-4】 某事业单位为市财政所属预算单位，从当地省级政府获得一笔财政专项补助资金18万元，已存入该事业单位的银行存款账户。该事业单位会计应编制如下会计分录。

财务会计分录：

借：银行存款　　180 000

　贷：非同级财政拨款收入　　180 000

预算会计分录：

借：资金结存——货币资金　　180 000

　贷：非同级财政拨款预算收入　　180 000

13.2　事业（预算）收入和经营（预算）收入

13.2.1　事业（预算）收入的含义和核算

1. 事业（预算）收入的含义和科目设置

事业（预算）收入是指事业单位开展专业业务活动及其辅助活动实现的收入，不包括从同级政府财政部门取得的各类财政拨款收入。由于不同行业的事业单位开展的专业业务活动及其辅助活动的具体内容不尽相同，因此不同行业事业单位事业收入的种类也存在差异。

在财务会计体系下，事业单位应设置“事业收入”总账科目用于核算事业收入业务。该科目贷方登记实际收到或应收的事业收入金额，借方登记期末将本期贷方发生额转入“本期盈余”科目的金额，期末结转后该科目应无余额。该科目应当按照事业收入的类别、来源等进行明细核算。对于因开展科研及辅助活动从非同级政府财政部门取得的经费拨款，应当在该科目下单设“非同级财政拨款”明细科目进行核算。无论采用何种方式，事业单位在确认事业收入时涉及增值税业务的，还应进行相应的会计处理。

在预算会计体系下，事业单位应设置“事业预算收入”总账科目用于核算事业预算收入业务。该科目贷方登记实际收到的事业预算收入，借方登记期末将本期贷方发生额转入“财政拨款结转”科目和“其他结余”科目的金额，期末结转后该科目应无余额。该科目应当按照事业预算收入类别、项目、来源、“政府收支分类科目”中“支出功能分类科目”项级科目等进行明细核算。对因开展科研及其辅助活动从非同级政府部门取得的经费拨款，应当在该科目下单设“非同级财政拨款”明细科目进行核算；事业预算后收入中如有装修资金收入，应当按照具体项目进行明细核算。

2. 事业（预算）收入的核算

（1）采用财政专户返还方式管理的事业（预算）收入

目前，采用财政专户返还方式管理的事业收入主要是教育收费。对于其他事业收入，财政部门可以根据情况和管理需要采用财政专户返还方式进行管理。

事业单位实现应上缴财政专户的事业收入时，按照实际收到或应收的金额，借记“银行存款”“应收账款”等科目，贷记“应缴财政款”科目。向财政专户上缴款项时，按照实际上缴的款项金额，借记“应缴财政款”科目，贷记“银行存款”等科目。

事业单位收到从财政专户返还的事业收入时，按照实际收到的返还金额，借记“银行存款”等科目，贷记“事业收入”科目。同时，借记“资金结存——货币资金”科目，贷记“事业预算收入”科目。

【例 13-5】 某事业单位因开展专业业务活动收到专项服务费 8 万元，款项已存入银行账户。按规定此款项需全额上缴财政专户。月末，该事业单位将本月收到的专业服务费 8 万元上缴财政专户。次月，该事业单位收到从财政专户返还的一部分事业收入 6 万元，款项已存入开户银行。该事业单位会计应编制如下会计分录。

① 收到采用财政专户返还方式管理的事业收入时，财务会计分录：

借：银行存款	80 000	
贷：应缴财政款		80 000

② 通过开户银行向财政专户上缴相应的事业收入时，预算会计分录：

借：应缴财政款 80 000

  贷：银行存款 80 000

③ 收到从财政专户返还的一部分事业收入时：

财务会计分录：			预算会计分录：		
借：银行存款	60 000		借：资金结存——货币资金	60 000	
贷：事业收入		60 000	贷：事业预算收入		60 000

（2）采用预收款方式确认的事业（预算）收入

参见“预收账款”科目的核算内容。

【例 13-6】 某事业单位按合同约定预收一笔事业活动款 18 万元，款项已存入开户银行。年末，该事业单位按合同完成进度确认当年实现的事业收入 12 万元。次年，合同全部完成后该事业单位确认剩余合同的事业收入 6 万元。该事业单位会计应编制如下会计分录。

① 收到预收款并存入银行时：

财务会计分录：			预算会计分录：		
借：银行存款	180 000		借：资金结存——货币资金	60 000	
贷：预收账款		180 000	贷：事业预算收入		60 000

② 年末，确认当年实现的事业收入时，财务会计分录：

借：预收账款 120 000

  贷：事业收入 120 000

③ 次年，确认剩余合同的事业收入时，财务会计分录：

借：预收账款 60 000

  贷：事业收入 60 000

（3）采用应收款方式确认的事业收入

参见“应收账款”科目的核算内容。

13.2.2 经营（预算）收入的含义和核算

1. 经营（预算）收入的含义和科目设置

经营（预算）收入是指事业单位在专业业务活动及其辅助活动之外开展非独立核算经营活动取得的收入。事业单位经营收入主要销售商品收入、经营服务收入、租赁收入和其他经营收入等。

在财务会计体系下，事业单位应设置“经营收入”总账科目用于核算经营收入业务。该科目贷方登记实际收到或应收的经营收入金额，借方登记期末将本期贷方发生额转入“本期盈余”科目的金额，期末结转后该科目应无余额。该科目应当按照经营活动类别、项目和收入来源等进行明细核算。

在预算会计体系下，事业单位应设置“经营预算收入”总账科目用于核算经营预算收入业务。该科目贷方登记实际收到的经营预算收入，借方登记期末将本期贷方发生额转入“经营结余”科目的金额，期末结转后该科目应无余额。该科目应当按照经营活动类别、项目、“政府收支分类科目”中“支出功能分类科目”的项级科目等进行明细核算。

2. 经营（预算）收入的核算

事业单位的经营收入应当在提供服务或发出存货，同时收讫价款或者取得索取价款的凭据时，按照实际收到或应收的金额予以确认。事业单位实现经营收入时，按照实际收到的收入金额，借记“银行存款”等科目，贷记“经营收入”科目。同时，借记“资金结存——货币资金”科目，贷记“经营预算收入”科目。如果事业单位在实现经营收入时款项尚未收到，在财务会计中，应当借记“应收账款”“应收票据”等科目，贷记“经营收入”科目，不需要编写预算会计分录。涉及增值税业务的，参见“应交增值税”科目的账务处理。

【例 13-7】 某事业单位下设培训机构为社会在职人员提供专业培训课程，该机构本月取得培训收入 31 800 元（含增值税 1800 元），款项已收到并存入银行，该事业单位会计应编制如下会计分录。

财务会计分录：

借：银行存款	31 800	
贷：经营收入		30 000
应交增值税——应交税金（销项税额）		1 800

预算会计分录：

借：资金结存——货币资金	31 800	
贷：经营预算收入		31 800

13.3 上级补助（预算）收入和附属单位上缴（预算）收入

13.3.1 上级补助（预算）收入的含义和核算

上级补助（预算）收入是指事业单位从主管部门和上级单位取得的非财政拨款收入。上级补助收入与财政补助收入的主要差别在于：财政补助收入来源于同级财政部门，属于常规性收入；上级补助收入来源于主管部门或上级单位，属于非常规性收入。

在财务会计体系下，事业单位应设置“上级补助收入”总账科目用于核算上级补助收入业务。该科目贷方登记实际收到或应收的上级补助收入金额，借方登记期末将本期贷方发生额转入“本期盈余”科目的金额，期末结转后该科目应无余额。该科目应当按照发放补助单位、补助项目等进行明细核算。

在预算会计体系下，事业单位应设置“上级补助预算收入”总账科目用于核算上级补助预算收入业务。该科目贷方登记实际收到的上级补助预算收入，借方登记年末将该科目本年发生额中的专项资金收入转入“非财政拨款结转”科目，将该科目本年发生额中的非专项资金收入转入“其他结余”科目，年末结转后该科目应无余额。该科目应当按照发放补助单位、补助项目、“政府收支分类科目”中“支出功能分类科目”的项级科目等进行明细核算。上级补助预算收入中如有专项资金收入，还应按照具体项目进行明细核算。

事业单位收到上级补助预算收入时，按照实际收到的金额，借记“银行存款”等科目，贷记“上级补助收入”科目。同时，借记“资金结存——货币资金”科目，贷记“上级补助预算收入”科目。如果事业单位确认一项尚未收到的上级补助收入，在财务会计，应当借记“其他应收款”科目，贷记“上级补助收入”科目；不需要作预算会计分录。事业单位收到以前确认的上级补助收入款项时，借记“银行存款”科目，贷记“其他应收款”科目；同时，借记“资金结存——货币资金”科目，贷记“上级补助预算收入”科目。

【例 13-8】 某事业单位收到上级单位拨入一笔非财政补助资金 33 万元，款项已存入开户银行。该事业单位会计应编制如下会计分录。

财务会计分录：

借：银行存款 330 000

　贷：上级补助收入 330 000

预算会计分录：

借：资金结存——货币资金 330 000

　贷：上级补助预算收入 330 000

13.3.2 附属单位上缴（预算）收入的含义和核算

附属单位上缴（预算）收入是指事业单位取得的附属独立核算单位按照有关规定上缴的收入。事业单位的附属独立核算单位可以是事业单位，也可以是企业。附属单位上缴收入包括附属的事业单位上缴的收入和附属的企业上缴的利润等。

在财务会计体系下，事业单位应设置“附属单位上缴收入”总账科目用于核算附属单位上缴收入业务。该科目贷方登记实际收到或应收的附属单位上缴收入金额，借方登记期末将本期贷方发生额转入“本期盈余”科目的金额，期末结转后该科目应无余额。该科目应当按照附属单位、缴款项目等进行明细核算。

在预算会计体系下，事业单位应设置“附属单位上缴预算收入”总账科目用于核算附属单位上缴预算收入业务，该科目贷方登记实际收到的附属单位上缴预算收入，借方登记年末将该科目本年发生额中的专项资金收入转入“非财政拨款结转”科目，将该科目本年发生额中的非专项资金收入转入“其他结余”科目，年末结转后该科目应无余额。该科目应当按照附属单位、缴款项目、“政府收支分类科目”中“支出功能分类科目”的项级科目等进行明细核算。附属单位上缴预算收入中如有专项资金收入，还应按照具体项目进行明细核算。

事业单位收到附属单位缴来款项时，按照实际收到的金额，借记“银行存款”等科目，贷记“附属单位上缴收入”科目。同时，借记“资金结存——货币资金”科目，贷记“附属单位上缴预算收入”科目。事业单位在确认尚未收到的附属单位上缴收入时，在财务会计中，借记“其他应收款”科目，贷记“附属单位上缴收入”科目；不需要作预算会计分录。在实际收到附属单位上缴款时，借记“银行存款”等科目，贷记“其他应收款”科目。同时，借记“资金结存——货币资金”科目，贷记“附属单位上缴预算收入”科目。

【例 13-9】 某事业单位下属的招待所为独立核算的附属单位。按该事业单位与招待所签订的收入分配办法，月末该事业单位确认招待所应缴纳分成收入 15 万元。下月初，该事业单位收到招待所上缴的收入并存入银行。该事业单位会计应编制如下会计分录。

① 月末，确认附属单位上缴收入时，财务会计分录：

借：其他应收款 150 000

　贷：附属单位上缴收入 150 000

② 下月初，实际收到附属单位上缴收入时：

财务会计分录：

借：银行存款 150 000

　贷：其他应收款 150 000

预算会计分录：

借：资金结存——货币资金 150 000

　贷：附属单位上缴预算收入 150 000

13.4　投资（预算）收益和债务预算收入

13.4.1　投资（预算）收益的含义和核算

投资收益是指事业单位股权投资和债券投资所实现的收益或发生的损失。投资预算收益是指事业单位取得的按照规定纳入部门预算管理的属于投资收益性质的现金流入，包括股权投资收益、出售或收回债券投资所取得的收益和债券投资利息收入。

在财务会计体系下，事业单位应设置“投资收益”总账科目用于核算投资收益业务，该科目贷方登记实际收到或应收的投资收益金额，借方登记期末将本期贷方发生额转入“本期盈余”科目的金额，期末结转后该科目应无余额。该科目应当按照投资的种类等进行明细核算。

在预算会计体系下，事业单位应设置“投资预算收益”总账科目用于核算投资预算收益业务，该科目贷方登记实际收到的投资预算收益金额，借方登记年末将该科目本年发生额转入“其他结余”科目，年末结转后该科目应无余额。该科目应当按照“政府收支分类科目”中“支出功能分类科目”的项级科目等进行明细核算。

“投资收益”科目和“投资预算收益”科目相关业务的核算和平行分录参见第 11 章的短期投资和长期投资相关业务的核算。

【例 13-10】　某事业单位收到短期投资持有期间的利息 8 000 元，款项已存入开户银行。该事业单位会计应编制如下会计分录。

财务会计分录：			预算会计分录：		
借：银行存款	8 000		借：资金结存——货币资金	8 000	
贷：投资收益		8 000	贷：投资预算收益		8 000

13.4.2　债务预算收入的含义和核算

债务预算收入是指事业单位按照规定从银行和其他金融机构等借入的、纳入部门预算管理的、不以财政资金作为偿还来源的债务本金。在财务会计中，事业单位借入的款项，作为负债进行记录。在预算会计中，事业单位借入的款项，作为预算收入进行记录，可以用来安排预算支出。

在预算会计体系下，事业单位应设置“债务预算收入”总账科目用于核算债务预算收入业务。该科目贷方登记实际收到的债务预算收入金额，借方登记年末分别按专项资金收入和非专项资金收入转入“非财政拨款结转——本年收支结转”和“其他结余”科目，年末结转后该科目无余额。该科目应当按照贷款单位、贷款种类、“政府收支分类科目”中“支出功能分类科目”的项级科目等进行明细核算。债务预算收入中如有专项资金收入，还应按照具体项目进行明细核算。

事业单位借入各项短期借款或长期借款时，按照实际借入的金额，借记“银行存款”科目，贷记“短期借款”“长期借款”等科目。同时，借记“资金结存——货币资金”科目，贷记“债务预算收入”科目。

“债务预算收入”科目相关业务的核算和平行分录参见第 12 章的短期借款和长期借款

等相关业务的核算。

【例 13-11】 某事业单位经批准向银行借入一笔短期借款，借款金额为 50 万元。该事业单位会计应编制如下会计分录。

财务会计分录：			预算会计分录：		
借：银行存款	500 000		借：资金结存——货币资金	500 000	
贷：短期借款		500 000	贷：债务预算收入		500 000

13.5 捐赠收入、利息收入、租金收入、其他收入和其他预算收入

13.5.1 捐赠收入和其他预算收入的含义及核算

捐赠收入是指行政事业单位接受其他单位或者个人捐赠取得的收入。

其他预算收入是指行政事业单位除财政拨款预算收入、事业预算收入、上级补助预算收入、附属单位上缴预算收入、经营预算收入、债务预算收入、非同级财政拨款预算收入、投资预算收益之外的纳入部门预算管理的现金流入，包括捐赠预算收入、利息预算收入、租金预算收入、现金盘盈收入等。

在财务会计体系下，行政事业单位应设置“捐赠收入”总账科目用于核算捐赠收入业务，该科目贷方登记确认的捐赠收入金额，借方登记期末将本期贷方发生额转入“本期盈余”科目的金额，期末结转后该科目应无余额。该科目应当按照捐赠资产的用途和捐赠单位等进行明细核算。

在预算会计体系下，行政事业单位应设置“其他预算收入”总账科目用于核算其他预算收入业务，该科目贷方登记实际收到的其他预算收入的金额，借方登记期末将本期贷方发生额中专项资金收入转入“非财政拨款结转”科目的金额，非专项资金收入转入“其他结余”科目的金额，年末结转后该科目应无余额。该科目应当按照其他收入类别、“政府收支分类科目”中“支出功能分类科目”的项级科目等进行明细核算。其他预算收入中如有专项资金收入，还应按照具体项目进行明细核算。单位发生的捐赠预算收入、利息预算收入、租金预算收入金额较大或业务较多的，可单独设置“捐赠预算收入”“利息预算收入”“租金预算收入”等科目。

“捐赠收入”科目的核算参见第 11 章接受捐赠资产相关业务的核算。

13.5.2 利息收入、租金收入和其他收入的含义及核算

1. 利息收入的含义和核算

利息收入是指行政事业单位取得的银行存款利息收入。

在财务会计体系下，行政事业单位应设置“利息收入”总账科目用于核算利息收入业务，该科目贷方登记确认的利息收入金额，借方登记期末将本期贷方发生额转入“本期盈余”科目的金额，期末结转后该科目应无余额。单位取得银行存款利息时，按照实际收到的金额，借记“银行存款”科目，贷记“利息收入”科目。同时，借记“资金结存——货币资金”，贷记“其他预算收入——利息收入科目”。

2. 租金收入的含义和核算

租金收入是指行政事业单位经批准利用国有资产出租取得并按照规定纳入本单位预算管理的租金收入。

在财务会计体系下，行政事业单位应设置“租金收入”总账科目用于核算租金收入业务，该科目贷方登记确认的租金收入金额，借方登记期末将本期贷方发生额转入“本期盈余”科目的金额，期末结转后该科目应无余额。该科目应当按照出租国有资产类别和收入来源等进行明细核算。

“租金收入”科目的核算参见第 11 章“应收账款”科目和第 12 章“预收账款”科目相关业务的核算。

3. 其他收入的含义和核算

其他收入是指行政事业单位取得的除财政拨款收入、事业收入、上级补助收入、附属单位上缴收入、经营收入、非同级财政拨款收入、投资收益、捐赠收入、利息收入、租金收入以外的各项收入，包括现金盘盈收入、按照规定纳入单位预算管理的科技成果转化收入、行政单位收回已核销的其他应收款、无法偿付的应付及预收款项、置换换出资产评估增值等。

在财务会计体系下，行政事业单位应设置“其他收入”总账科目用于核算其他收入业务，该科目贷方登记确认的其他收入金额，借方登记期末将本期贷方发生额转入“本期盈余”科目的金额，期末结转后该科目应无余额。该科目应当按照其他收入的类别、来源等进行明细核算。

“其他收入”科目的核算参见第 11、12 章中相关业务的核算。

思　考　题

1. 什么是行政事业单位的收入和预算收入？分别包括哪些类别？
2. 行政事业单位的收入应当按照什么会计基础进行确认和计量？
3. 行政事业单位的预算收入应当按照什么会计基础进行确认和计量？
4. 什么是财政拨款收入？什么是财政拨款预算收入？举例说明两者的会计处理异同。
5. 什么是非同级财政拨款收入？什么是非同级财政拨款预算收入？举例说明两者的会计处理异同。
6. 什么是事业收入？什么是事业预算收入？举例说明两者的会计处理异同。
7. 什么是上级补助收入？什么是上级补助预算收入？举例说明两者的会计处理异同。
8. 什么是附属单位上缴收入？什么是附属单位上缴预算收入？举例说明两者的会计处理异同。
9. 什么是经营收入？什么是经营预算收入？举例说明两者的会计处理异同。
10. 什么是债务预算收入？债务预算收入的相应业务在财务会计和预算会计中分别是如何核算的？
11. 什么是投资收益？什么是投资预算收益？举例说明两者的会计处理异同。

练 习 题

练习一

一、目的：练习行政事业单位财政拨款收入和财政拨款预算收入的核算。

二、资料：某行政单位发生如下经济业务。

① 通过财政直接支付方式向职工支付一笔之前计算确认的应付职工薪酬16万元。

② 收到“财政授权支付到账通知书”，通知书所列金额为25万元。

③ 年末，本年度财政直接支付预算指标数大于当年财政直接支付实际支出数，差额为2万元。

④ 年末，“财政拨款收入”科目的本年发生额为58万元，将其全部转入“本期盈余”科目。

⑤ 年末，“财政拨款预算收入”科目的本年发生额为58万元，将其全部转入“财政拨款结转——本年收支结转”科目。

三、要求：根据以上经济业务，为该行政单位编制有关的会计分录。

练习二

一、目的：练习事业单位事业收入和事业预算收入的核算。

二、资料：某事业单位发生如下经济业务。

① 按合同约定从付款方预收一笔事业活动款项8万元，款项已存入开户银行。

② 按合同完成进度计算确认预收账款中实现的事业收入4万元。

③ 在开展专业业务活动中收到一笔银行存款3万元。

④ 年末，“事业收入”科目的本年发生额为22万元，将其全数转入“本期盈余”科目。

⑤ 年末，“事业预算收入”科目的本年发生额为22万元，其中专项资金收入16元，非专项资金收入6万元，分别将其转入“非财政拨款结转——本年收支结转”和“其他结余”科目。

三、要求：根据以上经济业务，为该事业单位编制有关的会计分录（暂不考虑增值税业务）。

练习三

一、目的：练习事业单位上级补助收入和上级补助预算收入的核算。

二、资料：某事业单位发生如下经济业务。

按照相关规定，确认一项上级补助收入，金额为30万元，款项尚未收到。该笔上级补助收入按要求应当专门用于开展某项专业业务活动。数日后，收到了该项上级补助收入30万元，款项已存入开户银行。年末，“上级补助收入”科目的本年发生额为50万元，将其全额转入“本期盈余”科目；“上级补助预算收入”科目的本年发生额为50万元，其中专项资金收入33万元，非专项资金收入17万元，分别将其转入“非财政拨款结转——本年收支结转”和“其他结余”科目。

三、要求：根据以上经济业务，为该事业单位编制有关的会计分录。

练习四

一、目的：练习事业单位附属单位上缴收入和附属单位上缴预算收入的核算。

二、资料：某事业单位发生如下经济业务。

按照相关规定，确认一项附属单位上缴收入，金额为 12 万元，款项尚未收到。数日后，收到了该项附属单位上缴收入 12 万元，款项已存入开户银行。年末，“附属单位上缴收入”科目的本年发生额为 47 万元，将其转入“本期盈余”科目；“附属单位上缴预算收入”科目的本年发生额为 47 万元，全部为非专项资金收入，将其转入“其他结余”科目。

三、要求：根据以上经济业务，为该事业单位编制有关的会计分录。

练习五

一、目的：练习事业单位经营收入和经营预算收入的核算。

二、资料：某事业单位发生如下经济业务。

开展经营活动实现一笔经营收入 13 万元，款项尚未收到。数日后，收到该项经营收入 13 万元，款项已存入开户银行。年末，“经营收入”科目的本年发生额为 28 万元，将其转入“本期盈余”科目；“经营预算收入”科目的本年发生额为 28 万元，将其转入“经营结余”科目（暂不考虑增值税业务）。

三、要求：根据以上经济业务，为该事业单位编制有关的会计分录。

练习六

一、目的：练习事业单位债务预算收入的核算。

二、资料：某事业单位发生如下经济业务。

经批准向银行借入一笔到期一次还本付息的长期借款，借款金额为 60 万元。年末，计算确定应支付的借款利息为 11 万元，该借款利息按规定应计入在建工程成本。年末，“债务预算收入”科目的本年发生额为 60 万元，全部为专项资金收入，将其转入“非财政拨款结转——本年收支结转”科目。

三、要求：根据以上经济业务，为该事业单位编制有关的会计分录。

练习七

一、目的：练习行政事业单位非同级财政拨款收入和非同级财政拨款预算收入的核算。

二、资料：某纳入市级政府财政部门预算范围的事业单位发生如下经济业务。

收到上年确认的非同级财政拨款收入款项 20 万元，款项已存入开户银行，该笔款项为专项资金收入。数日后，从上级省政府财政部门获得一笔本年度财政专项资金 14 万元，款项已存入银行账户。年末，“非同级财政拨款收入”科目的本年发生额为 14 万元，将其全部转入“本期盈余”科目；“非同级财政拨款预算收入”科目的本年发生额为 34 万元，全部为专项资金收入，将其转入“非财政拨款结转——本年收支结转”科目。

三、要求：根据以上经济业务，为该事业单位编制有关的会计分录。

练习八

一、目的：练习事业单位投资收益和投资预算收益的核算。

二、资料：某事业单位发生如下经济业务。

① 到期收回一项以前年度取得的长期债券投资，实际收回本金 65 万元，利息 4 万元，本息合计 69 万元。该项长期债券投资的账面余额为 65 万元，相应的应收利息会计记录为 2 万元。取得该债券时，“投资支出”科目的发生额为 65 万元。

② 对 C 公司的一项长期股权投资按规定采用权益法核算。C 公司实现净利润，该事业单位按持股比例可分享相应的份额 24 万元。

③ 收到 C 公司之前宣告分派的现金股利 6 万元，款项已存入开户银行。

④ 年末，“投资收益”科目的本年发生额为28万元，将其全部转入“本期盈余”科目。

⑤ 年末，“投资预算收益”科目的本年发生额为8万元，将其全部转入“其他结余”科目。

三、要求：根据以上经济业务，为该事业单位编制有关的会计分录。

练习九

一、目的：练习行政事业单位其他收入和其他预算收入的核算。

二、资料：某事业单位发生如下经济业务。

① 接受捐赠一笔货币资金8万元，款项已存入开户银行。同时，接受捐赠一项固定资产，确定的成本为15万元。

② 现金账款核对中发现现金溢余20元，无法查明原因，报经批准，转入“其他收入”科目。

③ 年末，“其他收入”科目的本年发生额为230 020元，将其全部转入“本期盈余”科目。

④ 年末，“其他预算收入”科目的本年发生额为230 020万元，其中专项资金收入8万元，非专项资金收入150 020元，分别将其转入“非财政拨款结转——本年收支结转”和“其他结余”科目。

三、要求：根据以上经济业务，为该事业单位编制有关的会计分录。

第 14 章　行政事业单位的费用和预算支出

学习目标

- 熟悉行政事业单位的费用和预算支出的含义与区别；
- 掌握行政事业单位的费用和预算支出的分类；
- 掌握行政事业单位的费用的财务会计核算；
- 掌握行政事业单位的预算支出的预算会计核算。

在行政事业单位中，费用属于财务会计要素，预算支出属于预算会计要素。费用和预算支出在基本概念、具体种类、确认和计量方法方面虽有一定的联系，但存在明显的区别。

在财务会计体系下，费用是指行政事业单位在履行职责或开展业务活动中耗费的经济资源。由行政事业单位控制的，供社会公众使用的公共基础设施、政府储备物资、文物文化资产、保障性住房等经济资源的耗费，也属于行政事业单位的费用。

行政事业单位的费用按照不同的资源耗费目的和内容，包括业务活动费用、单位管理费用、经营费用、资产处置费用、上缴上级费用、对附属单位补助费用、所得税费用和其他费用等种类。费用应当按照权责发生制基础进行确认和计量。

在预算会计体系下，预算支出是指行政事业单位在履行职责或开展业务活动中实际发生的纳入部门预算管理的现金流出。行政事业单位的预算支出按照不同的资金用途，包括行政支出、事业支出、经营支出、上缴上级支出、对附属单位补助支出、投资支出、债务还本支出和其他支出等种类。预算支出应当按照收付实现制基础进行确认和计量。

财务会计与预算会计实行平行记账的方法，行政事业单位在实际支付各项预算支出时，同时编制财务会计分录和预算会计分录。如果相关的费用属于应付或预付款项，只编制财务会计分录，不编制预算会计分录，待实际支付相关费用时，才编制相关财务会计分录和预算会计分录。

14.1　业务活动费用、单位管理费用和行政支出、事业支出

14.1.1　业务活动费用、单位管理费用的含义和科目设置

业务活动费用是指行政事业单位为实现其职能目标，依法履职或开展专业业务活动及其辅助活动所发生的各项费用。例如，行政单位根据其职能定位依法履行相应的职能，事业单位根据其业务目标依法开展相应的专业业务活动及其辅助活动。

单位管理费用是指事业单位本级行政及后勤管理部门开展管理活动所发生的各项费用，包括事业单位行政及后勤管理部门发生的人员经费、公用经费、资产折旧（摊销）等费用，

以及由单位统一负担的离退休人员经费、工会经费、诉讼费、中介费等。事业单位开展的专业业务活动及其辅助活动应当与事业单位本身开展的行政及后勤管理活动进行区分。例如，高等学校各学院、系等教学机构开展的教学活动属于专业业务活动，电教中心、图书馆、博物馆等教学科研辅助部门开展的业务活动属于教学科研活动或专业业务活动的辅助活动。高等学校校级行政及后勤管理部门为组织、管理教学、科研活动及其辅助活动而开展的管理活动则属于单位管理活动。

在财务会计体系下，行政事业单位应设置“业务活动费用”总账科目用于核算业务活动费用业务，该科目借方登记发生的各项业务活动费用，贷方登记期末将该科目本期发生额转入“本期盈余”科目的金额，期末结转后该科目应无余额。该科目应当按照项目、服务或者业务类别、支付对象等进行明细核算。为了满足成本核算需要，该科目下还可按照“工资福利费用”“商品和服务费用”“对个人和家庭的补助费用”“对企业补助费用”“固定资产折旧费”“无形资产摊销费”“公共基础设施折旧（摊销）费”“保障性住房折旧费”“计提专用基金”等成本项目设置明细科目，归集能够直接计入业务活动或采用一定方法计算后计入业务活动的费用。

在财务会计体系下，事业单位应设置“单位管理费用”总账科目用于核算事业单位管理费用业务，该科目借方登记发生的各项单位管理费用，贷方登记期末将该科目本期发生额转入“本期盈余”科目的金额，期末结转后该科目应无余额。该科目应当按照项目、费用类别、支付对象等进行明细核算。为了满足成本核算需要，该科目下还可按照“工资福利费用”“商品和服务费用”“对个人和家庭的补助费用”“固定资产折旧费”“无形资产摊销费”等成本项目设置明细科目，归集能够直接计入单位管理活动或采用一定方法计算后计入单位管理活动的费用。

14.1.2 行政支出、事业支出的含义和科目设置

1. 行政支出的含义和科目设置

行政支出是指行政单位履行其职责实际发生的各项现金流出。为全面反映行政单位各项资金支出的内容，便于分析和考核各项资金支出的实际发生情况及其效果，行政单位应对行政支出按照一定的要求进行适当的分类。

按照不同的资金性质，行政单位的行政支出可分为财政拨款支出、非财政专项资金支出和其他资金支出等种类。其中，财政拨款支出是指使用财政拨款收入发生的支出；非财政专项资金支出是指使用非财政专项资金收入发生的支出，如使用非同级财政拨款收入、捐赠收入中的专项资金收入发生的支出等；其他资金支出是指使用除财政拨款收入、非财政专项资金收入之外的资金发生的支出，如使用经批准不上缴财政、没有指定专项用途、纳入单位预算管理的租金收入发生的支出等。同时有一般公共预算财政拨款和政府性基金预算财政拨款等两种或两种以上财政拨款的行政单位，财政拨款支出还可以区分为一般公共预算财政拨款支出和政府性基金预算财政拨款支出等种类。

按照部门预算管理的要求，行政单位的行政支出应当区分为基本支出和项目支出两大类。其中，基本支出是指行政单位为保障机构正常运转和完成日常工作任务而发生的支出，包括人员经费支出和日常公用经费支出；项目支出是指行政单位为完成特定的工作任务，在基本支出之外发生的各项支出。

在预算会计体系下，行政单位应设置“行政支出”总账科目用于核算行政支出业务，

该科目借方登记实际支付的行政支出，贷方登记期末将本期发生额结转至“财政拨款结转”“非财政拨款结转”“其他结余”科目，年末结转后该科目无余额。该科目应当分别按照“财政拨款支出”“非财政专项资金支出”“其他资金支出”“基本支出”“项目支出”等进行明细核算，并按照“政府收支分类科目”中“支出功能分类科目”的项级科目进行明细核算；“基本支出”和“项目支出”明细科目下应当按照“政府收支分类科目”中“部门预算支出经济分类科目”的款级科目进行明细核算，同时在“项目支出”明细科目下按照具体项目进行明细核算。有一般公共预算财政拨款、政府性基金预算财政拨款等两种或两种以上财政拨款的行政单位，还应当在“财政拨款支出”明细科目下按照财政拨款的种类进行明细核算。对于预付款项，可通过在该科目下设置“待处理”明细科目进行核算，待确认具体支出项目后再转入该科目下相关明细科目。年末结账前，应将该科目“待处理”明细科目余额全部转入该科目下相关明细科目。

2. 事业支出的含义和科目设置

事业支出是指事业单位开展专业业务活动及其辅助活动实际发生的各项现金流出。

按照不同的资金性质，事业支出可分为财政拨款支出、非财政专项资金支出和其他资金支出等种类；按照部门预算管理的要求，事业支出应当区分为基本支出和项目支出两大类。

在预算会计体系下，事业单位应设置“事业支出”总账科目用于核算事业支出业务，该科目借方登记实际支付的事业支出，贷方登记期末将本期发生额结转至“财政拨款结转”“非财政拨款结转”“其他结余”科目，年末结转后该科目无余额。该科目应当分别按照“财政拨款支出”“非财政专项资金支出”“其他资金支出”“基本支出”“项目支出”等进行明细核算，并按照“政府收支分类科目”中“支出功能分类科目”的项级科目进行明细核算；“基本支出”和“项目支出”明细科目下应当按照“政府收支分类科目”中“部门预算支出经济分类科目”的款级科目进行明细核算，同时在“项目支出”明细科目下按照具体项目进行明细核算。有一般公共预算财政拨款、政府性基金预算财政拨款等两种或两种以上财政拨款的事业单位，还应当在“财政拨款支出”明细科目下按照财政拨款的种类进行明细核算。对于预付款项，可通过在“事业支出”科目下设置“待处理”明细科目进行明细核算，待确认具体支出项目后再转入“事业支出”科目下相关明细科目。年末结账前，应将“事业支出”科目“待处理”明细科目余额全部转入“事业支出”科目下相关明细科目。事业单位发生教育、科研、医疗、行政管理、后勤保障等活动的，可在该科目下设置相应的明细科目进行核算，或单设“教育支出”“科研支出”“医疗支出”“行政管理支出”“后勤保障支出”等一级会计科目进行核算。

14.1.3　业务活动费用和行政支出、事业支出的核算

行政事业单位的“业务活动费用”科目与“行政支出”“事业支出”科目具体业务的平行账务处理涉及的会计分录如下。

① 为履职或开展业务活动人员计提并支付职工薪酬时：

财务会计	预算会计
计提时，按照计算的金额： 借：业务活动费用 　贷：应付职工薪酬	不做账务处理

续表

财务会计	预算会计
实际支付给职工并代扣个人所得税时： 借：应付职工薪酬 　贷：财政拨款收入/零余额账户用款额度/银行存款等 　　　其他应交税费——应交个人所得税	借：行政支出/事业支出［按照支付给个人部分］ 　贷：财政拨款预算收入/资金结存
实际缴纳税款时： 借：其他应交税费——应交个人所得税 　贷：银行存款/零余额账户用款额度等	借：行政支出/事业支出［按照实际缴纳额］ 　贷：资金结存等

② 为履职或开展业务活动发生外部人员劳务费时：

财务会计	预算会计
计提时，按照计算的金额： 借：业务活动费用 　贷：其他应付款	不做账务处理
实际支付给职工并代扣个人所得税时： 借：其他应付款 　贷：财政拨款收入/零余额账户用款额度/银行存款等 　　　其他应交税费——应交个人所得税	借：行政支出/事业支出［按照支付给个人部分］ 　贷：财政拨款预算收入/资金结存
实际缴纳税款时： 借：其他应交税费——应交个人所得税 　贷：银行存款/零余额账户用款额度等	借：行政支出/事业支出［按照实际缴纳额］ 　贷：资金结存等

③ 为履职或开展业务活动发生预付款项时：

财务会计	预算会计
支付预付账款时： 借：预付账款 　贷：财政拨款收入/零余额账户用款额度/银行存款等	借：行政支出/事业支出 　贷：财政拨款预算收入/资金结存
结算时： 借：业务活动费用 　贷：预付账款 　　　财政拨款收入/零余额账户用款额度/银行存款等［补付金额］	借：行政支出/事业支出 　贷：财政拨款预算收入/资金结存
支付暂付款项时： 借：其他应收款 　贷：银行存款等	不做账务处理
结算或报销时： 借：业务活动费用 　贷：其他应收款	借：行政支出/事业支出 　贷：资金结存等

④ 为履职或开展业务活动购买资产、支付在建工程款或领用库存物品等时：

财务会计	预算会计
购买资产或支付在建工程款时，按照实际支付或应付的价款： 借：库存物品/固定资产/无形资产/在建工程等 　贷：财政拨款收入/零余额账户用款额度/银行存款/应付账款等	借：行政支出/事业支出 　贷：财政拨款预算收入/资金结存
领用库存物品时，按照领用库存物品的成本： 借：业务活动费用 　贷：库存物品等	不做账务处理

⑤ 为履职或开展业务活动计提的固定资产、无形资产、公共基础设施、保障性住房的折旧（摊销）时：

财务会计	预算会计
按照计提的折旧、摊销额： 借：业务活动费用 　贷：固定资产累计折旧/无形资产累计摊销/公共基础设施累计折旧（摊销）/保障性住房累计折旧	不做账务处理

⑥ 为履职或开展业务活动发生应负担的税金及附加或发生其他各项费用时：

财务会计	预算会计
确认其他应交税费时： 借：业务活动费用 　贷：其他应交税费	不做账务处理
支付其他应交税费时： 借：其他应交税费 　贷：银行存款等	借：行政支出/事业支出 　贷：资金结存等
发生其他各项费用时： 借：业务活动费用 　贷：财政拨款收入/零余额账户用款额度/银行存款/应付账款/其他应付款等	借：行政支出/事业支出［按照实际支付的金额］ 　贷：财政拨款预算收入/资金结存

⑦ 计提专用基金或购货退回等时：

财务会计	预算会计
从收入中按照一定比例提取基金并计入费用时： 借：业务活动费用 　贷：专用基金	不做账务处理
当年发生购货退回时： 借：财政拨款收入/零余额账户用款额度/银行存款/应收账款等 　贷：库存物品/业务活动费用	借：财政拨款预算收入/资金结存 　贷：行政支出/事业支出

【例 14-1】 某事业单位为开展业务活动发生外部人员劳务费共计 8 万元，其中应代扣代缴个人所得税 2 400 元。该事业单位会计应编制如下会计分录。

借：业务活动费用 80 000

　贷：其他应交税费——应交个人所得税 2 400

　　其他应付款 77 600

【例 14-2】 某行政单位通过财政直接支付方式购入一台不需要安装的固定资产，实际支付价款为 22 万元。该行政单位会计应编制如下会计分录。

财务会计分录：

借：固定资产 220 000

　贷：财政拨款收入 220 000

预算会计分录：

借：行政支出 220 000

　贷：财政拨款预算收入 220 000

【例 14-3】 某行政单位为履职发生水费、电费、物业管理费等各项办公费用 4 000 元，款项通过财政授权支付方式支付。该行政单位会计应编制如下会计分录。

财务会计分录：

借：业务活动费用 4 000

　贷：零余额账户用款额度 4 000

预算会计分录：

借：行政支出 4 000

　贷：资金结存 4 000

【例 14-4】 某事业单位按照规定从事业收入中提取专用基金 3 000 元，并将提取的专用基金计入业务活动费用。该事业单位会计应编制如下财务会计分录。

借：业务活动费用 3 000

　贷：专用基金 3 000

【例 14-5】 某行政单位因货品质量问题退回一批当年购入的货品 2 800 元，该批货品在购入时已计入本年业务活动费用和行政支出，退货款项已收到并存入单位零余额账户。该行政单位会计应编制如下会计分录。

财务会计分录：

借：零余额账户用款额度 2 800

　贷：业务活动费用 2 800

预算会计分录：

借：资金结存 2 800

　贷：行政支出 2 800

14.1.4 单位管理费用和事业支出的核算

事业单位的“单位管理费用”科目与“事业支出”科目具体业务的平行账务处理：可比照事业单位“业务活动费用”科目和“事业支出”科目核算。

14.2 经营费用和经营支出

14.2.1 经营费用和经营支出的含义和科目设置

经营费用是指事业单位在专业业务活动及其辅助活动之外开展非独立核算经营活动发生的各项费用。经营支出是指事业单位在专业业务活动及其辅助活动之外开展非独立核算经营活动实际发生的各项现金流出。事业单位开展的非独立核算经营活动应当是小规模的，行政单位没有经营活动。

在财务会计体系下，事业单位应设置“经营费用”总账科目用于核算经营费用业务，该科目借方登记确认的经营费用，贷方登记期末将本期发生额转入“本期盈余”科目的金额，期末结转后该科目应无余额。该科目应当按照经营活动类别、项目、支付对象等进行明细核算。为了满足成本核算需要，该科目下还可按照“工资福利费用”“商品和服务费用”“对个人和家庭的补助费用”“固定资产折旧费”“无形资产摊销费用”等成本项目设置明细科目，归集能够直接计入单位经营活动或采用一定方法计算后计入单位经营活动的费用。

在预算会计体系下，事业单位应设置“经营支出”总账科目用于核算经营支出的业务。该科目借方登记实际支付的经营支出，贷方登记期末将本期发生额结转至“经营结余”科目，年末结转后该科目无余额。该科目应当按照经营活动类别、项目、“政府收支分类科目”中“支出功能分类科目”的项级科目和“部门预算支出经济分类科目”的款级科目等进行明细核算。对于预付款项，可通过在该科目下设置“待处理”明细科目进行明细核算，待确认具体支出项目后再转入该科目下相关明细科目。年末结账前，应将该科目“待处理”明细科目余额全部转入该科目下相关明细科目。

14.2.2　经营费用和经营支出的核算

事业单位的“经营费用”科目与“经营支出”科目具体业务的平行账务处理涉及的会计分录如下。

① 为经营活动人员支付职工薪酬时：

财务会计	预算会计
计提时，按照计算的金额： 借：经营费用 　贷：应付职工薪酬	不做账务处理
实际支付工资并代扣个人所得税时： 借：应付职工薪酬 　贷：银行存款等 　　　其他应交税费——应交个人所得税	借：经营支出［按照支付给个人部分］ 　贷：资金结存——货币资金
实际支付税款时： 借：其他应交税费——应交个人所得税 　贷：银行存款/零余额账户用款额度等	借：经营支出［按照实际缴纳额］ 　贷：资金结存——货币资金

② 开展经营活动发生的预付款项时：

财务会计	预算会计
预付时，按照预付的金额： 借：预付账款 　贷：银行存款等	借：经营支出 　贷：资金结存——货币资金
结算时： 借：经营费用 　贷：预付账款 　　　银行存款等［补付金额］	借：经营支出 　贷：资金结存——货币资金［补付金额］

③ 为开展经营活动购买资产或支付在建工程款、内部领用材料或出售发出物品等时：

财务会计	预算会计
购买资产或支付在建工程款，按照实际支付或应付的金额： 借：库存物品/固定资产/无形资产/在建工程 　贷：银行存款/应付账款	借：经营支出 　贷：资金结存——货币资金［按照实际支付金额］
内部领用材料或出售发出物品等，按照实际成本： 借：经营费用 　贷：库存物品	不做账务处理

④ 经营活动用固定资产、无形资产计提折旧、摊销时：

财务会计	预算会计
按照计提的折旧、摊销额： 借：经营费用 　贷：固定资产累计折旧/无形资产累计摊销	不做账务处理

⑤ 开展经营活动发生应负担的税金及附加或发生的其他各项费用时：

财务会计	预算会计
按照计算确定的缴纳金额时： 借：经营费用 　贷：其他应交税费	不做账务处理
实际缴纳时： 借：他应交税费 　贷：银行存款等	借：经营支出 　贷：资金结存等
发生的其他各项费用： 借：经营费用 　贷：银行存款/应付账款等	借：经营支出［按照实际支付的金额］ 　贷：资金结存——货币资金

⑥ 计提专用基金、购货退回时：

财务会计	预算会计
按照预算收入的一定比例计提并列入费用： 借：经营费用 　贷：专用基金	不做账务处理
当年发生购货退回时： 借：银行存款/应收账款等 　贷：库存物品/经营费用等	借：资金结存——货币资金［按照实际收到的金额］ 　贷：经营支出

【例 14-6】 某事业单位通过银行存款账户向单位开展经营活动的职工个人支付薪酬共计 22 万元。该事业单位会计应编制如下会计分录。

财务会计分录：

借：应付职工薪酬　220 000

　贷：银行存款　220 000

预算会计分录：

借：经营支出　220 000

　贷：资金结存——货币资金　220 000

【例 14-7】 某事业单位为开展经营活动发出一批库存物品，该批库存物品的实际成本为 8 000 元。该事业单位会计应编制如下财务会计分录。

借：经营费用　8 000

　贷：库存物品　8 000

【例 14-8】 某事业单位为经营活动所使用的固定资产计提折旧 9 万元。该事业单位会计应编制如下财务会计分录。

借：经营费用　90 000

　贷：固定资产累计折旧　90 000

【例 14-9】 某事业单位为开展经营活动发生水费、电费等费用 5 300 元，款项通过银行存款支付。该事业单位会计应编制如下会计分录。

财务会计分录：

借：经营费用　5 300

　贷：银行存款　5 300

预算会计分录：

借：经营支出　5 300

　贷：资金结存——货币资金　5 300

14.3　上缴上级费用（支出）和对附属单位补助费用（支出）

14.3.1　上缴上级费用（支出）的含义和核算

上缴上级费用是指事业单位按照财政部门和主管部门的规定上缴上级单位款项发生的费用。事业单位向上级单位上缴的款项属于非财政资金，通常来源于事业单位自身取得的事业收入、经营收入和其他收入等。上缴上级费用与附属单位上缴收入在上下级单位间的业务内容上形成对应关系。

上缴上级支出是指事业单位按照财政部门和主管部门的规定上缴上级单位款项发生的现金流出。上缴上级支出与附属单位上缴预算收入在上下级单位间的业务内容上形成对应关系，即一方为缴款方，另一方为收款方。

在财务会计体系下，事业单位应设置“上缴上级费用”总账科目用于核算上缴上级费用业务，该科目借方登记发生的上缴上级费用，贷方登记期末将本期发生额转入“本期盈余”科目的金额，期末结转后该科目应无余额。该科目应当按照收缴款项单位、缴款项目等进行明细核算。

在预算会计体系下，事业单位应设置“上缴上级支出”总账科目用于核算上缴上级支出业务，该科目借方登记实际支付的上缴上级支出，贷方登记期末将本期发生额结转至

“其他结余”科目，期末结转后该科目无余额。该科目应当按照收缴款项单位、缴款项目、“政府收支分类科目”中“支出功能分类科目”的项级科目和“部门预算支出经济分类科目”的款级科目等进行明细核算。

事业单位按照规定将款项上缴上级单位的，按照实际上缴的金额，借记“上缴上级费用”科目，贷记“银行存款”“其他应付款”等科目。同时，借记“上缴上级支出”科目，贷记“资金结存”科目。事业单位在上一会计期间按照规定计算出应上缴上级的金额时，在财务会计中，借记“上缴上级费用”科目，贷记“其他应付款”科目，不需要作预算会计分录。

【例 14-10】 某事业单位按照财政部门和主管部门的规定上缴上级单位款项 28 万元，款项以银行存款支付。该事业单位会计应编制如下会计分录。

财务会计分录：			预算会计分录：		
借：上缴上级费用	280 000		借：上缴上级支出	280 000	
贷：银行存款		280 000	贷：资金结存——货币资金		280 000

14.3.2 对附属单位补助费用（支出）的含义和核算

对附属单位补助费用是指事业单位用财政拨款收入之外的收入对附属单位补助发生的费用。事业单位对附属单位的补助款项属于非财政资金，通常是事业单位自身取得的事业收入、经营收入和其他收入，或者是事业单位从其他附属单位取得的附属单位上缴收入等。事业单位不可以将其自身取得的财政拨款收入拨付给附属单位，作为对附属单位的补助。对附属单位补助费用与上级补助收入在上下级单位间的业务内容上形成对应关系。

对附属单位补助支出是指事业单位用财政拨款预算收入之外的收入对附属单位补助发生的现金流出。对附属单位补助支出与上级补助预算收入在上下级单位间的业务内容上形成对应关系，即一方为补助方，另一方为接受补助方。

在财务会计体系下，事业单位应设置“对附属单位补助费用”总账科目用于核算对附属单位补助费用业务，该科目借方登记发生的对附属单位补助费用，贷方登记期末将本期发生额转入“本期盈余”科目的金额，期末结转后该科目应无余额。该科目应当按照接受补助单位、补助项目等进行明细核算。

在预算会计体系下，事业单位应设置“对附属单位补助支出”总账科目用于核算对附属单位补助支出业务，该科目借方登记实际支付的上缴上级支出，贷方登记期末将本期发生额结转至“其他结余”科目的金额，期末结转后该科目无余额。该科目应当按照接受补助单位、补助项目、“政府收支分类科目”中“支出功能分类科目”的项级科目和“部门预算支出经济分类科目”的款级科目等进行明细核算。

事业单位发生对附属单位补助支出的，按照实际补助的金额，借记“对附属单位补助费用”科目，贷记“银行存款”“其他应付款”等科目。同时，借记“对附属单位补助支出”科目，贷记“资金结存”科目。事业单位在上一会计期间按照规定计算出应对附属单位的补助金额时，在财务会计中，借记“对附属单位补助费用”科目，贷记“其他应付款”科目，不需要编制预算会计分录。

【例 14-11】 某事业单位按照规定计算出对附属单位的补助金额为 3 万元，款项尚未支付。该事业单位会计应编制如下财务会计分录。

借：对附属单位补助费用　　30 000
　贷：其他应付款　　30 000

实际向附属单位支付 3 万元补助时，该事业单位会计应编制如下会计分录。

财务会计分录：			预算会计分录：		
借：其他应付款	30 000		借：对附属单位补助支出	30 000	
贷：银行存款		30 000	贷：资金结存——货币资金		30 000

14.4 资产处置费用和所得税费用

14.4.1 资产处置费用的含义和核算

资产处置费用是指行政事业单位经批准处置资产时发生的费用，包括转销的被处置资产价值，以及在处置过程中发生的相关费用或者处置收入小于相关费用形成的净支出。按照规定，资产处置的形式包括无偿调拨、出售、出让、转让、置换、对外捐赠、报废、毁损及货币性资产损失核销等。

在财务会计体系下，行政事业单位应设置“资产处置费用”总账科目用于核算资产处置费用业务，该科目借方登记发生的资产处置费用，贷方登记期末将本期发生额转入“本期盈余”科目的金额，期末结转后该科目应无余额。该科目应当按照处置资产的类别、资产处置的形式等进行明细核算。单位在资产清查中查明的资产盘亏、毁损及资产报废等，应当先通过“待处理财产损溢”科目进行核算，再将处理资产价值和处理净支出记入该科目。短期投资、长期股权投资、长期债券投资的处置，按照相关资产科目的规定进行账务处理。在资产处置过程中支付的现金涉及的预算会计业务，需要通过“货币资金”和“其他支出”科目进行核算。

行政事业单位的“资产处置费用”科目与“其他支出”科目的会计核算参见第 11 章各项资产处置业务的核算。

【例 14-12】 某事业单位按照规定报经批准报废一项固定资产。该项固定资产的账面余额为 26 万元，已计提折旧 18 万元，账面价值为 8 万元；处理该报废固定资产时发生相关费用 1 500 元，款项以银行存款支付。该事业单位会计应编制如下会计分录。

① 报废固定资产时，财务会计分录：

借：资产处置费用　　80 000
　　固定资产累计折旧　　180 000
　贷：固定资产　　260 000

② 支付相关费用时：

财务会计分录：			预算会计分录：		
借：资产处置费用	1 500		借：其他支出	1 500	
贷：银行存款		1 500	贷：资金结存——货币资金		1 500

14.4.2 所得税费用的含义和核算

所得税费用是指有企业所得税缴纳义务的事业单位按规定缴纳企业所得税所形成的费用。

在财务会计体系下，事业单位应设置“所得税费用”总账科目用于核算所得税费用业务，该科目借方登记发生的所得税费用，贷方登记期末将本期发生额转入“本期盈余”科目的金额，期末结转后该科目应无余额。

单位发生企业所得税纳税义务的，按照税法规定计算的应交税金数额，借记“所得税费用”科目，贷记“其他应交税费——单位应交所得税”科目。实际缴纳时，按照缴纳金额，借记“其他应交税费——单位应交所得税”科目，贷记“银行存款”科目。同时，借记“非财政拨款结余——累计结余”科目，贷记“资金结存”科目。

【例14-13】 某事业单位发生企业所得税纳税义务，按照税法规定计算的应交税金为3 000元。该事业单位会计应编制如下财务会计分录。

借：所得税费用　　3 000

　贷：其他应交税费——单位应交所得税　　3 000

该事业单位实际缴纳企业所得税时，应编制如下会计分录。

财务会计分录：

借：其他应交税费——单位应交所得税　　3 000

　贷：银行存款　　3 000

预算会计分录：

借：非财政拨款结余——累计结余　　3 000

　贷：资金结存——货币资金　　3 000

14.5 投资支出和债务还本支出

14.5.1 投资支出的含义和核算

投资支出是指事业单位以货币资金对外投资发生的现金流出。在预算会计中，投资支出只反映以货币资金对外投资发生的现金流出，不反映以货币资金以外的其他资产对外投资发生的非货币资金流出。

在预算会计体系下，事业单位应设置“投资支出”总账科目用于核算投资支出业务，该科目借方登记实际支付的投资支出，贷方登记出售、对外转让或到期收回本年度以货币资金取得的对外投资支出，年末将本科目净发生额转入“其他结余”科目，年末结转后，该科目应无余额。该科目应当按照投资类型、投资对象、“政府收支分类科目”中“支出功能分类科目”的项级科目和“部门预算支出经济分类科目”的款级科目等进行明细核算。

在财务会计体系下，事业单位的投资形成短期投资和长期投资等资产，相关业务参见第11章的短期投资和长期投资相关业务的核算，这里仅介绍预算会计体系下投资支出相关业务的核算。

事业单位以货币资金对外投资时，按照投资金额和所支付的相关税费金额的合计数，借记“投资支出”科目，贷记“资金结存”科目。

出售、对外转让或到期收回本年度以货币资金取得的对外投资的，如果按规定将投资收益纳入单位预算，按照实际收到的金额，借记“资金结存”科目，按照取得投资时“投资支出”科目的发生额，贷记“投资支出”科目，按照其差额，贷记或借记“投资预算收益”科目；如果按规定将投资收益上缴财政的，按照取得投资时“投资支出”科目的发生额，借记“资金结存”科目，贷记“投资支出”科目。

出售、对外转让或到期收回以前年度以货币资金取得的对外投资的，如果按规定将投资收益纳入单位预算，按照实际收到的金额，借记“资金结存”科目，按照取得投资时“投资支出”科目的发生额，贷记“其他结余”科目，按照其差额，贷记或借记“投资预算收益”科目；如果按规定将投资收益上缴财政的，按照取得投资时“投资支出”科目的发生额，借记“资金结存”科目，贷记“其他结余”科目。

【例 14-14】 某事业单位购买一批国债作为短期投资，实际投资成本为 12 万元，款项以银行存款支付。次年，该事业单位出售该项短期投资，出售价款为 125 000 元，实际收到款项 125 000 元，该笔收益需要上缴财政。该事业单位会计应编制如下会计分录。

① 取得短期投资时：

财务会计分录：			预算会计分录：		
借：短期投资	120 000		借：投资支出	120 000	
贷：银行存款		120 000	贷：资金结存——货币资金		120 000

② 出售短期投资时：

财务会计分录：			预算会计分录：		
借：银行存款	125 000		借：资金结存——货币资金		120 000
贷：短期投资		120 000	贷：其他结存	120 000	
应缴财政款		5 000			

14.5.2　债务还本支出的含义和核算

债务还本支出是指事业单位偿还自身承担的纳入预算管理的从金融机构举借的债务本金的现金流出。

在预算会计体系下，事业单位应设置“债务还本支出”总账科目用于核算债务还本支出业务，该科目借方登记实际支付的债务还本支出，贷方登记期末将本期发生额转入“其他结余”科目的金额，期末结转后该科目应无余额。该科目应当按照贷款单位、贷款种类、“政府收支分类科目”中“支出功能分类科目”的项级科目和“部门预算支出经济分类科目”的款级科目等进行明细核算。

单位偿还各项短期或长期借款时，按照偿还的借款本金，借记“债务还本支出”科目，贷记“资金结存”科目。同时借记“银行存款”科目，贷记“短期借款”“长期借款”等科目。

【例 14-15】 某事业单位向金融机构偿还一项短期借款本金 30 万元，款项通过银行存款账户支付。该事业单位会计应编制如下会计分录。

财务会计分录：			预算会计分录：		
借：短期借款	300 000		借：债务还本支出	300 000	
贷：银行存款		300 000	贷：资金结存——货币资金		300 000

14.6 其他费用和其他支出

14.6.1 其他费用和其他支出的含义和科目设置

其他费用是指行政事业单位发生的除业务活动费用、单位管理费用、经营费用、资产处置费用、上缴上级费用、附属单位补助费用、所得税费用以外的各项费用，包括利息费用、坏账损失、罚没支出、现金资产捐赠支出及相关税费、运输费等。

其他支出是指行政事业单位除行政支出、事业支出、经营支出、上缴上级支出、对附属单位补助支出、投资支出、债务还本支出以外的各项现金流出，包括利息支出、对外捐赠现金支出、现金盘亏损失、接受捐赠（调入）和对外捐赠（调出）非现金资产发生的税费支出、资产置换过程中发生的相关税费支出、罚没支出等。

在财务会计体系下，行政事业单位应设置“其他费用”总账科目用于核算其他费用业务，该科目借方登记发生的其他费用，贷方登记期末将本期发生额转入“本期盈余”科目的金额，期末结转后该科目应无余额。该科目应当按照其他费用的类别等进行明细核算。单位发生的利息费用较多的，可以单独设置“利息费用”科目。

在预算会计体系下，行政事业单位应设置“其他支出”总账科目用于核算其他支出业务，该科目借方登记实际支付的其他支出，贷方登记期末将本期发生额结转至“财政拨款结转”“非财政拨款结转”“其他结余”科目，期末结转后该科目无余额。该科目应当按照其他支出的类别和“政府收支分类科目”中“支出功能分类科目”的项级科目和“部门预算支出经济分类科目”的款级科目等进行明细核算。其他支出中如有专项资金支出，还应按照具体项目进行明细核算。有一般公共预算财政拨款、政府性基金预算财政拨款等两种或两种以上财政拨款的事业单位，还应当在“财政拨款支出”明细科目下按照财政拨款的种类进行明细核算。单位发生利息支出、捐赠支出等其他支出金额较大或业务较多的，可单独设置“利息支出”“捐赠支出”等科目。

14.6.2 其他费用和其他支出的核算

行政事业单位的“其他费用”科目与“其他支出”科目具体业务的平行账务处理涉及的会计分录如下。

财务会计	预算会计
计算确定借款利息费用时： 借：其他费用/在建工程 　贷：应付利息/长期借款——应计利息	不做账务处理
实际支付利息时： 借：应付利息等 　贷：银行存款等	借：其他支出 　贷：资金结存——货币资金

续表

财务会计	预算会计
现金资产对外捐赠业务，按照实际捐赠的金额： 借：其他费用 　贷：银行存款/库存现金等	借：其他支出 　贷：资金结存——货币资金
坏账损失业务，按照规定对应收账款和其他应收款计提坏账准备时： 借：其他费用 　贷：坏账准备	不做账务处理
冲减多提的坏账准备时： 借：坏账准备 　贷：其他费用	不做账务处理
罚没支出业务，按照实际发生金额： 借：其他费用 　贷：银行存款/库存现金/其他应付款	借：其他支出 　贷：资金结存——货币资金［实际支付金额］
单位接受捐赠（或无偿调入）以名义金额计量的存货、固定资产、无形资产，以及成本无法可靠取得的公共基础设施、文物文化资产等发生的相关税费、运输费等和单位发生的与受托代理资产相关的税费、运输费、保管费等，按照实际支付的金额： 借：其他费用 　贷：零余额账户用款额度/银行存款等	借：其他支出 　贷：资金结存
期末/年末结转业务： 借：本期盈余 　贷：其他费用	借：其他结余［非财政、非专项资金支出］ 　非财政拨款结转——本年收支结转［非财政专项资金支出］ 　财政拨款结转——本年收支结转［财政拨款资金支出］ 　贷：其他支出

【例 14-16】 某事业单位通过银行存款账户支付银行借款利息 25 000 元，相应的银行借款利息在财务会计中已记入“应付利息”总账科目。该事业单位会计应编制如下会计分录。

财务会计分录：
借：应付利息　25 000
　贷：银行存款　25 000

预算会计分录：
借：其他支出　25 000
　贷：资金结存——货币资金　25 000

【例 14-17】 某事业单位对外捐赠现金资产 2 万元，款项通过银行存款支付。该事业单位会计应编制如下会计分录。

财务会计分录：
借：其他费用　20 000
　贷：银行存款　20 000

预算会计分录：
借：其他支出　20 000
　贷：资金结存——货币资金　20 000

【例14-18】 某行政单位接受捐赠一批库存物品，有关凭据注明的金额为68 000元，以银行存款支付运输费用800元，库存物品已验收入库。该事业单位会计应编制如下会计分录。

财务会计分录：

借：库存物品 68 800

　贷：捐赠收入 68 000

　　银行存款 800

预算会计分录：

借：其他支出 800

　贷：资金结存——货币资金 800

【例14-19】 某行政单位接受其他单位无偿调入一项公共基础设施，该项公共基础设施在调出方的账面价值为76万元。调入过程中，该行政单位通过财政授权支付方式支付相关费用9 000元。该行政单位会计应编制如下会计分录。

财务会计分录：

借：公共基础设施 769 000

　贷：无偿调拨净资产 760 000

　　零余额账户用款额度 9 000

预算会计分录：

借：其他支出 9 000

　贷：资金结存 9 000

思　考　题

1. 什么是行政事业单位的费用？什么是行政事业单位的预算支出？

2. 行政事业单位的费用主要包括哪些种类？预算支出主要包括哪些种类？

3. 行政事业单位的费用应当按照什么会计基础进行确认和计量？预算支出应当按照什么会计基础进行确认和计量？

4. 什么是业务活动费用？什么是行政支出？举例说明两者的会计处理异同。

5. 什么是单位管理费用？什么是事业支出？举例说明两者的会计处理异同。

6. 事业单位“业务活动费用”科目和“单位管理费用”科目的核算内容有什么不同？

7. 什么是经营费用？什么是经营支出？举例说明两者的会计处理异同。

8. 什么是资产处置费用？行政事业单位应当如何核算资产处置费用？

9. 什么是上缴上级费用？什么是上缴上级支出？举例说明两者的会计处理异同。

10. 什么是对附属单位补助费用？什么是对附属单位补助支出？举例说明两者的会计处理异同。

11. 什么是投资支出？投资支出的相应业务在财务会计和预算会计中分别是如何核算的？

12. 什么是债务还本支出？债务还本支出的相应业务在财务会计和预算会计中分别是如何核算的？

13. 行政事业单位的“其他支出”科目主要核算哪些内容？

练　习　题

练习一

一、目的：练习行政单位业务活动费用和行政支出的核算。

二、资料：某行政单位发生如下经济业务。

① 为履职人员计提职工薪酬共计 58 万元。

② 通过财政直接支付方式向单位职工个人支付应付职工薪酬共计 58 万元。

③ 通过财政直接支付方式购入一批库存物品，实际支付价款为 15 000 元。

④ 为履职领用一批库存物品，该批库存物品的账面余额为 7 000 元。

⑤ 为履职发生水费、电费等各项办公费用 800 元，款项通过财政授权支付方式支付。

⑥ 通过财政直接支付方式支付一项在建工程的建设款项 95 万元。

⑦ 为履职所使用的固定资产计提折旧 13 万元。

⑧ 年末，“业务活动费用”科目的本年发生额为 315 万元，将其全部转入“本期盈余”科目。

⑨ 年末，“行政支出”科目的本年发生额为 280 万元，其中财政拨款支出 180 万元，非财政专项资金支出 80 万元，其他资金支出 20 万元，分别转入“财政拨款结转——本年收支结转”“非财政拨款结转——本年收支结转”“其他结余”科目。

三、要求：根据以上经济业务，为该行政单位编制有关的会计分录。

练习二

一、目的：练习事业单位业务活动费用、单位管理费用和事业支出的核算。

二、资料：某事业单位发生如下经济业务。

① 为单位开展专业业务活动人员计提职工薪酬 32 万元，为单位行政及后勤管理人员计提职工薪酬 21 万元。

② 通过财政直接支付方式向单位开展专业业务活动以及从事行政及后勤管理的职工个人支付薪酬共计 53 元。

③ 通过财政直接支付方式为单位开展专业业务活动以及从事行政及后勤管理的职工代扣代缴个人所得税 3 800 元，同时通过财政直接支付的方式为这些职工代扣代缴职工社会保险费和住房公积金共计 38 000 元，实际向相关部门和机构缴纳金额合计为 41 800 元。

④ 通过银行存款账户为专业业务活动及其辅助活动支付外部人员的劳务费 8 500 元。

⑤ 在开展专业业务活动过程中购买一项固定资产，发生预付账款 9 000 元，款项通过财政授权支付方式支付。固定资产尚未收到。

⑥ 收到为开展专业业务活动购买的一项固定资产，扣除之前预付账款 9 000 元后，补付价款 11 万元，款项通过财政授权支付方式支付。购买的该项固定资产投入使用，确定的成本为 119 000 元。

⑦ 开展专业业务活动的部门领用一批库存物品，该批库存物品的账面余额为 1 800 元；开展行政管理活动的部门领用一批库存物品，该批库存物品的账面余额为 1 720 元。

⑧ 在开展业务活动过程中发生应当计入当期业务活动费用的相关办公费用 4 000 元，应当计入当期单位管理费用的相关办公费用 1 000 元，款项通过银行存款账户支付。

⑨ 为开展专业业务活动所使用的固定资产计提折旧 20 万元，为开展行政及后勤管理活动所使用的固定资产计提折旧 16 万元。

⑩ 年末，“业务活动费用”科目的本年发生额为 70 万元，“单位管理费用”科目的本年发生额为 21 万元，将它们全部转入“本期盈余”科目。

⑪ 年末，“事业支出”科目的本年发生额为 66 万元，其中财政拨款支出 38 万元，非财政专项资金支出 23 万元，其他资金支出 5 万元，分别转入“财政拨款结转——本年收支结

转”“非财政拨款结转——本年收支结转”“其他结余”科目。

三、要求：根据以上经济业务，为该事业单位编制有关的会计分录。

练习三

一、目的：练习事业单位经营费用、所得税费用和经营支出的核算。

二、资料：某事业单位发生如下经济业务。

① 为经营活动人员计提职工薪酬共计16万元。

② 向开展经营活动的职工个人支付薪酬共计16万元。

③ 在开展经营活动过程中通过银行存款账户购入一批库存物品，实际支付价款为69 000元（暂不考虑增值税业务）。

④ 为开展经营活动发出一批库存物品，该批库存物品的实际成本为2 000元。

⑤ 开展经营活动过程中发生相关办公费用2 800元，款项通过银行存款账户支付。

⑥ 为开展经营活动发生城市维护建设税800元，教育费附加300元，企业所得税2 600元。

⑦ 缴纳城市维护建设税800元、教育费附加300元、企业所得税2 600元，款项通过银行存款账户支付。

⑧ 为经营活动所使用的固定资产计提折旧3万元。

⑨ 年末，“经营费用”科目的本年发生额为45万元，将其全部转入“本期盈余”科目。

⑩ 年末，“经营支出”科目的本年发生额为36万元，将其全部转入“经营结余”科目。

三、要求：根据以上经济业务，为该事业单位编制有关的会计分录。

练习四

一、目的：练习行政事业单位资产处置费用的核算。

二、资料：某事业单位发生如下经济业务。

① 按照规定报经批准报废一项固定资产，该项固定资产的账面余额为67万元，已计提折旧66万元，账面价值为1万元。

② 处理报废固定资产时发生相关费用3 500元，款项以银行存款支付。

③ 年末，“资产处置费用”科目的本年发生额为6 000元，将其全部转入“本期盈余”科目。

三、要求：根据以上经济业务，为该事业单位编制有关的会计分录。

练习五

一、目的：练习事业单位上缴上级费用和上缴上级支出的核算。

二、资料：某事业单位发生如下经济业务。

① 按照财政部门和主管部门的规定上缴上级单位款项25万元，款项以银行存款支付。

② 年末，“上缴上级费用”科目的本年发生额为32万元，将其全部转入“本期盈余”科目。

③ 年末，“上缴上级支出”科目的本年发生额为32万元，将其全部转入“其他结余”科目。

三、要求：根据以上经济业务，为该事业单位编制有关的会计分录。

练习六

一、目的：练习事业单位对附属单位补助费用和对附属单位补助支出的核算。

二、资料：某事业单位发生如下经济业务。

① 按照规定计算出对附属单位的补助金额为 15 万元，款项尚未支付。

② 通过银行存款账户支付上一会计期间记入“其他应付款”科目的对附属单位补助款项 15 万元。

③ 年末，“对附属单位补助费用”科目的本年发生额为 21 万元，将其全部转入“本期盈余”科目。

④ 年末，“对附属单位补助支出”科目的本年发生额为 21 万元，将其全部转入“其他结余”科目。

三、要求：根据以上经济业务，为该事业单位编制有关的会计分录。

练习七

一、目的：练习事业单位投资支出业务的核算。

二、资料：某事业单位发生如下经济业务。

以银行存款购入一批 5 年期债券，实际支付价款为 80 万元，准备持有至到期。该批债券票面金额为 80 万元，票面年利率为 5%，每年支付一次利息 4 万元，到期一次偿还本金。购入的该批债券按期收到利息，到期收回本金。本次债券投资的利息收入按规定纳入部门预算管理，不上缴财政。

三、要求：根据以上经济业务，为该事业单位编制有关的会计分录。

练习八

一、目的：练习事业单位债务还本支出业务的核算。

二、资料：某事业单位发生如下经济业务。

向银行借入一笔款项 60 万元，借款期限为 5 年，每年支付借款利息 4 万元，本金到期一次偿还。5 年后，如期偿还借款本金 60 万元。以上相应借款的本息均通过银行存款支付。

三、要求：根据以上经济业务，为该事业单位编制有关的会计分录。

练习九

一、目的：练习行政事业单位其他费用和其他支出的核算。

二、资料：某行政单位发生如下经济业务。

① 接受其他单位无偿调入一项公共基础设施，该项公共基础设施的成本无法可靠取得，调入过程中，该行政单位发生相关费用 6 800 元，款项通过财政授权支付方式支付。

② 报经批准无偿调出一项固定资产，调出过程中，该行政单位发生相关费用 980 元，款项通过财政授权支付方式支付。

③ 年末，“其他费用”科目的本年发生额为 8 万元，将其全部转入“本期盈余”科目。

④ 年末，“其他支出”科目的本年发生额为 6 万元，其中其他资金支出 6 万元，转入“其他结余”科目。

三、要求：根据以上经济业务，为该行政单位编制有关的会计分录。

第15章　行政事业单位的净资产和预算结余

学习目标

- 熟悉行政事业单位的净资产和预算结余的含义与区别；
- 掌握行政事业单位的净资产和预算结余的分类；
- 掌握行政事业单位的净资产的财务会计核算；
- 掌握行政事业单位的预算结余的预算会计核算。

在行政事业单位中，净资产属于财务会计要素，预算结余属于预算会计要素。

在财务会计体系下，净资产是政府会计主体资产扣除负债后的净额，是本级政府对政府会计主体资产的剩余索取权。净资产按其来源主要分为累计盈余、专用基金、权益法调整、本期盈余、本期盈余分配、无偿调拨净资产和以前年度盈余调整等。

在预算会计体系下，预算结余是指政府会计主体预算年度内预算收入扣除预算支出后的资金余额，以及历年滚存的资金余额，它是行政事业单位采用收付实现制基础核算预算收入和预算支出的结果。预算结余按其形成方式分为资金结存、财政拨款结转、财政拨款结余、非财政拨款结转、非财政拨款结余、专用结余、经营结余、其他结余和非财政拨款结余分配等。

15.1　净　资　产

15.1.1　本期盈余和本年盈余分配的含义和核算

1. 本期盈余的含义和核算

本期盈余是指行政事业单位本期各项收入、费用相抵后的余额。

在财务会计体系下，行政事业单位应设置“本期盈余”总账科目用于核算本期盈余业务，该科目借方登记本期转入的各类费用，贷方登记本期转入的各项收入；该科目期末如为贷方余额，反映单位自年初至当期期末累计实现的盈余；如为借方余额，反映单位自年初至当期期末累计发生的亏损。年末结账后，该科目应无余额。

期末，将各类收入科目的本期发生额转入“本期盈余”科目，借记“财政拨款收入”“事业收入”“上级补助收入”“附属单位上缴收入”“经营收入”“非同级财政拨款收入”“投资收益”“捐赠收入”“利息收入”“租金收入”“其他收入”科目，贷记该科目；将各类费用科目本期发生额转入“本期盈余”科目，借记该科目，贷记“业务活动费用”“单位管理费用”“经营费用”“所得税费用”“资产处置费用”“上缴上级费用”“对附属单位补助费用”“其他费用”科目。年末，完成上述结转后，将该科目余额转入“本年盈余分配”科目，借记或贷记该科目，贷记或借记“本年盈余分配”科目。

【例 15-1】　年末，某事业单位各类收入和费用科目的本年发生额如表 15-1 所示，在完成各类收入和费用科目的本年发生额结转后，该事业单位“本期盈余”科目的贷方余额为 34 000 元。

表 15-1　收入和费用科目的本年发生额表　　单位：元

收入和费用科目	本年借方发生额	本年贷方发生额
财政拨款收入		350 000
事业收入		280 000
附属单位上缴收入		12 000
经营收入		30 000
非同级财政拨款收入		50 000
投资收益		20 000
捐赠收入		70 000
利息收入		20 000
租金收入		9 000
其他收入		6 000
业务活动费用	560 000	
单位管理费用	140 000	
经营费用	40 000	
所得税费用	2 000	
资产处置费用	8 000	
对附属单位补助费用	60 000	
其他费用	3 000	
合　计	813 000	847 000

该事业单位会计应编制如下财务会计分录。

① 结转各类收入科目本年发生额时：

借：财政拨款收入　　350 000
　　事业收入　　280 000
　　附属单位上缴收入　　12 000
　　经营收入　　30 000
　　非同级财政拨款收入　　50 000
　　投资收益　　20 000
　　捐赠收入　　70 000
　　利息收入　　20 000

租金收入 9 000
其他收入 6 000
贷：本期盈余 847 000

② 结转各类费用科目本年发生额时：

借：本期盈余 813 000
贷：业务活动费用 560 000
单位管理费用 140 000
经营费用 40 000
所得税费用 2 000
资产处置费用 8 000
对附属单位补助费用 60 000
其他费用 3 000

③ 将“本期盈余”科目年末贷方余额转入“本年盈余分配”科目时：

借：本期盈余 34 000
贷：本年盈余分配 34 000

2. 本年盈余分配的含义和核算

本年盈余分配是指行政事业单位对本年度实现的盈余按照有关规定进行的分配。

在财务会计体系下，行政事业单位应设置“本年盈余分配”总账科目用于核算本年盈余分配业务。年末，将“本期盈余”科目余额转入该科目，借记或贷记“本期盈余”科目，贷记或借记该科目。年末，事业单位根据有关规定从本年度非财政拨款结余或经营结余中提取专用基金的，按照预算会计下计算的提取金额，借记该科目，贷记“专用基金”科目(同时，编制预算会计分录，借记“非财政拨款结余分配”科目，贷记“专用结余”科目)。年末，按照规定完成上述两项处理后，将该科目余额转入累计盈余，借记或贷记该科目，贷记或借记“累计盈余”科目。年末结账后，该科目应无余额。

【例 15-2】 年末，某事业单位“本期盈余”科目贷方余额为 26 万元，将其转入“本年盈余分配”科目。年末，按规定从本年度非财政拨款结余中提取专用基金 6 万元。之后，将“本年盈余分配”科目贷方余额 20 万元转入“累计盈余”科目。该事业单位会计应编制如下会计分录。

① 年末将“本期盈余”科目余额转入“本年盈余分配”科目时，财务会计分录：

借：本期盈余 260 000
贷：本年盈余分配 260 000

② 按规定从本年度非财政拨款结余中提取专用基金时：

财务会计分录：	预算会计分录：
借：本年盈余分配 60 000	借：非财政拨款结余分配 60 000
贷：专用基金 60 000	贷：专用结余 60 000

③ 年末将“本年盈余分配”科目余额转入“累计盈余”科目时，财务会计分录：

借：本年盈余分配 200 000
贷：累计盈余 200 000

15.1.2　专用基金、权益法调整和无偿调拨净资产的含义和核算

1. 专用基金的含义和核算

专用基金是指事业单位按照规定提取或设置的具有专门用途的净资产，主要包括职工福利基金、科技成果转化基金等。

在财务会计体系下，事业单位应设置“专用基金”总账科目用于核算专用基金业务，该科目贷方登记年末提取的专用基金金额，借方登记使用的专用基金金额；该科目期末贷方余额反映事业单位累计提取或设置的尚未使用的专用基金。该科目应当按照专用基金的类别进行明细核算。

（1）专用基金的提取

事业单位从本年度非财政拨款结余或经营结余中提取的专用基金（如职工福利基金），专门用于单位职工的集体福利设施、集体福利待遇等方面。年末，根据有关规定从本年度非财政拨款结余或经营结余中提取专用基金的，按照预算会计体系下计算的提取金额，借记“本年盈余分配”科目，贷记“专用基金”科目。同时，编制预算会计分录，借记“非财政拨款结余分配”科目，贷记“专用结余”科目。

事业单位从收入中提取的专用基金有修购基金、科技成果转化基金等。其中，修购基金是指事业单位按照事业收入和经营收入的一定比例提取，用于事业单位固定资产维修和购置的资金。科技成果转化基金是指单位从事业收入和经营收支结余中提取的用于科技成果转化的资金。根据有关规定从收入中提取专用基金并计入费用的，一般按照预算会计下基于预算收入计算提取的金额，借记“业务活动费用”等科目，贷记“专用基金”科目。国家另有规定的，从其规定。

根据有关规定设置的其他专用基金，按照实际收到的基金金额，借记“银行存款”等科目，贷记“专用基金”科目。

【例 15-3】 某事业单位根据有关规定从事业收入中提取专用基金 7 万元并计入业务活动费用。该事业单位会计应编制如下财务会计分录。

借：业务活动费用	70 000	
贷：专用基金		70 000

（2）专用基金的使用

按照规定使用提取的专用基金时，借记“专用基金”科目，贷记“银行存款”等科目。使用提取的专用基金购置固定资产、无形资产的，按照固定资产、无形资产成本金额，借记“固定资产”“无形资产”科目，贷记“银行存款”等科目；同时，按照专用基金使用金额，借记“专用基金”科目，贷记“累计盈余”科目。使用从收入中提取并列入费用的专用基金时，同时编制预算会计分录，借记“事业支出”等科目，贷记“资金结存”科目；使用从非专项拨款结余或经营结余中提取的专用基金，同时编制预算会计分录，借记“专用结余”科目，贷记“资金结存”科目。

【例 15-4】 某事业单位按照规定使用从收入中提取的专用基金 2 万元，款项通过银行存款支付。本次使用提取的专用基金，属于费用性支出。该事业单位会计应编制如下会计分录。

财务会计分录：			预算会计分录：		
借：专用基金	20 000		借：事业支出	20 000	
贷：银行存款		20 000	贷：资金结存		20 000

2. 权益法调整的含义和核算

权益法调整是指事业单位持有的长期股权投资采用权益法核算时，按照被投资单位除净损益和利润分配以外的所有者权益变动份额调整长期股权投资账面余额而计入净资产的金额。

在财务会计体系下，事业单位应设置“权益法调整”总账科目用于核算权益法调整业务，该科目期末余额，反映事业单位在被投资单位除净损益和利润分配以外的所有者权益变动中累计享有（或分担）的份额，该科目应当按照被投资单位进行明细核算。

年末，按照被投资单位除净损益和利润分配外的所有者权益变动应享有（或应分担）的份额，借记或贷记“长期股权投资——其他权益变动”科目，贷记或借记该科目。采用权益法核算的长期股权投资，因被投资单位除净损益和利润分配外的所有者权益变动而将应享有（或应分担）的份额计入单位净资产的，处置该项投资时，按照原计入净资产的相应部分金额，借记或贷记该科目，贷记或借记“投资收益”科目。权益法调整转出至投资收益后，经“本期盈余”“本年盈余分配”科目过渡，最终转入累计盈余。

【例 15-5】 某事业单位持有 A 公司 80%的股份，有权决定 A 公司的财务和经营政策，相应的长期股权投资采用权益法核算。年末，A 公司发生除净利润和利润分配以外的所有者权益变动增加数为 2 万元，该事业单位应享有的相应份额为 16 000 元。该事业单位会计应编制如下财务会计分录。

借：长期股权投资——其他权益变动	16 000	
贷：权益法调整		16 000

3. 无偿调拨净资产的含义和核算

无偿调拨净资产是指行政事业单位无偿调入或调出非现金资产所引起的净资产增减变动。

在财务会计体系下，行政事业单位应设置“无偿调拨净资产”总账科目用于核算无偿调拨净资产业务，年末，将该科目余额转入“累计盈余”科目，年末结账后该科目应无余额。行政事业单位的“无偿调拨净资产”科目的会计核算参见第 11 章相关业务的核算。

【例 15-6】 某事业单位按规定取得无偿调入的一批库存物品，该批库存物品在调出方的账面价值为 3 万元，调入过程中，该事业单位发生相关费用 2 000 元，款项通过零余额账户用款额度支付。该批库存物品在调入时确定的成本为 32 000 元。该事业单位会计应编制如下会计分录。

财务会计分录：			预算会计分录：		
借：库存物品	32 000		借：其他支出	2 000	
贷：无偿调拨净资产		30 000	贷：资金结存		2 000
零余额账户用款额度		2 000			

【例 15-7】 某行政单位按规定报经批准无偿调出一项固定资产，该项固定资产的账面余额为 17 万元，已计提的累计折旧为 4 万元，账面价值为 13 万元。该行政单位会计应

编制如下会计分录。

借：无偿调拨净资产　　130 000

　　固定资产累计折旧　　40 000

　贷：固定资产　　170 000

15.1.3　累计盈余和以前年度盈余调整的含义和核算

1. 累计盈余调整的含义和核算

累计盈余是指行政事业单位历年实现的盈余扣除盈余分配后滚存的金额，以及因无偿调入调出资产产生的净资产变动额。

在财务会计体系下，行政事业单位应设置“累计盈余”总账科目用于核算累计盈余业务，该科目期末余额，反映单位未分配盈余（或未弥补亏损）的累计数及截至上年末无偿调拨净资产变动的累计数。该科目年末余额，反映单位未分配盈余（或未弥补亏损）及无偿调拨净资产变动的累计数。按照规定上缴、缴回、单位间调剂结转结余资金产生的净资产变动额，以及对以前年度盈余的调整金额，也通过该科目核算。

行政事业单位“累计盈余”科目的会计核算包括如下内容。

① 年末，根据相关规定分配后，将“本年盈余分配”科目的余额转入累计盈余，借记或贷记“本年盈余分配”科目，贷记或借记“累计盈余”科目。

② 按照规定，年末，将“无偿调拨净资产”科目的余额转入累计盈余，借记或贷记“无偿调拨净资产”科目，贷记或借记“累计盈余”科目。

③ 按照规定上缴财政拨款结转结余、缴回非财政拨款结转资金、向其他单位调出财政拨款结转资金时，按照实际上缴、缴回、调出金额，借记“累计盈余”科目，贷记“财政应返还额度”“零余额账户用款额度”“银行存款”等科目。

④ 按照规定从其他单位调入财政拨款结转资金时，按照实际调入金额，借记“零余额账户用款额度”“银行存款”等科目，贷记“累计盈余”科目。预算会计分录参见关于“财政拨款结转”“财政拨款结余”“非财政拨款结转”等科目的介绍。

⑤ 将“以前年度盈余调整”科目的余额转入“累计盈余”科目，借记或贷记“以前年度盈余调整”科目，贷记或借记“累计盈余”科目。

【例 15-8】 某行政单位按规定上缴财政拨款结余资金 13 万元，具体通过上缴财政授权支付额度的方式完成。该行政单位会计应编制如下会计分录。

财务会计分录：		预算会计分录：	
借：累计盈余	130 000	借：财政拨款结余	130 000
贷：零余额账户用款额度	130 000	贷：资金结存	130 000

【例 15-9】 某事业单位按照规定从其他单位调入财政拨款结转资金 15 万元，收到相应数额的财政授权支付额度。该事业单位会计应编制如下会计分录。

财务会计分录：		预算会计分录：	
借：零余额账户用款额度	150 000	借：资金结存	150 000
贷：累计盈余	150 000	贷：财政拨款结转	150 000

【例 15-10】 某行政单位“以前年度盈余调整”科目的借方余额为 4 万元，将其转入“累计盈余”科目的借方。该行政单位会计应编制如下会计分录。

借：累计盈余 40 000
　贷：以前年度盈余调整 40 000

2. 以前年度盈余调整的含义和核算

以前年度盈余调整是指行政事业单位本年度由于发生了需要调整以前年度盈余的事项，从而对以前年度的盈余数额及其他相关项目的数额进行的调整。其中，本年度发生的需要调整以前年度盈余的事项，包括本年度发生的重要前期差错更正涉及调整以前年度盈余的事项等。

在财务会计体系下，行政事业单位应设置“以前年度盈余调整”总账科目用于核算以前年度盈余调整业务。调整增加以前年度收入时，按照调整增加的金额，借记有关科目，贷记该科目；调整减少的，做相反会计分录。调整增加以前年度费用时，按照调整增加的金额，借记该科目，贷记有关科目；调整减少的，做相反的会计分录。盘盈的各种非流动资产，报经批准后处理时，借记“待处理财产损溢”科目，贷记该科目。经上述调整后，应将该科目的余额转入累计盈余，借记或贷记“累计盈余”科目，贷记或借记该科目。该科目结转后应无余额。

【例 15-11】 某行政单位本年度发现上一会计年度漏计提一项固定资产的折旧，由此形成上一会计年度的业务活动费用少计 12 000 元，本年度对这一重要前期差错进行更正。该行政单位会计应编制如下会计分录。

① 调整增加以前年度费用时，财务会计分录：

借：以前年度盈余调整 12 000
　贷：固定资产累计折旧 12 000

② 将“以前年度盈余调整”科目余额转入累计盈余时，财务会计分录：

借：累计盈余 12 000
　贷：以前年度盈余调整 12 000

【例 15-12】 某事业单位盘盈一项固定资产，经核实该项固定资产为以前年度取得，取得时未予入账，经核定成本为 8 000 元。按照规定报经批准后，该项盘盈的固定资产作为重要前期差错更正处理。该事业单位会计应编制如下会计分录。

① 盘盈固定资产时，财务会计分录：

借：固定资产 8 000
　贷：待处理财产损溢 8 000

② 报经批准后处理时，财务会计分录：

借：待处理财产损溢 8 000
　贷：以前年度盈余调整 8 000

③ 将“以前年度盈余调整”科目余额转入累计盈余时，财务会计分录：

借：以前年度盈余调整 8 000
　贷：累计盈余 8 000

15.2 预 算 结 余

15.2.1 资金结存的含义和核算

资金结存是指行政事业单位纳入部门预算管理的资金结存数额，包括结存的零余额账户用款额度、货币资金和财政应返还额度等。

在预算会计体系下，行政事业单位应设置“资金结存”总账科目用于核算资金结存业务，该科目核算单位纳入部门预算管理的资金的流入、流出、调整和滚存等情况。该科目年末借方余额反映单位预算资金的累计滚存情况。该科目应当设置下列明细科目。

① 零余额账户用款额度，该明细科目核算实行国库集中支付的单位根据财政部门批复的用款计划收到和支用的零余额账户用款额度。年末结账后，该明细科目应无余额。

② 货币资金，该明细科目核算单位以库存现金、银行存款、其他货币资金形态存在的资金。该明细科目年末借方余额，反映单位尚未使用的货币资金。

③ 财政应返还额度，该明细科目核算实行国库集中支付的单位可以使用的以前年度财政直接支付资金额度和财政应返还的财政授权支付资金额度。该明细科目下可设置“财政直接支付”“财政授权支付”两个明细科目进行明细核算。该明细科目年末借方余额，反映单位应收财政返还的资金额度。

“资金结存”科目相关业务的核算，通常涉及预算收入和预算支出业务，在上述相应章节都有详细阐述，本章不再重复。

15.2.2 财政拨款结转和财政拨款结余的含义和核算

1. 财政拨款结转的含义和核算

财政拨款结转是指行政事业单位当年预算已执行但尚未完成，或因故未执行，下一年度需要按照原用途继续使用的财政拨款滚存资金。财政拨款结转包括基本支出结转和项目支出结转两大类。

在预算会计体系下，行政事业单位应设置“财政拨款结转”总账科目用于核算财政拨款结转业务，该科目核算单位取得的同级财政拨款结转资金的调整、结转和滚存情况。该科目年末贷方余额，反映单位滚存的财政拨款结转资金数额。该科目应当设置“年初余额调整”“归集调入”“归集调出”“归集上缴”“单位内部调剂”“本年收支结转”“累计结转”明细科目进行核算。

“财政拨款结转”总账科目还应当设置“基本支出结转”“项目支出结转”两个明细科目，并在“基本支出结转”明细科目下按照“人员经费”“日常公用经费”进行明细核算，在“项目支出结转”明细科目下按照具体项目进行明细核算；同时，该科目还应按照“政府收支分类科目”中“支出功能分类科目”的相关科目进行明细核算。有一般公共预算财政拨款、政府性基金预算财政拨款等两种或两种以上财政拨款的，还应当在该科目下按照财政拨款的种类进行明细核算。

行政事业单位的“财政拨款结转”科目具体业务的平行账务处理涉及的会计分录如下。

财务会计	预算会计
因会计差错更正、购货退回、预付款项收回等发生以前年度调整事项时，调整增加相关资产时： 借：零余额账户用款额度/银行存款等 贷：以前年度盈余调整 因会计差错更正调整减少相关资产时： 借：以前年度盈余调整 贷：零余额账户用款额度/银行存款等	借：资金结存——零余额账户用款额度/货币资金等 贷：财政拨款结转——年初余额调整 借：财政拨款结转——年初余额调整 贷：资金结存——零余额账户用款额度/货币资金等
从其他单位调入财政拨款结转资金时，按照实际调增的额度数额或调入的资金数额： 借：财政应返款额度/零余额账户用款额度 /银行存款 贷：累计盈余	借：资金结存——财政应返还额度/零余额账户用款额度/货币资金 贷：财政拨款结转——归集调入
向其他单位调出财政拨款结转资金时，按照实际调减的额度数额或调减的资金数额： 借：累计盈余 贷：财政应返还额度/零余额账户用款额度/银行存款	借：财政拨款结转——归集调出 贷：资金结存——财政应返还额度/零余额账户用款额度/货币资金
按照规定上缴财政拨款结转资金或注销财政拨款结转额时，按照实际上缴资金数额或注销的资金额度： 借：累计盈余 贷：财政应返还额度/零余额账户用款额度/银行存款	借：财政拨款结转——归集上缴 贷：资金结存——财政应返还额度/零余额账户用款额度/货币资金
不做账务处理	单位内部调剂财政拨款结余资金时，按照调整的金额： 借：财政拨款结余——单位内部调剂 贷：财政拨款结转——单位内部调剂
不做账务处理	按照有关规定将符合财政拨款结余性质的项目余额转入财政拨款结余时： 借：财政拨款结转——累计结转 贷：财政拨款结余——结转转入
不做账务处理	年末结转时，结转财政拨款预算收入： 借：财政拨款预算收入 贷：财政拨款结转——本年收支结转 结转财政拨款预算支出： 借：财政拨款结转——本年收支结转 贷：行政支出/事业支出等［财政拨款支出部分］
不做账务处理	年末冲销本科目有关明细科目余额： 借：财政拨款结转——年初余额调整［该明细科目为贷方余额时］/归集调入/单位内部调剂/本年收支结转［该明细科目为贷方余额时］ 贷：财政拨款结转——累计结转 借：财政拨款结转——累计结转 贷：财政拨款结转——归集上缴/年初余额调整［该明细科目为借方余额时］/归集调出/本年收支结转［该明细科目为借方余额时］

【例 15-13】　某行政单位通过授权支付方式支付上一年度因计算错误而少付的设备检测费 8 000 元。该行政单位会计应编制如下会计分录。

财务会计分录：

借：以前年度盈余调整　　8 000

　贷：零余额账户用款额度　　8 000

预算会计分录：

借：财政拨款结转——年初余额调整　　8 000

　贷：资金结存——零余额账户用款额度　　8 000

【例 15-14】　某行政单位从上级单位调入财政拨款结余资金 5 万元，用于补助本单位的项目支出，该项补助以财政授权方式支付。该行政单位会计应编制如下会计分录。

财务会计分录：

借：零余额账户用款额度　　50 000

　贷：累计盈余　　50 000

预算会计分录：

借：资金结存——零余额账户用款额度　　50 000

　贷：财政拨款结转——归集调入　　50 000

【例 15-15】　某事业单位经财政部门批准对财政拨款结余资金改变用途，调整用于本单位其他未完成项目，批准的调剂金额为 9 000 元。该事业单位会计应编制如下预算会计分录。

借：财政拨款结余——单位内部调剂　　9 000

　贷：财政拨款结转——单位内部调剂　　9 000

【例 15-16】　年末，某事业单位“财政拨款预算收入”科目和各项支出中“财政拨款支出”科目的本年发生额包括：“财政拨款预算收入”科目贷方发生额为 41 万元，“事业支出——财政拨款支出”科目借方发生额为 298 000 元，“其他支出——财政拨款支出”科目借方发生额为 10 万元。该事业单位会计应编制如下预算会计分录。

借：财政拨款预算收入　　410 000

　贷：财政拨款结转——本年收支结转　　410 000

借：财政拨款结转——本年收支结转　　398 000

　贷：事业支出——财政拨款支出　　298 000

　　　其他支出——财政拨款支出　　100 000

【例 15-17】　年末，某事业单位“财政拨款结转”科目相关明细科目的余额包括：“本年收支结转”科目贷方余额为 80 000 元，“归集调出”科目借方余额为 5 000 元。该事业单位会计应编制如下预算会计分录。

借：财政拨款结转——本年收支结转　　85 000

　贷：财政拨款结转——归集调出　　5 000

　　　　　　　　　——累计结转　　80 000

【例 15-18】 年末，某事业单位“财政拨款结转——累计结转”科目贷方余额为65 000元。经对各明细项目执行情况进行分析，其中按照有关规定符合财政拨款结余性质的项目余额为 3 万元，将其转入财政拨款结余。该事业单位会计应编制如下预算会计分录。

借：财政拨款结转——累计结转　　30 000

　贷：财政拨款结余——结转转入　　30 000

2. 财政拨款结余的含义和核算

财政拨款结余是指行政事业单位取得的同级财政拨款项目支出结余资金。财政拨款结余的形成原因是行政事业单位当年项目支出预算目标已经完成，或因故终止。

在预算会计体系下，行政事业单位应设置“财政拨款结余”总账科目用于核算财政拨款结余业务，该科目核算单位取得的同级财政拨款项目支出结余资金的调整、结转和滚存情况。该科目年末贷方余额，反映单位滚存的财政拨款结余资金数额。该科目应当设置“年初余额调整”“归集上缴”“单位内部调剂”“结转转入”“累计结余”明细科目进行核算。

除上述明细科目外，该科目还应当按照具体项目、“政府收支分类科目”中“支出功能分类科目”的相关科目等进行明细核算。有一般公共预算财政拨款、政府性基金预算财政拨款等两种或两种以上财政拨款的，还应当在该科目下按照财政拨款的种类进行明细核算。

行政事业单位的“财政拨款结余”科目具体业务的平行账务处理涉及的会计分录如下。

财务会计	预算会计
因购货退回、会计差错更正等发生以前年度调整事项，增加相关资产时： 借：零余额账户用款额度/银行存款等 　贷：以前年度盈余调整 因会计差错更正调整减少相关资产时： 借：以前年度盈余调整 　贷：零余额账户用款额度/银行存款等	借：资金结存——零余额账户用款额度/货币资金等 　贷：财政拨款结余——年初余额调整 借：财政拨款结余——年初余额调整 　贷：资金结存——零余额账户用款额度/货币资金等
按照实际上缴资金数额或注销的资金额度： 借：累计盈余 　贷：财政应返还额度/零余额账户用款额度/银行存款	借：财政拨款结余——归集上缴 　贷：资金结存——财政应返还额度/零余额账户用款额度/货币资金
不做账务处理	单位内部调剂财政拨款结余资金时，按照调整的金额： 借：财政拨款结余——单位内部调剂 　贷：财政拨款结转——单位内部调剂
不做账务处理	按照有关规定将符合财政拨款结余性质的项目余额转入财政拨款结余： 借：财政拨款结转——累计结转 　贷：财政拨款结余——结转转入

续表

财务会计	预算会计
不做账务处理	年末冲销本科目有关明细科目余额： 借：财政拨款结余——年初余额调整［该明细科目为贷方余额时］ 　财政拨款结余——结转转入 　贷：财政拨款结余——累计结余 借：财政拨款结余——累计结余 　贷：财政拨款结余——年初余额调整［该明细科目为借方余额时］ 　　——归集上缴 　　——单位内部调剂

【例 15-19】 年末，某行政单位“财政拨款结余”科目相关明细科目的余额包括：“结转转入”科目贷方余额为 83 000 元，“归集上缴”科目借方余额为 21 000 元。该行政单位会计应编制如下预算会计分录。

借：财政拨款结余——结转转入　83 000
　贷：财政拨款结余——归集上缴　21 000
　　——累计结余　62 000

15.2.3　非财政拨款结转和非财政拨款结余的含义和核算

1. 非财政拨款结转的含义和核算

非财政拨款结转是指行政事业单位由财政拨款收支、经营收支以外各非同级财政拨款专项资金收支形成的结转资金。行政事业单位应当严格区分财政资金和非财政资金，对于非财政资金，应当进一步区分专项资金和非专项资金，对其分别进行会计核算。非同级财政拨款的非专项资金不形成非财政拨款结转资金，而形成非财政拨款结余资金。

在预算会计体系，行政事业单位应设置“非财政拨款结转”总账科目用于核算非财政拨款结转业务，该科目核算单位除财政拨款收支、经营收支以外各非同级财政拨款专项资金的调整、结转和滚存情况。该科目应当设置“年初余额调整”“缴回资金”“项目间接费用或管理费”“本年收支结转”“累计结转”明细科目进行核算。

该科目还应当按照具体项目、“政府收支分类科目”中“支出功能分类科目”的相关科目等进行明细科目核算。该科目年末贷方余额，反映单位滚存的非同级财政拨款专项结转资金数额。

行政事业单位的“非财政拨款结转”科目的具体业务的平行账务处理涉及的会计分录如下。

财务会计	预算会计
按照规定从科研项目预算收入中提取项目管理费或间接费时： 借：单位管理费用 　贷：预提费用——项目间接费用或管理费	借：非财政拨款结转——项目间接费用或管理费 　贷：非财政拨款结余——项目间接费用或管理费

续表

财务会计	预算会计
因购货退回、会计差错更正等发生以前年度调整事项时，调整增加相关资产时： 借：银行存款等 　贷：以前年度盈余调整 调整减少相关资产时： 借：以前年度盈余调整 　贷：银行存款等	借：资金结存——货币资金等 　贷：非财政拨款结转——年初余额调整 借：非财政拨款结转——年初余额调整 　贷：资金结存——货币资金
按照规定缴回非财政拨款结转资金，实际缴回资金时： 借：累计盈余 　贷：银行存款等	借：非财政拨款结转——缴回资金 　贷：资金结存——货币资金
不做账务处理	将留归本单位使用的非财政拨款专项剩余资金转入非财政拨款结余： 借：非财政拨款结转——累计结转 　贷：非财政拨款结余——结转转入
不做账务处理	年末结转时，结转非财政拨款专项收入： 借：事业预算收入/上级补助预算收入/附属单位上缴预算收入/非同级财政拨款预算收入/债务预算收入/其他预算收入 　贷：非财政拨款结转——本年收支结转 结转非财政拨款专项支出： 借：非财政拨款结转——本年收支结转 　贷：行政支出/事业支出/其他支出
不做账务处理	年末冲销本科目相关明细科目金额： 借：非财政拨款结转——年初余额调整［该明细科目为贷方余额时］ 　　　　　　　　——本年收支结转［该明细科目为贷方余额时］ 　贷：非财政拨款结转——累计结转 借：非财政拨款结转——累计结转 　贷：非财政拨款结转——年初余额调整［该明细科目为借方余额时］ 　　　　　　　　　　——缴回资金 　　　　　　　　　　——项目间接费用或管理费 　　　　　　　　　　——本年收支结转［该明细科目为借方余额时］

【例 15-20】 某事业单位按规定从某项科研项目预算收入中提取项目管理费 2 000 元，该事业单位会计应编制如下会计分录。

财务会计分录：

借：单位管理费用　　2 000

　贷：预提费用——项目间接费用或管理费　　2 000

预算会计分录：

借：非财政拨款结转——项目间接费用或管理费　　2 000

　贷：非财政拨款结余——项目间接费用或管理费　　2 000

【例 15-21】　某事业单位按规定缴回非财政拨款结转资金 7 000 元，通过银行存款账户缴回。该事业单位会计应编制如下会计分录。

财务会计分录：

借：累计盈余　　7 000

　贷：银行存款　　7 000

预算会计分录：

借：非财政拨款结转——缴回资金　　7 000

　贷：资金结存——货币资金　　7 000

【例 15-22】　年末，某事业单位有关非财政拨款专项资金预算收入和非财政拨款专项资金支出科目的本年发生额如表 15-2 所示。

表 15-2　非财政拨款专项资金预算收支本年发生额表　　单位：元

非财政拨款专项资金预算收支科目	本年借方发生额	本年贷方发生额
事业预算收入——专项资金收入		43 200
上级补助预算收入——专项资金收入		56 000
附属单位上缴预算收入——专项资金收入		4 200
非同级财政拨款预算收入——专项资金收入		78 000
债务预算收入——专项资金收入		36 000
其他预算收入——专项资金收入		8 300
事业支出——非财政专项资金支出	202 000	
其他支出——非财政专项资金支出	9 200	
合　计	211 200	225 700

该事业单位会计应编制如下预算会计分录。

借：事业预算收入——专项资金收入　　43 200

　　上级补助预算收入——专项资金收入　　56 000

　　附属单位上缴预算收入——专项资金收入　　4 200

　　非同级财政拨款预算收入——专项资金收入　　78 000

　　债务预算收入——专项资金收入　　36 000

　　其他预算收入——专项资金收入　　8 300

　贷：非财政拨款结转——本年收支结转　　225 700

借：非财政拨款结转——本年收支结转　　211 200

　贷：事业支出——非财政专项资金支出　　202 000

　　　其他支出——非财政专项资金支出　　9 200

【例 15-23】 年末，某事业单位“非财政拨款结转”科目相关明细科目的余额包括：“本年收支结转”科目的贷方余额为 15 500 元，“项目间接费用或管理费”科目的借方余额为 8 500 元，该事业单位会计应编制如下会计分录。

借：非财政拨款结转——本年收支结转　　15 500
　贷：非财政拨款结转——项目间接费用或管理费　　8 500
　　　　　　　　　　——累计结转　　7 000

【例 15-24】 年末，某事业单位“非财政拨款结转——累计结转”科目贷方余额为 42 000元。经对各项目情况进行分析，发现应留归本单位使用的非财政拨款专项（项目已完成）剩余资金数额为 3 600 元，将其转入非财政拨款结余。该事业单位会计应编制如下会计分录。

借：非财政拨款结转——累计结转　　3 600
　贷：非财政拨款结余——结转转入　　3 600

2. 非财政拨款结余的含义和核算

非财政拨款结余是指行政事业单位历年滚存的非限定用途的非同级财政拨款结余资金，主要为非财政拨款结余扣除结余分配后滚存的金额。

在预算会计体系下，行政事业单位应设置“非财政拨款结余”总账科目用于核算非财政拨款结余业务，该科目年末贷方余额，反映单位非同级财政拨款结余资金的累计滚存数额。该科目应当设置“年初余额调整”“项目间接费用或管理费”“结转转入”“累计结余”明细科目进行核算。

除上述明细科目外，该科目还应当按照“政府收支分类科目”中“支出功能分类科目”的相关科目进行明细核算。

行政事业单位的“非财政拨款结余”科目的具体业务的平行账务处理涉及的会计分录如下。

财务会计	预算会计
按照规定从科研项目预算收入中提取项目管理费或间接费时： 借：单位管理费用 　贷：预提费用——项目间接费用或管理费	借：非财政拨款结转——项目间接费用或管理费 　贷：非财政拨款结余——项目间接费用或管理费
因购货退回、会计差错更正等发生以前年度调整事项时，调整增加相关资产时： 借：银行存款等 　贷：以前年度盈余调整 调整减少相关资产时： 借：以前年度盈余调整 　贷：银行存款等	借：资金结存——货币资金等 　贷：非财政拨款结余——年初余额调整 借：非财政拨款结余——年初余额调整 　贷：资金结存——货币资金
实际缴纳企业所得税时： 借：其他应交税费——单位应交所得税 　贷：银行存款等	借：非财政拨款结余——累计结余 　贷：资金结存——货币资金

续表

财务会计	预算会计
不做账务处理	将留归本单位使用的非财政拨款专项剩余资金转入非财政拨款结余： 借：非财政拨款结转——累计结转 　贷：非财政拨款结余——结转转入
不做账务处理	年末结转，非财政拨款结余分配和其他结余为贷方余额： 借：非财政拨款结余分配 　　其他结余 　贷：非财政拨款结余——累计结余 年末结转，非财政拨款结余分配和其他结余为借方余额： 借：非财政拨款结余——累计结余 　贷：非财政拨款结余分配 　　　其他结余
不做账务处理	年末冲销本科目相关明细科目余额： 借：非财政拨款结余——年初余额调整［该明细科目为贷方余额时］ 　　　　　　　　　——项目间接费用或管理费 　　　　　　　　　——结转转入 　贷：非财政拨款结余——累计结余 借：非财政拨款结余——累计结余 　贷：非财政拨款结余——年初余额调整［该明细科目为借方余额时］ 　　　　　　　　　　——缴回资金

【例 15-25】 年末，某事业单位“非财政拨款结余”科目相关明细科目的余额包括：“结转转入”科目的贷方余额为 10 600 元，“项目间接费用或管理费”科目的贷方余额为 5 000 元，“年初余额调整”科目的借方余额为 600 元。该事业单位会计应编制如下预算会计分录。

借：非财政拨款结余——结转转入　　10 600
　　　　　　　　　——项目间接费用或管理费　　5 000
　贷：非财政拨款结余——年初余额调整　　600
　　　　　　　　　　——累计结余　　15 000

【例 15-26】 年末，某事业单位“非财政拨款结余分配”科目贷方余额为 18 万元，“其他结余”科目贷方余额为 8 000 元，将其转入非财政拨款结余。该事业单位会计应编制如下预算会计分录。

借：非财政拨款结余分配　　180 000
　　其他结余　　8 000
　贷：非财政拨款结余——累计结余　　188 000

15.2.4 专用结余、经营结余和其他结余的含义和核算

1. 专用结余的含义和核算

专用结余是指事业单位按照规定从非财政拨款结余中提取的具有专门用途的资金。

在预算会计体系下，事业单位应设置“专用结余”总账科目用于核算专用结余业务，该科目贷方登记提取的专项结余金额，借方登记使用的专项结余金额，该科目年末贷方余额反映事业单位从非同级财政拨款结余中提取的专用基金的累计滚存数额。该科目应当按照专用结余的类别进行明细核算。

事业单位根据有关规定从本年度非财政拨款结余或经营结余中提取基金的，按照提取金额，借记“非财政拨款结余分配”科目，贷记“专用结余”科目。根据规定使用从非财政拨款结余或经营结余中提取的专用基金时，按照使用金额，借记“专用结余”科目，贷记“资金结存——货币资金”科目。

【例15-27】 年末，某事业单位根据有关规定从本年度非财政拨款结余中提取职工福利基金24 000元。该事业单位会计应编制如下会计分录。

财务会计分录：			预算会计分录：		
借：本年盈余分配	84 000		借：非财政拨款结余分配	84 000	
贷：专用基金		84 000	贷：专用结余		84 000

【例15-28】 某事业单位使用例15-27提取的职工福利金向职工发放困难补助8 000元，款项通过银行存款支付。本次使用提取的专用基金属于费用性支出。该事业单位会计应编制如下会计分录。

财务会计分录：			预算会计分录：		
借：专用基金	8 000		借：专用结余	8 000	
贷：银行存款		8 000	贷：资金结存		8 000

2. 经营结余的含义和核算

经营结余是指事业单位本年度经营活动收支相抵后余额弥补以前年度经营亏损后的余额。

在预算会计体系下，事业单位应设置“经营结余”总账科目用于核算经营结余业务，该科目可以按照经营活动类别进行明细核算。年末，将经营预算收入本年发生额转入该科目，借记“经营预算收入”科目，贷记“经营结余”科目；将经营支出本年发生额转入该科目，借记“经营结余”科目，贷记“经营支出”科目。年末，完成上述结转后，如该科目为贷方余额，将该科目贷方余额转入“非财政拨款结余分配”科目，借记“经营结余”科目，贷记“非财政拨款结余分配”科目；如该科目为借方余额，为经营亏损，不予结转。年末结账后，该科目一般无余额；如为借方余额，反映事业单位累计发生的经营亏损。

【例15-29】 年末，某事业单位“经营预算收入”科目本年贷方发生额为86 000元，将其转入“经营结余”科目；“经营支出”科目本年借方发生额为78 000元，将其转入“经营结余”科目。在完成经营预算收入和经营支出的本年发生额结转后，“经营结余”科目的贷方余额为8万元，将其转入“非财政拨款结余分配”科目的贷方。该事业单位会计应编制如下预算会计分录。

借：经营预算收入　　86 000
　贷：经营结余　　86 000
借：经营结余　　78 000
　贷：经营支出　　78 000
借：经营结余　　80 000
　贷：非财政拨款结余分配　　80 000

3. 其他结余的含义和核算

其他结余是指行政事业单位本年度除财政拨款收支、非同级财政专项资金收支和经营收支以外各项收支相抵后的余额。

在预算会计体系下，行政事业单位应设置“其他结余”总账科目用于核算其他结余业务。年末，将事业预算收入、上级补助预算收入、附属单位上缴预算收入、非同级财政拨款预算收入、债务预算收入、其他预算收入本年发生额中的非专项资金收入及投资预算收益本年发生额转入“其他结余”科目，借记“事业预算收入”“上级补助预算收入”“附属单位上缴预算收入”“非同级财政拨款预算收入”“债务预算收入”“其他预算收入”科目下各非专项资金收入明细科目和“投资预算收益”科目，贷记“其他结余”科目（“投资预算收益”科目本年发生额为借方净额时，借记“其他结余”科目，贷记“投资预算收益”科目）；将行政支出、事业支出、其他支出本年发生额中的非同级财政、非专项资金支出，以及上缴上级支出、对附属单位补助支出、投资支出、债务还本支出本年发生额转入“其他结余”科目，借记“其他结余”科目，贷记“行政支出”“事业支出”“其他支出”科目下各非同级财政、非专项资金支出明细科目和“上缴上级支出”“对附属单位补助支出”“投资支出”“债务还本支出”科目。

年末，完成相关收支结转后，行政单位将“其他结余”科目余额转入“非财政拨款结余——累计结余”科目；事业单位将“其他结余”科目余额转入“非财政拨款结余分配”科目。当“其他结余”科目为贷方余额时，借记“其他结余”科目，贷记“非财政拨款结余——累计结余”或“非财政拨款结余分配”科目；当“其他结余”科目为借方余额时，借记“非财政拨款结余——累计结余”或“非财政拨款结余分配”科目，贷记“其他结余”科目。年末结账后，“其他结余”科目应无余额。

【例 15-30】 年末，某事业单位有关非财政拨款非专项资金活动预算收支科目的本年发生额如表 15-3 所示。

表 15-3　非财政拨款非专项资金活动预算收支科目的本年发生额表　　单位：元

非财政拨款非专项资金活动预算收支科目	本年借方发生额	本年贷方发生额
事业预算收入——非专项资金收入		89 500
附属单位上缴预算收入——非专项资金收入		7 200
其他预算收入——非专项资金收入		12 300
投资预算收益		4 500
事业支出——其他资金支出	95 200	
其他支出——其他资金支出	500	

续表

非财政拨款非专项资金活动预算收支科目	本年借方发生额	本年贷方发生额
对附属单位补助支出	6 000	
债务还本支出	3 000	
合　　计	104 700	113 500

该事业单位会计应编制如下预算会计分录。

借：事业预算收入——非专项资金收入　89 500
　　附属单位上缴预算收入——非专项资金收入　7 200
　　其他预算收入——非专项资金收入　12 300
　　投资预算收益　4 500
　贷：其他结余　113 500
借：其他结余　104 700
　贷：事业支出——其他资金支出　95 200
　　　其他支出——其他资金支出　500
　　　对附属单位补助支出　6 000
　　　债务还本支出　3 000
借：其他结余　8 800
　贷：非财政拨款结余分配　8 800

【例 15-31】 年末，某行政单位有关非财政拨款非专项资金预算收支科目的本年发生额包括："其他预算收入——非专项资金收入"科目的贷方发生额为 2 200 元，"行政支出——其他资金支出"科目的借方发生额为 1 200 元，"其他支出——其他资金支出"科目的借方发生额为 700 元。该行政单位会计应编制如下预算会计分录。

借：其他预算收入——非专项资金收入　2 200
　贷：其他结余　2 200
借：其他结余　1 900
　贷：行政支出——其他资金支出　1200
　　　其他支出——其他资金支出　700
借：其他结余　300
　贷：非财政拨款结余——累计结余　300

15.2.5 非财政拨款结余分配的含义和核算

非财政拨款结余分配是指事业单位对本年度非财政拨款结余进行的分配。

在预算会计体系下，事业单位应设置"非财政拨款结余分配"总账科目核算非财政拨款结余分配业务，该科目核算事业单位本年度非财政拨款结余分配的情况和结果，年末结账后，本科目应无余额。

年末，事业单位将"其他结余"和"经营结余"科目余额转入"非财政拨款结余分配"科目，当"其他结余"和"经营结余"科目为贷方余额时，借记"其他结余"和"经营结余"科目，贷记"非财政拨款结余分配"科目；当"其他结余"和"经营结余"科目为借方余额时，借记“非财政拨款结余分配”科目，贷记“其他结余”“经营结余”科目。根据有关规定提取专用基金的，按照提取的金额，借记该科目，贷记“专用结余”科目。

年末，按照规定完成上述相关处理后，将“非财政拨款结余分配”科目余额转入非财政拨款结余。当“非财政拨款结余分配”科目为借方余额时，借记“非财政拨款结余——累计结余”科目，贷记“非财政拨款结余分配”科目；当“非财政拨款结余分配”科目为贷方余额时，借记“非财政拨款结余分配”科目，贷记“非财政拨款结余——累计结余”科目。

【例 15-32】 年末，某事业单位“其他结余”科目贷方余额为 46 000 元，“经营结余”科目贷方余额为 38 000 元，将其转入“非财政拨款结余分配”科目的贷方。该事业单位根据有关规定从本年度其他结余和经营结余中提取专用基金共计 35 000 元，具体为职工福利基金。提取专用基金后，该事业单位将“非财政拨款结余分配”科目的贷方余额转入非财政拨款结余。该事业单位会计应编制如下会计分录。

① 结转“其他结余”和“经营结余”科目余额时，预算会计分录：

借：其他结余　　46 000
　　经营结余　　38 000
　贷：非财政拨款结余分配　　84 000

② 按规定从其他结余和经营结余中提取专用基金时：

财务会计分录：

借：本年盈余分配　　35 000
　贷：专用基金　　35 000

预算会计分录：

借：非财政拨款结余分配　　35 000
　贷：专用结余　　35 000

③ 将“非财政拨款结余分配”科目余额转入非财政拨款结余时，预算会计分录：

借：非财政拨款结余分配　　49 000
　贷：非财政拨款结余——累计结余　　49 000

思 考 题

1. 什么是行政事业单位的净资产？行政事业单位的净资产主要包括哪些种类？
2. 什么是行政事业单位的预算结余？行政事业单位的预算结余主要包括哪些种类？
3. 行政事业单位的净资产是按照什么会计基础进行核算的？行政事业单位的预算结余是按照什么会计基础进行核算的？
4. 累计盈余的核算内容包含哪些？
5. 什么是专用基金？什么是专用结余？两者核算的内容有什么不同？
6. 权益法调整核算什么内容？
7. 什么是本期盈余？行政事业单位应当如何核算本期盈余？
8. 什么是无偿调拨净资产？行政事业单位应当如何核算无偿调拨净资产？
9. 什么是资金结存？行政事业单位的资金结存具体包括哪些内容？
10. 什么是财政拨款结转和财政拨款结余？行政事业单位应当如何核算财政拨款结转和财政拨款结余？
11. 什么是非财政拨款结转？什么是非财政拨款结余？行政事业单位应当如何核算非财

政拨款结转和非财政拨款结余?

12. 什么是其他结余?什么是经营结余?其他结余和经营结余在年末结账后是否还有余额?为什么?

13. 本年盈余分配和非财政拨款结余分配分别核算什么内容?

练 习 题

练习一

一、目的:练习行政事业单位累计盈余的核算。

二、资料:某行政单位发生如下经济业务。

① 按照规定向其他单位调出财政拨款结转资金 32 000 元,相应调减财政应返还额度。

②“本年盈余分配”科目借方余额为 66 000 元,将其转入“累计盈余”科目。

③ 年末,“无偿调拨净资产”科目贷方余额为 16 000 元,将其转入“累计盈余”科目。

三、要求:根据以上经济业务,为该行政单位编制有关的会计分录。

练习二

一、目的:练习事业单位专用基金和专用结余的核算。

二、资料:某事业单位发生如下经济业务。

① 根据有关规定从事业收入中提取专用基金 9 万元并计入业务活动费用。

② 按照规定使用从事业收入中提取的专用基金购置一项固定资产,通过银行存款账户支付款项合计 41 000 元。本次使用的专用基金为修购基金,购置的固定资产用于开展专业业务活动及其辅助活动。

③ 根据规定使用从非财政拨款结余中提取的专用基金 8 300 元,款项通过银行存款支付。本次使用的专用基金为职工福利基金,发生的支出属于费用性支出。

④ 年末,根据有关规定从本年度非财政拨款结余中提取专用基金 2 万元。

三、要求:根据以上经济业务,为该事业单位编制有关的会计分录。

练习三

一、目的:练习行政事业单位本期盈余的核算。

二、资料:某事业单位各类收入和费用科目的本年发生额如表 15-4 所示。

表 15-4 收入和费用科目的本年发生额表 单位:元

收入和费用科目	本年借方发生额	本年贷方发生额
财政拨款收入		208 000
事业收入		65 000
其他收入		900
业务活动费用	233 000	
单位管理费用	29 800	
资产处置费用	1 200	
其他费用	300	
合计	264 300	273 900

年末，在完成各类收入和费用科目的本年发生额结转后，该事业单位“本期盈余”科目的贷方余额为 9 600 元。

三、要求：根据以上经济业务，为该事业单位编制有关的会计分录。

练习四

一、目的：练习行政事业单位资金结存的核算。

二、资料：某事业单位发生如下经济业务。

① 收到代理银行转来的财政授权支付额度到账通知书，通知书中所列的财政授权支付额度为 3 万元。

② 从单位零余额账户中提取现金 1 万元，以备日常零星开支使用。

③ 通过财政授权支付方式购买一批库存物品 3 000 元，库存物品已验收入库。

④ 在开展专业业务活动中收到一笔事业收入 4 500 元，款项已存入开户银行。

⑤ 年末，本年度财政直接支付预算指标数大于当年财政直接支付实际支出数的差额为 3 500 元。

三、要求：根据以上经济业务，为该事业单位编制有关的会计分录。

练习五

一、目的：练习行政事业单位财政拨款结转的核算。

二、资料：某行政单位发生如下经济业务。

① 按规定上缴财政拨款结转资金 13 000 元，具体通过注销财政应返还额度的方式完成。

② 年末，“财政拨款预算收入”科目和各项支出中财政拨款支出科目的本年发生额包括：“财政拨款预算收入”科目的贷方发生额为 268 000 元，“行政支出——财政拨款支出”科目的借方发生额为 242 000 元，“其他支出——财政拨款支出”科目的借方发生额为 4 500 元，将财政拨款预算收支本年发生额转入“财政拨款结转”科目。

③ 年末，“财政拨款结转”科目相关明细科目的余额包括：“本年收支结转”科目的贷方余额为 21 500 元，“归集上缴”科目的借方余额为 1 500 元，冲销财政拨款结转有关明细科目余额。

④ 年末，“财政拨款结转——累计结转”科目贷方余额为 2 万元。经对各明细项目执行情况进行分析，发现按照有关规定符合财政拨款结余性质的项目余额为 4 000 元，将其转入财政拨款结余。

三、要求：根据以上经济业务，为该行政单位编制有关的会计分录。

练习六

一、目的：练习行政事业单位财政拨款结余的核算。

二、资料：某行政单位发生如下经济业务。

① 经财政部门批准对财政拨款结余资金改变用途，调整用于本单位其他未完成项目，批准的调剂金额为 23 000 元。

② 年末，将符合财政拨款结余性质的项目余额 21 800 元，从财政拨款结转转入财政拨款结余。

③ 年末，“财政拨款结余”科目相关明细科目的余额包括：“结转转入”科目的贷方余额为 21 800 元，“单位内部调剂”科目的借方余额为 13 600 元，冲销财政拨款结余有关明细科目余额。

三、要求：根据以上经济业务，为该行政单位编制有关的会计分录。

练习七

一、目的：练习行政事业单位非财政拨款结转的核算。

二、资料：某事业单位发生如下经济业务。

① 按规定从科研项目预算收入中提取项目管理费36 000元。

② 年末，有关非财政拨款专项资金预算收入和非财政拨款专项资金支出科目的本年发生额如表15-5所示，将非财政拨款专项资金预算收支本年发生额转入“非财政拨款结转”科目。

表15-5 非财政拨款专项资金预算收支科目的本年发生额表 单位：元

非财政拨款专项资金预算收支科目	本年借方发生额	本年贷方发生额
事业预算收入——专项资金收入		555 000
上级补助预算收入——专项资金收入		58 000
非同级财政拨款预算收入——专项资金收入		26 000
其他预算收入——专项资金收入		7 500
事业支出——非财政专项资金支出	628 500	
其他支出——非财政专项资金支出	3 500	
合计	632 000	646 500

③ 年末，“非财政拨款结转”科目相关明细科目的余额包括：“本年收支结转”科目的贷方余额为14 500元，“项目间接费用或管理费”科目的借方余额为3 000元，冲销非财政拨款结转有关明细科目余额。

④ 年末，“非财政拨款结转——累计结转”科目贷方余额为11 500元。经对各项目情况进行分析，发现应留归本单位使用的非财政拨款专项（项目已完成）剩余资金数额为4 500元，将其转入非财政拨款结余。

三、要求：根据以上经济业务，为该事业单位编制有关的会计分录。

练习八

一、目的：练习行政事业单位非财政拨款结余和非财政拨款结余分配的核算。

二、资料：某事业单位发生如下经济业务。

① 按规定从科研项目预算收入中提取项目管理费3 500元。

② 年末，“非财政拨款结转——累计结转”科目贷方余额为25 000元。经对各项目情况进行分析，发现应留归本单位使用的非财政拨款专项（项目已完成）剩余资金数额为6 000元，将其转入非财政拨款结余。

③ 年末，“非财政拨款结余”科目相关明细科目的余额为：“非财政拨款结余——结转转入”科目贷方余额为6 000元，“非财政拨款结余——项目间接费用或管理费”科目贷方余额为3 500元，将其转入“非财政拨款结余——累计结余”科目。

④ 年末，有关非财政拨款非专项资金事业活动预算收支科目的本年发生额包括：“事业预算收入——非专项资金收入”科目的贷方发生额为8 500元，“其他预算收入——非专项资金收入”科目的贷方发生额为300元，“事业支出——其他资金支出”科目的借方发生额为8 200元，“其他支出——其他资金支出”科目的借方发生额为200元。将非财政拨款非专项资金事业活动预算收支本年发生额转入“其他结余”科目。之后，将“其他结余”科目贷方余额400元转入“非财政拨款结余分配”科目。

⑤ 年末，“经营预算收入”科目本年贷方发生额为 4 万元，将其转入“经营结余”科目；“经营支出”科目本年借方发生额为 35 000 元，将其转入“经营结余”科目。在完成经营预算收入和经营支出的本年发生额结转后，“经营结余”科目的贷方余额为 5 000 元，将其转入“非财政拨款结余分配”科目。

⑥ 年末，根据有关规定从本年度其他结余和经营结余中提取专用基金共计 1 800 元，具体为职工福利基金。提取专用基金后，将“非财政拨款结余分配”科目的贷方余额 3 600 元（400+5 000−1 800）转入非财政拨款结余。

三、要求：根据以上经济业务，为该事业单位编制有关的会计分录。

第 16 章　行政事业单位财务报表和预算报表

学习目标

- 熟悉行政事业单位的财务报告的分类和构成；
- 掌握行政事业单位的各类财务报表的内容结构和基本编制方法；
- 掌握行政事业单位的各类预算报表的内容结构和基本编制方法。

行政事业单位会计由财务会计和预算会计构成，根据《政府会计准则——基本准则》规定，行政事业单位应当根据相关规定编制财务报告和决算报告。本书将重点介绍财务报表和决算报表的相关内容。

政府财务报告是反映政府会计主体某一特定日期的财务状况和某一会计期间的运行情况和现金流量等信息的文件。政府财务报告按内容构成，包含财务报表和其他应当在财务报告中披露的相关信息和资料。其中，财务报表是对政府会计主体财务状况、运行情况和现金流量等信息的结构性表述，是政府财务报告的主要组成部分，包括会计报表和附注。会计报表则至少包括资产负债表、收入费用表和现金流量表。

政府决算报告（预算报告）是反映政府会计主体年度预算收支执行结果的文件，包括决算报表和其他应当在决算报告中反映的相关信息和资料。其中以决算报表为主要构成，包括预算收入支出表、预算结转结余变动表、财政拨款预算收入支出表等。

16.1　行政事业单位财务报表

行政事业单位财务报表包括资产负债表、收入费用表、净资产变动表、现金流量表和会计报表附注。

16.1.1　资产负债表

1. 资产负债表的含义

资产负债表是反映行政事业单位在某一特定日期全部资产、负债和净资产情况的报表。按照规定，行政事业单位的资产负债表应当按月度和年度编制。

2. 资产负债表的格式

行政事业单位资产负债表为账户式，按资产、负债和净资产反映相应组成项目期末余额和年初余额的信息。行政事业单位资产负债表的格式如表 16-1 所示。

表 16-1　资产负债表

编制单位：　　　　　　　　　20××年 12 月 31 日　　　　　　　　　单位：元

资产	期末余额	年初余额	负债和净资产	期末余额	年初余额
流动资产：			流动负债：		
货币资金			短期借款		
短期投资			应交增值税		
财政应返还额度			其他应交税费		
应收票据			应缴财政款		
应收账款净额			应付职工薪酬		
预付账款			应付票据		
应收股利			应付账款		
应收利息			应付政府补贴款		
其他应收款净额			应付利息		
存货			预收账款		
待摊费用			其他应付款		
一年内到期的非流动资产			预提费用		
其他流动资产			一年内到期的非流动负债		
流动资产合计			其他流动负债		
非流动资产：			流动负债合计		
长期股权投资			非流动负债：		
长期债券投资			长期借款		
固定资产原值			长期应付款		
减：固定资产累计折旧			预计负债		
固定资产净值			其他非流动负债		
工程物资			非流动负债合计		
在建工程			受托代理负债		
无形资产原值			负债合计		
减：无形资产累计摊销					
无形资产净值					
研发支出					
公共基础设施原值					
减：公共基础设施累计折旧（摊销）					
公共基础设施净值					
政府储备物资					
文物文化资产					
保障性住房原值					
减：保障性住房累计折旧			净资产：		
保障性住房净值			累计盈余		

续表

资产	期末余额	年初余额	负债和净资产	期末余额	年初余额
长期待摊费用			专用基金		
待处理财产损溢			权益法调整		
其他非流动资产			无偿调拨净资产*		
非流动资产合计			本期盈余*		
受托代理资产			净资产合计		
资产总计			负债和净资产总计		

注：标识“*”项目为月报项目，年报中不需列示。

3. 资产负债表的编制方法

资产负债表中“年初余额”栏内各项数字，应当根据上年年末资产负债表“期末余额”栏内数字填列。如果本年度资产负债表规定的项目的名称和内容同上年度不一致，应当对上年年末资产负债表项目的名称和数字按照本年度的规定进行调整，将调整后数字填入本表“年初余额”栏内。如果本年度单位发生了因前期差错更正、会计政策变更等调整以前年度盈余的事项，还应当对“年初余额”栏中的有关项目金额进行相应调整。在资产负债表中，“资产总计”项目期末（年初）余额应当与“负债和净资产总计”项目期末（年初）余额相等。

在资产负债表中，“期末余额”栏各项目的内容和填列方法如下。

（1）资产类项目

①“货币资金”项目，反映单位期末库存现金、银行存款、零余额账户用款额度、其他货币资金的合计数。本项目应当根据“库存现金”“银行存款”“零余额账户用款额度”“其他货币资金”科目的期末余额的合计数填列；若单位存在通过“库存现金”“银行存款”科目核算的受托代理资产，还应当按照前述合计数扣减“库存现金”“银行存款”科目下“受托代理资产”明细科目的期末余额后的金额填列。

②“短期投资”项目，反映事业单位期末持有的短期投资账面余额。本项目应当根据“短期投资”科目的期末余额填列。

③“财政应返还额度”项目，反映单位期末财政应返还额度的金额。本项目应当根据“财政应返还额度”科目的期末余额填列。

④“应收票据”项目，反映事业单位期末持有的应收票据的票面金额。本项目应当根据“应收票据”科目的期末余额填列。

⑤“应收账款净额”项目，反映单位期末尚未收回的应收账款减去已计提的坏账准备后的净额。本项目应当根据“应收账款”科目的期末余额，减去“坏账准备”科目中对应收账款计提的坏账准备的期末余额后的金额填列。

⑥“预付账款”项目，反映单位期末预付给商品或者劳务供应单位的款项。本项目应当根据“预付账款”科目的期末余额填列。

⑦“应收股利”项目，反映事业单位期末因股权投资而应收取的现金股利或应当分得的利润。本项目应当根据“应收股利”科目的期末余额填列。

⑧“应收利息”项目，反映事业单位期末因债券投资等而应收取的利息。事业单位购入的到期一次还本付息的长期债券投资持有期间应收的利息，不包括在本项目内。本项目应当根据“应收利息”科目的期末余额填列。

⑨“其他应收款净额”项目，反映单位期末尚未收回的其他应收款减去已计提的坏账准备后的净额。本项目应当根据“其他应收款”科目的期末余额减去“坏账准备”科目中对其他应收款计提的坏账准备的期末余额后的金额填列。

⑩“存货”项目，反映单位期末存储的存货的实际成本。本项目应当根据“在途物品”“库存物品”“加工物品”科目的期末余额的合计数填列。

⑪“待摊费用”项目，反映单位期末已经支出，但应当由本期和以后各期负担的分摊期在 1 年以内（含 1 年）的各项费用。本项目应当根据“待摊费用”科目的期末余额填列。

⑫“一年内到期的非流动资产”项目，反映单位期末非流动资产项目中将在 1 年内（含 1 年）到期的金额，如事业单位将在 1 年内（含 1 年）到期的长期债券投资金额。本项目应当根据“长期债券投资”等科目的明细科目的期末余额分析填列。

⑬“其他流动资产”项目，反映单位期末除资产负债表中上述各项之外的其他流动资产的合计金额。本项目应当根据有关科目期末余额的合计数填列。

⑭“流动资产合计”项目，反映单位期末流动资产的合计数。本项目应当根据资产负债表中“货币资金”“短期投资”“财政应返还额度”“应收票据”“应收账款净额”“预付账款”“应收股利”“应收利息”“其他应收款净额”“存货”“待摊费用”“一年内到期的非流动资产”“其他流动资产”项目金额的合计数填列。

⑮“长期股权投资”项目，反映事业单位期末持有的长期股权投资的账面余额。本项目应当根据“长期股权投资”科目的期末余额填列。

⑯“长期债券投资”项目，反映事业单位期末持有的长期债券投资的账面余额。本项目应当根据“长期债券投资”科目的期末余额减去其中将于 1 年内（含 1 年）到期的长期债券投资余额后的金额填列。

⑰“固定资产原值”项目，反映单位期末固定资产的原值。本项目应当根据“固定资产”科目的期末余额填列。“固定资产累计折旧”项目，反映单位期末固定资产已计提的累计折旧金额。本项目应当根据“固定资产累计折旧”科目的期末余额填列。“固定资产净值”项目，反映单位期末固定资产的账面价值。本项目应当根据“固定资产”科目期末余额减去“固定资产累计折旧”科目期末余额后的金额填列。

⑱“工程物资”项目，反映单位期末为在建工程准备的各种物资的实际成本。本项目应当根据“工程物资”科目的期末余额填列。

⑲“在建工程”项目，反映单位期末所有的建设项目工程的实际成本。本项目应当根据“在建工程”科目的期末余额填列。

⑳“无形资产原值”项目，反映单位期末无形资产的原值。本项目应当根据“无形资产”科目的期末余额填列。“无形资产累计摊销”项目，反映单位期末无形资产已计提的累计摊销金额。本项目应当根据“无形资产累计摊销”科目的期末余额填列。“无形资产净值”项目，反映单位期末无形资产的账面价值。本项目应当根据“无形资产”科目期末余额减去“无形资产累计摊销”科目期末余额后的金额填列。

㉑“研发支出”项目，反映单位期末正在进行的无形资产开发项目开发阶段发生的累计支出数。本项目应当根据“研发支出”科目的期末余额填列。

㉒“公共基础设施原值”项目，反映单位期末控制的公共基础设施的原值。本项目应当根据“公共基础设施”科目的期末余额填列。“公共基础设施累计折旧（摊销）”项目，反映单位期末控制的公共基础设施已计提的累计折旧和累计摊销金额。本项目应当根据

“公共基础设施累计折旧（摊销）”科目的期末余额填列。“公共基础设施净值”项目，反映单位期末控制的公共基础设施的账面价值。本项目应当根据“公共基础设施”科目期末余额减去“公共基础设施累计折旧（摊销）”科目期末余额后的金额填列。

㉓“政府储备物资”项目，反映单位期末控制的政府储备物资的实际成本。本项目应当根据“政府储备物资”科目的期末余额填列。

㉔“文物文化资产”项目，反映单位期末控制的文物文化资产的成本。本项目应当根据“文物文化资产”科目的期末余额填列。

㉕“保障性住房原值”项目，反映单位期末控制的保障性住房的原值。本项目应当根据“保障性住房”科目的期末余额填列。“保障性住房累计折旧”项目，反映单位期末控制的保障性住房已计提的累计折旧金额。本项目应当根据“保障性住房累计折旧”科目的期末余额填列。“保障性住房净值”项目，反映单位期末控制的保障性住房的账面价值。本项目应当根据“保障性住房”科目期末余额减去“保障性住房累计折旧”科目期末余额后的金额填列。

㉖“长期待摊费用”项目，反映单位期末已经支出，但应由本期和以后各期负担的分摊期限在1年以上（不含1年）的各项费用。本项目应当根据“长期待摊费用”科目的期末余额填列。

㉗“待处理财产损溢”项目，反映单位期末尚未处理完毕的各种资产的净损失或净溢余。本项目应当根据“待处理财产损溢”科目的期末借方余额填列；如“待处理财产损溢”科目期末为贷方余额，以“-”号填列。

㉘“其他非流动资产”项目，反映单位期末除资产负债表中上述各项之外的其他非流动资产的合计数。本项目应当根据有关科目的期末余额合计数填列。

㉙“非流动资产合计”项目，反映单位期末非流动资产的合计数。本项目应当根据资产负债表中“长期股权投资”“长期债券投资”“固定资产净值”“工程物资”“在建工程”“无形资产净值”“研发支出”“公共基础设施净值”“政府储备物资”“文物文化资产”“保障性住房净值”“长期待摊费用”“待处理财产损溢”“其他非流动资产”项目金额的合计数填列。

㉚“受托代理资产”项目，反映单位期末受托代理资产的价值。本项目应当根据“受托代理资产”科目的期末余额与“库存现金”“银行存款”科目下“受托代理资产”明细科目的期末余额的合计数填列。

㉛“资产总计”项目，反映单位期末资产的合计数。本项目应当根据资产负债表中“流动资产合计”“非流动资产合计”“受托代理资产”项目金额的合计数填列。

（2）负债类项目

①“短期借款”项目，反映事业单位期末短期借款的余额。本项目应当根据“短期借款”科目的期末余额填列。

②“应交增值税”项目，反映单位期末应缴未缴的增值税税额。本项目应当根据“应交增值税”科目的期末余额填列；如“应交增值税”科目期末为借方余额，以“-”号填列。

③“其他应交税费”项目，反映单位期末应缴未缴的除增值税以外的税费金额。本项目应当根据“其他应交税费”科目的期末余额填列；如“其他应交税费”科目期末为借方余额，以“-”号填列。

④“应缴财政款”项目，反映单位期末应当上缴财政但尚未缴纳的款项。本项目应当根据“应缴财政款”科目的期末余额填列。

⑤“应付职工薪酬”项目，反映单位期末按有关规定应付给职工及为职工支付的各种薪酬。本项目应当根据“应付职工薪酬”科目的期末余额填列。

⑥“应付票据”项目，反映事业单位期末应付票据的金额。本项目应当根据“应付票据”科目的期末余额填列。

⑦“应付账款”项目，反映单位期末应当支付但尚未支付的偿还期限在 1 年以内（含 1 年）的应付账款的金额。本项目应当根据“应付账款”科目的期末余额填列。

⑧“应付政府补贴款”项目，反映负责发放政府补贴的行政单位期末按照规定应当支付给政府补贴接受者的各种政府补贴款余额。本项目应当根据“应付政府补贴款”科目的期末余额填列。

⑨“应付利息”项目，反映事业单位期末按照合同约定应支付的借款利息。事业单位到期一次还本付息的长期借款利息不包括在本项目内。本项目应当根据“应付利息”科目的期末余额填列。

⑩“预收账款”项目，反映事业单位期末预先收取但尚未确认收入和实际结算的款项余额。本项目应当根据“预收账款”科目的期末余额填列。

⑪“其他应付款”项目，反映单位期末其他各项偿还期限在 1 年内（含 1 年）的应付及暂收款项余额。本项目应当根据“其他应付款”科目的期末余额填列。

⑫“预提费用”项目，反映单位期末已预先提取的已经发生但尚未支付的各项费用。本项目应当根据“预提费用”科目的期末余额填列。

⑬“一年内到期的非流动负债”项目，反映单位期末将于 1 年内（含 1 年）偿还的非流动负债的余额。本项目应当根据“长期应付款”“长期借款”等科目的明细科目的期末余额分析填列。

⑭“其他流动负债”项目，反映单位期末除资产负债表中上述各项之外的其他流动负债的合计数。本项目应当根据有关科目的期末余额的合计数填列。

⑮“流动负债合计”项目，反映单位期末流动负债合计数。本项目应当根据资产负债表中“短期借款”“应交增值税”“其他应交税费”“应缴财政款”“应付职工薪酬”“应付票据”“应付账款”“应付政府补贴款”“应付利息”“预收账款”“其他应付款”“预提费用”“一年内到期的非流动负债”“其他流动负债”项目金额的合计数填列。

⑯“长期借款”项目，反映事业单位期末长期借款的余额。本项目应当根据“长期借款”科目的期末余额减去其中将于 1 年内（含 1 年）到期的长期借款余额后的金额填列。

⑰“长期应付款”项目，反映单位期末长期应付款的余额。本项目应当根据“长期应付款”科目的期末余额减去其中将于 1 年内（含 1 年）到期的长期应付款余额后的金额填列。

⑱“预计负债”项目，反映单位期末已确认但尚未偿付的预计负债的余额。本项目应当根据“预计负债”科目的期末余额填列。

⑲“其他非流动负债”项目，反映单位期末除资产负债表中上述各项之外的其他非流动负债的合计数。本项目应当根据有关科目的期末余额合计数填列。

⑳“非流动负债合计”项目，反映单位期末非流动负债合计数。本项目应当根据资产负债表中“长期借款”“长期应付款”“预计负债”“其他非流动负债”项目金额的合计数填列。

㉑“受托代理负债”项目，反映单位期末受托代理负债的金额。本项目应当根据“受托代理负债”科目的期末余额填列。

㉒“负债合计”项目，反映单位期末负债的合计数。本项目应当根据资产负债表中“流动负债合计”“非流动负债合计”“受托代理负债”项目金额的合计数填列。

（3）净资产类项目

①“累计盈余”项目，反映单位期末未分配盈余（或未弥补亏损）及无偿调拨净资产变动的累计数。本项目应当根据“累计盈余”科目的期末余额填列。

②“专用基金”项目，反映事业单位期末累计提取或设置但尚未使用的专用基金余额。本项目应当根据“专用基金”科目的期末余额填列。

③“权益法调整”项目，反映事业单位期末在被投资单位除净损益和利润分配以外的所有者权益变动中累计享有的份额。本项目应当根据“权益法调整”科目的期末余额填列。如“权益法调整”科目期末为借方余额，以“-”号填列。

④“无偿调拨净资产”项目，反映单位本年度截至报告期期末无偿调入的非现金资产价值扣减无偿调出的非现金资产价值后的净值。本项目仅在月度报表中列示，年度报表中不列示。月度报表中本项目应当根据“无偿调拨净资产”科目的期末余额填列；“无偿调拨净资产”科目期末为借方余额时，以“-”号填列。

⑤“本期盈余”项目，反映单位本年度截至报告期期末实现的累计盈余或亏损。本项目仅在月度报表中列示，年度报表中不列示。月度报表中本项目应当根据“本期盈余”科目的期末余额填列；“本期盈余”科目期末为借方余额时，以“-”号填列。

⑥“净资产合计”项目，反映单位期末净资产合计数。本项目应当根据资产负债表中“累计盈余”“专用基金”“权益法调整”“无偿调拨净资产”［月度报表］、“本期盈余”［月度报表］项目金额的合计数填列。

⑦“负债和净资产总计”项目，应当按照资产负债表中“负债合计”“净资产合计”项目金额的合计数填列。

16.1.2 收入费用表

1. 收入费用表的含义

收入费用表是反映单位在某一会计期间内发生的收入、费用及当期盈余情况的报表。按照规定，行政事业单位的收入费用表应当按月度和年度编制。

2. 收入费用表的格式

行政事业单位收入费用表应当分别按本期收入、本期费用和本期盈余反映相应组成项目本月数和本年累计数的信息，收入项目按来源编制，费用项目主要按照功能分类编制，此外根据需要也可按照费用的经济内容编制。该表为单步式报表，采用的计算公式为：本期收入-本期费用=本期盈余。行政事业单位收入费用表的格式如表16-2所示。

表16-2 收入费用表

编制单位： 20××年 月 单位：元

项 目	本月数	本年累计数
一、本期收入		
（一）财政拨款收入		

续表

项　目	本月数	本年累计数
其中：政府性基金收入		
（二）事业收入		
（三）上级补助收入		
（四）附属单位上缴收入		
（五）经营收入		
（六）非同级财政拨款收入		
（七）投资收益		
（八）捐赠收入		
（九）利息收入		
（十）租金收入		
（十一）其他收入		
二、本期费用		
（一）业务活动费用		
（二）单位管理费用		
（三）经营费用		
（四）资产处置费用		
（五）上缴上级费用		
（六）对附属单位补助费用		
（七）所得税费用		
（八）其他费用		
三、本期盈余		—

3. 收入费用表的编制方法

收入费用表中“本月数”栏反映各项目的本月实际发生数。编制年度收入费用表时，应当将该栏改为“本年数”，反映本年度各项目的实际发生数。收入费用表中“本年累计数”栏反映各项目自年初至报告期期末的累计实际发生数。编制年度收入费用表时，应当将该栏改为“上年数”，反映上年度各项目的实际发生数，“上年数”栏应当根据上年年度收入费用表中“本年数”栏内所列数字填列。

如果本年度收入费用表规定的项目的名称和内容同上年度不一致，应当对上年度收入费用表项目的名称和数字按照本年度的规定进行调整，将调整后的金额填入本年度收入费用表的“上年数”栏内。如果本年度单位发生了因前期差错更正、会计政策变更等调整以前年度盈余的事项，还应当对年度收入费用表中“上年数”栏中的有关项目金额进行相应调整。

在收入费用表中，“本月数”栏各项目的内容和填列方法如下。

（1）本期收入

①“本期收入”项目，反映单位本期收入总额。本项目应当根据收入费用表中“财政拨款收入”“事业收入”“上级补助收入”“附属单位上缴收入”“经营收入”“非同级财政拨款收入”“投资收益”“捐赠收入”“利息收入”“租金收入”“其他收入”项目金额的合计数填列。

②“财政拨款收入”项目，反映单位本期从同级政府财政部门取得的各类财政拨款。本项目应当根据“财政拨款收入”科目的本期发生额填列。

③“政府性基金收入”项目，反映单位本期取得的财政拨款收入中属于政府性基金预算拨款的金额。本项目应当根据“财政拨款收入”相关明细科目的本期发生额填列。

④“事业收入”项目，反映事业单位本期开展专业业务活动及其辅助活动实现的收入。本项目应当根据“事业收入”科目的本期发生额填列。

⑤“上级补助收入”项目，反映事业单位本期从主管部门和上级单位收到或应收的非财政拨款收入。本项目应当根据“上级补助收入”科目的本期发生额填列。

⑥“附属单位上缴收入”项目，反映事业单位本期收到或应收的独立核算的附属单位按照有关规定上缴的收入。本项目应当根据“附属单位上缴收入”科目的本期发生额填列。

⑦“经营收入”项目，反映事业单位本期在专业业务活动及其辅助活动之外开展非独立核算经营活动实现的收入。本项目应当根据“经营收入”科目的本期发生额填列。

⑧“非同级财政拨款收入”项目，反映单位本期从非同级政府财政部门取得的财政拨款，不包括事业单位因开展科研及其辅助活动从非同级财政部门取得的经费拨款。本项目应当根据“非同级财政拨款收入”科目的本期发生额填列。

⑨“投资收益”项目，反映事业单位本期股权投资和债券投资所实现的收益或发生的损失。本项目应当根据“投资收益”科目的本期发生额填列；如为投资净损失，以“-”号填列。

⑩“捐赠收入”项目，反映单位本期接受捐赠取得的收入。本项目应当根据“捐赠收入”科目的本期发生额填列。

⑪“利息收入”项目，反映单位本期取得的银行存款利息收入。本项目应当根据“利息收入”科目的本期发生额填列。

⑫“租金收入”项目，反映单位本期经批准利用国有资产出租取得并按规定纳入本单位预算管理的租金收入。本项目应当根据“租金收入”科目的本期发生额填列。

⑬“其他收入”项目，反映单位本期取得的除以上收入项目外的其他收入的总额。本项目应当根据“其他收入”科目的本期发生额填列。

（2）本期费用

①“本期费用”项目，反映单位本期费用总额。本项目应当根据收入费用表中“业务活动费用”“单位管理费用”“经营费用”“资产处置费用”“上缴上级费用”“对附属单位补助费用”“所得税费用”“其他费用”项目金额的合计数填列。

②“业务活动费用”项目，反映单位本期为实现其职能目标，依法履职或开展专业业务活动及其辅助活动所发生的各项费用。本项目应当根据“业务活动费用”科目本期发生额填列。

③“单位管理费用”项目，反映事业单位本期本级行政及后勤管理部门开展管理活动发生的各项费用，以及由单位统一负担的离退休人员经费、工会经费、诉讼费、中介费等。本项目应当根据“单位管理费用”科目的本期发生额填列。

④“经营费用”项目，反映事业单位本期在专业业务活动及其辅助活动之外开展非独立核算经营活动发生的各项费用。本项目应当根据“经营费用”科目的本期发生额填列。

⑤“资产处置费用”项目，反映单位本期经批准处置资产时转销的资产价值以及在处置过程中发生的相关费用或者处置收入小于处置费用形成的净支出。本项目应当根据“资产

处置费用”科目的本期发生额填列。

⑥“上缴上级费用”项目，反映事业单位按照规定上缴上级单位款项发生的费用。本项目应当根据“上缴上级费用”科目的本期发生额填列。

⑦“对附属单位补助费用”项目，反映事业单位用财政拨款收入之外的收入对附属单位补助发生的费用。本项目应当根据“对附属单位补助费用”科目的本期发生额填列。

⑧“所得税费用”项目，反映有企业所得税缴纳义务的事业单位本期计算应缴纳的企业所得税。本项目应当根据“所得税费用”科目的本期发生额填列。

⑨“其他费用”项目，反映单位本期发生的除以上费用项目外的其他费用的总额。本项目应当根据“其他费用”科目的本期发生额填列。

（3）本期盈余

“本期盈余”项目，反映单位本期收入扣除本期费用后的净额。本项目应当根据收入费用表中“本期收入”项目金额减去“本期费用”项目金额后的金额填列；如为负数，以“-”号填列。

16.1.3 净资产变动表

1. 净资产变动表的含义

净资产变动表是反映单位在某一会计期间内净资产项目变动情况的报表。净资产变动表既包括净资产总量的增减变动，也包括净资产结构变动信息。按照规定，行政事业单位的净资产变动表应当按年度编制。

2. 净资产变动表的格式

行政事业单位净资产变动表采用矩阵的格式，即一方面列示净资产的各组成部分，如列示累计盈余、专用基金、权益法调整等，另一方面列示净资产各组成部分增减变动的具体原因，如列示本年盈余、无偿调拨净资产、归集调整预算结转结余、提取或设置专用基金、使用专用基金等，净资产各组成部分的增减变动原因与净资产的相应组成部分要对应。同时，该表要求填列本年数和上年数，反映年度比较信息。行政事业单位净资产变动表的格式如表16-3所示。

表 16-3 净资产变动表

编制单位： 20××年度 单位：元

项目	本年数				上年数			
	累计盈余	专用基金	权益法调整	净资产合计	累计盈余	专用基金	权益法调整	净资产合计
一、上年年末余额								
二、以前年度盈余调整（减少以“-”号填列）		—	—			—	—	
三、本年年初余额								
四、本年变动金额（减少以“-”号填列）								
（一）本年盈余		—	—			—	—	
（二）无偿调拨净资产		—	—			—	—	
（三）归集调整预算结转结余		—	—			—	—	

续表

项目	本年数				上年数			
	累计盈余	专用基金	权益法调整	净资产合计	累计盈余	专用基金	权益法调整	净资产合计
（四）提取或设置专用基金			—				—	
其中：从预算收入中提取	—		—		—		—	
从预算结余中提取			—				—	
设置的专用基金	—		—		—		—	
（五）使用专用基金			—				—	
（六）权益法调整	—	—			—	—		
五、本年年末余额								

注：“—”单元格不需填列。

3. 净资产变动表的编制方法

净资产变动表中“本年数”栏反映本年度各项目的实际变动数。净资产变动表中“上年数”栏反映上年度各项目的实际变动数，应当根据上年度净资产变动表中“本年数”栏内所列数字填列。如果上年度净资产变动表规定的项目的名称和内容与本年度不一致，应对上年度净资产变动表项目的名称和数字按照本年度的规定进行调整，将调整后金额填入本年度净资产变动表“上年数”栏内。

在净资产变动表中，“本年数”栏各项目的内容和填列方法如下。

①“上年年末余额”行，反映单位净资产各项目上年年末的余额。本行各项目应当根据“累计盈余”“专用基金”“权益法调整”科目上年年末余额填列。

②“以前年度盈余调整”行，反映单位本年度调整以前年度盈余的事项对累计盈余进行调整的金额。本行“累计盈余”项目应当根据本年度“以前年度盈余调整”科目转入“累计盈余”科目的金额填列；如调整减少累计盈余，以“-”号填列。

③“本年年初余额”行，反映经过以前年度盈余调整后，单位净资产各项目的本年年初余额。本行“累计盈余”“专用基金”“权益法调整”项目应当根据其各自在“上年年末余额”和“以前年度盈余调整”行对应项目金额的合计数填列。

④“本年变动金额”行，反映单位净资产各项目本年变动总金额。本行“累计盈余”“专用基金”“权益法调整”项目应当根据其各自在“本年盈余”“无偿调拨净资产”“归集调整预算结转结余”“提取或设置专用基金”“使用专用基金”“权益法调整”行对应项目金额的合计数填列。

⑤“本年盈余”行，反映单位本年发生的收入、费用对净资产的影响。本行“累计盈余”项目应当根据年末由“本期盈余”科目转入“本年盈余分配”科目的金额填列；如转入时借记“本年盈余分配”科目，则以“-”号填列。

⑥“无偿调拨净资产”行，反映单位本年无偿调入、调出非现金资产事项对净资产的影响。本行“累计盈余”项目应当根据年末由“无偿调拨净资产”科目转入“累计盈余”科目的金额填列；如转入时借记“累计盈余”科目，则以“-”号填列。

⑦“归集调整预算结转结余”行，反映单位本年财政拨款结转结余资金归集调入、归集上缴或调出，以及非财政拨款结转资金缴回对净资产的影响。本行“累计盈余”项目应当

根据“累计盈余”科目明细账记录分析填列；如归集调整减少预算结转结余，则以“-”号填列。

⑧“提取或设置专用基金”行，反映单位本年提取或设置专用基金对净资产的影响。本行“累计盈余”项目应当根据“从预算结余中提取”行“累计盈余”项目的金额填列。本行“专用基金”项目应当根据“从预算收入中提取”“从预算结余中提取”“设置的专用基金”行“专用基金”项目金额的合计数填列。

“从预算收入中提取”行，反映单位本年从预算收入中提取专用基金对净资产的影响。本行“专用基金”项目应当通过对“专用基金”科目明细账记录的分析，根据本年按有关规定从预算收入中提取基金的金额填列。

“从预算结余中提取”行，反映单位本年根据有关规定从本年度非财政拨款结余或经营结余中提取专用基金对净资产的影响。本行“累计盈余”“专用基金”项目应当通过对“专用基金”科目明细账记录的分析，根据本年按有关规定从本年度非财政拨款结余或经营结余中提取专用基金的金额填列；本行“累计盈余”项目以“-”号填列。

“设置的专用基金”行，反映单位本年根据有关规定设置的其他专用基金对净资产的影响。本行“专用基金”项目应当通过对“专用基金”科目明细账记录的分析，根据本年按有关规定设置的其他专用基金的金额填列。

⑨“使用专用基金”行，反映单位本年按规定使用专用基金对净资产的影响。本行“累计盈余”“专用基金”项目应当通过对“专用基金”科目明细账记录的分析，根据本年按规定使用专用基金的金额填列；本行“专用基金”项目以“-”号填列。

⑩“权益法调整”行，反映权益法调整金额对净资产的影响。本行“权益法调整”项目应当根据“权益法调整”科目本年发生额填列；若本年净发生额为借方时，以“-”号填列。

⑪“本年年末余额”行，反映单位本年各净资产项目的年末余额。本行“累计盈余”“专用基金”“权益法调整”项目应当根据其各自在“本年年初余额”“本年变动金额”行对应项目金额的合计数填列。

⑫ 净资产变动表各行“净资产合计”项目，应当根据所在行“累计盈余”“专用基金”“权益法调整”项目金额的合计数填列。

16. 1. 4　现金流量表

1. 现金流量表的含义

现金流量表是反映单位在某一会计期间内现金流入和流出信息的报表。该表所指的现金，是指单位的库存现金及其他可以随时用于支付的款项，包括库存现金、可以用于支付的银行存款、其他货币资金、零余额账户用款额度、财政应返还额度以及通过财政直接支付方式支付的款项。现金流量表所指的现金流量，是指现金的流入和流出。按照规定，行政事业单位的现金流量表应当按年度编制。

2. 现金流量表的格式

行政事业单位现金流量表应当分别日常活动产生的现金流量、投资活动产生的现金流量和筹资活动产生的现金流量，反映现金流入和现金流出的信息，采用直接法编制，计算公式为：现金流入-现金流出=现金流量净额。行政事业单位现金流量表的格式如表 16-4所示。

表 16-4 现金流量表

编制单位： 20××年度 单位：元

项 目	本年金额	上年金额
一、日常活动产生的现金流量：		
财政基本支出拨款收到的现金		
财政非资本性项目拨款收到的现金		
事业活动收到的除财政拨款以外的现金		
收到的其他与日常活动有关的现金		
日常活动的现金流入小计		
购买商品、接受劳务支付的现金		
支付给职工以及为职工支付的现金		
支付的各项税费		
支付的其他与日常活动有关的现金		
日常活动的现金流出小计		
日常活动产生的现金流量净额		
二、投资活动产生的现金流量：		
收回投资收到的现金		
取得投资收益收到的现金		
处置固定资产、无形资产、公共基础设施等收回的现金净额		
收到的其他与投资活动有关的现金		
投资活动的现金流入小计		
购建固定资产、无形资产、公共基础设施等支付的现金		
对外投资支付的现金		
上缴处置固定资产、无形资产、公共基础设施等净收入支付的现金		
支付的其他与投资活动有关的现金		
投资活动的现金流出小计		
投资活动产生的现金流量净额		
三、筹资活动产生的现金流量：		
财政资本性项目拨款收到的现金		
取得借款收到的现金		
收到的其他与筹资活动有关的现金		
筹资活动的现金流入小计		
偿还借款支付的现金		
偿付利息支付的现金		
支付的其他与筹资活动有关的现金		
筹资活动的现金流出小计		

续表

项　目	本年金额	上年金额
筹资活动产生的现金流量净额		
四、汇率变动对现金的影响额		
五、现金净增加额		

3. 现金流量表的编制方法

现金流量表中“本年金额”栏反映各项目的本年实际发生数。现金流量表“上年金额”栏反映各项目的上年实际发生数，应当根据上年现金流量表中“本年金额”栏内所列数字填列。在现金流量表中，“本年金额”栏各项目的内容和填列方法如下。

（1）日常活动产生的现金流量

①“财政基本支出拨款收到的现金”项目，反映单位本年接受财政基本支出拨款取得的现金。本项目应当根据“零余额账户用款额度”“财政拨款收入”“银行存款”等科目及其所属明细科目的记录分析填列。

②“财政非资本性项目拨款收到的现金”项目，反映单位本年接受除用于购建固定资产、无形资产、公共基础设施等资本性项目以外的财政项目拨款取得的现金。本项目应当根据“银行存款”“零余额账户用款额度”“财政拨款收入”等科目及其所属明细科目的记录分析填列。

③“事业活动收到的除财政拨款以外的现金”项目，反映事业单位本年开展专业业务活动及其辅助活动取得的除财政拨款以外的现金。本项目应当根据“库存现金”“银行存款”“其他货币资金”“应收账款”“应收票据”“预收账款”“事业收入”等科目及其所属明细科目的记录分析填列。

④“收到的其他与日常活动有关的现金”项目，反映单位本年收到的除以上项目之外的与日常活动有关的现金。本项目应当根据“库存现金”“银行存款”“其他货币资金”“上级补助收入”“附属单位上缴收入”“经营收入”“非同级财政拨款收入”“捐赠收入”“利息收入”“租金收入”“其他收入”等科目及其所属明细科目的记录分析填列。

⑤“日常活动的现金流入小计”项目，反映单位本年日常活动产生的现金流入的合计数。本项目应当根据现金流量表中“财政基本支出拨款收到的现金”“财政非资本性项目拨款收到的现金”“事业活动收到的除财政拨款以外的现金”“收到的其他与日常活动有关的现金”项目金额的合计数填列。

⑥“购买商品、接受劳务支付的现金”项目，反映单位本年在日常活动中用于购买商品、接受劳务支付的现金。本项目应当根据“库存现金”“银行存款”“财政拨款收入”“零余额账户用款额度”“预付账款”“在途物品”“库存物品”“应付账款”“应付票据”“业务活动费用”“单位管理费用”“经营费用”等科目及其所属明细科目的记录分析填列。

⑦“支付给职工以及为职工支付的现金”项目，反映单位本年支付给职工以及为职工支付的现金。本项目应当根据“库存现金”“银行存款”“零余额账户用款额度”“财政拨款收入”“应付职工薪酬”“务活动费用”“单位管理费用”“经营费用”等科目及其所属明细科目的记录分析填列。

⑧“支付的各项税费”项目，反映单位本年用于缴纳日常活动相关税费而支付的现金。本项目应当根据“库存现金”“银行存款”“零余额账户用款额度”“应交增值税”“其他应

交税费”“业务活动费用”“单位管理费用”“经营费用”“所得税费用”等科目及其所属明细科目的记录分析填列。

⑨“支付的其他与日常活动有关的现金”项目，反映单位本年支付的除上述项目之外与日常活动有关的现金。本项目应当根据“库存现金”“银行存款”“零余额账户用款额度”“财政拨款收入”“其他应付款”“业务活动费用”“单位管理费用”“经营费用”“其他费用”等科目及其所属明细科目的记录分析填列。

⑩“日常活动的现金流出小计”项目，反映单位本年日常活动产生的现金流出的合计数。本项目应当根据现金流量表中“购买商品、接受劳务支付的现金”“支付给职工以及为职工支付的现金”“支付的各项税费”“支付的其他与日常活动有关的现金”项目金额的合计数填列。

⑪“日常活动产生的现金流量净额”项目，应当按照现金流量表中“日常活动的现金流入小计”项目金额减去“日常活动的现金流出小计”项目金额后的金额填列；如为负数，以“-”号填列。

（2）投资活动产生的现金流量

①“收回投资收到的现金”项目，反映单位本年出售、转让或者收回投资收到的现金。本项目应该根据“库存现金”“银行存款”“短期投资”“长期股权投资”“长期债券投资”等科目的记录分析填列。

②“取得投资收益收到的现金”项目，反映单位本年因对外投资而收到被投资单位分配的股利或利润，以及收到投资利息而取得的现金。本项目应当根据“库存现金”“银行存款”“应收股利”“应收利息”“投资收益”等科目的记录分析填列。

③“处置固定资产、无形资产、公共基础设施等收回的现金净额”项目，反映单位本年处置固定资产、无形资产、公共基础设施等非流动资产所取得的现金，减去为处置这些资产而支付的有关费用之后的净额。由于自然灾害所造成的固定资产等长期资产损失而收到的保险赔款收入，也在本项目反映。本项目应当根据“库存现金”“银行存款”“待处理财产损溢”等科目的记录分析填列。

④“收到的其他与投资活动有关的现金”项目，反映单位本年收到的除上述项目之外与投资活动有关的现金。对于金额较大的现金流入，应当单列项目反映。本项目应当根据“库存现金”“银行存款”等有关科目的记录分析填列。

⑤“投资活动的现金流入小计”项目，反映单位本年投资活动产生的现金流入的合计数。本项目应当根据现金流量表中“收回投资收到的现金”“取得投资收益收到的现金”“处置固定资产、无形资产、公共基础设施等收回的现金净额”“收到的其他与投资活动有关的现金”项目金额的合计数填列。

⑥“购建固定资产、无形资产、公共基础设施等支付的现金”项目，反映单位本年购买和建造固定资产、无形资产、公共基础设施等非流动资产所支付的现金；融资租入固定资产支付的租赁费不在本项目反映，在筹资活动的现金流量中反映。本项目应当根据“库存现金”“银行存款”“固定资产”“工程物资”“在建工程”“无形资产”“研发支出”“公共基础设施”“保障性住房”等科目的记录分析填列。

⑦“对外投资支付的现金”项目，反映单位本年为取得短期投资、长期股权投资、长期债券投资而支付的现金。本项目应当根据“库存现金”“银行存款”“短期投资”“长期股权投资”“长期债券投资”等科目的记录分析填列。

⑧“上缴处置固定资产、无形资产、公共基础设施等净收入支付的现金”项目，反映本年单位将处置固定资产、无形资产、公共基础设施等非流动资产所收回的现金净额予以上缴财政所支付的现金。本项目应当根据“库存现金”“银行存款”“应缴财政款”等科目的记录分析填列。

⑨“支付的其他与投资活动有关的现金”项目，反映单位本年支付的除上述项目之外与投资活动有关的现金。对于金额较大的现金流出，应当单列项目反映。本项目应当根据“库存现金”“银行存款”等有关科目的记录分析填列。

⑩“投资活动的现金流出小计”项目，反映单位本年投资活动产生的现金流出的合计数。本项目应当根据现金流量表中“购建固定资产、无形资产、公共基础设施等支付的现金”“对外投资支付的现金”“上缴处置固定资产、无形资产、公共基础设施等净收入支付的现金”“支付的其他与投资活动有关的现金”项目金额的合计数填列。

⑪“投资活动产生的现金流量净额”项目，应当按照现金流量表中“投资活动的现金流入小计”项目金额减去“投资活动的现金流出小计”项目金额后的金额填列；如为负数，以“-”号填列。

（3）筹资活动产生的现金流量

①“财政资本性项目拨款收到的现金”项目，反映单位本年接受用于购建固定资产、无形资产、公共基础设施等资本性项目的财政项目拨款取得的现金。本项目应当根据“银行存款”“零余额账户用款额度”“财政拨款收入”等科目及其所属明细科目的记录分析填列。

②“取得借款收到的现金”项目，反映事业单位本年举借短期、长期借款所收到的现金。本项目应当根据“库存现金”“银行存款”“短期借款”“长期借款”等科目记录分析填列。

③“收到的其他与筹资活动有关的现金”项目，反映单位本年收到的除上述项目之外与筹资活动有关的现金。对于金额较大的现金流入，应当单列项目反映。本项目应当根据“库存现金”“银行存款”等有关科目的记录分析填列。

④“筹资活动的现金流入小计”项目，反映单位本年筹资活动产生的现金流入的合计数。本项目应当根据现金流量表中“财政资本性项目拨款收到的现金”“取得借款收到的现金”“收到的其他与筹资活动有关的现金”项目金额的合计数填列。

⑤“偿还借款支付的现金”项目，反映事业单位本年偿还借款本金所支付的现金。本项目应当根据“库存现金”“银行存款”“短期借款”“长期借款”等科目的记录分析填列。

⑥“偿付利息支付的现金”项目，反映事业单位本年支付的借款利息等。本项目应当根据“库存现金”“银行存款”“应付利息”“长期借款”等科目的记录分析填列。

⑦“支付的其他与筹资活动有关的现金”项目，反映单位本年支付的除上述项目之外与筹资活动有关的现金，如融资租入固定资产所支付的租赁费。本项目应当根据“库存现金”“银行存款”“长期应付款”等科目的记录分析填列。

⑧“筹资活动的现金流出小计”项目，反映单位本年筹资活动产生的现金流出的合计数。本项目应当根据现金流量表中“偿还借款支付的现金”“偿付利息支付的现金”“支付的其他与筹资活动有关的现金”项目金额的合计数填列。

⑨“筹资活动产生的现金流量净额”项目，应当按照现金流量表中“筹资活动的现金流入小计”项目金额减去“筹资活动的现金流出小计”金额后的金额填列；如为负数，以“-”号填列。

（4）汇率变动对现金的影响额

“汇率变动对现金的影响额”项目，反映单位本年外币现金流量折算为人民币时，应采用的现金流量发生日的汇率折算的人民币金额与外币现金流量净额按期末汇率折算的人民币金额之间的差额。

（5）现金净增加额

“现金净增加额”项目，反映单位本年现金变动的净额。本项目应当根据现金流量表中“日常活动产生的现金流量净额”“投资活动产生的现金流量净额”“筹资活动产生的现金流量净额”“汇率变动对现金的影响额”项目金额的合计数填列；如为负数，以“-”号填列。

16.1.5 会计报表附注

会计报表附注是对在会计报表中列示的项目所作的进一步说明，以及对未能在会计报表中列示项目的说明，它是会计报表的重要组成部分。凡对报表使用者的决策有重要影响的会计信息，行政事业单位均应当在会计报表附注中进行充分披露。

根据现行政府会计制度的规定，会计报表附注主要包括下列内容。

① 单位的基本情况。行政事业单位应当简要披露其基本情况，包括单位主要职能、主要业务活动、所在地、预算管理关系等。

② 会计报表编制基础。

③ 遵循政府会计准则、制度的声明。

④ 重要会计政策和会计估计。

⑤ 会计报表重要项目说明。行政事业单位应当按照资产负债表和收入费用表项目列示顺序，采用文字和数据描述相结合的方式披露重要项目的明细信息。报表重要项目的明细金额合计，应当与报表项目金额相衔接。会计报表重要项目的说明，大多数使用表格的形式进行说明，简洁明了。对于需要使用文字进行说明的地方，应当使用文字进行说明。

以固定资产的明细信息和业务活动费用的明细信息披露为例，披露的格式如表 16-5 和表 16-6 所示。

表 16-5 固定资产明细表

单位：元

项　目	年初余额	本期增加额	本期减少额	期末余额
一、原值合计				
其中：房屋及构筑物				
通用设备				
专用设备				
文物和陈列品				
图书、档案				
家具、用具、装具及动植物				
二、累计折旧合计				
其中：房屋及构筑物				
通用设备				
专用设备				

续表

项　目	年初余额	本期增加额	本期减少额	期末余额
文物和陈列品				
图书、档案				
家具、用具、装具及动植物				
三、账面价值合计				
其中：房屋及构筑物				
通用设备				
专用设备				
文物和陈列品				
图书、档案				
家具、用具、装具及动植物				

表 16-6　业务活动费用按经济分类明细表　　单位：元

项　目	本年数	上年数
工资福利费用		
商品和服务费用		
对个人和家庭的补助费用		
对企业补助费用		
固定资产折旧费		
无形资产摊销费		
公共基础设施折旧（摊销）费		
保障性住房折旧费		
计提专用基金		
本期费用合计		

⑥ 本年盈余与预算结余的差异情况说明。为了反映单位财务会计和预算会计因核算基础和核算范围不同所产生的本年盈余数与本年预算结余数之间的差异，单位应当按照重要性原则，对本年度发生的各类影响收入（预算收入）和费用（预算支出）的业务进行适度归并和分析，披露将年度预算收入支出表中“本年预算收支差额”调节为年度收入费用表中“本期盈余”的信息。有关披露格式如表 16-7 所示。

表 16-7　本年预算收支差额和本期盈余调节表　　单位：元

项　目	金　额
一、本年预算结余（本年预算收支差额）	
二、差异调节	
（一）重要事项的差异	
加：1. 当期确认为收入但没有确认为预算收入	

续表

项　目	金　额
（1）应收款项、预收账款确认的收入	
（2）接受非货币性资产捐赠确认的收入	
2. 当期确认为预算支出但没有确认为费用	
（1）支付应付款项、预付账款的支出	
（2）为取得存货、政府储备物资等计入物资成本的支出	
（3）为购建固定资产等的资本性支出	
（4）偿还借款本息支出	
减：1. 当期确认为预算收入但没有确认为收入	
（1）收到应收款项、预收账款确认的预算收入	
（2）取得借款确认的预算收入	
2. 当期确认为费用但没有确认为预算支出	
（1）发出存货、政府储备物资等确认的费用	
（2）计提的折旧费用和摊销费用	
（3）确认的资产处置费用（处置资产价值）	
（4）应付款项、预付账款确认的费用	
（二）其他事项差异	
三、本年盈余（本年收入与费用的差额）	

⑦ 其他重要事项说明。

16.2　行政事业单位预算会计报表

行政事业单位预算会计报表包括预算收入支出表、预算结转结余变动表和财政拨款预算收入支出表。

16.2.1　预算收入支出表

1. 预算收入支出表的含义

预算收入支出表是反映单位在某一会计年度内各项预算收入、预算支出和预算收支差额情况的报表，从而帮助相关信息使用者更好地了解预算执行情况。按照规定，行政事业单位的预算收入支出表应当按年度编制。

2. 预算收入支出表的格式

行政事业单位预算收入支出表应当分别按本年预算收入、本年预算支出和本年预算收支差额反映相应组成项目本年数和上年数的信息。预算收入项目按来源分类编制，预算支出主要按支出性质分类编制，采用的计算公式为：本年预算收入-本年预算支出=本年预算收支差额。行政事业单位预算收入支出表的格式如表16-8所示。

表 16-8　预算收入支出表

编制单位：　　　　　　　　　　　　20××年度　　　　　　　　　　　　单位：元

项　目	本年数	上年数
一、本年预算收入		
（一）财政拨款预算收入		
其中：政府性基金收入		
（二）事业预算收入		
（三）上级补助预算收入		
（四）附属单位上缴预算收入		
（五）经营预算收入		
（六）债务预算收入		
（七）非同级财政拨款预算收入		
（八）投资预算收益		
（九）其他预算收入		
其中：利息预算收入		
捐赠预算收入		
租金预算收入		
二、本年预算支出		
（一）行政支出		
（二）事业支出		
（三）经营支出		
（四）上缴上级支出		
（五）对附属单位补助支出		
（六）投资支出		
（七）债务还本支出		
（八）其他支出		
其中：利息支出		
捐赠支出		
三、本年预算收支差额		

3. 预算收入支出表的编制方法

预算收入支出表中“本年数”栏反映各项目的本年实际发生数。预算收入支出表中“上年数”栏反映各项目上年度的实际发生数，应当根据上年度预算收入支出表中“本年数”栏内所列数字填列。如果本年度预算收入支出表规定的项目的名称和内容同上年度不一致，应当对上年度预算收入支出表项目的名称和数字按照本年度的规定进行调整，将调整后金额填入本年度预算收入支出表的“上年数”栏。在预算收入支出表中，“本年数”栏各项目的内容和填列方法如下。

（1）本年预算收入

①“本年预算收入”项目，反映单位本年预算收入总额。本项目应当根据表16-8中“财政拨款预算收入”“事业预算收入”“上级补助预算收入”“附属单位上缴预算收入”“经营预算收入”“债务预算收入”“非同级财政拨款预算收入”“投资预算收益”“其他预算收入”项目金额的合计数填列。

②“财政拨款预算收入”项目，反映单位本年从同级政府财政部门取得的各类财政拨款。本项目应当根据“财政拨款预算收入”科目的本年发生额填列。“政府性基金收入”项目，反映单位本年取得的财政拨款收入中属于政府性基金预算拨款的金额。本项目应当根据“财政拨款预算收入”相关明细科目的本年发生额填列。

③“事业预算收入”项目，反映事业单位本年开展专业业务活动及其辅助活动取得的预算收入。本项目应当根据“事业预算收入”科目的本年发生额填列。

④“上级补助预算收入”项目，反映事业单位本年从主管部门和上级单位取得的非财政补助预算收入。本项目应当根据“上级补助预算收入”科目的本年发生额填列。

⑤“附属单位上缴预算收入”项目，反映事业单位本年收到的独立核算的附属单位按照有关规定上缴的预算收入。本项目应当根据“附属单位上缴预算收入”科目的本年发生额填列。

⑥“经营预算收入”项目，反映事业单位本年在专业业务活动及其辅助活动之外开展非独立核算经营活动取得的预算收入。本项目应当根据“经营预算收入”科目的本年发生额填列。

⑦“债务预算收入”项目，反映事业单位本年按照规定从金融机构等借入的、纳入部门预算管理的债务预算收入。本项目应当根据“债务预算收入”的本年发生额填列。

⑧“非同级财政拨款预算收入”项目，反映单位本年从非同级政府财政部门取得的财政拨款。本项目应当根据“非同级财政拨款预算收入”科目的本年发生额填列。

⑨“投资预算收益”项目，反映事业单位本年取得的按规定纳入单位预算管理的投资收益。本项目应当根据“投资预算收益”科目的本年发生额填列。

⑩“其他预算收入”项目，反映单位本年取得的除上述收入以外的纳入单位预算管理的各项预算收入。本项目应当根据“其他预算收入”科目的本年发生额填列。

⑪“利息预算收入”项目，反映单位本年取得的利息预算收入。本项目应当根据“其他预算收入”科目的明细记录分析填列。单位单设“利息预算收入”科目的，应当根据“利息预算收入”科目的本年发生额填列。

⑫“捐赠预算收入”项目，反映单位本年取得的捐赠预算收入。本项目应当根据“其他预算收入”科目明细账记录分析填列。单位单设“捐赠预算收入”科目的，应当根据“捐赠预算收入”科目的本年发生额填列。

⑬“租金预算收入”项目，反映单位本年取得的租金预算收入。本项目应当根据“其他预算收入”科目明细账记录分析填列。单位单设“租金预算收入”科目的，应当根据“租金预算收入”科目的本年发生额填列。

（2）本年预算支出

①“本年预算支出”项目，反映单位本年预算支出总额。本项目应当根据“行政支出”“事业支出”“经营支出”“上缴上级支出”“对附属单位补助支出”“投资支出”“债务还本支出”“其他支出”项目金额的合计数填列。

②“行政支出”项目，反映行政单位本年履行职责实际发生的支出。本项目应当根据“行政支出”科目的本年发生额填列。

③“事业支出”项目，反映事业单位本年开展专业业务活动及其辅助活动发生的支出。本项目应当根据“事业支出”科目的本年发生额填列。

④“经营支出”项目，反映事业单位本年在专业业务活动及其辅助活动之外开展作独立核算经营活动发生的支出。本项目应当根据“经营支出”科目的本年发生额填列。

⑤“上缴上级支出”项目，反映事业单位本年按照财政部门和主管部门的规定上缴上级单位的支出。本项目应当根据“上缴上级支出”科目的本年发生额填列。

⑥“对附属单位补助支出”项目，反映事业单位本年用财政拨款收入之外的收入对附属单位补助发生的支出。本项目应当根据“对附属单位补助支出”科目的本年发生额填列。

⑦“投资支出”项目，反映事业单位本年以货币资金对外投资发生的支出。本项目应当根据“投资支出”科目的本年发生额填列。

⑧“债务还本支出”项目，反映事业单位本年偿还自身承担的纳入预算管理的从金融机构举借的债务本金的支出。本项目应当根据“债务还本支出”科目的本年发生额填列。

⑨“其他支出”项目，反映单位本年除以上支出以外的各项支出。本项目应当根据“其他支出”科目的本年发生额填列。

⑩“利息支出”项目，反映单位本年发生的利息支出。本项目应当根据“其他支出”科目明细账记录分析填列。单位单设“利息支出”科目的，应当根据“利息支出”科目的本年发生额填列。

⑪“捐赠支出”项目，反映单位本年发生的捐赠支出。本项目应当根据“其他支出”科目明细账记录分析填列。单位单设“捐赠支出”科目的，应当根据“捐赠支出”科目的本年发生额填列。

（3）本年预算收支差额

“本年预算收支差额”项目，反映单位本年各项预算收支相抵后的差额。本项目应当根据“本期预算收入”项目金额减去“本期预算支出”项目金额后的金额填列；如相减后金额为负数，以“-”号填列。

16.2.2　预算结转结余变动表

1. 预算结转结余变动表的含义

预算结转结余变动表是反映单位在某一会计年度内预算结转结余变动情况的报表。按照规定，行政事业单位的预算结转结余变动表应当按年度编制。

2. 预算结转结余变动表的格式

行政事业单位预算结转结余变动表应当分别按财政拨款结转结余、其他资金结转结余反映年初余额、年初余额调整、本年变动金额和年末余额的信息，采用的计算公式为：年初预算结转结余±年初余额调整±本年变动金额=年末预算结转结余。行政事业单位预算结转结余变动表的格式如表 16-9 所示。

表 16-9　预算结转结余变动表

编制单位：　　　　20××年度　　　　单位：元

项　目	本年数	上年数
一、年初预算结转结余		
（一）财政拨款结转结余		

续表

项　目	本年数	上年数
（二）其他资金结转结余		
二、年初余额调整（减少以“-”号填列）		
（一）财政拨款结转结余		
（二）其他资金结转结余		
三、本年变动金额（减少以“-”号填列）		
（一）财政拨款结转结余		
1. 本年收支差额		
2. 归集调入		
3. 归集上缴或调出		
（二）其他资金结转结余		
1. 本年收支差额		
2. 缴回资金		
3. 使用专用结余		
4. 支付所得税		
四、年末预算结转结余		
（一）财政拨款结转结余		
1. 财政拨款结转		
2. 财政拨款结余		
（二）其他资金结转结余		
1. 非财政拨款结转		
2. 非财政拨款结余		
3. 专用结余		
4. 经营结余（如有余额，以“-”号填列）		

3. 预算结转结余变动表的编制方法

预算结转结余变动表中“本年数”栏反映各项目的本年实际发生数。预算结转结余变动表中“上年数”栏反映各项目的上年实际发生数，应当根据上年度预算结转结余变动表中“本年数”栏内所列数字填列。如果本年度预算结转结余变动表规定的项目的名称和内容同上年度不一致，应当对上年度预算结转结余变动表项目的名称和数字按照本年度的规定进行调整，将调整后金额填入本年度预算结转结余变动表的“上年数”栏。在预算结转结余变动表中，“本年数”栏各项目的内容和填列方法如下。

（1）年初预算结转结余

“年初预算结转结余”项目，反映单位本年预算结转结余的年初余额。本项目应当根据本项目下“财政拨款结转结余”“其他资金结转结余”项目金额的合计数填列。

①“财政拨款结转结余”项目，反映单位本年财政拨款结转结余资金的年初余额。本项目应当根据“财政拨款结转”“财政拨款结余”科目本年年初余额合计数填列。

②“其他资金结转结余”项目，反映单位本年其他资金结转结余的年初余额。本项目应当根据“非财政拨款结转”“非财政拨款结余”“专用结余”“经营结余”科目本年年初余

额的合计数填列。

（2）年初余额调整

“年初余额调整”项目，反映单位本年预算结转结余年初余额调整的金额。本项目应当根据本项目下“财政拨款结转结余”“其他资金结转结余”项目金额的合计数填列。

①“财政拨款结转结余”项目，反映单位本年财政拨款结转结余资金的年初余额调整金额。本项目应当根据“财政拨款结转”“财政拨款结余”科目下“年初余额调整”明细科目的本年发生额的合计数填列；如调整减少年初财政拨款结转结余，以“-”号填列。

②“其他资金结转结余”项目，反映单位本年其他资金结转结余的年初余额调整金额。本项目应当根据“非财政拨款结转”“非财政拨款结余”科目下“年初余额调整”明细科目的本年发生额的合计数填列；如调整减少年初其他资金结转结余，以“-”号填列。

（3）本年变动金额

“本年变动金额”项目，反映单位本年预算结转结余变动的金额。本项目应当根据本项目下“财政拨款结转结余”“其他资金结转结余”项目金额的合计数填列。

①“财政拨款结转结余”项目，反映单位本年财政拨款结转结余资金的变动。本项目应当根据本项目下“本年收支差额”“归集调入”“归集上缴或调出”项目金额的合计数填列。

- “本年收支差额”项目，反映单位本年财政拨款资金收支相抵后的差额。本项目应当根据“财政拨款结转”科目下“本年收支结转”明细科目本年转入的预算收入与预算支出的差额填列；差额为负数的，以“-”号填列。
- “归集调入”项目，反映单位本年按照规定从其他单位归集调入的财政拨款结转资金。本项目应当根据“财政拨款结转”科目下“归集调入”明细科目的本年发生额填列。
- “归集上缴或调出”项目，反映单位本年按照规定上缴的财政拨款结转结余资金及按照规定向其他单位调出的财政拨款结转资金。本项目应当根据“财政拨款结转”“财政拨款结余”科目下“归集上缴”明细科目，以及“财政拨款结转”科目下“归集调出”明细科目本年发生额的合计数填列，以“-”号填列。

②“其他资金结转结余”项目，反映单位本年其他资金结转结余的变动。本项目应当根据本项目下“本年收支差额”“缴回资金”“使用专用结余”“支付所得税”项目金额的合计数填列。

- “本年收支差额”项目，反映单位本年除财政拨款外的其他资金收支相抵后的差额。本项目应当根据“非财政拨款结转”科目下“本年收支结转”明细科目、“其他结余”科目、“经营结余”科目本年转入的预算收入与预算支出的差额的合计数填列；如为负数，以“-”号填列。
- “缴回资金”项目，反映单位本年按照规定缴回的非财政拨款结转资金。本项目应当根据“非财政拨款结转”科目下“缴回资金”明细科目本年发生额的合计数填列，以“-”号填列。
- “使用专用结余”项目，反映单位本年根据规定使用从非财政拨款结余或经营结余中提取的专用基金的金额。本项目应当根据“专用结余”科目明细账中本年使用专用结余业务的发生额填列，以“-”号填列。
- “支付所得税”项目，反映有企业所得税缴纳义务的事业单位本年实际缴纳的企业所得税金额。本项目应当根据“非财政拨款结余”科目明细账中本年实际缴纳企业所得税业务的发生额填列，以“-”号填列。

（4）年末预算结转结余

“年末预算结转结余”项目，反映单位本年预算结转结余的年末余额。本项目应当根据本项目下“财政拨款结转结余”“其他资金结转结余”项目金额的合计数填列。

①“财政拨款结转结余”项目，反映单位本年财政拨款结转结余的年末余额。本项目应当根据本项目下“财政拨款结转”“财政拨款结余”项目金额的合计数填列。其中，“财政拨款结转”“财政拨款结余”项目应当分别根据“财政拨款结转”“财政拨款结余”科目的本年年末余额填列。

②“其他资金结转结余”项目，反映单位本年其他资金结转结余的年末余额。本项目应当根据本项目下“非财政拨款结转”“非财政拨款结余”“专用结余”“经营结余”项目金额的合计数填列。其中，“非财政拨款结转”“非财政拨款结余”“专用结余”“经营结余”项目，应当分别根据“非财政拨款结转”“非财政拨款结余”“专用结余”“经营结余”科目的本年年末余额填列。

16.2.3 财政拨款预算收入支出表

1. 财政拨款预算收入支出表的含义

财政拨款预算收入支出表是反映单位本年财政拨款预算资金收入、支出及相关变动具体情况的报表，帮助会计信息使用者更好地了解会计主体当年使用财政拨款情况，监督预算执行。按照规定，行政事业单位的财政拨款预算收入支出表应当按年度编制。

2. 财政拨款预算收入支出表的格式

行政事业单位财政拨款预算收入支出表应当分别基本支出和项目支出反映年初结转结余数、本年增减变动数和年末结转结余数。本年增减变动数包括调整年初结转结余数、本年归集调入数、本年归集上缴或调出数、单位内部调剂数、本年财政拨款收入数、本年财政拨款支出数。同时有一般公共预算财政拨款和政府性基金预算财政拨款的，应当分别一般公共预算财政拨款和政府性基金预算财政拨款反映上述相关信息。行政事业单位财政拨款预算收入支出表的格式如表16-10所示。

表16-10 财政拨款预算收入支出表

编制单位： 20××年度 单位：元

项 目	年初财政拨款结转结余		调整年初财政拨款结转结余	本年归集调入	本年归集上缴或调出	单位内部调剂		本年财政拨款收入	本年财政拨款支出	年末财政拨款结转结余	
	结转	结余				结转	结余			结转	结余
一、一般公共预算财政拨款											
（一）基本支出											
1. 人员经费											
2. 日常公用经费											
（二）项目支出											
1. ××项目											
2. ××项目											

续表

项目	年初财政拨款结转结余		调整年初财政拨款结转结余	本年归集调入	本年归集上缴或调出	单位内部调剂		本年财政拨款收入	本年财政拨款支出	年末财政拨款结转结余	
	结转	结余				结转	结余			结转	结余
⋮											
二、政府性基金预算财政拨款											
（一）基本支出											
1. 人员经费											
2. 常公用经费											
（二）项目支出											
1. ××项目											
2. ××项目											
⋮											
总　计											

3. 财政拨款预算收入支出表的编制方法

财政拨款预算收入支出表“项目”栏内各项目，应当根据单位取得的财政拨款种类分项设置。其中“项目支出”项目下，根据每个项目设置；单位取得除一般公共财政预算拨款和政府性基金预算拨款以外的其他财政拨款的，应当按照财政拨款种类增加相应的资金项目及其明细项目。在财政拨款预算收入支出表中，各栏及其对应项目的内容和填列方法如下。

①“年初财政拨款结转结余”栏中各项目，反映单位年初各项财政拨款结转结余的金额。各项目应当根据“财政拨款结转”“财政拨款结余”及其明细科目的年初余额填列。本栏中各项目的数额应当与上年度财政拨款预算收入支出表中“年末财政拨款结转结余”栏中各项目的数额相等。

②“调整年初财政拨款结转结余”栏中各项目，反映单位对年初财政拨款结转结余的调整金额。各项目应当根据“财政拨款结转”“财政拨款结余”科目下“年初余额调整”明细科目及其所属明细科目的本年发生额填列；如调整减少年初财政拨款结转结余，以“-”号填列。

③“本年归集调入”栏中各项目，反映单位本年按规定从其他单位调入的财政拨款结转资金金额。各项目应当根据“财政拨款结转”科目下“归集调入”明细科目及其所属明细科目的本年发生额填列。

④“本年归集上缴或调出”栏中各项目，反映单位本年按规定实际上缴的财政拨款结转结余资金，以及按照规定向其他单位调出的财政拨款结转资金金额。各项目应当根据“财政拨款结转”“财政拨款结余”科目下“归集上缴”科目和“财政拨款结转”科目下“归集调出”明细科目及其所属明细科目的本年发生额填列，以“-”号填列。

⑤“单位内部调剂”栏中各项目，反映单位本年财政拨款结转结余资金在单位内部不同项目等之间的调剂金额。各项目应当根据“财政拨款结转”和“财政拨款结余”科目下的“单位内部调剂”明细科目及其所属明细科目的本年发生额填列；对单位内部调剂减少的财

政拨款结余金额，以“-”号填列。

⑥“本年财政拨款收入”栏中各项目，反映单位本年从同级财政部门取得的各类财政预算拨款金额。各项目应当根据“财政拨款预算收入”科目及其所属明细科目的本年发生额填列。

⑦“本年财政拨款支出”栏中各项目，反映单位本年发生的财政拨款支出金额。各项目应当根据“行政支出”“事业支出”等科目及其所属明细科目本年发生额中的财政拨款支出数的合计数填列。

⑧“年末财政拨款结转结余”栏中各项目，反映单位年末财政拨款结转结余的金额。各项目应当根据“财政拨款结转”“财政拨款结余”科目及其所属明细科目的年末余额填列。

思 考 题

1. 行政事业单位的财务报表包括哪些？行政事业单位预算报表包括哪些？

2. 什么是行政事业单位资产负债表？行政事业单位资产负债表采用什么平衡等式？

3. 什么是行政事业单位收入费用表？行政事业单位收入费用表中各大类项目之间的相等关系是什么？

4. 什么是行政事业单位净资产变动表？行政事业单位净资产变动表采用什么格式？

5. 什么是行政事业单位现金流量表？行政事业单位现金流量表中的现金流量分为哪三大种类？

6. 什么是行政事业单位财务会计报表附注？行政事业单位的财务会计报表附注主要包括哪几大类内容？

7. 什么是行政事业单位预算收入支出表？行政事业单位预算收入支出表中各大类项目之间的相等关系是什么？

8. 什么是行政事业单位预算结转结余变动表？行政事业单位预算结转结余变动表中各大类项目之间的相等关系是什么？

9. 什么是行政事业单位财政拨款预算收入支出表？行政事业单位财政拨款预算收入支出表中的项目主要有哪些？

10. 行政事业单位在将年度预算收入支出表中的本年预算收支差额调节为年度收入费用表中的本年盈余时，需要调节哪些重要事项的差异？

第 4 篇

民间非营利组织会计简介

第17章 民间非营利组织会计

学习目标

- 了解民间非营利组织会计的含义、核算对象、会计要素和目标；
- 了解民间非营利组织会计核算内容；
- 了解民间非营利组织会计科目的核算内容。

17.1 民间非营利组织会计概述

1. 民间非营利组织的含义

所谓“民间非营利组织”（简称“民间组织”）包括各种民间团体、民间非企业单位、宗教团体等不以营利为目的的民间组织。民间非营利组织虽然类型庞杂，但其都有6个共同特点。

① 组织性。他们有较为固定的组织形态，不是一次性、随意性或临时性的集合。

② 志愿性。这些组织的成员参与其活动是建立在志愿基础上的。

③ 非营利性。它们的活动要么根本不盈利，即使有营利也只能用于组织的既定使命，不能在组织成员间分配利润。这是此类组织与其他私营机构的最大区别所在。

④ 民间性。它们属非政府性质，不是政府的分支机构。

⑤ 自治性。它们既不受制于政府，也不受制于私营企业，还不受制于其他非营利组织。

⑥ 非政治性。他们从事的活动集中在公益服务和互惠行为上，不参与政治活动。民间非营利组织的总体构成了所谓“非营利部门”（the nonprofit sector）或“第三部门”（the third sector）。第三部门是相对于政府部门和市场部门而言的。

2. 民间非营利组织的特点

根据《中华人民共和国会计法》及国家其他有关法律、行政法规的规定，财政部发布了《民间非营利组织会计制度》，自2005年1月1日起在适用中华人民共和国境内设立的民间非营利组织范围内实施。包括依照国家法律、行政法规登记的社会团体、基金会、民办非企业单位和寺院、宫观、清真寺、教堂等，并明确要求实行《民间非营利组织会计制度》的民间非营利组织应当同时具备以下特征。

① 该组织不以营利为宗旨和目的。

② 资源提供者向该组织投入资源不取得经济回报。

③ 资源提供者不享有该组织的所有权。

不同时具备上述特征的组织，不得通过《民间非营利组织会计制度》进行会计核算。

3. 民间非营利组织会计核算对象、会计要素和会计目标

民间非营利组织会计核算对象是以民间非营利组织的交易或者事项为对象，记录和反映该组织本身的各项业务活动。

会计要素划分为资产、负债、净资产、收入和费用五项。

会计目标将满足会计信息使用者的信息需要作为民间非营利组织的会计目标。会计信息使用者包括捐赠人、会员、服务对象、债权人，政府监管部门、民间非营利组织管理层。为此，民间非营利组织需要编制资产负债表、业务活动表和现金流量表三张基本报表，以满足信息使用者的信息需要。

4. 民间非营利组织会计核算基本前提和一般原则

民间非营利组织会计核算基本前提包括会计主体、持续经营、会计分期和货币计量等四个假设。所有民间非营利组织的会计核算应当以权责发生制为基础。会计计量基础以历史成本为主。由于民间非营利组织许多资产的取得没有实际成本，比如受赠资产和政府补助资产等，因此，在强调“实际成本计量原则”的同时，对于一些特殊的交易事项引入了公允价值等计量基础，以弥补实际成本之不足。

《民间非营利组织会计制度》要求民间非营利组织在进行会计核算时遵循客观性原则、相关性原则、实质重于形式原则、一贯性原则、可比性原则、及时性原则、可理解性原则、配比原则、历史成本原则、谨慎性原则、划分费用性支出和资本性支出原则以及重要性原则等，以保证会计信息质量。

17.2 民间非营利组织会计核算内容与方法

民间非营利组织会计记账方法采用借贷记账法。

1. 民间非营利组织会计资产的核算

资产是指过去的交易或者事项形成并由民间非营利组织拥有或者控制的资源，该资源预期会给民间非营利组织带来经济利益或者服务潜力。资产应当按其流动性分为流动资产、长期投资、固定资产、无形资产和受托代理资产等。

2. 民间非营利组织会计负债的核算

负债是指过去的交易或者事项形成的现时义务，履行该义务预期会导致含有经济利益或者服务潜力的资源流出民间非营利组织。负债应当按其流动性分为流动负债、长期负债和受托代理负债等。

3. 民间非营利组织会计净资产的核算

净资产是指资产减去负债后的余额。净资产应当按照其是否受到限制，分为限定性净资产和非限定性净资产等。

如果资产或者资产所产生的经济利益（如资产的投资收益和利息等）的使用受到资产提供者或者国家有关法律、行政法规所设置的时间限制或（和）用途限制，则由此形成的净资产即为限定性净资产，国家有关法律、行政法规对净资产的使用直接设置限制的，该受限制的净资产亦为限定性净资产；除此之外的其他净资产，即为非限定性净资产。

时间限制，是指资产提供者或者国家有关法律、行政法规要求民间非营利组织在收到资产后的特定时期之内或特定日期之后使用该项资产，或者对资产的使用设置了永久限制。

用途限制，是指资产提供者或者国家有关法律、行政法规要求民间非营利组织将收到的资产用于某一特定的用途。

民间非营利组织的董事会、理事会或类似权力机构对净资产的使用所作的限定性决策、决议或拨款限额等，属于民间非营利组织内部管理上对资产使用所作的限制，不属于民间非营利组织会计制度所界定的限定性净资产。

4. 民间非营利组织会计收入的核算

收入是指民间非营利组织开展业务活动取得的、导致本期净资产增加的经济利益或者服务潜力的流入。收入应当按其来源分为捐赠收入、会费收入、提供服务收入、政府补助收入、投资收益、商品销售收入等主要业务活动收入和其他收入等。

5. 民间非营利组织会计费用的核算

费用是指民间非营利组织为开展业务活动所发生的、导致本期净资产减少的经济利益或者服务潜力的流出。费用应当按照其功能分为业务活动成本、管理费用、筹资费用和其他费用等。

17.3　民间非营利组织会计报表

财务会计报告中的会计报表至少应当包括以下 3 张报表：资产负债表、业务活动表、现金流量表。

会计报表附注至少应当包括下列内容。

① 重要会计政策及其变更情况的说明。

② 董事会（或者理事会或者类似权力机构）成员和员工的数量、变动情况以及获得的薪金等报酬情况的说明。

③ 会计报表重要项目及其增减变动情况的说明。

④ 资产提供者设置了时间或用途限制的相关资产情况的说明。

⑤ 受托代理交易情况的说明，包括受托代理资产的构成、计价基础和依据、用途等。

⑥ 重大资产减值情况的说明。

⑦ 公允价值无法可靠取得的受赠资产和其他资产的名称、数量、来源和用途等情况的说明。

⑧ 对外承诺和或有事项情况的说明。

⑨ 接受劳务捐赠情况的说明。

⑩ 资产负债表日后非调整事项的说明。

⑪ 有助于理解和分析会计报表需要说明的其他事项。

财务情况说明书至少应当对下列情况做出说明。

① 民间非营利组织的宗旨、组织结构以及人员配备等情况；

② 民间非营利组织业务活动基本情况，年度计划和预算完成情况，产生差异的原因分析，下一会计期间业务活动计划和预算等；

③ 对民间非营利组织业务活动有重大影响的其他事项。

民间非营利组织对外投资，而且占对被投资单位资本总额 50%以上（不含 50%），或者虽然占该单位资本总额不足 50%但具有实质上的控制权的，或者对被投资单位具有控制权的，应当编制合并会计报表。

民间非营利组织的年度财务会计报告至少应当于年度终了后 4 个月内对外提供。如果民间非营利组织被要求对外提供中期财务会计报告的，应当在规定的时间内对外提供。

会计报表的填列，以人民币“元”为金额单位，“元”以下填至“分”。

17.4 民间非营利组织会计科目简介

我国民间非营利组织的会计科目共有四类48个，由于民间非营利组织的会计支出比较单一，而收入来源比较复杂，所以用下面的“民间非营利组织会计科目及用法一览表”来加以明示，简单介绍民间非营利组织会计科目核算的相关内容。

会计科目	会计科目编号	核算内容
一、资产类		
现金	1001	本科目核算民间非营利组织的库存现金。 民间非营利组织应当严格按照国家有关现金管理的规定收支现金，并严格按照本制度规定核算现金的各项收支业务。 ① 从银行提取现金，按照支票存根所记载的提取金额，借记本科目，贷记“银行存款”科目；将现金存入银行，根据银行退回的进账单第一联，借记“银行存款”科目，贷记本科目。 ② 因支付内部职工出差等原因所需的现金，按照支出凭证所记载的金额，借记“其他应收款”等科目，贷记本科目；收到出差人员交回的差旅费剩余款并结算时，按实际收回的现金，借记本科目，按应报销的金额，借记有关科目，按实际借出的现金，贷记“其他应收款”科目。 ③ 因其他原因收到现金，借记本科目，贷记有关科目；支出现金，借记有关科目，贷记本科目。本科目期末借方余额，反映民间非营利组织实际持有的库存现金
银行存款	1002	本科目核算民间非营利组织存入银行或其他金融机构的存款。 ① 将款项存入银行和其他金融机构，借记本科目，贷记“现金”“应收账款”“捐赠收入”“会费收入”等有关科目。 ② 提取和支出存款时，借记“现金”“应付账款”“业务活动成本”“管理费用”等有关科目，贷记本科目。 ③ 收到的存款利息，借记本科目，贷记“其他应收款”“筹资费用”等科目。但是，收到的属于在借款费用应予资本化的期间内发生的与购建固定资产专门借款有关的存款利息，借记本科目，贷记“其他应收款”“在建工程”科目。 本科目期末借方余额，反映民间非营利组织实际存在银行或其他金融机构的款项
其他货币资金	1009	本科目核算民间非营利组织的外埠存款、银行汇票存款、银行本票存款、信用卡存款、信用证保证金存款、存出投资款（或者存入其他金融机构）等各种其他货币资金。民间非营利组织将款项委托当地银行汇往采购地开立专户时，借记本科目，贷记“银行存款”科目。收到采购员交来供应单位发票账单等报销凭证时，借记“存货”等科目，贷记本科目。将多余的外埠存款转回当地银行时，根据银行的收账通知，借记“银行存款”科目，贷记科目。 本科目期末借方余额，反映民间非营利组织实际持有的其他货币资金
短期投资	1101	本科目核算民间非营利组织持有的能够随时变现并且持有时间不准备超过1年（含1年）的投资，包括股票、债券投资等。 ① 短期投资应当按照投资成本计量，具体如下。 ● 以现金购入的短期投资，按照实际支付的全部价款，包括税金、手续费等相关费用作为其投资成本，借记本科目，贷记“银行存款”等科目。如果实际支付的价款中包含已宣告但尚未领取的现金股利或已到付息期但尚未领取的债券利息，则按照实际支付的全部价款减去其中已宣告但尚未领取的现金股利或已到付息期但尚未领取的债券利息后的金额作为短期投资成本，借记本科目，按照应领取的现金股利或债券利息，借记“其他应收款”科目，按照实际支付的全部价款，贷记“银行存款”等科目； ● 接受捐赠的短期投资，按照所确定的投资成本，借记本科目，贷记“捐赠收入”科目。

续表

会计科目	会计科目编号	核算内容
短期投资	1101	② 收到被投资单位发放的利息或现金股利，按照实际收到的金额借记“银行存款”等科目，贷记本科目。但是，实际收到在购买时已记入“其他应收款”科目的利息或现金股利时，借记“银行存款”等科目，贷记“其他应收款”科目。持有股票期间所获得的股票股利，不做账务处理，但应在辅助账簿中登记所增加的股份。 ③ 出售短期投资或到期收回债券本息，按照实际收到的金额，借记“银行存款”科目，按照已计提的减值准备，借记“短期投资跌价准备”科目，按照所出售或收回短期投资的账面余额，贷记本科目，按未领取的现金股利或利息，贷记“其他应收款”科目，按照其差额，借记或贷记“投资收益”科目。 本科目期末借方余额，反映民间非营利组织持有的各种股票、债券等短期投资的成本
短期投资跌价准备	1102	本科目核算民间非营利组织提取的短期投资跌价准备。 ① 如果短期投资的期末市价低于账面价值，按照市价低于账面价值的差额，借记“管理费用——短期投资跌价损失”科目，贷记本科目。 ② 如果以前期间已计提跌价准备的短期投资的价值在当期得以恢复，即短期投资的期末市价高于账面价值，按照市价高于账面价值的差额，在原已计提跌价准备的范围内，借记本科目，贷记“管理费用——短期投资跌价损失”科目。 本科目期末贷方余额，反映民间非营利组织已计提的短期投资跌价准备
应收票据	1111	本科目核算民间非营利组织因销售商品、提供服务等而收到的商业汇票，包括银行承兑汇票和商业承兑汇票。 ① 因销售商品、提供服务等收到开出、承兑的商业汇票，按照应收票据的面值，借记本科目，贷记“商品销售收入”“提供服务收入”等科目。 ② 收到应收票据以抵偿应收账款时，按照应收票据的面值，借记本科目，贷记“应收账款”科目。 ③ 持未到期的应收票据向银行贴现，应当根据银行盖章退回的贴现凭证第四联收账通知，按实际收到的金额（即减去贴现息后的净额），借记“银行存款”科目，按照应收票据的账面余额，贷记本科目，按照差额，借记“筹资费用”科目。 贴现的商业承兑汇票到期，因承兑人的银行账户不足支付，申请贴现的民间非营利组织收到银行退回的应收票据、付款通知和拒绝付款理由书或付款人未付票款通知书时，按照所付本息，借记“应收账款”科目，贷记“银行存款”科目；如果申请贴现的民间非营利组织的银行存款账户余额不足，银行作逾期贷款处理时，按照转作贷款的本息，借记“应收账款”科目，贷记“短期借款”科目。 ④ 将持有的应收票据背书转让，已取得所需物资时，按照所取得物资应确认的成本，借记“存货”等科目，按照应收票据的账面余额，贷记本科目，按照实际收到或支付的银行存款等，借记或贷记“银行存款”等科目。 ⑤ 应收票据到期时，应当分别情况处理： ● 收回应收票据，按照实际收到的金额，借记“银行存款”科目，按照应收票据的账面余额，贷记本科目； ● 因付款人无力支付票款，收到银行退回的商业承兑汇票、委托收款凭证、未付票款通知书或拒绝付款证明等，按照应收票据的账面余额，借记“应收账款”科目，贷记本科目。 ⑥ 如果有确凿证据表明所持有的未到期应收票据不能够收回或收回的可能性不大时，按照应收票据账面余额，借记“应收账款”科目，贷记“应收票据”科目。 ⑦ 如果应收票据为带息票据，应当在持有期间的期末、贴现、背书转让或票据到期时；按照带息应收票据的票面价值和确定的利率计提利息，计提的利息增加带息应收票据的账面余额，借记本科目，贷记“筹资费用”科目。 到期不能收回的带息应收票据，转入“应收账款”科目核算后，期末不再计提利息，其所包含的利息，在有关备查簿中进行登记，待实际收到时再冲减收到当期的筹资费用，借记“银行存款”等科目，贷记“筹资费用”科目。 本科目期末借方余额，反映民间非营利组织持有的商业汇票的票面价值和应计利息

续表

会计科目	会计科目编号	核算内容
应收账款	1121	本科目核算民间非营利组织因销售商品、提供服务等主要业务活动，应当向会员、购买单位或接受服务单位等收取的，尚未实际收到的款项。 ① 发生应收账款时，按照应收未收金额，借记本科目，贷记“会费收入”“提供服务收入”“商品销售收入”等科目。 ② 收回应收账款时，按照实际收到的款项金额，借记“银行存款”等科目，贷记本科目。 ③ 如果应收账款改用商业汇票结算，在收到承兑的商业汇票时，按照票面价值，借记“应收票据”科目，贷记本科目。 民间非营利组织应当定期或者至少于每年年度终了，对应收账款进行全面检查，计提坏账准备，对于确实无法收回的应收账款应当及时查明原因，并根据管理权限，报经批准后，按照无法收回的应收账款金额，借记“坏账准备”科目，贷记本科目。如果已转销的应收账款在以后期间又收回，按照实际收回的金额，借记本科目，贷记“坏账准备”科目；同时，借记“银行存款”科目，贷记本科目 本科目期末借方余额，反映民间非营利组织尚未收回的应收账款
其他应收款	1122	本科目核算民间非营利组织除应收票据、应收账款以外的其他各项应收、暂付款项，包括应收股利、应收利息、应向职工收取的各种垫付款项、职工借款、应收保险公司赔款等。 ① 对外进行短期或长期股权投资应收取的现金股利： ● 购入股票时，如果实际支付的价款中包含已宣告但尚未领取的现金股利，按照实际支付的全部价款减去其中已宣告但尚未领取的现金股利后的金额，借记“短期投资”“长期股权投资”科目，按照应当领取的现金股利，借记本科目，按照实际支付的价款，贷记“银行存款”等科目； ● 对外长期股权投资应分得的现金股利或利润，应当于被投资单位宣告发放现金股利或分派利润时，借记本科目，贷记“投资收益”或“长期股权投资”等科目； ● 实际收到的现金股利或利润，按照实际收到的金额，借记“银行存款”科目，贷记本科目。 ② 对外进行短期或长期债权投资应收取的利息（到期一次还本付息的长期债券投资应收取的利息，在“长期债权投资”科目核算，不在本科目核算）。 ● 购入债券，如果实际支付的价款中包含已到付息期但尚未领取的债券利息，按照实际支付的全部价款减去其中已到付息期但尚未领取的利息后的金额，借记“短期投资”“长期债权投资”科目，按照应当领取的利息，借记本科目，按照实际支付的价款，贷记“银行存款”等科目； ● 分期付息、到期还本的债券以及分期付息的其他长期债权投资持有期间，已到付息期而应收未收的利息，应于确认投资收益时，按照应获得的利息，借记本科目，贷记“投资收益”科目； ● 实际收到的利息，按照实际收到的利息金额，借记“银行存款”科目，贷记本科目。 发生的其他各项应收、暂付款项等，借记本科目，贷记“现金”“银行存款”等科目；收回上述各项款项时，借记“现金”“银行存款”等科目，贷记本科目 。 民间非营利组织应当定期或者至少于每年年度终了，对其他应收款进行全面检查，计提坏账准备。对于确实无法收回的其他应收款应当及时查明原因，并根据管理权限，报经批准后，按照无法收回的其他应收款金额，借记“坏账准备”科目，贷记本科目。如果已转销的其他应收款在以后期间又收回，按照实际收回的金额，借记本科目，贷记“坏账准备”科目；同时，借记“银行存款”科目，贷记本科目。 本科目期末借方余额，反映尚未收回的其他应收款
坏账准备	1131	本科目核算民间非营利组织提取的坏账准备。 ① 提取坏账准备时，借记“管理费用——坏账损失”科目，贷记本科目；冲减坏账准备时，借记本科目，贷记“管理费用——坏账损失”科目。 ② 对于确实无法收回的应收款项，应当及时查明原因，并根据管理权限，报经批准后，按照无法收回的应收账款金额，借记本科目，贷记“应收账款”“其他应收款”等科目。

续表

会计科目	会计科目编号	核算内容
坏账准备	1131	如果已确认并转销的应收款项在以后期间又收回，按照实际收回的金额，借记“应收账款”“其他应收款”科目，贷记本科目；同时，借记“银行存款”科目，贷记“应收账款”“其他应收款”科目。 本科目期末贷方余额，反映民间非营利组织已提取的坏账准备
预付账款	1141	本科目核算民间非营利组织预付给商品供应单位或者服务提供单位的款项。 ① 因购货而预付款项时，按照实际预付的金额，借记本科目，贷记“银行存款”等科目。 ② 收到所购货物时，按照应确认所购货物成本的金额，借记“存货”等科目，按照本科目账面余额，贷记本科目，按照退回或补付的款项，借记或贷记“银行存款”等科目。 ③ 如果有确凿证据表明预付账款并不符合预付款项性质，或者因供货单位破产、撤销等原因已无望再收到所购货物的，按照预付账款账面余额，借记“其他应收款”科目，贷记本科目。 本科目期末借方余额，反映民间非营利组织实际预付的款项
存货	1201	本科目核算民间非营利组织在日常业务活动中持有以备出售或捐赠的，或者为了出售或捐赠仍处在生产过程中的，或者将在生产、提供服务或日常管理过程中耗用的材料、物资、商品等，包括材料、库存商品、委托加工材料，以及达不到固定资产标准的工具、器具等。 ① 存货在取得时，应当以其成本入账，具体如下。 ● 外购的存货，按照采购成本（一般包括实际支付的采购价格，相关税费、运输费、装卸费、保险费以及其他直接归属于存货采购的费用），借记本科目，贷记“银行存款”“应付账款”等科目。民间非营利组织可以根据需要在本科目下设置“材料”“库存商品”等明细科目； ● 自行加工或委托加工完成的存货，按照采购成本、加工成本（包括直接人工以及按照合理方法分配的与存货加工有关的间接费用）和其他成本（指除采购成本、加工成本以外的，使存货达到目前场所和状态所发生的其他支出），借记本科目，贷记“银行存款”“应付账款”“应付工资”等科目。民间非营利组织可以根据实际情况，在本科目下设置“生产成本”等明细科目，归集相关成本； ● 接受捐赠的存货，按照所确定的成本，借记本科目，贷记“捐赠收入”科目。 ② 存货在发出时，应当根据实际情况采用个别计价法、先进先出法或者加权平均法，确定发出存货的实际成本，具体如下： ● 业务活动过程中领用存货，按照确定的成本，借记“管理费用”等科目，贷记本科目； ● 对外出售或捐赠存货，按照确定的出售存货成本，借记“业务活动成本”等科目，贷记本科目。 民间非营利组织的各种存货，应当定期进行清查盘点，每年至少盘点一次。如为存货盘盈，按照其公允价值，借记本科目，贷记“其他收入”科目。如为存货盘亏或者毁损，按照存货账面价值扣除残料价值、可以收回的保险赔偿和过失人的赔偿等后的金额，借记“管理费用”科目，按照可以收回的保险赔偿和过失人赔偿等，借记“现金”“银行存款”“其他应收款”等科目，按照存货的账面余额，贷记本科目。 期末，民间非营利组织应当对存货是否发生了减值进行检查。如果存货的可变现净值低于其账面价值，应当按照可变现净值低于账面价值的差额计提存货跌价准备。如果存货的可变现净值高于其账面价值，应当在该存货期初已计提跌价准备的范围内转回可变现净值高于账面价值的差额。 本科目期末借方余额，反映存货实际库存价值
存货跌价准备	1202	本科目核算民间非营利组织提取的存货跌价准备。 ① 如果存货的期末可变现净值低于账面价值，按照可变现净值低于账面价值的差额，借记“管理费用——存货跌价损失”科目，贷记本科目。 ② 如果以前期间已计提跌价准备的存货价值在当期得以恢复，即存货的期末可变现净值高于账面价值，按照可变现净值高于账面价值的差额，在原已计提跌价准备的范围内，借记本科目，贷记“管理费用——存货跌价损失”科目。 本科目期末贷方余额，反映民间非营利组织已计提的存货跌价准备

续表

会计科目	会计科目编号	核算内容
待摊费用	1301	本科目核算民间非营利组织已经支出，但应当由本期和以后各期分别负担的分摊期在1年以内（含1年）的各项费用，如预付保险费、预付租金等 ① 发生待摊费用，如预付保险费、预付租金时，借记本科目，贷记“现金”“银行存款”等科目。 ② 按照受益期限分期平均摊销时，借记“管理费用”等科目，贷记本科目。 本科目期末借方余额，反映民间非营利组织各种已支出但尚未摊销的费用
长期股权投资	1401	本科目核算民间非营利组织持有时间准备超过1年（不含1年）的各种股权性质的投资，包括长期股票投资和其他长期股权投资。 民间非营利组织如果有委托贷款或者委托投资（包括委托理财）且作为长期股权投资核算的，应当在本科目下单设明细科目核算； ① 长期股权投资在取得时，应当按照取得时的实际成本作为初始投资成本，具体如下： ● 以现金购入的长期股权投资，按照实际支付的全部价款，包括税金、手续费等相关费用作为其初始投资成本，借记本科目，贷记“银行存款”等科目，如果实际支付的价款中包含已宣告但尚未领取的现金股利，则按照实际支付的全部价款减去其中已宣告但尚未领取的现金股利后的金额作初始投资成本，借记本科目，按照应领取的现金股利，借记“其他应收款”科目，按照实际支付的全部价款，借记“银行存款”等科目； ● 接受捐赠的长期股权投资，按照追加确定的初始投资成本，借记本科目，贷记“捐赠收入”科目。 ② 长期股权投资持有期间，按照不同情况分别采用成本法或者权益法核算。 ● 采用成本法核算时，除非追加（或收回）投资或者发生减值，长期股权投资的账面价值一般保持不变。被投资单位宣告发放现金股利或利润时，按照宣告发放的现金股利或利润中属于民间非营利组织应享有的部分，确认当期投资收益，借记“其他应收款”科目，贷记“投资收益”科目。实际收到现金股利或利润时，按照实际收到的金额，借记“银行存款”等科目，贷记“其他应收款”科目； ● 采用权益法核算时，长期股权投资的账面价值应当根据被投资单位当期净损益中民间非营利组织应享有或分担的份额，以及被投资单位宣告分派的现金股利或利润中属于民间非营利组织应享有的份额进行调整。期末，按照应当享有或应当分担的被投资单位当年实现的净利润或发生的净亏损的份额，调整长期股权投资账面价值，如被投资单位实现净利润，借记本科目，贷记“投资收益”科目，如被投资单位发生净亏损，借记“投资收益”科目，贷记本科目，但以长期股权投资账面价值减记至零为限。被投资单位宣告分派利润或现金股利时，按照宣告分派的现金股利或利润中属于民间非营利组织应享有的份额，调整长期股权投资账面价值，借记“其他应收款”科目，贷记本科目。在实际收到现金股利或利润时，借记“银行存款”等科目，贷记“其他应收款”科目； ● 被投资单位宣告分派的股票股利，不做账务处理，但应当设置辅助账，进行数量登记。 ③ 处置长期股权投资时，按照实际取得的价款，借记“银行存款”等科目，按照已计提的减值准备，借记“长期投资减值准备”科目，按照所处置长期股权投资的账面余额，贷记本科目，按照尚未领取的已宣告发放的现金股利或利润，贷记“其他应收款”科目，按照其差额，借记或贷记“投资收益”科目。 ④ 改变投资目的，将短期股权投资划转为长期股权投资，应当按短期股权投资的成本与市价孰低结转，并按此确定的价值作为长期股权投资的成本，借记本科目，按照已计提的相关短期投资跌价准备，借记“短期投资跌价准备”科目，按照原短期股权投资的账面余额，贷记“短期投资”科目，按照其差额，借记或贷记“管理费用”科目。 期末，民间非营利组织应当对长期股权投资是否发生了减值进行检查。如果长期股权投资的可收回金额低于其账面价值，应当按照可收回金额低于账面价值的差额计提长期投资减值准备。如果长期股权投资的可收回金额高于其账面价值，应当在该长期股权投资期初已计提减值准备的范围内转回可收回金额高于账面价值的差额。 本科目期末借方余额，反映民间非营利组织持有的长期股权投资的价值

续表

会计科目	会计科目编号	核算内容
长期债权投资	1402	本科目核算民间非营利组织购入的在 1 年内（不含 1 年）不能变现或不准备随时变现的债券和其他债权投资。 ① 长期债权投资在取得时，应当按照取得时的实际成本作为初始投资成本，具体如下。 ● 以现金购入的长期债权投资，按照实际支付的全部价款，包括税金、手续费等相关费用作为其初始投资成本，借记本科目，贷记“银行存款”等科目。如果实际支付的价款中包含已到付息日但尚未领取的债券利息，则按照实际支付的全部价款减去其中已到付息日但尚未领取的债券利息后的金额作为其初始投资成本，借记本科目，按照应领取的利息，借记“其他应收款”科目，按照实际支付的全部价款，贷记“银行存款”等科目。 ● 接受捐赠的长期债权投资，按照所确定的初始投资成本，借记本科目，贷记“捐赠收入”科目。 ② 长期债权投资持有期间，应当按照票面价值与票面利率按期计算确认利息收入，如为到期一次还本付息的债券投资，借记本科目“债券投资（应收利息）”明细科目，贷记“投资收益”科目，如为分期付息、到期还本的债权投资，借记“其他应收款”科目，贷记“投资收益”科目。长期债券投资的初始投资成本与债券面值之间的差额，应当在债券存续期间，按照直线法于确认相关债券利息收入时摊销，如初始投资成本高于债券面值，按照应当分摊的金额，借记“投资收益”科目，贷记本科目，如初始投资成本低于债券面值，按照应当分摊的金额，借记本科目，贷记“投资收益”科目。 ③ 处置长期债权投资时，按照实际取得的价款，借记“银行存款”等科目，按照已计提的减值准备，借记“长期投资减值准备”科目，按照所处置长期债权投资的账面余额，贷记本科目，按照未领取的债券利息，贷记本科目“债券投资（应收利息）”明细科目或“其他应收款”科目，按照其差额，借记或贷记“投资收益”科目。 期末，民间非营利组织应当对长期债权投资是否发生了减值进行检查。如果长期债权投资的可收回金额低于其账面价值，应当按照可收回金额低于账面价值的差额计提长期投资减值准备。如果长期债权投资的可收回金额高于其账面价值，应当在该长期债权投资期初已计提减值准备的范围内转回可收回金额高于账面价值的差额。 本科目期末借方余额，反映民间非营利组织持有的长期债权投资价值
长期投资减值准备	1421	本科目核算民间非营利组织提取的长期投资减值准备。 民间非营利组织应当定期或者至少于每年年度终了，对长期投资是否发生了减值进行检查，如果发生了减值，应当计提长期投资减值准备。如果已计提减值准备的长期投资价值在以后期间得以恢复，则应当在已计提减值准备的范围内部分或全部转回已确认的减值损失，冲减当期费用。 ① 如果长期投资的期末可收回金额低于账面价值，按照可收回金额低于账面价值的差额，借记“管理费用——长期投资减值损失”科目，贷记本科目。 ② 如果以前期间已计提减值准备的长期投资价值在当期得以恢复，即长期投资的期末可收回金额高于账面价值，按照可收回金额高于账面价值的差额，在原计提减值准备的范围内，借记本科目，贷记“管理费用——长期投资减值损失”科目。 民间非营利组织出售或收回长期投资，或者以其他方式处置长期投资时，应当同时结转已计提的减值准备。 本科目的期末贷方余额，反映民间非营利组织已计提的长期投资减值准备
固定资产	1501	本科目核算民间非营利组织固定资产的原价。 ① 固定资产在取得时，应当按照取得时的实际成本入账。取得时的实际成本包括买价、包装费、运输费、交纳的有关税金等相关费用，以及为使固定资产达到预定可使用状态前所必要的支出。具体如下： ● 外购的固定资产，按照实际支付的买价、相关税费以及为使固定资产达到预定可使用状态前发生的可直接归属于该固定资产的其他支出（如运输费、安装费、装卸费等），借记本科目，贷记“银行存款”“应付账款”等科目。如果以一笔款项购入多项没有单独标价的固定资产，按照各项固定资产公允价值的比例对总成本进行分配，分别确定各项固定资产的入账价值；

续表

会计科目	会计科目编号	核算内容
固定资产	1501	● 自行建造的固定资产，按照建造该项固定资产达到预定可使用状态前所发生的全部支出，借记本科目，贷记“在建工程”科目； ● 融资租入的固定资产，按照租赁协议或者合同确定的价款、运输费、途中保险费、安装调试费以及融资租入固定资产达到预定可使用状态前发生的借款费用等，借记本科目“融资租入固定资产”明细科目，贷记“长期应付款”科目； ● 接受捐赠的固定资产，按照所确定的成本，借记本科目，贷记“捐赠收入”科目。 ② 按月提取固定资产折旧时，按照应提取的折旧金额，借记“存货——生产成本”“管理费用”等科目，贷记“累计折旧”科目。 ③ 与固定资产有关的后续支出，如果使可能流入民间非营利组织的经济利益或者服务潜力超过了原先的估计，如延长了固定资产的使用寿命，或者使服务质量实质性提高，或者使商品成本实质性降低，则应当计入固定资产账面价值，但其增计后的金额不应当超过该固定资产的可收回金额。其他后续支出，应当计入当期费用。 发生后续支出时，按照应当计入固定资产账面价值的金额，借记“在建工程”“固定资产”科目，贷记“银行存款”等科目，按照应当计入当期费用的金额，借记“管理费用”等科目，贷记“银行存款”等科目。 ④ 固定资产出售、报废或者毁损，或以其他方式处置时，按照所处置固定资产的账面价值，借记“固定资产清理”科目，按照已提取的折旧，借记“累计折旧”科目，按照固定资产账面余额，贷记本科目。 民间非营利组织对固定资产应当定期或者至少每年实地盘点一次。对盘盈、盘亏的固定资产，应当及时查明原因，并根据管理权限，报经批准后，在期末前结账处理完毕。如为固定资产盘盈，按照其公允价值借记本科目，贷记“其他收入”科目。如为固定资产盘亏，按照固定资产账面价值扣除可以收回的保险赔偿和过失人的赔偿等后的金额，借记“管理费用”科目，按照可以收回的保险赔偿和过失人赔偿等，借记“现金”“银行存款”“其他应收款”等科目，按照固定资产的账面余额，贷记本科目。 经营租入的固定资产，应当另设辅助簿进行登记，不在本科目核算。 本科目期末借方余额，反映民间非营利组织期末固定资产的账面原价
累计折旧	1502	本科目核算民间非营利组织固定资产的累计折旧。 民间非营利组织应当对固定资产计提折旧，在固定资产的预计使用寿命内系统地分摊固定资产的成本。但是，用于展览、教育或研究等目的的历史文物、艺术品以及其他具有文化或者历史价值并作长期永久保存的典藏等，不计提折旧。按月计提固定资产折旧时，按照应当计提的金额，借记“存货——生产成本”“管理费用”等科目，贷记本科目。 本科目期末贷方余额，反映民间非营利组织提取的固定资产折旧累计数
在建工程	1505	本科目核算民间非营利组织进行在建工程（包括工程前期准备、正在施工中的建筑工程、安装工程、技术改造工程等）所发生的实际支出。 ① 在建工程应当按照实际发生的支出确定其工程成本并单独核算，具体如下： ● 自营工程，按照直接材料、直接人工、直接机械使用费等确定其成本。领用材料物资时，按照所领用材料物资的账面余额，借记本科目，贷记“存货”科目。发生应负担的职工工资时，按照实际应负担的工资金额，借记本科目，贷记“应付工资”科目。工程应当分摊的水、电等其他费用，按照实际应分摊的金额，借记本科目，贷记“银行存款”等科目； ● 出包工程，应当按照应支付的工程价款等确定其成本，具体如下：按照合同规定向承包商预付工程款、备料款时，按照实际预付的金额，借记本科目，贷记“银行存款”科目。与承包商办理工程价款结算时，按照补付的工程款，借记本科目，贷记“银行存款”“应付账款”等科目； ● 在建工程发生的工程管理费、征地费、可行性研究费等，借记本科目，贷记“银行存款”等科目； ● 为购建固定资产而发生的专门借款的借款费用，在允许资本化的期间内，按照专门借款的借款费用的实际发生额，借记本科目，贷记“长期借款”等科目。

续表

会计科目	会计科目编号	核算内容
在建工程	1505	② 出售在建工程，在建工程报废、毁损或者以其他方式处置在建工程时，按照所处置在建工程的账面价值，借记“固定资产清理”科目，按照在建工程账面余额，贷记本科目。 ③ 所购建的固定资产已达到预定可使用状态时，按照在建工程的成本，借记“固定资产”科目，贷记本科目。 本科目的期末借方余额，反映民间非营利组织尚未完工的各项在建工程发生的实际支出
文物文化资产	1506	本科目核算民间非营利组织文物文化资产的价值。文物文化资产是指用于展览、教育或研究等目的的历史文物、艺术品以及其他具有文化或者历史价值并作长期或者永久保存的典藏等。 ① 文物文化资产在取得时，应当按照取得时的实际成本入账。取得时的实际成本包括买价、包装费、运输费、交纳的有关税金等相关费用，以及为使文物文化资产达到预定可使用状态前所必要的支出。具体如下： ● 外购的文物文化资产，按照实际支付的买价、相关税费以及为使文物文化资产达到预定可使用状态前发生的可直接归属于该文物文化资产的其他支出（如运输费、安装费、装卸费等），借记本科目，贷记“银行存款”“应付账款”等科目。如果以一笔款项购入多项没有单独标价的文物文化资产，按照各项文物文化资产公允价值的比例对总成本进行分配，分别确定各项文物文化资产的入账价值； ● 接受捐赠的文物文化资产，按照所确定的成本，借记本科目，贷记“捐赠收入”科目。 ② 出售文物文化资产，文物文化资产毁损或者以其他方式处置文物文化资产时，按照所处置文物文化资产的账面余额，借记“固定资产清理”科目，贷记本科目。 民间非营利组织对文物文化资产应当定期或者至少每年实地盘点一次。对盘盈、盘亏的文物文化资产，应当及时查明原因，并根据管理权限，报经批准后，在期末前结账处理完毕。如为文物文化资产盘盈，按照其公允价值，借记本科目，贷记“其他收入”科目。如为文物文化资产盘亏，按照固定资产账面余额扣除可以收回的保险赔偿和过失人的赔偿等后的金额，借记“管理费用”科目，按照可以收回的保险赔偿和过失人赔偿等，借记“现金”“银行存款”“其他应收款”等科目，按照文物文化资产的账面余额，贷记本科目。 本科目期末借方余额，反映民间非营利组织期末文物文化资产的价值
固定资产清理	1509	本科目核算民间非营利组织因出售、报废和毁损或其他处置等原因转入清理的固定资产价值及其清理过程中所发生的清理费用和清理收入等。 ① 所处置固定资产转入清理时，按照所处置固定资产的账面价值，借记本科目，按照已提取的折旧，借记“累计折旧”科目，按照固定资产账面余额，贷记“固定资产”科目。 ② 清理过程中发生的费用和相关税金，按照实际发生额，借记本科目，贷记“银行存款”等科目。 ③ 收回所处置固定资产的价款、残料价值和变价收入等，借记“银行存款”等科目，贷记本科目。应当由保险公司或过失人赔偿的损失，借记“现金”“银行存款”“其他应收款”等科目，贷记本科目。 ④ 固定资产清理后的净收益，借记本科目，贷记“其他收入”科目。固定资产清理后的净损失，借记“其他费用”科目，贷记本科目。 本科目期末余额，反映尚未清理完毕的固定资产的价值以及清理净收入（清理收入减去清理费用）
无形资产	1601	本科目核算民间非营利组织为开展业务活动、出租给他人或为管理目的而持有的且没有实物形态的非货币性长期资产，包括专利权、非专利技术、商标权、著作权、土地使用权等民间非营利组织的无形资产如果发生了重大减值，计提减值准备的，应当单独设置“无形资产减值准备”科目进行核算。 ① 无形资产在取得时，应当按照取得时的实际成本入账。具体如下。

续表

会计科目	会计科目编号	核算内容
无形资产	1601	● 购入的无形资产，按照实际支付的价款，借记本科目，贷记“银行存款”等科目； ● 接受捐赠的无形资产，按照所确定的成本，借记本科目，贷记“捐赠收入”科目； ● 自行开发并按法律程序申请取得的无形资产，按依法取得时发生的注册费、聘请律师费等费用，借记本科目，贷记“银行存款”等科目。依法取得前，在研究与开发过程中发生的材料费用、直接参与开发人员的工资及福利费、开发过程中发生的租金、借款费用等直接计入当期费用，借记“管理费用”等科目，贷记“银行存款”等科目。 ② 无形资产应当自取得当月起在预计使用年限内分期平均摊销，按照应提取的摊销金额，借记“管理费用”科目，贷记本科目。 ③ 出售或以其他方式处置无形资产按照实际取得的价款，借记“银行存款”等科目，按照该项无形资产的账面余额，贷记本科目，按照其差额，贷记“其他收入”科目或借记“其他费用”科目。 本科目期末借方余额，反映民间非营利组织已入账但尚未摊销的无形资产的摊余价值
受托代理资产	1701	本科目核算民间非营利组织接受委托方委托从事受托代理业务而收到的资产。民间非营利组织受托代理资产的确认和计量比照接受捐赠资产的确认和计量原则处理。 ① 收到受托代理资产时，按照应确认的入账金额，借记本科目，贷记“受托代理负债”科目。 ② 转赠或者转出受托代理资产，按照转出受托代理资产的账面余额，借记“受托代理负债”科目，贷记本科目。 民间非营利组织收到的受托代理资产如果为现金、银行存款或其他货币资金，可以不通过本科目核算，而在“现金”“银行存款”“其他货币资金”科目下设置“受托代理资产”明细科目进行核算。即在取得这些受托代理资产时，借记“现金——受托代理资产”“银行存款——受托代理资产”“其他货币资金——受托代理资产”科目，贷记“受托代理负债”科目；在转赠或者转出受托代理资产时，借记“受托代理负债”科目，贷记“现金——受托代理资产”“银行存款——受托代理资产”“其他货币资金——受托代理资产”科目。 本科目期末借方余额，反映民间非营利组织期末尚未转出的受托代理资产价值
二、负债类		
短期借款	2101	本科目核算民间非营利组织向银行或其他金融机构等借入的期限在 1 年以下（含 1 年）的各种借款。 ① 借入各种短期借款时，按照实际借得的金额，借记“银行存款”科目，贷记本科目。 ② 发生短期借款利息时，借记“筹资费用”科目，贷记“预提费用”“银行存款”等科目 ③ 归还借款时，借记本科目，贷记“银行存款”科目
应付票据	2201	本科目核算民间非营利组织购买材料、商品和接受服务供应等而开出、承兑的商业汇票，包括银行承兑汇票和商业承兑汇票。 ① 因购买材料、商品和接受服务等开出、承兑商业汇票时，借记“存货”等科目，贷记本科目。 ② 以承兑商业汇票抵付应付账款时，借记“应付账款”科目，贷记本科目。 ③ 支付银行承兑汇票的手续费时，借记“筹资费用”科目，贷记“银行存款”科目。 ④ 应付票据到期时，应当分别情况处理： ● 收到银行支付到期票据的付款通知时，借记本科目，贷记“银行存款”科目； ● 如无力支付票款，按照应付票据的账面余额，借记本科目，贷记“应付账款”科目。

续表

会计科目	会计科目编号	核算内容
应付票据	2201	⑤ 如果为带息应付票据，应当在期末或到期时计算应付利息，借记“筹资费用”科目，贷记本科目。到期不能支付的带息应付票据，转入“应付账款”科目核算后，期末时不再计提利息。 本科目期末贷方余额，反映民间非营利组织持有的尚未到期的应付票据本息
应付账款	2202	本科目核算民间非营利组织因购买材料、商品和接受服务供应等而应付给供应单位的款项。 ① 发生应付账款时，按照应付未付金额，借记“存货”“管理费用”等科目，贷记本科目。 ② 偿付应付账款时，借记本科目，贷记“银行存款”等科目。 ③ 开出、承兑商业汇票抵付应付账款时，借记本科目，贷记“应付票据”科目。 ④ 确实无法支付或由其他单位承担的应付账款，借记本科目，贷记“其他收入”科目。 本科目期末贷方余额，反映民间非营利组织尚未支付的应付账款
预收账款	2203	本科目核算民间非营利组织向服务和商品购买单位预收的各种款项。 ① 向购货单位预收款项时，按照实际预收的金额，借记“银行存款”等科目，贷记本科目。 ② 确认收入时，按照本科目账面余额，借记本科目，按照应确认的收入金额，贷记“商品销售收入”等科目，按照补付或退回的款项，借记或贷记“银行存款”等科目。 本科目期末贷方余额，反映民间非营利组织向购货单位预收的款项
应付工资	2204	本科目核算民间非营利组织应付给职工的工资总额，包括在工资总额内的各种工资、奖金、津贴等，不论是否在当月支付，都应当通过本科目核算。 ① 支付工资时，借记本科目，贷记“现金”“银行存款”等科目。从应付工资中扣除的各种款项（如代垫的房租、家属药费、个人所得税等），借记本科目，贷记“其他应收账款”“应交税金”等科目。 ② 期末，应当将本期应付工资进行分配。 ● 行政管理人员的工资，借记“管理费用”科目，贷记本科目； ● 应当记入各项业务活动成本的人员工资，借记“业务活动成本”“存货——生产成本”科目，贷记本科目； ● 应当由在建工程负担的人员工资，借记“在建工程”等科目，贷记本科目； 本科目期末一般应无余额，如果应付工资大于实发工资的，期末贷方余额反映尚未领取的工资余额
应交税金	2206	本科目核算民间非营利组织、按照有关国家税法规定应当交纳的各种税费，如增值税、所得税、房产税个人所得税等。 ① 如果发生了增值税纳税义务时，应当按税收有关规定计算应缴纳的增值税，并通过本科目核算。 ② 如果发生了所得税纳税义务时，按照应交纳的所得税，借记“其他费用”科目，贷记本科目。交纳所得税时，借记本科目，贷记“银行存款”科目。 ③ 如果发生了个人所得税纳税义务时，按照规定计算应代扣代交的个人所得税，借记“应付工资”等科目，贷记本科目。交纳个人所得税时，借记本科目，贷记“银行存款”科目。 本科目期末贷方余额，反映民间非营利组织尚未交纳的税费；期末借方余额，反映民间非营利组织多交的税费
其他应付款	2209	本科目核算民间非营利组织应付、暂收其他单位或个人的款项，如应付经营租入固定资产的租金等。 ① 发生的各项应付、暂收款项，借记“银行存款”“管理费用”等科目，贷记本科目。 ② 支付款项时，借记本科目，贷记“银行存款”等科目。 本科目期末贷方余额，反映尚未支付的其他应付款项

续表

会计科目	会计科目编号	核算内容
预提费用	2301	本科目核算民间非营利组织按照规定预先提取的已经发生但尚未支付的费用，如预提的租金、保险费、借款利息等。 ① 按照规定预提计入本期费用时，借记“筹资费用”“管理费用”等科目，贷记本科目。 ② 实际支出时，借记本科目，贷记“银行存款”等科目。 本科目期末贷方余额，反映民间非营利组织已预提但尚未支付的各项费用
预计负债	2401	本科目核算民间非营利组织对因或有事项所产生的现时义务而确认的负债，包括因对外提供担保、商业承兑票据贴现、未决诉讼等确认的负债。 ① 确认预计负债时，按照应确认的预计负债金额，借记“管理费用”等科目，贷记本科目。 ② 实际偿付负债时，借记本科目，贷记“银行存款”等科目。 ③ 转回预计负债时，借记本科目，贷记“管理费用”等科目。 本科目期末贷方余额，反映民间非营利组织已预计尚未支付的债务
长期借款	2501	本科目核算民间非营利组织向银行或其他金融机构借入的期限在1年以上（不含1年）的各项借款。 长期借款应当按照实际发生额入账。长期借款的借款费用应当在发生时计入当期费用。但是，为购建固定资产而发生的专门借款的借款费用在规定的允许资本化的期间内，应当按照专门借款的借款费用的实际发生额予以资本化，计入在建工程成本。这里的借款费用包括因借款而发生的利息、辅助费用以及因外币借款而发生的汇兑差额等。民间非营利组织应当按照规定确定专门借款的借款费用允许资本化的期间及其金额。 ① 借入长期借款时，按照实际借入额，借记“银行存款”等科目，贷记本科目。 ② 发生的借款费用，借记“筹资费用”科目，贷记本科目。如为购建固定资产而发生的专门借款的借款费用，在允许资本化的期间内，按照专门借款的借款费用的实际发生额，借记“在建工程”科目，贷记本科目。 ③ 归还长期借款时，借记本科目，贷记“银行存款”科目。 本科目期末贷方余额，反映民间非营利组织尚未偿还的长期借款本息
长期应付款	2502	本科目核算民间非营利组织的各项长期应付款项，如融资租入固定资产的租赁费等。 ① 发生长期应付款时，借记有关科目，贷记本科目。 ② 支付长期应付款项时，借记本科目，贷记“银行存款”科目。 本科目期末贷方余额，反映尚未支付的各种长期应付款
受托代理负债	2601	本科目核算民间非营利组织因从事受托代理业务、接受受托代理资产而产生的负债。受托代理负债应当按照相对应的受托代理资产的金额予以确认和计量。 ① 收到受托代理资产，按照应确认的入账金额，借记“受托代理资产”科目，贷记本科目。 ② 转赠或者转出受托代理资产，按照转出受托代理资产的账面余额，借记本科目，贷记“受托代理资产”科目。 本科目期末贷方余额，反映民间非营利组织尚未清偿的受托代理负债
三、净资产类		
非限定性净资产	3101	本科目核算民间非营利组织的非限定性净资产，即民间非营利组织净资产中除限定性净资产之外的其他净资产。 民间非营利组织应当在期末将当期非限定性收入的实际发生额、当期费用的实际发生额和当期由限定性净资产转为非限定性净资产的金额转入非限定性净资产。

续表

会计科目	会计科目编号	核算内容
非限定性净资产	3101	① 期末，将各收入类科目所属“非限定性收入”明细科目的余额转入本科目，借记“捐赠收入——非限定性收入”“会费收入——非限定性收入”“提供服务收入——非限定性收入”“政府补助收入——非限定性收入”“商品销售收入——非限定性收入”“投资收益——非限定性收入”“其他收入——非限定性收入”科目，贷记本科目。同时，将各费用类科目的余额转入本科目，借记本科目，贷记“业务活动成本”“管理费用”“筹资费用”“其他费用”科目。 ② 如果限定性净资产的限制已经解除，应当对净资产进行重新分类，将限定性净资产转为非限定性净资产，借记“限定性净资产”科目，贷记本科目。 ③ 如果因调整以前期间收入、费用项目而涉及调整非限定性净资产的，应当就需要调整的金额，借记或贷记有关科目，贷记或借记本科目。 本科目期末贷方余额，反映民间非营利组织历年积存的非限定性净资产
限定性净资产	3102	本科目核算民间非营利组织的限定性净资产。如果资产或者资产的经济利益（如资产的投资收益和利息等）的使用和处置受到资源提供者或者国家有关法律、行政法规所设置的时间限制或（和）用途限制，则由此形成的净资产即为限定性净资产。 民间非营利组织应当在期末将当期限定性收入的实际发生额转为限定性净资产。 ① 期末，将各收入 类科目所属“限定性收入”明细科目的余额转入本科目，借记“捐赠收入——限定性收入”“政府补助收入——限定性收入”等科目，贷记本科目。 ② 如果限定性净资产的限制已经解除，应当对净资产进行重新分类，将限定性净资产转为非限定性净资产，借记本科目，贷记“非限定性净资产”科目。 如果资产提供者或者国家有关法律、行政法规要求民间非营利组织在特定时期之内或特定日期之后将限定性净资产或者相关资产用于特定用途，该限定性净资产应当在相应期间之内或相应日期之后按照实际使用的相关资产金额或者实际发生的相关费用金额转为非限定性净资产。 ③ 如果因调整以前期间收入、费用项目而涉及调整限定性净资产的，应当就需要调整的金额，借记或贷记有关科目，贷记或借记本科目。 本科目期末贷方余额，反映民间非营利组织历年积存的限定性净资产
四、收入费用类		
捐赠收入	4101	本科目核算民间非营利组织接受其他单位或者个人捐赠所取得的收入。民间非营利组织因受托代理业务而从委托方收到的受托代理资产，不在本科目核算。 民间非营利组织的捐赠收入应当按照是否存在限定区分为非限定性收入和限定性收入设置明细科目，进行明细核算。如果资产提供者对资产的使用设置时间限制或者(和) 用途限制，则所确认的相关收入为限定性收入，除此之外的其他所有收入，为非限定性收入。 民间非营利组织接受捐赠，应当在满足规定的收入确认条件时确认捐赠收入。 ① 接受的捐赠，按照应确认的金额，借记“现金”“银行存款”“短期投资”“存货”“长期股权投资”“长期债权投资”“固定资产”“无形资产”等科目，贷记本科目“限定性收入”或“非限定性收入”明细科目。对于接受的附条件捐赠，如果存在需要偿还全部或部分捐赠资产或者相应金额的现时义务时（比如因无法满足捐赠所附条件而必须将部分捐赠款退还给捐赠人时），按照需要偿还的金额，借记“管理费用”科目，贷记“其他应付款”等科目。 ② 如果限定性捐赠收入的限制在确认收入的当期得以解除，应当将其转为非限定性捐赠收入，借记本科目“限定性收入”明细科目，贷记本科目“非限定性收入”明细科目。 ③ 期末，将本科目各明细科目的余额分别转入限定性净资产和非限定性净资产，借记本科目“限定性收入”明细科目，贷记“限定性净资产”科目，借记本科目“非限定性收入”明细科目，贷记“非限定性净资产”科目。 期末结转后，本科目应无余额

续表

会计科目	会计科目编号	核算内容
会费收入	4201	本科目核算民间非营利组织根据章程等的规定向会员收取的会费收入。 一般情况下，民间非营利组织的会费收入为非限定性收入，除非相关资产提供者对资产的使用设置了限制。民间非营利组织应当在满足规定的收入确认条件时确认会费收入。 ① 向会员收取会费，在满足收入确认条件时，借记“现金”“银行存款”“应收账款”等科目，贷记本科目“非限定性收入”明细科目，如果存在限定性会费收入，应当贷记本科目“限定性收入”明细科目。 ② 期末，将本科目的余额转入非限定性净资产，借记本科目“非限定性收入”明细科目，贷记“非限定性净资产”科目。如果存在限定性会费收入，则将其金额转入限定性净资产，借记本科目“限定性收入”明细科目，贷记“限定性净资产”科目。 期末结转后，本科目应无余额
提供服务收入	4301	本科目核算民间非营利组织根据章程等的规定向其服务对象提供服务取得的收入，包括学杂费收入、医疗费收入、培训收入等。 一般情况下，民间非营利组织的提供服务收入为非限定性收入，除非相关资产提供者对资产的使用设置了限制。民间非营利组织应当在满足规定的收入确认条件时确认提供服务收入。 ① 提供服务取得收入时，按照实际收到或应当收取的价款，借记“现金”“银行存款”“应收账款”等科目，按照应当确认的提供服务收入金额，贷记本科目，按照预收的价款，贷记“预收账款”科目。在以后期间确认提供服务收入时，借记“预收账款”科目，贷记本科目“非限定性收入”明细科目，如果存在限定性提供服务收入，应当贷记本科目“限定性收入”明细科目。 ② 期末，将本科目的余额转入非限定性净资产，借记本科目“非限定性收入”明细科目，贷记“非限定性净资产”科目。如果存在限定性提供服务收入，则将其金额转入限定性净资产，借记本科目“限定性收入”明细科目，贷记“限定性净资产”科目。 期末结转后，本科目应无余额
政府补助收入	4401	本科目核算民间非营利组织因为政府拨款或者政府机构给予的补助而取得的收入。民间非营利组织的政府补助收入应当按照是否存在限定区分为非限定性收入和限定性收入设置明细科目，进行明细核算。 如果资产提供者为资产的使用设置了时间限制或者（和）用途限制，则所确认的相关收入为限定性收入，除此之外的其他所有收入，为非限定性收入。民间非营利组织应当在满足规定的收入确认条件时确认政府补助收入。 ① 接受的政府补助，按照应确认的金额，借记“现金”“银行存款”等科目，贷记本科目“限定性收入”或“非限定性收入”明细科目。对于接受的附条件政府补助，如果民间非营利组织存在需要偿还全部或部分政府补助资产或者相应金额的现时义务时（比如因无法满足政府补助所附条件而必须退还部分政府补助时），按照需要偿还的金额，借记“管理费用”科目，贷记“其他应付款”等科目。 ② 如果限定性政府补助收入的限制在确认收入的当期得以解除，应当将其转为非限定性捐赠收入，借记本科目“限定性收入”明细科目，贷记本科目“非限定性收入”明细科目。 ③ 期末，将本科目各明细科目的余额分别转入限定性净资产和非限定性净资产，借记本科目“限定性收入”明细科目，贷记“限定性净资产”科目，借记本科目“非限定性收入”明细科目，贷记“非限定性净资产”科目。 期末结转后，本科目应无余额
商品销售收入	4501	本科目核算民间非营利组织销售商品（如出版物、药品）等所形成的收入。一般情况下，民间非营利组织的提供服务收入为非限定性收入，除非相关资产提供者对资产的使用设置了限制。民间非营利组织应当在满足规定的收入确认条件时确认商品销售收入

续表

会计科目	会计科目编号	核算内容
商品销售收入	4501	① 销售商品取得收入时，按照实际收到或应当收取的价款，借记“现金”“银行存款”“应收票据”“应收账款”等科目，按照应当确认的商品销售收入金额，贷记本科目“非限定性收入”明细科目（如果存在限定性商品销售收入，应当贷记本科目“限定性收入”明细科目），按照预收的价款，贷记“预收账款”科目。在以后期间确认商品销售收入时，借记“预收账款”科目，贷记本科目“非限定性收入”明细科目，如果存在限定性商品销售收入，应当贷记本科目“限定性收入”明细科目。 ② 销售退回，是指民间非营利组织售出的商品，由于质量、品种不符合要求等原因而发生的退货。销售退回应当分别情况处理： ● 未确认收入的已发出商品的退回，不需要进行会计处理； ● 已确认收入的销售商品退回，一般情况下直接冲减退回当月的商品销售收入、商品销售成本等。此时，按照应当冲减的商品销售收入，借记本科目，按照已收或应收的金额，贷记“银行存款”“应收账款”“应收票据”等科目，按照退回商品的成本，借记“存货”科目，贷记“业务活动成本”科目。如果该项销售发生现金折扣，应当在退回当月一并处理； ● 报告期间资产负债表日至财务报告批准报出日之间发生的报告期间或以前期间的销售退回，应当作为资产负债表日后事项的调整事项处理，调整报告期间会计报表的相关项目。按照应冲减的商品销售收入，借记“非限定性净资产”科目（如果所调整收入属于限定性收入，应当借记“限定性净资产”科目），按照已收或应收的金额，贷记“银行存款”“应收账款”“应收票据”等科目；按照退回商品的成本，借记“存货”科目，贷记“非限定性净资产”科目。如果该项销售已发生现金折扣，应当一并处理。 ③ 现金折扣，是指民间非营利组织为了尽快回笼资金而发生的理财费用。现金折扣在实际发生时直接计入当期筹资费用。按照实际收到的金额，借记“银行存款”等科目，按照应给予的现金折扣，借记“筹资费用”科目，按照应收的账款，贷记“应收账款”“应收票据”等科目。购买方实际获得的现金折扣，冲减取得当期的筹资费用。按照应付的账款，借记“应付账款”“应付票据”等科目，按照实际获得的现金折扣，贷记“筹资费用”科目，按照实际支付的价款，贷记“银行存款”等科目。 ④ 销售折让，是指在商品销售时直接给予购买方的折让。销售折让应当在实际发生时直接从当期实现的销售收入中抵减。 ⑤ 期末，将本科目的余额转入非限定性净资产，借记本科目，贷记“非限定性净资产”科目。如果存在限定性商品销售收入，则将其金额转入净资产，借记本科目，贷记“限定性净资产”科目。 期末结转后，本科目应无余额
投资收益	4601	本科目核算民间非营利组织因各项投资取得的投资净损益。一般情况下，民间非营利组织的投资收益为非限定性收入，除非相关资产提供者对资产的使用设置了限制。 ① 短期投资的投资收益。参见“短期投资”科目介绍。 ② 长期股权投资的投资收益。参见“长期股权投资”科目介绍。 ③ 长期债权投资的投资收益。参见“长期债权投资”科目介绍。 ④ 期末，将本科目的余额转入非限定性净资产，借记本科目，贷记“非限定性净资产”科目。如果存在限定性投资收益，则将其金额转入限定性净资产，借记本科目，贷记“限定性净资产”科目。 期末结转后，本科目应无余额
其他收入	4901	本科目核算民间非营利组织除捐赠收入、会费收入、提供服务收入、商品销售收入、政府补助收入、投资收益等主要业务活动收入以外的其他收入，如确实无法支付的应付款项、存货盘盈、固定资产盘盈、固定资产处置净收入、无形资产处置净收入等。一般情况下，民间非营利组织的其他收入为非限定性收入，除非相关资产提供者对资产的使用设置了限制。本科目应当按照其他收入种类设置明细账，进行明细核算。

续表

会计科目	会计科目编号	核算内容
其他收入	4901	① 现金、存货、固定资产等盘盈的，根据管理权限报经批准后，借记“现金”“存货”“固定资产”“文物文化资产”等科目，贷记本科目“非限定性收入”明细科目，如果存在限定性其他收入，应当贷记本科目“限定性收入”明细科目。 ② 对于固定资产处置净收入，借记“固定资产清理”科目，贷记本科目。 ③ 对于无形资产处置净收入，按照实际取得的价款，借记“银行存款”等科目，按照该项无形资产的账面余额，贷记“无形资产”科目，按照其差额，贷记本科目。 ④ 确认无法支付的应付款项，借记“应付账款”等科目，贷记本科目。 ⑤ 在非货币性交易中收到补价情况下应确认的损益，借记有关科目，贷记“其他收入”科目。 ⑥ 期末，将本科目的余额转入非限定性净资产，借记本科目，贷记“非限定性净资产”科目。如果存在限定性的其他收入，则将其金额转入限定性净资产，借记本科目，贷记“限定性净资产”科目。 期末结转后，本科目应无余额
业务活动成本	5101	本科目核算民间非营利组织为了实现其业务活动目标、开展其项目活动或者提供服务所发生的费用。如果民间非营利组织从事的项目、提供的服务或者开展的业务比较单一，可以将相关费用全部归集在“业务活动成本”项目下进行核算和列报；如果民间非营利组织从事的项目、提供的服务或者开展的业务种类较多，民间非营利组织应当在“业务活动成本”项目下分别项目、服务或者业务大类进行核算和列报。民间非营利组织发生的业务活动成本，应当按照其发生额计入当期费用。 ① 发生的业务活动成本，借记本科目，贷记“现金”“银行存款”“存货”“应付账款”等科目。 ② 期末，将本科目的余额转入非限定性净资产，借记“非限定性净资产”科目，贷记本科目。 期末结转后，本科目应无余额
管理费用	5201	本科目核算民间非营利组织为组织和管理其业务活动所发生的各项费用，包括民间非营利组织董事会（或者理事会或者类似权力机构）经费和行政管理人员的工资、奖金、津贴、福利费、住房公积金、住房补贴、社会保障费、离退休人员工资与补助，以及办公费、水电费、邮电费、物业管理费、差旅费、折旧费、修理费、无形资产摊销费、存货盘亏损失、资产减值损失、因预计负债所产生的损失、聘请中介机构费用和应偿还的受赠资产等。民间非营利组织发生的管理费用，应当在发生时按其发生额计入当期费用。本科目应当按照管理费用种类设置明细账，进行明细核算。 ① 现金、存货、固定资产等盘亏，根据管理权限报经批准后，按照相关资产账面价值扣除可以收回的保险赔偿和过失人的赔偿等后的金额，借记本科目，按照可以收回的保险赔偿和过失人赔偿等，借记“现金”“银行存款”“其他应收款”等科目，按照已提取的累计折旧，借记“累计折旧”科目，按照相关资产的账面余额，贷记相关资产科目 ② 对于因提取资产减值准备而确认的资产减值损失，借记本科目，贷记相关资产减值准备科目。冲减或转回资产减值准备，借记相关资产减值准备科目，贷记本科目。 ③ 提取行政管理用固定资产折旧，借记本科目，贷记“累计折旧”科目。 ④ 无形资产摊销时，借记本科目，贷记“无形资产”科目。 ⑤ 发生的应归属于管理费用的应付工资、应交税金等，借记本科目，贷记“应付工资”“应交税金”等科目。 ⑥ 对于因确认预计负债而确认的损失，借记本科目，贷记“预计负债”科目。 ⑦ 发生的其他管理费用，借记本科目，贷记“现金”“银行存款”等科目。 ⑧ 期末，将本科目的余额转入非限定性净资产，借记本科目，贷记“非限定性净资产”科目。 期末结转后，本科目应无余额

续表

会计科目	会计科目编号	核算内容
筹资费用	5301	本科目核算民间非营利组织为筹集业务活动所需资金而发生的费用，包括民间非营利组织获得捐赠资产而发生的费用以及应当计入当期费用的借款费用、汇兑损失（减汇兑收益）等。民间非营利组织为了获得捐赠资产而发生的费用包括举办募款活动费，准备、印刷和发放募款宣传资料费以及其他与募款或者争取捐赠有关的费用。民间非营利组织发生的筹资费用，应当在发生时按其发生额计入当期费用。 ① 发生的筹资费用，借记本科目，贷记“预提费用”“银行存款”“长期借款”等科目。发生的应冲减筹资费用的利息收入、汇兑收益，借记“银行存款”“长期借款”等科目，贷记本科目。 ② 期末，将本科目的余额转入非限定性净资产，借记“非限定性净资产”科目，贷记本科目。 期末结转后，本科目应无余额
其他费用	5401	本科目核算民间非营利组织发生的、无法归属到上述业务活动成本、管理费用或者筹资费用中的费用，包括固定资产处置净损失、无形资产处置净损失等。民间非营利组织发生的其他费用，应当在发生时按其发生额计入当期费用。 ① 发生的固定资产处置净损失，借记本科目，贷记“固定资产清理”科目。 ② 发生的无形资产处置净损失，按照实际取得的价款，借记“银行存款”等科目，按照该项无形资产的账面余额，贷记“无形资产”科目，按照其差额，借记本科目。 ③ 期末，将本科目的余额转入非限定性净资产，借记“非限定性净资产”科目，贷记本科目。 期末结转后，本科目应无余额

参 考 文 献

[1] 赵建勇. 政府与非营利组织会计 [M]. 4 版. 北京：中国人民大学出版社，2018.
[2] 陆志平. 政府会计 [M]. 昆明：云南大学出版社，2017.
[3] 李春友. 新编政府会计 [M]. 北京：中国财政经济出版社，2018.
[4] 王国生. 新编财政总预算会计 [M]. 北京：经济管理出版社，2017.
[5] 王国生. 政府会计学 [M]. 北京：北京大学出版社，2017.
[6] 中华人民共和国财政部. 2019 年政府收支分类科目 [M]. 上海：立信会计出版社，2019.
[7] 财政部会计资格评价中心. 初级会计实务 [M]. 北京：经济科学出版社，2018.
[8] 中国注册会计师协会. 会计 [M] 北京：中国财政经济出版社，2019.